本书得到教育部人文社会科学基金项目"中国的计划生育政策与农村妇女（1950-1980年代）"（15YJAZH023）支持

中国的计划生育政策与西村妇女

1950-1980

胡桂香 著

中国社会科学出版社

图书在版编目（CIP）数据

中国的计划生育政策与西村妇女：1950－1980 / 胡桂香著．—北京：中国社会科学出版社，2017.3
ISBN 978－7－5161－8278－9

Ⅰ.①中… Ⅱ.①胡… Ⅲ.①计划生育—人口政策—关系—农村—妇女—生活状况—研究—湖南省—1950－1980 Ⅳ.①D442.7

中国版本图书馆 CIP 数据核字（2016）第 116725 号

出　版　人	赵剑英
选题策划	刘　艳
责任编辑	刘　艳
责任校对	陈　晨
责任印制	戴　宽

出　　　版	中国社会科学出版社
社　　　址	北京鼓楼西大街甲 158 号
邮　　　编	100720
网　　　址	http://www.csspw.cn
发 行 部	010－84083685
门 市 部	010－84029450
经　　　销	新华书店及其他书店

印刷装订	北京君升印刷有限公司
版　　　次	2017 年 3 月第 1 版
印　　　次	2017 年 3 月第 1 次印刷

开　　　本	710×1000　1/16
印　　　张	21
插　　　页	2
字　　　数	365 千字
定　　　价	99.00 元

凡购买中国社会科学出版社图书，如有质量问题请与本社营销中心联系调换
电话:010－84083683

序　一

　　胡桂香博士的新书就要出版了。作为她的博士生导师，我无比欣慰，为她高兴。桂香来华东师大攻读博士学位时，已经在湖南女子学院任教了。相比其他同学来说，她显得更为自信和成熟。在中国妇女史和新文化史等研究生阅读讨论课上，面对学术经典中所涉及的当代史学前沿一些陌生而富有挑战性的概念、方法和框架，桂香并不畏惧，反而学得津津有味。她思想活跃，学习主动，颇能创造性地抓住所讨论问题的关键之处，给我留下很好的印象。桂香因为是在职读博，在学校脱产学习只有一年，但这一年她确实是充分地利用了，对于女性主义史学和历史人类学的方法及问题意识有所把握，并很好地运用到了她博士论文的选题、研究和写作中。在过去数年中，桂香一边读书，一边教书，一边研究写作，一边养育儿子，有一段颇为艰辛的奋斗史。如今，这部从博士论文修改完成的书稿就要付梓了，这是收获的季节，是一个学者成长并成熟的见证。

　　在我印象里，桂香前额那一排整齐的刘海，下面一双灵动的眼睛和总是有点儿微笑的神态，活脱一个湖南农村的小媳妇儿，带着乡土的清香来到大都市攻读博士学位。我们的学生来自全国各地，我希望她/他们写自己的历史，写百姓的历史，写自下而上的历史。桂香写的是西村媳妇儿的历史，她自己就是其中的一个。吉尔兹人类学方法论中有一个命题，即作为研究者的外部人观点与作为被研究对象的内部人观点之间的互相理解和完全沟通是否可能，从而提出著名的深描理论。然而，对于吉尔兹命题的最佳解决方案，也即打通内部人观点和外部人观点的最佳途径就是如桂香这样的从内部走出来、带着外部的视野和理论武器又回到内部去做研究的学者。中国的历史学需要这样的学者来挑战、拓展、修正传统精英史学所描绘的历史图景，以助于丰富和刷新我们对历史的理解。

　　自中华人民共和国成立以来，生育问题就一直与国家现代化建设和发展有着千丝万缕的关系。在计划生育不断取得成绩并与国家的现代化发展相呼应的过程中，广大的农村女性在这一生育政策当中不仅成为重要的节育动员对象，而且是这一政策主要的身体实践者和重要动力。既然无论从理论还是实践层面，农村妇女都是这一变革的参与者和实践者，她们当然也是这一历史过程的言说者和解释者。然而，正如桂香所言，这些农村女性却因为出生地（农村）和性别（女性）而被双重边缘化了，大多数关于计划生育的著作和言论都将计划生育本身作为研究重点，而对妇女尤其是农村妇女在之中的人生经历、思想情感、精神生活等忽略在一边。

桂香这本书中的内部观点是建立在对西村妇女所做的大量访谈和自身经历基础上的，难能可贵。而这些内部观点在女性主义史学和历史人类学的交叉分析之下产生出一些具有普遍意义的犀利观察和论述。比如，她在描述20世纪50年代现代国家试图推进新生育观念遇阻时指出："对于中国家庭尤其是中国农村家庭来说，传统的多子多福的生育观念已根深蒂固，当一种新的生育观念渗入到强大的主流意识形态时更多的人还是会选择后者，毕竟多子多福、不孝有三、无后为大的生育观念不仅深入到了每个人的心中，它更是形成了一种思维定式与自我认知。西村的生育习俗已经深入到人们的脑海中，而且更为难的是生产过程本身是妇女自身去承受的事情，而生育这件事情却是有关家庭、有关家族的大事，在这当中，妇女不仅自己默默承受生产中的痛苦，而且也只能顺其自然，如果要人为地去中断，妇女是不能做主的，她或者可以偷偷去进行。同时，政府实施计划生育是从经济利益或者国家发展为出发点，这些宏观的大道理对村民来说无异于隔靴搔痒。"在论述20世纪70年代避孕法在乡村社会普及时指出了女性身体成为权力的角逐场这个历史性事实："避孕，并不是一个单纯的生命终结的过程，也不是妇产科医生30、40分钟的门诊手术，甚至是中医的几贴打胎方，而是国家政策、性意识、家庭及性别分工等意识形态在妇女生育方面的角力。"

我激赏桂香这样的青年学者，也很高兴地看到全国有一批这样的将自己的历史、人民的历史、自下而上的历史作为志业的青年学者。中国史学的未来属于他们。

姜进

2016 年暑假

写于海上凤凰城

序　二

　　我与胡桂香博士仅有两面之交，且都在 2005 年：夏天我去她的学校应邀作妇女和性别研究讲座，我们初识；秋天她来天津参加我主办的为期两周妇女/性别史研究班，她好学深思，积极活跃，因这个机缘，后来她被授课老师之一的华东师范大学历史系姜进教授招为博士研究生，今年她在博士论文基础上撰写专著嘱我作序。开始有些犹豫，就专业性而言，我并不是合适人选；但读其书稿，不但与我的"农村"和"农村妇女"情结一拍即合，更为该书的三个特点所感动，心有戚戚焉：一是学术抱负和社会关怀的结合和统一，二是从独特的性别视角提供了以基层农村为场景的上下互动的 40 年计生史的全景观，三是引人深思提供反省过去规划今天的人口和生育提供思考的角度和议题。于是写了如下文字，与作者和读者切磋就教。

　　一

　　胡桂香博士的《生育的记忆：中国的计划生育政策与西村妇女（1950—1980）》一书是笔者目前见到的国内第一部以历史人类学方法研究计划生育政策领域的新作，也是妇女学研究领域以妇女为中心的计划生育断代史的专著。以"生育的记忆"为标题，明示了作者的研究视角和立场有别于社会学将生育视为种族延续、家庭行为的制度，也与注重人口数量、结构变化并侧重国家发展和民生福利的宏观调控政策有所区别。该书自始至终沿着以生育载体兼主体的妇女为中心的研究理路，将自上而下的国家政策变化及推行策略都作为妇女生育记忆中的背景（语境），而把西村妇女的生育故事及其行动实践推向了前台并担当了主角。作为历史人类学的时间维度，锁定在 20 世纪 50 年代初至 80 年代末这四十年间由国家发动的计划生育运动在传统阻抗中的推进、家国之间的博弈、身处主体和载体之间妇女的能动与无奈、计划生育在农村的得失成败……，都在作者历史追叙和围绕妇女记忆的打捞中一一展现，故事惊心动魄又娓娓道来，这部宏观微观结合的四十年计生断代史，也为六十年计生反省和改进提供了镜鉴，充分体现了作者的学术抱负和现实关怀。

作为有社会现实关怀的当代历史研究学者，作者在书中第一章开宗明义地亮明她的问题意识——关注该历史时期国家的计划生育政策制定和推进过程中是怎样与妇女发生关联和处置的？妇女在其生存的人文、政治环境中是如何反应的？诸如：属于家庭"私"事的生儿育女如何与作为"公"事的"计划生育"政策联系起来的？计生政策和行政管理如何纳入女性身体和生活轨道，使她们在自愿和受多重制约管控处于"不得已"的矛盾旋涡中？进一步，还会发现，作者更将现实关注倾斜于计划生育对农村妇女日常生活和发展产生的影响，在每一个章节都有浓墨重彩的描叙评说。在学术抱负方面，作者试图在勾画20世纪50—80年代计生当代史纵横上下交织的全景观中，让读者随着时空交错、场景移动社会性别透镜既看计划生育40年间自上而下的国家决策、各级政府的强势推动的宏观图景，更看到计生政策村落推动的微观场域中多种力量博弈的细腻情节；尤其让读者听到来自生育承担主体妇女声音和计划生育实践体察她们的感受与需求，并一箭双雕地作为与国内外学术对话的基础。

为实现预期目标，作者调动了多种研究资源和手段。首先，历史和人类学嫁接的生育史研究领域在中国计生史可谓开先河，在对历史的断代方面，既有建基于文献和田野调查的三个阶段的纵向划分并做出特征性概括，又与正文主体三个章节——20世纪50—60年代计生开端的新旧碰撞、70年代"晚稀少"政策的犹豫与接受、80年代独孩政策的冲突妥协中生育文化转型接榫对应，承转自如恰到好处。为揭示计生史的复杂变化且血肉充盈，人类学民族志方法运用体现在作者选择婆家的村庄田野现场开展村情调查、现场观察、口述访谈获得第一手材料，与地方档案资料、统计数据和文献参照使用，作为进行研究分析阐释的依据，体现了微观人类学研究基层人群的优势。可以说，本著较充分地体现出历史断代的宏观语境把握和与基层话语实践互动互补态势的有机结合。其次，在观察视角、理论工具、结构框架、表述方式方面也多有独到之处。如上述时空交叉三阶段的移动变化、延续和新状态的动态观察，始终坚持村庄本位为重点、妇女记忆为中心、社会性别为理论工具，成为本书的特色和亮点。村庄本位和妇女中心，是相对于政策制定者、行政系统逐级向基层村庄推进的强势国家而言，村庄处于政治权力具有双重性——垂直行政管理的底层和官民交接的前沿，发端80年代以来一胎化政策强制推行，计划生育成为"天下第一难"，村庄成为官民猫鼠游戏或短兵相接的敏感区和博弈场所，在这里演绎着国家、村社、家庭多重矛盾交织纠结的困顿、无解、妥协与渐变的发生。以妇女为中心，就是将计生这一多方博弈的场域聚焦于妇女，既不回避她们作为计生服务、管理、控制重点对象的弱势地位，又坚持发掘、揭示承载生育绝对重负的妇女对来自上述诸多方面施加制约、压迫中不乏自行选择的主体能动性。作者将社会性别为观察视角和理论分析工具贯穿于国家政策、推进策略、服务措施中，更将性别敏感的触角深入到村落传统生育文化、家庭制度和村庄管理等各个层面，成为该著的特色和突破，在中国本土计划生育研究中弥足珍贵。在第二章和第三章西村概述中，对该村的政治、经济、文化体制的考察中，尤着重村落传统性别分工体制、家庭结构形式、妇女地位以及人口构成观察分析；同时通过分析西村村民对身体、生命观，以及对生产方式的理解，使读者看到自1950年以来在计划生育政策的影响下，传统生育文化所发生的变化。最后，学术对话式的文献引征讨论是该著的特色之一，摒弃生硬地罗列文献，而是在行文贯穿与国内外同行交流心得，在引述、评论中有所取舍，诸如"妇女适应论"（杨华）"亲密关系论"（阎云翔）、"有限共识论"（小浜）等学者对话，在引用和讨论中不乏独见，也是本书的一个特色。

二

进入正文第四章，作者展示给读者计生三阶段多维度时空交叉中国家、村社、家庭以至夫妻多元主体互动博弈的复杂态势，演绎着四十年的惊心动魄的又颇具中国特色的计划生育全景观，引领读者进入历史现场情境中，在感受时代、体悟计生实践者人情的同时引发理性思考，这也是该著最具本土独创性之所在。其一，社会性别视角楔入了时空交叉各个面向的观察分析阐释，新意亮点纷呈中伴随着无解难点，从而引人入胜，发人思考。其二，社会人类学与历史交叉的实证研究既尊重历史的变化，又注意到变化中的延续性和新状态共存的不稳定性，使我们看到在政策制定和推行实践中上下互动的博弈、达成部分共识与矛盾仍在的历史复杂性面相。其三，为便于更加微观层面的细腻分析，分别将国、村、家的结构和行为进行细化分拆以便深入观察。如将国家计生政策细化为内容和推进中的组织、动员、宣传策略等部分；把村庄层面又拆分为影响因素的经济模式、村治特点和社区文化等；家庭作为生育场域和与计生博弈的前哨，更细分为父系婚姻机制、传宗接代的价值诉求、性别分工的传统文化等。上述作为观察分析之基础的分拆，无论粗细宏微，都是内在有机联系和人为行为关联的计生运作系统中的一个部分。笔者以为，将夫妻身份和关系从家庭中抽离，或者在家庭分析中突出个体组合——生育的直接行为者——夫妻维度的强化，有助于身体、性/生育健康私密领域的权利关系分析，也便于这一关系与国家对妇女身体控制及造成的影响包括家庭成员的态度和行为连接起来，尤其在反思 90 年代以来计划生育逐渐收紧的一孩政策和一孩半政策实施对妇女身体、性/生育健康产生越来越大的负面影响，更有必要将其抽离出来。

从第四章开始，勾勒了由于上层认识的游移不决和政治运动的冲击，从 50 年代初鼓励生育到节制生育政策贯彻到农村已到 60 年代末的计划生育的第一阶段。尽管那时"节育"重点是避孕（药物、上环、绝育等）意义和措施的宣传动员，但男性抗阻和妇女接纳的反差引发了作者的性别敏感，在历史和性别的交叉分析中，让读者体悟到集体所有制经济形态下，那些刚从"封建"社会"解放"、接着从家庭走出来参加集体劳动，挣工分、"吃食堂"那种妇女解放的自豪感（曾爱珍等口述）；同时，也看到三重负担——集体生产、家务劳动和频繁孕育集妇女一身，早婚、早孕、多胎、少成的穷困和劳碌的不堪重负的抵抗，从而欢迎避孕节育。接生员鲁东秀的母亲怀 16 胎成活 6 个；陈菊英 16 岁结婚，生 13 个孩子活了 6 个，对频繁怀孕生好多闷气，也想许多办法，如不与老公睡，把他关在门外等；曾爱珍生了 10 个活了 5 个，不想再怀孕，不与丈夫同房，竟"挨哒好多冷拳"。鲁东秀就是亲睹了母亲生育之苦立志干接生员，积极宣传节育好处和避孕方法；妇女们有了节育政策撑腰和避孕知识获得，对节育为主的计生政策的积极响应是很自然的。形成鲜明对照的是男人对计生的抵触：村干部的"两疑"（不是"毛"的政策，避孕的可靠性）、"四怕"（丑、羞、带头、误生产）；男村民延续无节制的性和放任生育的传统，甚至动辄对妻子回拒性生活大打出手，都构成了计生的阻力。作者将该时期的对节育政策接纳和抗阻归结为公私分域和两种生产中的性别分工，只是男女、夫妇之间的位置、责任的不同，这确实与当时温和计生尚未触及到深层的连带性的父权制性别制度文化结构性的阻抗有关。

第五章带领读者进入 70 年代的第二阶段。从"晚稀少"（1973）计生政策出台到"人口非控制不可"（1975），再到对"晚、稀、少"界定为"最好一个、最多两个"（1978），进一步鼓励生一个孩子（1979），1980 年开始了实行 35 年之久的独生子女政策。该章快节奏描述计生推进的步伐——从"工作组入村"宣传、组织和医疗服务为发端，排除"阻力与压力"强行"落实计划生育"做跟进，为完成上派的计生任务和减少男性阻抗，一改简易且风险小的男扎技术代之以对妇女实施"身体控制"的"各种节育方法"……随着步步升级的新计生政策在西村推进，对不同人群的影响呈现第一阶段延续中的变化：宣传、动员、技术服务的骨干即依靠对象仍以女性骨干（大队妇女主任、生产队女队长、女赤脚医生和女接生员）为主，响应者中育龄妇女对节育避孕知识更加上心。张桂香说："避孕节育，我们装作漫不经心，手里做事不停，其实心里听得认真得呢。"阻力依然来自男性，除了村干部、村民个人外，父系家庭结构性阻抗开始初露端倪：男人们以"面子"、"劳动力需要"为由，认为"没生出崽肯定不行"；父家长权特别是"婆权"余威犹在。如"吃皇粮"的赤脚医生赵秋芳生二女后带头结扎，婆婆阻止并坚持要她生孙子；徐清香婚后两年不孕，公婆冷眼，丈夫打骂，连生了两个女儿，公公开骂："只晓得生丫头片！"怀上三胎婆婆求人不做人流，躲到娘家生出孙子才罢休。以往多胎生育掩盖着的生男偏好，这时父权家庭公然干预妇女生育并将其推向计生博弈的前沿而坐享生儿孙之利。作者这样归纳该阶段大势走向："在这场运动中，有时政策和妇女结为同盟，一致抵抗传统父权制的多子观念，有效控制了生育，使该村计划生育取得显著成绩。"也是平实之论。

第六章以"冲突与妥协：独生子女政策与新型生育文化"为标题，表述 80 年代的计划生育政策和实施中复杂、深入、动态的博弈情状：从"家庭联产承包责任制与西村妇女"、"风暴来临：独生子女政策的登场"、"沉重的肉身：妇女们的压力"、"弱者的'武器'：妇女们的应对措施"和"家庭结构的变化与新型生育观的形成"五个小节展示十年内农村经济、政治巨变与计划生育政策的纠结在一起对西村人特别是妇女的作用和影响。

这里所说的"冲突"就是指 80 年代几乎同时推出的国家对农村的两

个重要的政策——"家庭联产承包责任制"和"独生子女政策"所引发的矛盾：一方面，这两个涵盖了农村的"两种生产"的巨大制度政策的转型本身发生了剧烈的冲撞：家庭联产承包责任制意味着集体经济的瓦解重新回到以家户为单位的土地使用权的再分配，导致物质生产的"土地"获得和人口再生产的"生育"产出事实上回到父系家庭掌控之中。另一方面，就在这时，独生子女政策猛烈地冲击着父系家庭的两个希望——传宗接代和拥有土地——都聚焦于必须生儿子上面；那时强制性的一胎政策高歌猛进势如破竹，国家政策层面从1980年秋至1984年，严格实行一对夫妇只生一个孩子的独生子女政策，在实施中为达到人口控制目标，采取了许多行政、经济等强迫手段，产生了很多负面效应，给农民带来的恐慌和抗拒是决策者始料未及的，低估家庭父权制男孩偏好强烈意愿和滥用权力是重要原因。但是，1984年4月13发布的《关于计划生育情况的汇报》的七号文件，作出了"在农村继续有控制地把口子开得稍大一些，按照规定的条件，经过批准，可以生二胎"，后又提出时间间隔为4年。这一对家庭父权妥协的、性别盲视的、加剧性别歧视的人口政策——所谓"一孩半政策"，妥协的结果在宏观层面造成人口性别结构的长期居高不下的出生性别比失衡；在微观操作中由于缺乏性别视角采取有效对策研究，而用更加严苛、强制的手段推行，对妇女形成多重伤害：育龄妇女直接的身体和精神的双重伤害，也殃及女性从婴儿、女童、青年以及终身遭受全面歧视埋下新祸端，更有悖于党对妇女解放的许诺和男女平等的宪法条款的宗旨。再用性别视角审视几乎与此同期出台的联产承包在土地分配（承包地和宅基地）政策时，发现性别盲视对恪守延续数千年的民间"习惯法"推波助澜地加剧对女性土地权利损害的熟视无睹。村庄（原来的大队）和村民组（原生产队）在集体经济解体后被授权执行土地分配，其原则对上秉承政府稳定农民承诺长期不变和性别中立的"以户"为生产单位进行分配，完全沿袭了家庭父权制的婚姻、继承制度，以男性为户主，将男婚女嫁从夫居、父子继承的原则，复制到村庄集体资源分配中。如西村以户为单位分一亩宅基地，实质上是剥夺女孩宅地权，女儿只分承包地，婚后不能带走，或被村里收回或转移到兄或弟之妻子名下。这种剥夺女性土地权的做法实质效果加剧计生推进的难度。至今，出嫁妇女土地和出生性别比失衡，都成为21世纪农村性别不平等引发基层社会治理危机的两大难题，而认识根源皆出于对家庭父权和集体父权同构共谋导致性别不平等危害的集体无意识。

除了经济权受损甚至剥夺影响到男孩偏好的加剧，"一孩半政策"还导致来自细密严酷的计生管理在肉体和精神心理上增加妇女的重负，从避孕、康检、人流、引产的管治对象，到给妇女准备的 22 种避孕药引发的身体反应，都是针对妇女肚子的精心设计。在西村，从 1970 年到 1990 年，承受结扎的男女比例为 176∶6。该时期，妇女在国家政策、家庭父权、村庄治理、经济资源掌控、文化习俗歧视综合作用下被建构、挤压到弱势处境中。作者又指出，妇女会借用这种社会资源和智慧，以"弱者的'武器'"作为"应对措施"，去抵抗压迫和不公。如她们利用社会关系，为了生育男孩搞假结扎、假证明，为出生的孩子瞒报户口。还采取以退为进策略躲藏与外逃，成为"超生游击队"的一员。这也是弱者的智慧和以退为进的"妥协策略"的能动。当妇女话语权不强大的时候，以妥协求生存，不但在严酷的计生政策的缝隙中生存下来，更在父权家庭空间中寻求发展。这就是我对作者"妥协"的第二种理解。然而，这种弱者的生存发展策略是以妇女的牺牲为代价的，但"少子化"政策带来妇女另一种解放和家庭结构的变化毕竟以代际更迭的时间推移显现出来。在一定意义上，公共父权在同家庭父权的博弈中，妇女在"家庭结构的变化与新型生育观的形成"中得到新生机。年轻一代婚姻自主的选择，影响着夫妻亲密关系的建立，分家单过的年轻夫妻最多生两个孩子的核心家庭在增加；老一代如 60 年代的接生员鲁东秀，现已 80 高龄，表达了"喜欢自己赚钱自己花，想买点什么就买点什么"的自由。在促使家庭结构和人际关系的变化的因素中，教育、职业和婚姻流动促进人们生育观、爱情观和家庭观改变尤为重要，而妇女成为推动改变的引领者。1957 年出生的胡嫦钰，高中毕业，曾任教师，自由恋爱嫁到西村，担任西村的妇女主任 20 年间负责计划生育，受到村民和村干的信任和尊重。作者这样评价 20 世纪 80 年代独生子女政策在西村实施的正效应："在这一过程中受独生子女政策以及家庭联产承包责任制的影响，西村的家庭结构与规模都发生了变化，这不仅与 80 年代的婚姻形式变化有关，也与妇女地位的提高有关，而这最终导致了新的生育观念的形成。"这和阎云翔对下岬村在八九十年代经历了由"惊讶、对抗、应付到调整的过程"，"尽管村民们开始强烈反对一胎化政策，甚至不惜罚款超生，但在计划生育政策的影响下，不少人改变了生育观念"的结论相呼应。

三

本书的价值，不仅限于历史人类学和性别视角结合的断代计生史提供的全景观，而且为反思和规划今天的人口和生育提供了思考的问题和角度。

反思一：父系传承的男孩偏好：从制度文化结构改变有无可能？

本著在本土父权制在生育场域逐步展现一个系统的结构。不光是西方背景中公私领域二元划分下的性别分工的单一维度，而是父系制家庭以传宗接代为动力的内外有别的导致男孩偏好的制度文化心理结构系统。公私领域在计生话语实践中早已被打破，随着计生政策的展开，原来生育作为家庭领域事务成为国家干预的重点甚至上升为基本国策，已经不再是纯粹的家庭私事；无论国家通过各层级垂直系统的政策干预和技术服务，还是村庄的经济形态、治理模式和传统文化对家庭特别是夫妇的生育意愿和行为的关系。笔者认为，用西方的"公/私"领域二元思维模式不如本土的"内/外"之别更有解释潜力，正如韩国学者李相华所说："当我们运用西方女性主义批评关于'公''私'的理论框架时，在东亚的语境中，'内''外'的概念必须被创新考虑"。① 在中国农村，"内"/"外"概念不但意味着在性别分域中男女活动、劳作生产空间和责任分工意义的不同，也具有特别强调的一套婚姻、家庭（族）和与"家国一体"或"家国同构"的国家组织结构系统内外、亲疏的意义区分。本著中已经展现的以家庭父权为中心，公共父权（包括国家、行政系统管理、村庄社区自治）或复制或新创家庭父权的原则和制度规范来解决性别安排的政策设计、管理方式、资源分配，由于自上而下的社会性别视角缺乏或盲视，往往在实践中南辕北辙。目前国内已经有学者和社区工作者与村民共同探索如何从基层改变父权制的家庭和社区工作，重建村庄性别平等、人际和谐、环境协调的新农村，在十几年的探索中，同时改变了出生性别比失衡，连续八年没有超生和多生男孩。②

反思二：性和避孕、医学和技术：如何改善生育承担者妇女的性/生

① 李相华：《父权制和儒家——女性主义批判与韩国儒家文化重构》，杜芳琴、崔鲜香编：《全球地方化语境下的东亚妇女与社会性别研究》，湖南大学出版社2016年版，第32页。
② 中共中央党校妇女研究中心性别平等倡导课题组：《男女平等：农村扎根的理论探索与社区实践——性别平等政策课题组访谈录》，《中华女子学院学报》2015年5月，第29—39页。

育健康权利？

　　该著在这方面提供促进我们在这方面反思的丰富资料引发读者如下思考：50 年代的推广的简便安全的男性结扎为什么到 80 年代基本消失，而由女性独担？男性不承担避孕责任却理所当然享受性欲满足，不计虑妻子的意愿和频繁怀孕、生产的痛苦和子女夭折的感受原因何在？到 70—80 年代严酷的妇女身体控制压迫尤其为生儿子而频频流产、为了性别结构平衡的大月份引产，是否考虑到妇女的生育健康的后果？我们是否急需改变那些陈腐非人道自私观念欲望和习俗文化并接受新知识和改善新技术？诸如避孕技术上的为什么是子宫控制中心而非输精管结扎？至于知识上压迫性无知妄说，导致精种崇拜、"子宫原罪"、怪罪婴儿性别来自母亲而非父亲，近乎疯狂的求子习俗普遍盛行如何改善？对性、孕、育、健康观念态度行为的改善，就像制度文化结构改变一样，必须首先掌握社会性别理论视角和分析方法，才能迈出改进的第一步。正如 DAWN 的核心人物著名学者吉塔·森所言："性别视角意味着认识到如下事实：妇女是处在生产和生育、经济活动和人类关怀的十字路口上的，因此也是位于经济增长和人类发展的交叉点上。她们存在于这两个领域里的工作中——她们最负责任，因此也最利害攸关；当两个领域存在冲突时，她们最受伤害，所以她们对更好地整合两者的需求也最为敏感。"[①] 处于两种生产的交叉口的妇女，其贡献和付出应当受到权力拥有者和所有人对她们生育健康权利的关怀和尊重。

杜芳琴

2016 年 9 月

---

　　① 转引自卡比尔《社会　性别，贫困与发展政策》导论前引文，陈澜燕等译，天津人民出版社 2010 年版。

目　　录

第一章　绪论

第一节　研究的缘起与意义

一　研究的缘起

2007 年 7 月底，我带着小孩利用暑假的时间回到了我的婆家，当时住在我的小姑子（即我老公的妹妹）家里。一天早上，我看见西村的妇女主任胡嬙钰①从我小姑子家经过，小姑子热情地邀请她进屋聊天。当时我这位小姑子已经 37 岁，有个 12 岁的正在上初中的男孩，现在家境殷实，她还想生一个，因此她开始咨询这位从 20 世纪 80 年代开始就担任西村妇女主任兼计生干部的主任，问可不可以再生，如果想生的话可以采取什么办法？这位村妇女主任建议她说，如果你想生的话就不要待在家里，要躲到外面去生，等生米煮成熟饭之后，我们也管不着了，到时上面查下来你就交点罚款算了，并建议她说如果想生的话就要赶快，"因为毕竟你年纪大了，怕有危险"……整个聊天过程是在非常融洽且笑声不断的气氛中进行的，我也参与了这一过程。事后我一直在想，这位妇女主任以前在执行计划生育政策时遇到过这样的情况吗？如果有，会怎样处理？在一胎化政策时期农村妇女与妇女主任及村干部的关系怎样？她们也会向她求助或者咨询吗？从我懂事起，我就对计划生育感到非常好奇，我的妹妹由于出生的时间不对（1975 年 9 月出生）直到 14 岁之后才分到了属于她的土地，难道怀孕、生育的时间也有对与错吗？我母亲那一辈的女性除了身体原因不能结扎之外在 20 世纪 70 年代都实行了输卵管结扎手术②，但我从未听她说起过这一事情，而在有关计划

---

① 文章中所有人物姓名都是原名。胡嬙钰在第六章会有介绍。
② 有关 20 世纪 70 年代的育龄妇女实行节育手术在第五章会有详细论述。

生育的研究中我也从没看到过一本著作或者一篇论文甚至一篇报道来让她们亲自叙说当时的经历，难道她们不应该发声吗？如果让她们发声，她们会告诉我们什么？持续实行了近半个世纪（现在还在实行）的计划生育到底对女性产生了怎样的影响？当我开始接触妇女史之后，我对计划生育的研究兴趣更浓。

自中华人民共和国成立以来，生育问题就一直与国家现代化建设和发展有着千丝万缕的关系。但新中国成立之初所推行的鼓励生育政策随着第一次人口普查数据的公布而被打断，人们担心失控的人口增长会造成比迟缓经济发展更坏的结果，它会威胁到年度和五年经济计划的圆满实现，1953年8月，政务院副总理邓小平在全国妇联的报告上，指示妇联成员要开始提倡生育控制；他还指示卫生部修改关于禁止进口避孕药具的规定，并向全体医务人员传达这一提倡生育控制的新政策。① 随后1956年1月，中国共产党和中共中央制定的《1956—1967年全国农业发展纲要》（修正草案）中，进一步将关于计划生育的条款放进了农业十二年发展大纲中，其中第29条"保护妇女儿童"强调要在一切人口稠密的地方，宣传和推广节制生育，提倡有计划地生育子女。② 尤其在1962年12月18日，中共中央、国务院更是针对人口增长过快又发出了《关于认真提倡计划生育的指示》，明确提出"在城市和人口稠密的农村提倡节制生育，适当控制人口自然增长率，使生育问题由毫无计划的状态逐渐走向有计划的状态，这是我国社会主义建设中的既定政策"③。因此，从50年代中期开始，共产党已经开始将每个家庭的生育列入国家直接干预的、全面的规划之中，以使人口增长与经济增长和社会发展相适应。

如果说从"人多力量大"（毛泽东）的鼓励生育到"人口增加有困难"（刘少奇）的节制生育，中国政府还在生育问题上举棋不定的话，那么从20世纪70年代开始，面对日益增长的人口数量影响现代化进程时，严厉的计划生育政策在中国的各个省份开始无条件地实行了，因为"认真抓好计划生育工作，关系到四个现代化的实现，关系到中华民族

---

① 史成礼：《中国计划生育活动史》，新疆人民出版社1999年版，第116页。
② 彭珮云主编：《中国计划生育全书》，中国人口出版社2002年版，第3页。
③ 同上书，第4页。

的健康，科学文化水平的提高，关系到国家的繁荣富强"①。1971 年 7 月 8 日，周恩来亲自部署，国务院批转了卫生部、商业部和燃料化学工业部《关于做好计划生育工作的报告》，强调把晚婚和计划生育变成城乡广大群众的自觉行为，力争在第四个五年计划期间做出显著成绩；② 1973 年 7 月 16 日，中央决定成立国务院计划生育领导小组，全权负责计划生育工作，由华国锋任组长，栗秀真为办公室主任；1978 年 3 月 5 日，第五届全国人民代表大会第一次会议通过的新宪法第 53 条明确规定："国家提倡和推行计划生育。"1980 年 9 月 25 日，中共中央发表了《关于控制我国人口增长问题致全体共产党员、共青团员的公开信》，提倡执行"一胎化政策"；1982 年 8 月中国共产党召开的十二大提出了两个"力争"的目标：一个是"从 1981 年到本世纪末，我国经济建设总的奋斗目标是在不断提高经济效益的前提下，力争使全国的工农业年总产值翻两番"；另一个是"到本世纪末，必须力争把我国的人口控制在十二亿之内"。为了达到这一目标，必须普遍提倡和推行一对夫妇只生育一个孩子，严格控制二胎。为此，中央十一号文件规定："国家干部和职工，城镇居民，除特殊情况经过批准外，一对夫妇只生育一个孩子。""农村普遍提倡一对夫妇只生育一个孩子，某些群众确实有困难要求生育第二胎的，经过审批可以有计划地安排，不论哪一种情况都不能生育第三胎。"③ 从机构的设置、负责人的任命，以及将计划生育写进宪法，可以看出人口问题在政府工作中的重要性和迫切性。从此以后，这一严格的计划生育政策波及了广大的农村地区，它不仅是一场改变中国农村几千年生育文化的革命，也使农村妇女的生育第一次作为一个公共话题被置于现代性话语的中心位置，并将妇女自身的解放与国家的发展联系在了一起。

毋庸置疑，从 1950 年到 1990 年，计划生育的成绩是有目共睹的，它使中国人口的出生率和增长率显著下降（见表 1-1）；而随着可供育龄夫妇选用的节育方法不断增多，妇女采取避孕措施的人数也显著增加，妇女成为了主要的节育者和避孕者（见表 1-2）。

---

① 《认真抓好计划生育工作》，《人民日报》1974 年 10 月 6 日。
② 史成礼：《中国计划生育活动史》，新疆人民出版社 1999 年版，第 161 页。
③ 杨魁孚等编：《中国人口与计划生育大事要览》，中国人口出版社 2001 年版，第 96 页。

表 1 - 1　　　　　　　　1950—1990 年几个年份中国人口变动情况①

年份	出生率（‰）	死亡率（‰）	自然增长率（‰）	总和生育率（人）
1950	37.00	18.00	19.00	5.81
1971	30.65	7.32	23.30	5.44
1982	22.28	6.60	15.68	2.87
1990	21.06	6.67	14.39	2.31

表 1 - 2　　　　　　　湖南省 1976—1982 年落实节育措施统计表②

年份	节育人数	输精管结扎		输卵管结扎		宫内节育器		口服及注射避孕药		外用药、避孕套及其他	
		人数	%	人数	%	人数	%	人数	%	人数	%
1976	4661322	580395	12.45	1733271	37.18	1998.835	42.88	210986	4.53	37335	0.81
1978	5212927	615778	11.80	2057263	39.46	2232374	42.82	182.333	3.50	125.179	2.40
1979	5510093	707926	12.80	2415037	43.59	2124171	38.34	163709	2.95	129250	2.30
1980	5783432	747394	12.90	2545550	44.00	2143394	37.06	194843	3.37	152251	2.60
1981	5901489	731072	12.39	2576174	43.65	2147361	36.39	218012	3.69	228870	9.19
1982	6473045	818242	12.64	2957815	45.69	2239628	34.60	208774	3.23	248586	9.69

　　在计划生育不断取得成绩并与国家的现代化发展相呼应的过程中，广大的农村女性在这一生育政策当中不仅成为重要的节育动员对象，而且是这一政策主要的身体实践者和重要动力。既然无论从理论层面还是实践层面，农村妇女都是这一变革的参与者和实践者，她们当然也是这一历史过程的言说者和解释者。然而这些农村女性却因为出生地（农村）和性别（女性）而被双重边缘化了，大多数关于计划生育的著作和言论都将计划生育本身作为研究重点，而对妇女尤其是农村妇女在之中的人生经历、思想情感、精神生活等忽略在一边；并且正如朱爱岚所指出的，"关于中国妇女的大量文献常常把其他问题当作其着眼点，而不曾以改革（计划生育）对农村妇女生活造成的影响为重心"③。文字记载几乎无法告诉我们

---

　　①　国家统计局人口司：《中国人口统计年鉴》，科学技术文献出版社 1991 年版。

　　②　毛况生主编：《中国人口·湖南分册》，中国财政经济出版社 1987 年版，第 448 页。注：1977 年没有数据。

　　③　［加］朱爱岚：《中国北方村落的社会性别与权力》，胡玉坤译，江苏人民出版社 2004 年版，第 4 页。

这些妇女对国家政策的真实记忆，她们的日常生活在多大程度上受到了国家政策和国家话语的影响？她们在经济、社会、心理各层面有多大改变？她们是如何将国家政策纳入自己的生活轨迹的？在严格的计划生育政策之下，农村妇女都采取了什么应对措施？她们如何知道避孕方式，以及有怎样的感受？她们是国家政策的消极受害者还是发挥了自身的主观能动性？她们的生育观念、生育行为、生育意愿在国家话语下得到了多大改变？她们的家庭模式与家庭结构是否有变化？计划生育政策怎样影响及强化了村庄的社会性别关系？作为政治基层组织的村委是怎样执行国家政策的？等等。能够为以上问题提供答案的主要资料之一是中国农村妇女的个体和群体记忆。然而，现实情况却告诉我们，这些农村妇女的经历和感受，她们的所思所想，她们的记忆往往无声无息，并成为历史中视而不见的缺失。

带着这样的疑问，我开始进行计划生育与农村妇女的研究，从 2008 年开始在洞庭湖以南沅江县的一个村庄开始了田野调查，主要是进行女性生活史、生育史调查，其主要方式是倾听和记录当地老年女性对该时段经历的讲述、解释和评价，我搜集了 50 多位妇女的生活史和生育史，并采访了少数在村落担任领导的男性及当时的妇女干部、医务人员和计生干部。本书把农村妇女置于现代化发展和妇女自身解放这一历史语境中，通过口述资料、田野调查与档案、文献资料的交互运用，试图展示计划生育这一历史性事件对农村妇女日常生活的影响，以及计划生育政策如何被女性纳入自身的生活轨迹。同时，本书还试图揭示中国的社会性别制度同计划生育政策是如何关联的，并将考察"公"、"私"领域之间的交融与冲突。

自改革开放以来，有关新中国成立之后中国农村生活的变化引起了很多海外学者的关注。阎云翔在他的经典著作《私人生活的变革：一个中国村庄里的爱情、家庭与亲密关系（1949—1999）》中指出自 1949 年以来，国家在推动私人生活的转型上扮演了至关重要的角色。在中国的家庭制度产生巨变的同时，每一个个人的私生活也产生了翻天覆地的变化。那么，如果我们将计划生育政策引进来，这对西村的私人生活又会产生怎样的影响？避孕是否会促进夫妻之间的亲密关系，是否会影响两性之间的互动或者家庭的劳动分工，这些对男性和女性的影响又会有怎样的不同？因此我在研究中一直坚持与阎云翔进行对话。

二　研究的意义

本书的选题试图解决以上问题，具有如下意义：

第一，是对计划生育政策研究的一种新的尝试，弥补以往研究的不足。

目前关于计划生育与农村妇女方面的研究，都没有将这一生育行为的主要承担者和行动者——妇女——作为主体来研究，不但没有考虑农村妇女自身的感受和体验，而且在这些著作中，女性始终是以"他者"的立场被人叙说或代言，我们从中难以听到农村妇女自己的声音和话语。正如杨念群在《从科学话语到国家控制——女子缠足由"美"变"丑"历史进程中多元分析》一文中所指出的，如果仔细分析各种反缠足运动特别是早期运动者的性别构成，我们就会发现，女性身影和发出自主声音的情形真是少之又少，并不足以代表"缠足"与"反缠足"运动相互对立冲突的全部含义，这似乎不仅是反缠足运动单独面临的问题，而且也成为近代妇女解放运动的共通现象。① 高彦颐在《缠足——"金莲崇拜"盛极而衰的演变》一书中也呼吁大家要将注视的焦点从"男性书写的文本历史"，转移到"女性历史的身体书写"。② 所以本选题从农村妇女自身的经历和感受出发来研究中国的计划生育，正可弥补男性中心学术研究的不足而有充实和扩大知识领域的作用，并可促使对问题的重新整理和诠释。

第二，可进一步完善中国的计划生育政策。

该书是从微观的、区域角度来研究中国的计划生育政策对农村妇女的影响的。正如人类的历史主要是从男性角度来写的一样，对计划生育的研究也大都是从男性的角度来写，而且是将其作为国家的政治大事件来写。在计划生育作为国策的实施过程中，妇女尤其是农村妇女虽然是计划生育的执行者，但她们的主体性、能动性，她们身体的感受与经历，长期以来被封装在男性知识和权力精英的各种叙事文本中，其结果是这些农村妇女在中国的计划生育史中不折不扣地成为了一群"无声的从属者"。本书通过对计划生育政策的身体实践者和重要动力的研究，通过对向来在历史舞

---

① 杨念群：《从科学话语到国家控制——女子缠足由"美"变"丑"历史进程中多元分析》，载汪民安编《身体的文化政治学》，河南大学出版社 2004 年版。

② ［美］高彦颐：《缠足——"金莲崇拜"盛极而衰的演变》，苗延威译，江苏人民出版社 2008 年版，第 12 页。

台上缺乏声音的下层女性的研究，通过让农村妇女发声，不仅可以展示人们对计划生育政策的真实反应，而且也可以听到主流之外的声音；通过触及当事人的内心世界，使历史的内涵不仅是冰冷的事实，还包括人的内在情感与思维。而这些亲历计划生育政策的农村女性的所思所想也可为政策制定者提供建议，可进一步完善中国的计划生育政策，并为政策的制定添砖加瓦。

第三，以下属群体为主角，突破以精英妇女为主角的妇女史的研究局限。

性别研究自20世纪80年代在国内开始起步之后，妇女史研究取得了丰硕的成果，但在很长一段时间内，中国的妇女史研究一般从两方面进行，一是挖掘杰出女性，一是分析女性所作的贡献，因此能被写入历史的女性不是与男政治家有关的女性便是为数极少的女政治家、女革命家或是典范妇女和有特殊成就的女性，在新文化史浪潮的冲击下，早期以挖掘精英女性，体现女性的作用为主的妇女史模式遂受到批评。妇女史吸收了社会史所重视的"人民史"研究的理论与方法，强调从社会低下层由下而上看历史，突出普通人的行动和意识在历史上的作用。"因为妇女史不应只是城市、中央的历史，同时应照顾乡村、边陲和下层。"① 本选题以农村妇女为主体，以小人物的历史来完善历史，逐步走出精英史的窠臼。这种转向小历史、微观史或日常生活史的历史书写方式，让人类的历史变得活泼、生动，而且每一个人都有可能被写进历史。

第二节　国内外研究现状

计划生育是当代中国历史上关系国计民生的重大事件，改革开放至今，计划生育成为我国的基本国策已深入人心。时至今日，中国的计划生育政策已实行了将近50年，有关计划生育方面的专著已硕果累累，报刊、杂志、期刊等关于计划生育的论文也已不计其数。对计划生育的研究领域

---

① 吕芳上编：《近代中国的妇女与国家 1600—1950》，"中央研究院"近代史研究所 2003 年版，第 6 页。

包括历史学、社会学、人口学等，研究的主题很多，① 但笔者无意对这些主题和作品进行分析，而只是对计划生育政策在农村开展以来有关计划生育与农村妇女之间的研究作一个梳理与评价，以便对笔者写作的开展有所裨益。

一　国内研究现状

自计划生育政策在农村普遍开展以来，根据笔者的分析与梳理，关于计划生育政策与农村妇女的研究主要有三种模式。第一种模式是分析计划生育取得的成绩，讨论如何达到目的，对影响计划生育工作在农村开展难的原因进行宏观分析，如从妇女的受教育程度、妇女的经济地位、妇女的家庭地位及文化因素等方面来进行讨论。研究的范围很广，可以说计划生育在农村广泛开展的时候这种研究非常普及。除涌现出来的数量繁多的专业论文之外，梁中堂、阎海琴所著的《中国农村妇女早婚早育和多胎生育问题研究》② 和王胜今、景跃军等著的《中国农村生育行为研究》③ 是这方面比较全面的著作。《中国农村妇女早婚早育和多胎生育问题研究》将我国农村妇女的早婚早育和多胎生育问题放在1950—1988 年的跨度上，同时又将其同农村经济文化相联系进行系统的和深入的研究。从计量学、统计学、人口学的角度来关注农村妇女的多胎生育，关注的目标是在 20 世纪的最后十年里，农村妇女的多胎生育能否降下来，降到什么程度，是生一胎还是两胎的争论。王胜今、景跃军等著的《中国农村生育行为研究》从经济、社会、文化等多视角，运用定性和定量相结合的方法，利用实地调查的结果，深入研究了中国农村

① 关于这一点，杨发祥对其做了全面的概括与总结。他认为目前对计划生育的研究主题有以下八个方面：一是计划生育发展的总体研究，代表作有：孙沐寒：《中国计划生育史稿》，北方妇女儿童出版社 1987 年版。史成礼：《中国计划生育活动史》，新疆人民出版社 1988 年版。杨子慧：《计划生育在中国》，辽宁人民出版社 1987 年版。曹景椿：《中国计划生育道路》，辽宁大学出版社 1990 年版。二是计划生育政策研究。三是领导人与计划生育研究。四是计划生育与市场经济研究。五是少数民族计划生育研究。六是计划生育法制研究。七是计划生育管理研究。八是地方计划生育研究。每一主题相关的研究成果参见杨发祥《当代中国计划生育史研究》，博士学位论文，浙江大学，2000 年，第3—13 页。从他的总结中也可看出对农村妇女群体与计划生育这一主题研究的缺乏。

② 梁中堂、阎海琴：《中国农村妇女早婚早育和多胎生育问题研究》，山西高校联合出版社1992 年版。

③ 王胜今、景跃军等：《中国农村生育行为研究》，长春出版社 1999 年版。

生育行为的影响因素，分析了农村计划生育工作难的原因，提出了控制我国农村人口增长、解决农村人口问题的可操作性的建议，然而两本书的研究只是就事论事，没有对生育行为的主体——妇女作一点分析。两书所用的大部分材料，数据都是来自官方文献，从农村妇女所直接得出的数据几乎没有。

专门从文化角度来研究农村生育问题的著作也逐渐增多，最具代表性的为李银河的《生育与村落文化·一爷之孙》。① 该书以山西沁县南山头村与浙江余姚南阳村两个村庄中所收集到的资料为依据，比较了生活在不同环境中的人们在生育观念上的巨大差异，并探讨了计划生育政策对其生育行为所产生的影响，但作者主要是从文化的角度来考虑农村的生育行为，没有分析计划生育对妇女生活的影响。并且，作者在文章里多次透露了计划生育的实施是无可厚非的，但之所以实施难，是因为村落的生育文化使然，没有体现政策、家庭及个人之间的互动。不过这种研究可取的地方是它运用了区域研究的方法，从微观的角度研究生育。

1995 年第四次世界妇女大会之后，随着西方女权主义的理念传入中国，女性主义学者重新从性别研究角度去考察计划生育政策与其承担者和实践者——妇女，开创了计划生育研究的另一局面，这可以说是第二种研究模式，即从关注政策本身转向关注政策对妇女的影响。这些学者提出，虽然计划生育政策已作为国家的一项基本国策普遍推行起来，但是研究极少涉及半个世纪以来人口政策对女性身心健康、事业、发展方面造成的影响。从这一角度出发，朱楚珠、李树茁等编的《计划生育对中国妇女的双面影响》② 一书和梁军、许孔玲的《计划生育予妇女生育健康之利弊——河南农村入户访谈调查报告》③，以及顾宝昌、解振明等的《计划生育与妇女地位》④ 对该方面进行了思考与分析。

朱楚珠、李树茁等在福特基金的资助下，开展了计划生育对妇女影响的研究，并出版了《计划生育对中国妇女的双面影响》一书。作者认为，

---

① 李银河：《生育与村落文化·一爷之孙》，文化艺术出版社 2003 年版。
② 朱楚珠、李树茁等编：《计划生育对中国妇女的双面影响》，西安交通大学出版社 1997 年版。
③ 梁军、许孔玲：《计划生育予妇女生育健康之利弊——河南农村入户访谈调查报告》，载李小江主编《生育：传统与现代化》，河南人民出版社 1997 年版，第 42—54 页。
④ 顾宝昌、解振明等：《计划生育与妇女地位》，中国人口出版社 2000 年版。

中国是否要进行计划生育已无可选择，那么，计划生育对中国妇女个体有无影响？怎样影响？成因为何？地区差异如何？能否避免？作者对此进行了定性与定量调查、分析和研究。研究的主要结论是计划生育对中国妇女存在双面影响，而双面影响的作用过程有三个层次：一是直接作用于妇女个体；二是通过妇女个人波及家庭；三是通过个体和家庭进而作用于社会从而加重一些社会问题及冲突。作者希望计划生育所涉及的各层次，从领导者、决策者到工作人员理解计划生育对妇女的双面影响，注意从社区、家庭到妇女个体，创造发扬正面影响抑制负面影响的环境，完善计划生育。可以说，该书通过大量的数据从非常宏观的角度展现了计划生育对妇女的影响，但这些数据不是来自农村，农村妇女在其中是沉默的群体。而梁军、许孔玲的论文《计划生育予妇女生育健康之利弊——河南农村入户访谈调查报告》从微观角度近距离地揭示了计划生育对妇女生育健康既有积极影响，也有负面影响，并罗列了影响的各个方面。但该文仅仅关注计划生育对妇女生殖健康方面的影响，没有涉及农村妇女的个人生活、情感、生命体验、生育方式等方面。

《计划生育与妇女地位》一书汇集了中国人口信息研究中心研究人员顾宝昌博士、解振明研究员，以及美国"家庭健康国际"的凯伦·哈迪博士等于1996—1997年在江苏苏南地区和安徽皖北地区调查研究的主要成果。研究人员通过问卷调查、典型组专题座谈和入户深入访谈等形式了解了不同地区妇女对计划生育的认识和态度，从妇女的角度调查和分析了群众计划生育的需求和意见，为完善现行的计划生育政策和改进计划生育工作提供了决策建议，但该书没有把女性尤其是农村女性置于当时的语境下去做研究，缺少与政策的互动，更缺乏历史感。

计划生育于中国的妇女而言，不是一个"事件"、一个"时段"，而是她们曾经长期生活的内容和生活环境，这种情境影响到中国农村妇女对计划生育的态度——由观望到无奈，由个别人的自由选择到集体的行动，也影响到中国农村妇女的生活方式和生活态度。然而，如何使活跃于农村生活空间的妇女认识自身的处境，表达自己的需求，这是研究者必须关注的问题，也是妇女史学者研究的重点。随着口述史学的再一次兴起，运用口述方法来聆听下属群体的声音，是农村妇女研究中又一新的取向，1998年由杜芳琴、和钟华主编的系列丛书《大山的女儿：经验、心声和需求——山区妇女口述》（西南卷、华北卷）① 将农村妇女的声音与社区的发展联系起来，让农村女性发声，说出她们自身的感受，从而使得对农村妇女的研究不再是她们的"失声"或被"代言"。张晓的《西江苗族妇女口述史研究》② 是一部以黔东南西江苗族妇女口述史为研究对象的女性人类学著作。作者选取了女性口述史这个侧面，采用人类学参与性观察访谈的田野作业方法，对一个典型的民族聚落的妇女群体和特定的文化体系间的互动关系展开研究，给人们提供了一个动态的、鲜活的、具体的了解苗族妇女的文本。妇女讲述自己的经历，不仅展示了妇女自己，也展示了文化和社会以及社会文化和人的关系。从上述的妇女口述史，可以看出生育是妇女生命中重要的经历，这种方法已被许多关注女性研究的学者和专家认可，但是，由于没有运用其他文献资料，这种研究就不可能将妇女的处境放在国家语境下来研究，没有结合女性自身的体验和感受来寻求国家政策与个人之间的互动。这促使人们思考对中国计划生育政策的研究既要考虑妇女自身的体验，又要将这种体验放到当时的历史语境中，并且不能脱离国家的话语。

真正将计划生育政策与个人生活与体验、口述史料结合起来研究的是新近出版的郑卫东的著作《村落社会变迁与生育文化——山东东村调查》③ 一书。这可以说是第三种研究模式的代表作之一。郑卫东综合运用社会学、人类学、历史学等多学科的方法，基于第一手田野调查资料与地方档案材料，详细描述山东东村近一个世纪以来的社会变迁与生育文化演变的关系，并从微观角度揭示了国家计划生育政策在一个村庄的推行过程，以及国家政策与民众反应的互动关系。这在一定程度上体现了计划生育研究的新趋向。然而美中不足的是，作者访谈的人员中绝大多数是男性，因此不能充分体现作为生育主体的女性的体验和经历，也就不能充分体现计划生育政策对妇女日常生活的影响。

另外一本重要的著作是阎云翔对黑龙江省下岬村的研究。阎的著作

---

① 杜芳琴主编：《大山的女儿：经验、心声和需求——山区妇女口述》（西南卷），贵州人民出版社1998年版；和钟华主编：《大山的女儿：经验、心声和需求——山区妇女口述》（华北卷），贵州人民出版社1998年版。

② 张晓：《西江苗族妇女口述史研究》，贵州人民出版社1997年版。

③ 郑卫东：《村落社会变迁与生育文化——山东东村调查》，上海人民出版社2007年版。

《私人生活的变革：一个中国村庄里的爱情、家庭与亲密关系（1949—1999）》①探究了半个世纪以来中国农民家庭中的个人情感与个人心理行为方式的变化，私生活中的个人生活体验成为作者的主要研究对象。作者专辟一章讨论了人口政策与国家新型生育观念的出现之间的关联，指出中国的计划生育政策是国家重新塑造家庭结构与家庭生活的重要途径，而对当地村民的询问显示，农民并不仅仅是国家严格的计划生育政策的消极受害者，从一开始，农民在应付国家政策上就八仙过海各显其能，对付的手法包括直接抗命、软磨硬泡等，充分体现了农民的能动性，但同时也有个人接受了新的生育观念。作为哈佛大学毕业的博士生，阎的写作方法和技巧以及所关注的问题无疑值得笔者借鉴，尤其是他提倡的以"个人的体验和生活为关注中心"更使笔者深受启发，但笔者对计划生育与农村妇女的研究是从历史学科的角度去做专门研究，主要关注的对象是农村妇女，而阎对农村妇女的研究并不是该书的重点，因此不能全面深入地去揭示这种变化所造成的影响。

总的来说，国内关于计划生育与中国妇女的研究有三种模式。第一种模式是从宏观的角度——如妇女的受教育程度与生育率的关系、妇女的经济状况与生育决定权之间的关系、妇女的家庭地位及文化因素对生育的影响，等等——来对计划生育政策在农村开展难的原因进行分析。这种研究更多的还是局限于生育本身，对于农村妇女生育行为、生育变化的研究不够深刻。研究者大量利用普查和抽样调查的数据，就数论数，见数不见人，不但存在着宏观与微观相脱离的倾向，而且由于研究者往往将自己标榜在客观的立场上，将自己建构的各种结构看作自主的实体，无视现实中个体的实践经验，将个人或群体完全看成被动消极的承受者，更主要的是没有将这一生育行为的主要承担者和行动者作为主体来研究，因此，这种模式还存在着社会与个体相脱离的情况。笔者认为，这种研究是我们做历史研究最忌讳的。

第二种模式是研究计划生育政策对妇女的影响。一般来说是从计划生育对妇女的双面影响来进行研究。这种模式较第一种模式而言，已有很大的进步，已经开始关注女性本身，而不是以政策制定者的身份来进行。可

---

① ［美］阎云翔：《私人生活的变革：一个中国村庄里的爱情、家庭与亲密关系（1949—1999）》，龚小夏译，上海书店出版社2006年版。

是，似乎没有多少人注意到，对妇女的影响，对计划生育的感受都是通过男性话语间接加以想象和表达的，即使随着计划生育政策研究的深入，对妇女影响的描述大多是为受过现代教育的知识女性的替代性表达，而大多数农村女性由于出生地和性别而长期被迫处于"失语"的状态，被剥夺了说话的权利。也就是说，不但没有考虑农村妇女自身的感受和体验，而且在这些著作中，女性始终是以"他者"的立场被人叙说或代言，我们从中难以听到农村妇女自己的声音和话语。并且，"无论根据哪种模式，个人都不在关注中心，有血有肉的普通人的情感生活基本上都被忽略不计"①。

第三种模式是从区域的角度，运用口述的方法，结合个体自身的体验和感受来寻求国家政策与个人之间的互动，以及国家政策是怎样影响了村民的方方面面。笔者赞同第三种模式，但是这种模式没有运用社会性别视角，尽管注重个体的体验，但没有将女性的体验作为主要的关注对象，因此笔者的研究将结合以上优点，弥补以上不足。

二 台湾地区的相关研究

台湾学者在妇女研究方面取得了丰硕的成果，对妇女生产与生育的研究成果层出不穷，李贞德的《女人的中国医疗史——汉唐之间的健康照顾与性别》，刘静贞的《不举子——宋人的生育问题》，衣若兰的《三姑六婆——明代妇女与社会的探讨》，洪有锡、陈丽新的《先生妈、产婆与妇产科医师》四本著作，以丰富的史料，结合性别与医疗、性别与生育及性别与社会等方面，对从汉代到日据时期妇女的生育和生产以及接生人员的发展等进行了全面的解读。② 而吴燕秋的博士学位论文《"拿掉"与"毋生"——战后台湾妇女堕胎史（1945—1984）》③ 从历史的角度对台湾妇女的堕胎过程进行了梳理和总结。由于台湾也从 20 世纪 50 年代开始

---

① ［美］阎云翔：《私人生活的变革：一个中国村庄里的爱情、家庭与亲密关系（1949—1999）》，龚小夏译，上海书店出版社 2006 年版，第 7 页。

② 李贞德：《女人的中国医疗史——汉唐之间的健康照顾与性别》，（台北）三民书局 2008 年版；刘静贞：《不举子——宋人的生育问题》，（台北）稻乡出版社 1998 年版；衣若兰：《三姑六婆——明代妇女与社会的探讨》，（台北）稻乡出版社 2006 年版；洪有锡、陈丽新：《先生妈、产婆与妇产科医师》，（台北）前卫出版社 2002 年版。

③ 吴燕秋：《"拿掉"与"毋生"——战后台湾妇女堕胎史（1945—1984）》，博士学位论文，"国立"清华大学，2008 年。

倡导推行家庭计划,① 在家庭计划的研究方面,台湾的研究已经从单纯对政策方面的分析转向了对主体（妇女）的研究。尽管还极少看到这方面的专著,但许多高校的硕博士学位论文已经崭露头角。② 她们关注女性的感受,注重女性的体验,并运用社会性别分析方法,去发现家庭计划背后所隐藏的性别文化与性别关系。如高雄医学大学性别研究所朱彦柔的硕士学位论文《家庭计划下已婚女性的避孕经验（1960—1980）》一文主要探讨在 1960 年至 1980 年间已婚女性在台湾当局实行计划生育政策下的避孕实践与经验,探讨这些女性对性的理解、避孕知识获得的渠道、影响女性避孕方法选择的因素,以及她们得以避孕的相关社会脉络。她发现,就避孕方式而言,多数的避孕方式仍是主要针对女性来设计的,要求女性接受医疗的洗礼,进入医疗体系。即便有少数男性主动甚至主导避孕过程,但分析其背后原因,往往是在没有其他女性避孕方式的选择之下才得以发生,社会中隐匿的性别阶层由此可见一斑。③ "国立"台湾大学护理学研究所张秀如的博士学位论文《怀孕第三期妇女身体改变经验之研究》是女性身体史的一篇力作。她以现象学及女性主义的观点作为研究的理论导向,选择 18 位在北部某教学医院产科门诊进行产前检查、怀孕 29 周至39 周的妇女参与本研究,以深入及自由开放的访谈方式进行资料收集,访谈焦点主要集中于怀孕妇女对身体改变的反应。她的研究借由怀孕妇女的声音,对于妇女怀孕后期身体改变之复杂经历阐述了更多深入的理解。④ 同一时期高雄医学大学性别研究所王映媚的硕士学位论文《影像的故事:怀孕妇女经历妇产科超声波的经验与性别内涵》,更是以医疗科技的发展对怀孕妇女身体的影响作为研究主题。她运用深度访谈与参与观察的方法,从妇女的经验出发来看待超声波与妇女怀孕的关系,并描绘怀孕妇女所经历的医疗措施,而并不是像国内其他文献多着眼于宣扬超声波的功能性。这几篇文章关注女性的体验,以妇女为主体。然而她们所关注的

① 与中国大陆"计划生育"的称呼不同,台湾一般称之为家庭计划。

② 相关论文有:赵文瑾:《解放与负担:中国的一胎化政策中的父权矛盾》,硕士学位论文,"国立"政治大学东亚研究所,2007 年;郭元华:《一九五〇至七〇年代台湾的家庭计划:医疗政策与女性史的探讨》,硕士学位论文,"国立"清华大学历史研究所,1997 年。

③ 朱彦柔:《家庭计划下已婚女性的避孕经验（1960—1980）》,硕士学位论文,高雄医学大学性别研究所,2008 年。

④ 张秀如:《怀孕第三期妇女身体改变经验之研究》,博士学位论文,"国立"台湾大学护理研究所,2006 年。

女性是台湾的中产阶级的妇女，而由于各阶层的妇女所处的环境与背景不同，她们的身体的经历与体验也应该有所不同。

三　国外研究状况

国外学者对中国农村的研究一直不乏经典之作，自美国学者明恩博（Arthur H. Smith）1872 年来华对中国农村进行观察调查并于 1898 年出版《中国乡村生活》一书，[①] 拉开了对中国农村社区研究的序幕，随后，弗里德曼（Maurice Freedman）、施坚雅（G. Williams Skinner）、韩丁（William Hinton）、克罗尔夫妇（Isabel. Crook；David. Crook）、杜赞奇（Prasenjit Durara）、黄宗智（Philip C. Huang）等学者对中国农村进行了多方面的研究，[②] 同时，在海外的中国学者以自身经历进行的中国社区研究更是不乏经典之作。[③] 但此时的乡村研究对妇女涉及不多。20 世纪 70 年代后，随着国外妇女研究的兴起，国外学者对中国妇女的研究颇为关注，并颇有建树，这个时期最有学术价值的著作是玛丽琳·杨（Marilyn B. Young）编纂的论文集《中国妇女——社会变革和女性主义研究》（1973）和玛杰里·沃尔夫（Margery Wolf）等编纂的论文集《中国社会中的妇女》（1975）。两本论文集从不同角度探讨中国革命与妇女解放的关系，指出中国社会的变迁给妇女生活带来的巨大变化。"虽然作者以史学家的敏锐，觉察到中国妇女仍然存在一定问题，但是她们对中国革命所取得的成绩持肯定态度，并热情讴歌了中国革命所取得的成就。"[④] 同一

① ［美］明恩博：《中国乡村生活》，陈午晴、唐军译，中华书局 2007 年版。

② 代表作有：［英］莫里斯·弗里德曼：《中国东南的宗族组织》，刘晓春译，上海人民出版社 2000 年版；［美］施坚雅：《中国农村的市场和社会结构》，史建云等译，中国社会科学出版社 1998 年版；［美］韩丁：《翻身——中国一个村庄的革命纪实》，韩倞等译，北京出版社 1980 年版；［加］伊莎贝尔·克罗尔、［英］大卫·克罗尔：《十里店——中国一个村庄的群众运动》，安强、高建译，上海人民出版社 2007 年版；［美］黄宗智：《长江三角洲小农家庭与乡村发展》，中华书局 2000 年版；［美］杜赞奇：《文化、权力与国家：1900—1942 年的华北农村》，王福明译，江苏人民出版社 2008 年版。关于海外中国乡村研究的其他著作参见陈刚《西方人类学中国乡村研究综述》，《中国农业大学学报》2010 年第 3 期。

③ 早期的经典著作有：费孝通：《江村经济：中国农民的生活》，商务印书馆 2005 年版；林耀华：《金翼：中国家族制度的社会学研究》，庄孔韶等译，生活·读书·新知三联书店 1989 年版；［美］许烺光：《祖荫下：中国乡村的亲属、人格与社会流动》，（台北）南天书局 2001 年版，第 28 页；杨懋春：《一个中国村庄——山东台头》，江苏人民出版社 2001 年版。

④ 鲍晓兰：《美国的中国妇女研究动态分析》，载李小江等主编《平等与发展（性别与中国系列第二辑）》，生活·读书·新知三联书店 1997 年版，第 363 页。

时期，美国人类学家玛杰里·伍尔夫（Margery Wolf）出版《台湾农村的妇女与家庭》① 一书，提出以妇女为研究中国家庭制度的中心，扭转过去偏重男子占主导地位的家长制或家族制的研究偏向。她的"子宫家庭"模式说明在以男性为主的传统中国家庭中妇女如何巧妙地行使有限的权利。在伍尔夫所带出的新的研究方向的影响下，历史学家、社会学家和人类学家对中国妇女问题的交流日增。这一时期的研究所取得的成就是显著的，它不仅有力地证明了妇女研究是认识中国社会和历史的一个不可缺少的重要领域，而且为后来的研究奠定了基础。然而，当时研究的最大障碍是缺乏有关普通妇女行为和态度的资料，并且由于对中国的计划生育政策缺乏了解，关于妇女与计划生育方面的研究几乎没有涉及，这一空白在80 年代得以弥补。

从 20 世纪 80 年代开始，随着共产党新的领导集体的上台和新的政策的实行，妇女问题再次成为海外学者关注的焦点，1983 年出版的三部著作可称得上是这个时期的经典之作，它们是菲利斯·安多斯（Phillis Andors）的《未完成的中国妇女解放（1949—1980）》（*The Unfinished Liberation of Chinese Women*）②、凯·安·约翰逊（Kay Ann Johnson）的《中国的妇女、家庭和农民革命》（*Women, Family and Peasant Revolution in China*）③，以及朱迪思·斯特西（Judith Stacey）的《中国的父权制与社会主义革命》（*Patriarchy and Socialist Revolution in China*）④。在《未完成的中国妇女解放（1949—1980）》一书中，安多斯重点研究了从 1949 年到 1980 年中国的经济改革对城市和农村妇女生活的影响；史学家约翰逊在《中国的妇女、家庭和农民革命》研究了自共产党成立以来妇女政策的改变及其对农村妇女生活的影响；斯特西则集中研究了党的政策对中国家庭结构的影响。三部著作基于大量的史实和数据，从不同的角度对中国妇女做了分析，得出的结论是相同的。即中国妇女问题尚没有得到根本的解决，原因在于没有认真执行解放妇女的政策，从未把解放妇女作为一项中

---

① Margery Wolf, *Women and the Family in Rural Taiwan*, Stanford University Press, 1972.

② Phyllis Andors, *The Unfinished Liberation of Chinese Women* 1949 – 1980, Indiana University Press, 1983.

③ Kay Ann Johnson, *Women, Family and Peasant Revolution in China*, The University of Chicago Press, 1983.

④ Judith Stacey, *Patriarchy and Socialist Revolution in China*, Berkeley University press, 1983.

心任务来抓。这一时期，菲利斯·安多斯（Phillis Andors）最早开始涉足对计划生育方面的研究，她在《未完成的中国妇女解放（1949—1980）》一书中，专辟一章对中国妇女在计划生育政策实施中所起的作用做了分析，指出如果没有女性领导的带头，如妇女队长、妇女主任等，农村中的计划生育政策是很难开展的，但这些带有政治色彩的女性领导经常处于尴尬的处境。当然，受中国开放程度的影响，作者所用的有关计划生育方面的资料只有一些官方出版物，所以对中国计划生育的研究不是很深入，对妇女们的日常生活的变化没有更多涉及。

80 年代对中国的计划生育政策与妇女进行专门研究并颇有建树的首推朱迪斯·班尼斯特（Judith Bainster）的《中国变化的人口》（*China's Changing Population*）一书①。作者花了六年多的时间考察了从中华人民共和国成立以来直到 1985 年的中国人口的变化情况，对中国人口政策的演变与实施过程进行了详尽的描述，与中国学者描写中国人口政策的不同之处是她不但运用了大量的官方数据，同时注重媒体、报刊、杂志对生育政策的反映，这使得她对中国计划生育政策的研究体现了各种不同的话语和声音，而不是一言堂式的说教。作者所用的报刊资料不少于 20种，这些资料对笔者而言也有很大的借鉴作用，而且受她的影响，笔者也将时间段控制在 20 世纪 50—80 年代，不过她是从宏观的角度来专门研究中国的计划生育政策，对妇女本身的研究不够深入。不可否认的是，与菲利斯·安多斯（Phillis Andors）一样，由于受中国开放程度的影响，作者所用的资料还是缺少农村妇女一线的声音。当然，在 80 年代要想对中国农村有关计划生育方面的问题进行调查，其难度是可想而知的。

进入 90 年代之后，随着中国对外开放的程度不断加深，越来越多的外国学者开始到中国来做实地调查与研究，因此国外学者对中国计划生育的研究不仅往纵深方向发展，同时也注重让妇女自己能够发声。这一时期的代表作有加拿大学者宝森（Laurel Bossen）的著作《中国妇女与农村发展——云南禄村六十年的变迁》②、美国学者贺萧（Gail Hershatter）的论

① Judith Banister, *China's Changing Population*, Stanford University Press, 1987.

② ［加］宝森：《中国妇女与农村发展——云南禄村六十年的变迁》，胡玉坤译，江苏人民出版社 2005 年版。

文《生育的故事：1950 年代中国农村接生员》①，以及美国学者苏珊·格林汉斯（Susan Greenhalgh）的论文《陕西独生子女政策的农民化》（*The Peasantization of One-Child Policy in Shaanxi*）②。

　　加拿大学者宝森以我国著名社会学家费孝通先生于 1938—1939 年在禄村的研究为基础资料，用了十年时间（1989—1999）完成其专著《中国妇女与农村发展——云南禄村六十年的变迁》。她综合使用问卷调查、口述资料、田野调查所得资料以及档案资料，在追溯以往 60 年中国政治、经济、文化、历史巨变的情境下，围绕"中国妇女与农村发展"这个主题，以独特的视角与方法梳理了缠足与纺织、农地制、农业与非农业、婚姻家庭、人口制度变迁等诸多领域的社会性别问题，对中国农村妇女日常生活的变化作了全面且深入的研究。同时，作者也对中国的计划生育农村妇女的关系作了深入的分析：计划生育如何影响到重男轻女和土地分配？在严格的计划生育政策之下没有儿子的家庭遇到了什么问题？没有儿子的夫妇是否通过迁徙和在村外非法生孩子来颠覆这一政策？他们是否离婚或者试图领养孩子（儿子）？他们是遗弃女儿还是将她们抚养成人并鼓励她们将女婿招进来？她从社会性别的角度来分析中国的计划生育政策，挖掘出了许多别人没有关注的问题，认为中国的计划生育政策揭示了其对农村地区社会性别的长期影响，这是一种全新的尝试，而且她所使用的资料也非常到位，对农村妇女日常生活的调查也很深入，只是她的研究与阎云翔的研究有点类似，那就是对人口政策与农村妇女的研究并不是其关注重点，而只是其九个主题之一，因此对其的研究不可能全面。

　　关注中国妇女的美国学者贺萧（Gail Hersatter）的《生育的故事：1950 年代中国农村接生员》一文开创了从最近距离、最微观研究中国农村生育问题的典范。作者以关中和陕南的四个村子为研究区域，重点搜集了大约 70 个 60 岁以上妇女的生活史，采访了少数在合作化时期担任地方领导的男性，运用已出版的资料及陕西省档案馆和几个县档案馆的档案资料，呈现给我们的是新中国成立初期生育行为的变化是以复训旧产婆和培训接生员为主，从中我们可以看到生育变化是如何产生的，新中国成立前

---

　　①　[美] 贺萧：《生育的故事：1950 年代中国农村接生员》，载王政、陈雁《百年中国女权思潮研究》，复旦大学出版社 2004 年版，第 301—327 页。

　　②　Susan Greenhalgh, *The Peasantization of One-Child Policy in Shaanxi*, Deborah Davis, Stevan Harrell, *China's Family in the Post-Mao Era*, University of California Press, 1993.

的生育行为和新中国成立后的国家政令是怎样交织在一起的，以及两者对农村妇女生活和态度的影响。笔者的选题受到本文的影响，她的研究方法和所运用的资料都对我的写作有很大的帮助与启发。然而，作者选取的只是接生婆这一个案，对于其他妇女在计划生育政策之下的生活状况怎样，作者没有研究，这是笔者要大力完善的地方。苏珊·格林汉斯（Susan Greenhalgh）的《陕西独生子女政策的农民化》一文主要关注的是在严格的独生子女政策之下村干部是怎样处理好国家政策与当地农民之间的冲突并最终将政策贯彻执行的。通过对陕西农村的田野调查，作者发现从1987 年开始，当地政府已经放弃执行独生子女的政策，生两个孩子的家庭非常普遍，这已经成为非常理想的家庭模式。为什么会出现这种情况呢？作者认为是当地农民很有策略地与村干部交易的结果，是农民将国家的计划生育政策"农民化"了。尽管这篇文章并没有将女性作为研究的主要对象，但它促使笔者去思考村庄与个人之间的博弈。

日本学者对中国计划生育与妇女的研究首推小浜正子。她的《从"非法堕胎"到"计划生育"——新中国成立前后性和生殖之言论空间的变迁》[1] 和《计划生育的开端——1950—1960 年代的上海》[2] 两文从生育问题入手考察中华人民共和国成立前后，国家的政令是如何渗透上海都市社会从而对个人生活产生影响的。在她的文章中，作者访谈了许多当事人，大量使用了妇女的口述资料，使对计划生育的研究贴近妇女生活。作者认为，新中国成立后，国家不仅通过计划经济控制了物质生产，而且开始执行民国时期几乎不曾存在过的"人口政策"，这表明国家政策扩展到了人口的再生产。其后，虽然政策的方向几经大的转换，而人口政策依然逐渐渗透，终于导致了人们生育子女的行为在 20 世纪后半期发生了很大的改变，即女性在社会变化与政策的影响下，由被动的生育子女的存在物，开始了作为主体，由意志选择、决定、执行生育行为的自我形成。对于一位专门研究上海的学者来说，小浜的研究贴近中国本土语境，但由于她在论文中要对新中国成立十年后的生育政策进行

---

① 〔日〕小浜正子：《从"非法堕胎"到"计划生育"——新中国成立前后性和生殖之言论空间的变迁》，载姜进、李德英主编《近代中国城市与大众文化》，新星出版社 2008 年版，第330—358 页。

② 〔日〕小浜正子：《计划生育的开端——1950—1960 年代的上海》，载"中央研究院"《近代史研究所集刊》2010 年第 68 期，第 97—142 页。

梳理，故不可能对妇女日常生活的变化有更多的评论，她是以上海这个大都市的女性为主体的，那湖南的农村妇女是怎样的呢？这是笔者要研究的问题。

总的来说，国外学者对中国计划生育政策与妇女的研究在90年代前后开始转型，由注重宏观研究转向微观、区域研究，从所用资料单一化到资料的多元化和使用方法的多元化。这些方法值得笔者借鉴。90年代之前，由于当时中国尚未完全向西方开放，国外学者主要靠中国官方的出版物来了解和研究中国妇女，资料来源的局限性造成了不少著述研究问题的片面性和对中国计划生育政策负面程度的夸大，同时，由于缺乏历史语境，不能深入底层，女性的声音和话语我们也难以听到，因此，尽管出现了一批有影响力的著作，但农村女性的实际生活状况不能得到充分的体现，对计划生育与农村妇女的研究也不可能全面和深入。90年代之后，随着国外学者对中国的了解渠道不断增多以及越来越多的学者可以进入现场进行田野调查，对中国计划生育政策与妇女的研究开始注重妇女自身的体验与感受，并从社会性别视角关注国家、地方政府与个人三者之间的张力，所用的研究方法也很新颖和到位，但这样的研究还只是散见在各种论文或某些章节中，迄今为止还没有一本这方面的研究专著出版，这不能不说是一种遗憾。

从国内与国外对计划生育与农村妇女的研究来看，一些新的研究方法和视角已经出现，这为笔者写作的开展提供了基础，但那些不足正是笔者目前要完善的。迄今为止还没有人对湖南这个地方进行过这方面的研究，笔者想尽力而为之。

第三节　运用方法与写作思路

本书选取湖南省的一个村庄作为研究地点，以计划生育政策演变的时间为线索，展示农村女性在国家政策的影响之下私人生活的影响与变迁。所运用的方法包括以下几种。

一　历史人类学的"深描"法

吉尔茨（Clifford Geertz）认为，"深描"即"深度描写"（thick description）是"从本地人的观点出发"解释本地人的文化，"在描述中理解、解释；在理解、解释中描述"。它超脱于"生硬的事实之上"，追求对被研究者的观念世界、观察者自身的世界以及观察者要告知的对象（读者）的观念世界的沟通，这犹如在一系列层层叠叠的符号世界里跨时空漫游，其所阐明的是意义（meaning）的人生与社会中的角色。人类学家的描述所能作的就是"叙说对事象的表述"（Saying something of something）。在吉尔茨看来，文化是当地人背后由人类学家阅读的文本（text），它是一个象征体系，通过它我们可以揭示文化诸要素之间的内在关系。本书运用"深描"的方法试图重现西村农民在一定历史语境中的社会文化以及日常生活世界。

二　社会性别分析方法

自美国史学家琼·斯科特的论文《社会性别：一个有用的历史分析范畴》发表以来，社会性别（gender）研究方法已被引进历史、文学、社会学、人类学、心理学、教育学等一系列学术领域中，它包括以下含义：生物差异并不是造成两性角色及行为差异的决定性因素，制度和文化因素是造成男女角色和行为差异的原因；社会对妇女角色和行为的预期往往是对妇女生物性别规定角色的延伸；人们现有的性别文化观念是社会化的产物，因而是可以改变的。运用社会性别分析方法，不仅可以考察社会性别制度同计划生育政策是如何关联的，还可以对生育中的性别偏向、避孕方式的运用、村落社会中的性别观念等有更深一步的研究，并发现政策中的性别漏洞，这对完善中国的计划生育政策有重要的理论意义。

三　社会生活史的研究方法

"年鉴学派"的代表人物雅克·勒维尔在《法国史》一书中指出：重要的社会制度的演变、革命及改革等历史内容虽然重要，但是，"法国历史从此以后也是耕地形式和家庭结构的历史，食品的历史，梦想和爱情方式的历史"。社会生活史不同于整体史，它强调研究范围微观化；以平民大众为研究对象；内容涉及人们的衣食住行、人际交往、职业与劳动、焦虑与憧憬等诸多方面。周荣德先生认为，生活史是一个人如何进入一个社会群体和成为能符合社会传统和习俗要求的活动分子的记录，它显示由其他人的行为而传递给一个人的社会传统如何影响他的态度、情绪和愿望。① 在其著作《中国社会的阶层与流动——一个社区中士绅身份的研究》中，他主要运用社会生活史的研究方法，即通过观察士绅的服饰衣着、居住条件、娱乐生活、饮食情况、生老丧葬礼俗，以及社交生活、家庭历史和社会关系诸多方面，来展现地方士绅的身份和权力，同时研究这一阶层的社会流动，是一个很好的范本。而黄树民先生采用生命史的方法对林村一位支部书记叶文德的个人生活史进行跟踪关注，来了解新中国成立之后政府如何改变村民和村民的生活。② 本书没有对中国政府所实行的计划生育政策进行宏大叙事，而是"自下而上"地转向"历史失语者"，关注她们在具体生活情境中的日常生活，从"他者"视角设身处地地感觉和体会当事人的言行，这更贴近历史的真实。

四　口述史方法

目前，口述方法在史学界被广泛应用，它打破了单纯以文字资料为资源，以史学家为代言人的传统史学规范，让"事件"的参与者直接对"历史说话"，将生命体验融入史学，不仅可以填补文献资料的不足，校正认识偏差，而且有可能使历史出现有血有肉的"人"的个性特征。台湾"中央研究院"的张玉法教授曾指出，口述史作为研究当代历史的一种方法，至少有四方面的作用：其一，在文字、器物图像等证物不足时，以口述历史作为一种人证。其二，在文字、器物、图像等物证史料缺乏时，以口述历史作为主要史料，使许多历史课题的研究成为可能。其三，让当事人参与历史重建的工作，使史学不只是史学家的事，而是人人可以参与的事。其四，让当事人述说亲身经历的事，增加历史的临场感、亲切感。③

口述史对传统史学起着补充和校正作用，它发掘了沉默的人群和人们沉默的声音，使得史学有可能记录普通人的历史。本书无意挖掘农村妇女

---

① 周荣德：《中国社会的阶层与流动——一个社区中士绅身份的研究》，学林出版社 2000 年版，第 19 页。

② 黄树民：《林村的故事：一九四九年后的中国农村变革》，素兰、纳日碧力戈译，生活·读书·新知三联书店 2002 年版。

③ 游鉴明：《倾听她们的声音：女性口述历史的方法与口述史料的运用》，（台北）左岸文化事业有限公司 2002 年版，第 5 页。

的特殊贡献或特别弘扬妇女的权利，只是通过对西村大量中老年妇女、男性领导、计生干事等的口述访谈资料，结合文献资料，试图从"宏大叙事"中剥离出女性的经验，看妇女在时代的巨大变迁中做出怎样的历史回应，并探索她们日常生活的意义体系。

五　文献研究法

文献研究（document study）是一种通过收集和分析现存的，以文字、数字、符号、画面等信息形式出现的文献资料，来探讨和分析各种社会行为、社会关系及其他社会现象的研究方式。这是历史研究最常用最普遍的方法，本书也不例外。妇女虽然曾处在历史的边缘，一旦被写入历史，就不能无视她们生活背后的政治、经济或社会等的变迁，否则妇女历史不但未走入主流历史，反被孤立在历史之外。笔者查阅了湖南省档案馆、沅江市档案馆、湖南省图书馆、华东师范大学图书馆等大量的关于计划生育与湖南农村妇女等方面的历史文献，结合以上方法的运用，以求全面地揭示计划生育与农村妇女之间的关系。

本书的写作思路有三条：

第一，以计划生育政策在村庄的开展为线索，通过对村庄的考察和对农村妇女的访谈，加上其他文献资料，试图展示计划生育政策对农村妇女日常生活的影响及改变，探讨 20 世纪 50—80 年代的村庄生育文化的变迁。

第二，运用社会性别分析方法，探讨被计划生育政策掩盖了的妇女作为生育者、女孩作为不理想性别等重要的计划生育政策与社会性别之间的关联。计划生育政策在整个乡村社会造成了广泛的后果，但没有哪个结果被看作是社会性别中立的，国家政策不但没有弱化以前的社会性别文化，有时甚至还强化了以前的社会性别文化。①

第三，本书尝试探索作为"公领域"的国家与作为"私领域"的家庭、个人是怎样交融与互动的，并探讨国家政策在私人生活的转型与个人主体性形成中所起的作用。私人领域的转型不可避免地要与公众领域及整

---

①　宝森在云南禄村调查时指出，两个儿子的家庭娶的媳妇都可以分到土地，而有两个女儿的家庭如果招两个上门女婿只有一个能分到土地，这是一种不平等的分地方式，隐含着性别的歧视。见［加］宝森《中国妇女与农村发展——云南禄村六十年的变迁》，胡玉坤译，江苏人民出版社 2005 年版，第 104 页。在以后的章节中我将更多地揭示计划生育政策中的社会性别盲点。

个社会的转型相关联，但个体的能动性也不可忽视。

第四节 村庄的选择与调查的过程

一 为何选择西村①

在村庄进行田野调查，首先要考虑的是你是否能够融入这个村庄，或者说村民是否会接受你，如果村民不能接受你，那么调查人就很难了解到真实的"内情"。因此选择的这个地方最好自己要熟悉，要避开局外人的困扰。我自己出生于农村，在农村长大，直到大学毕业之后才离开我生长的村庄，但每年还会回农村待上一两个月。在开始选择地点时，我首选的是我自己的家乡，也是位于洞庭湖以南的一个村落。然而我发现作为圈内人调查也有不利的地方，因为"研究者可能因为熟悉感而消解了穿透常识的结构的能力，很难获得洞察力。一则是拉不开距离感，从而可能丧失对研究问题的敏感性，对日常信息的质疑，而失去了质疑就失去了问题意识，失去了对研究主题的洞察力"②。我最终选择的是沅江县另外一个村落——西村。之所以选择西村是有以下便利之处：

第一，西村是我的婆家。作为这个村落的媳妇，我与那些受访人——西村妇女——具有相同的身份，并处于相同的文化氛围和村落环境之中。我一样要遵守村落中的村规民约，比如是否孝敬公婆，与小姑子关系处理得怎样、夫妻关系如何也会成为她们关注甚至谈论的话题。尽管我自己现在在城市安家立业，但是我的生育、我现在的家庭一样受到村落的关注。我在生小孩的时候，许多人首先都关注我孩子的性别，也就是说我的生活也受到了她们的关注。我从 1995 年开始就进入了这个村庄，我的结婚证书不是在我工作的城市办理的，而是在我婆家的乡镇办理的，尽管我是旅游结婚，但婆家还是选了一个黄道吉日为我们在西村举行了隆重的婚礼；小孩满周岁的时候我婆家执意要在村里办周岁宴，宴请乡邻。其实我成为这个村庄的一员与妇女们经历着同样的过程。台湾学者曾秋美在台湾桃园从事"媳妇仔"的口述经验时指出，一个媳妇仔通常会和其他一些身份

---

① 西村全名为西湾洲村，关于村名以及村庄的其他方面在第二章会有介绍，文中所涉及的村庄名和人名如无特殊原因都为真名。

② 司洪昌：《嵌入村庄的学校——仁村教育的历史人类学考察》，博士学位论文，华东师范大学教育学院，2006 年，第 7 页。

也是媳妇仔的女性形成某种社会网络关系，因此，如果要找到媳妇仔受访者，最佳方法是通过和这位媳妇仔认识的另一个媳妇仔的介绍，如此，可以减少访问者与被访问者彼此间的距离，增加信任感，使得访问得以顺利进行。① "调查者必须容易接近被调查者，以便能够亲自进行密切的观察。"② 相同的身份与经历使我与西村妇女易于接近。

同时我与这个村使用着相同的语言。从事口述历史的人都知道，语言使用之问题仿佛优先开启的闸门，语言社会学研究显示，语言绝不应只是沟通工具而已，它既显现权力关系，同时也表现意识形态。③ 由于语言相通，一下子拉近了我与村民的距离，我可以和这些农村妇女以及其他的村民进行无障碍的交流，村民很自然地将我当作"自己人"和村中人，并没有将我作为"外来者"，充满了信任和关切。

第二，从新中国成立之后，我婆家的人就相继在这个村落担任村干部。其中爷爷在这个村落担任了十几年的村支书，一直到他1985年罹患癌症去世。我公公从二十几岁之后就在村里担任干部，从民兵营长到村长再到村支书，直到2006年60岁时产生退意没有认真选举而退休。而公公在村落一直享有威望，尽管已经退休，但现在村里的中老年人见面打招呼时都还是称呼他为张支书。他不仅带领村落里面的人们发家致富，在他当村支书的十几年里，村里一直没有亏账，而且他也见证了村落里计划生育的实行。有这样一层关系，我在村落做田野调查时不需要向政府官员请示，不会遇到村里的权力关系，也没有遇到局外人的冷清。胡玉坤曾经指出，地方干部常常将外人的介入视为威胁，处处予以提防甚至设置重重关卡，这源于她做博士学位论文时，在所调查的村庄遇到的重重阻力和牵制。她不得不在这些方面格外小心。④ 台湾的杨玲慧女士在写硕士学位论文进行田野调查时也遇到了很多阻力："刚开始那个没有人愿意接纳我，尤其前两个礼拜很悲惨，我每天就是从这家搬到那家，行李从来不敢卸

---

① 游鉴明：《倾听她们的声音：女性口述历史的方法与口述史料的运用》，（台北）左岸文化事业有限公司2002年版，第115页。

② 费孝通：《江村经济：中国农民的生活》，商务印书馆2005年版，第24页。

③ 司洪昌指出，外地人在村落用普通话与村民访谈时，村民会采取不配合的形式来回答问题，使调查者难以得到真实的想法。见司洪昌《嵌入村庄的学校——仁村教育的历史人类学考察》，博士学位论文，华东师范大学教育学院，2006年，第5页。

④ 胡玉坤：《政治、身份认同与知识生产——嵌入权力之中的乡村田野研究》，《清华大学学报》（哲学社会科学版）2007年第3期。

下，因为我不知道哪家愿意收容我，所以行李永远都是打包的，后来情况才逐渐好转。"① 我公公带我认识了许多以前执行计划生育政策的干部及工作人员。这对我来说是一笔不小的财富。而且，在我写作本书期间，他们二老不仅成了我主要的访谈对象，而且也是我访谈时间最长的对象。我经常在茶余饭后与他们两位谈起村庄的发展变化，以及计划生育在村庄的实施情况。公公的记忆力是惊人的，当婆婆记不起她结扎的时间时，公公能够在旁边及时地补充。当我对村落的某些重要的事情记不起来时，我会求助于他们，当我对其他访谈人的访谈材料需要得到进一步的确认时，也经常是从他们那里得到佐证，当我提出我想访谈的某些主题需要找哪些人时，他们能给我提供人物并带我上门访谈，因此，与他们两人的访谈一直伴随着本书的完成。

第三，我的两个小姑子都嫁在西村。从 2003 年起她们两姐妹在西村办了个幼儿园，幼儿园每学期接收 150 个以上的小孩，规模可算不小。她们在西村有极为重要以及极为面广的人脉关系。利用家长或者爷爷奶奶接小孩的时间，我的两个小姑子会将我介绍给她们，如果时间允许的话，我会与她们在等小孩的过程中交谈，也会利用她们空闲的时间去她们家里进行访谈。我会根据这个幼儿园的小孩来对村里的出生情况做个统计和对比。我的两个小姑子可以说对全村的妇女很熟，并且非常热心，有时能巧妙地化解我与一些妇女之间的顾虑，使谈话得以继续。

毋庸置疑，熟人社会能给自己的研究带来很大的便利。中国大陆很多成功的田野调查著作都是以自己出生地或生活过的一方熟悉的社区为个案的，如费孝通的江村距离其家乡吴江很近，又有姐姐在江村试验办缫丝的便利；林耀华的义序村、杨懋春的台头村、阎云翔的下岬村等，这些研究的成功，在很大程度上得益于研究者是一个社区内的熟人。在熟人社区内，可以获得村民的信任，获得广泛的信息，她们不用担心如宝森和朱爱岚一样在村庄进行调查时遇到村庄政治。然而，历史学家琼·斯科特曾提醒我们，历史学者需要与她们的研究课题保持一段"分析距离"，因为一部女性主义的历史论著，若把进步的必然性及个体能动者的自主性，视为理所当然的话，它将不经审查地在复制女性主义运作于其中的意识形态论

---

① 转引自游鉴明《倾听她们的声音：女性口述历史的方法与口述史料的运用》，（台北）左岸文化事业有限公司 2002 年版，第 31 页。

述词汇。① 曹锦清也指出，每一次在做调查之前，他都会提醒自己——作为一个中国人来研究自己的社会，会面临一个"敌人"——熟悉。熟悉阻碍人了解真相，成了理解的大敌。因此，只有将熟悉的事物陌生化，才能引发理解的好奇与兴趣。② 我之所以选择西村而不是自己所生活的村庄，是因为我知道在熟人社会里也会面临一些不便，因为太熟悉自己的村庄，以为什么都理所当然。选择西村是因为我与西村也保持了一定的距离，西村人也会记得我是一个城里人，同时，我在从事口述历史访问的时候一直提醒自己不要先入为主，而且，我尽量不以受访人一个人的口述资料为满足。

二　调查的过程

从 2008 年开始，利用寒暑假，我每年都会在西村待两个月左右的时间。2008 年春季期间，我在村庄开始了第一次摸底调查，主要是弄清楚西村的一些基本情况，比如家庭户数、人口数、性别比、育龄妇女数、农田情况、农作物栽培及副业情况，其中我参观了村庄的养猪场、渔场，以及学校、幼儿园等地方，我将妇女按年龄分类，因为不同年龄层次的人对计划生育的感受也不一样，因此访谈的重点是不同的，我对要访谈的人员摸了底。2008 年暑假有两个月的时间，我住到婆家开始了我的田野调查。每天我会在上午访谈一些妇女，下午整理资料，晚上准备或者确定第二天的访谈人员和访谈内容，访谈是半结构式的，有时我会利用妇女们在一起择菜的时机与她们交谈。

找西村的妇女进行访谈是很容易的。首先是因为在我访谈期间已有外地来的商人在西村承包了田地进行大面积种植，其中最主要的两种作物是大蒜和葡萄。这两种作物的栽种与收割任务所需的劳动力就在西村产生，然而男人们认为工资太低而不肯屈就。因此，在大蒜地里，在葡萄园里都会有成群的西村妇女在劳动。她们拿着微薄的工资，③ 因此，与这些妇女

① 转引自［美］高彦颐《缠足——"金莲崇拜"盛极而衰的演变》，苗延威译，江苏人民出版社 2008 年版，前言第 7 页。
② 曹锦清：《黄河边的中国——一个学者对乡村社会的观察与思考》，上海文艺出版社 2001 年版。
③ 20 元一天，从早上 7 点到晚上 6 点，中午一个半小时的休息时间。当然，在我田野调查写作本书的几年时间里，工资也在变化，2012 年我回村庄做最后一次田野调查时工资涨到了 35 元一天，其他工作时间和条件没变。

的访谈，我大部分的时间都是在与她们一起选葡萄或者大蒜中进行。我加入到她们劳动的行列使她们很兴奋也很健谈，因为做事是单调而乏味的，有人发起聊天而且是谈这些女人之间的话题她们很兴奋，同时她们也没有将我作为特殊的人来看。当然与她们交谈之前我会将我的意图告诉她们，以便她们能够认真对待。对老年妇女的访谈一般是在她们家里进行。我发现对老年妇女的访谈花费的时间更多而且她们也特别愿意与你交谈，对于过去，她们有很多东西希望我们晚辈能够记住（确实应该记住），她们会对过去进行回忆与沉思。由于她们要与现在做一比较，因此她们会更多地强调过去的她们生小孩是多么的辛苦，生的又多，条件又差，有时，我需要对她们的话语进行过滤。

西村妇女在田里扯大蒜

　　每年的节假日我都会回这个村庄走亲访友，我会与这些农村妇女拉家常，也会与她们一起玩牌甚至一起逛街，尽管我不怎么会打牌，因此，当我后来与她们聊起生育经历时，我们之间没有隔阂，也没有不信任。我们就好像在拉家常。我也与她们一起分享我自己的生育经历与避孕经历，也一起谈论计划生育的利与弊。这使我能得到很多未经修饰的却往往最真实的讲述与记忆。因为同样是这个村的媳妇，我甚至可以谈论哪种避孕效果更好，男性为什么不喜欢使用避孕套，等等。

　　为了确认这些访谈资料的真实性，我会先对受访者作简单的生命史访谈，了解其出生背景、出嫁前的家庭情况、就学、婚姻，以及子女数，之后再以此为基础，详细交谈有关生育方面的情况，比如生育每胎小孩的细节（如果她能够记起的话），生完之后是否采取了什么避孕措施，怎样获得这些措施，使用这些避孕措施时有什么感受，家里人的态度，是否受计划生育的影响，对计划生育的看法，等等。在每次访谈之前或之后我都会从别人那里了解一些她的情况，以便我更好地提问和对她的访谈内容的真实性作出判断。我发现，在访谈的过程中，受访者开始可能是腼腆甚至有所顾虑地与你交谈，但当话匣子逐渐打开之后，西村妇女以坦率的、实事求是的方式谈论节育问题，不带道德上的言外之意或说教性的话语。当我在村里面待久了之后，这些妇女们对我开始不设防了，她们尽其可能地告诉我她们所记得的所有事情，并会邀请我吃饭。

　　对医生、计划生育专干以及村干部的访谈相对来说比较谨慎和小心。因为尽管现在对计划生育政策的谈论以及接受度比起 30 年前已大为改观，但由于国际社会还在对中国的计划生育大肆抨击，因此这些受访者有时无法畅所欲言，甚至她们有的还会保持一定的警惕性，因此，访谈她们时不会随心所欲，我会更加注意访问内容，访谈时也会更加注意她们的表情。

三　相关概念以及研究范围的确定

　　本书的正式标题是"生育的记忆：中国的计划生育政策与西村妇女（1950—1980）"，在进入正式写作之前，有必要先对若干概念和研究范围进行限定。

　　第一，中国的计划生育政策从新中国成立之后一直实行到现在，但从计划生育作为中国的国策之后（1982）其基本目标和方法等已开始成型（即 90 年代至今有关计划生育的政策和执行方法、路径等没有多少变化，同时农村的经济制度也在 80 年代之后一直实行的是家庭联产承包责任制）。因此本书的研究时间段为新中国成立之后到 80 年代末期即从 20 世纪 50 年代到 20 世纪 80 年代。

　　第二，新中国成立之后到 1954 年之前，受当时苏联的影响，这段时期实行的是鼓励生育的政策，这不在本书的研究范围之内。本书主要是针对节制生育政策而言的；并且本书将 20 世纪五六十年代的计划生育作为一章节，因为这一阶段总的来说是中国计划生育政策的探索以及不断调整与摸索的过程，同时也伴随着政治运动的过程，所以这阶段的计划生育经历了分分合合，不过却为以后的发展打下了基础。20世纪70年代之后计划生育一直受到国家的重视，有明确的发展目标和计划；但20世纪80年代因为农村家庭联产承包责任制的实行和独生子女政策的严格执行，所以表现出与70年代不同的特点，所以20世纪70年代与20世纪80年代分属不同章节。

第三，关于节育、节制生育以及计划生育几个词汇的说明。在第四章中，节育、节制生育以及计划生育我会交替使用，而在后面的章节中我会统一使用计划生育。这是因为在20世纪五六十年代由于对计划生育的理解还不全面、不完善，不管是新闻报刊还是中央官员的谈话，有时会使用"节育"，有时会使用"计划生育"、"节制生育"或者"生育控制"等词语，计划生育这一词语无论是在政府部门还是在基层农民中都没有形成共识；且五六十年代的计划生育是一个不断摸索的过程。故考虑到当时的社会环境，这些词语我会在第四章中交替使用。

第四，我要说明的是我所选择的西村并不代表中国的农村，这只是我选择的一个个案。我始终记着杨懋春先生所说的"一个人不可能在一项研究中遍及中国的所有部分"[①]。费孝通先生也指出，对一个小的社会单位进行研究所得出的结论并不一定适合于其他单位，但是这样的一个结论却可以用作假设，也可以作为在其他地方进行调查时的比较材料。[②] 毕竟西村是农村，是属于中国的农村。我的研究如果能引起其他村庄的共鸣或者学术上的争议，那也是很好的事情。

第五节　章节安排与内容

本书总共分为七章，其中正文五章，绪论和结语分属两章，具体章节安排与内容如下。

第一章，介绍本书写作的缘由与意义；分析国内外在计划生育与农村妇女这一主题的研究上所取得的成绩与存在的不足，同时介绍本书所使用的研究方法与研究思路，为本书的写作提供支持。由于本书选取湖南省沅

---

① 杨懋春：《一个中国村庄：山东台头》，江苏人民出版社2005年版，序言第9页。
② 费孝通：《江村经济：中国农民的生活》，商务印书馆2005年版，第2页。

江县靠近洞庭湖边的一村庄以人类学的田野调查方法来考察新中国成立之后到 20 世纪 80 年代末期计划生育在该村的实施以及对村庄、村民等各方面的影响，在绪论部分也将对所选择的村庄以及进入村庄进行田野调查的过程进行简要的说明。

第二章，概述西村当地的政治、经济、文化体制，着重于村委会的作用以及国家政策在地方上的实施过程，之后将考察村落社会传统的性别分工体制、家庭结构形式、妇女的地位以及人口构成，为下文的铺展提供知识背景。在接下来的几章中，我将通过研究分析不断展示计划生育在西村的开展对村庄的家庭结构、性别分工以及妇女地位等方面的冲击。

第三章，考察西村传统的生育文化。通过分析西村村民对身体、生命观的理解，并通过考察西村妇女在怀孕禁忌、生产方式、产房的选择与布置、接生人员的选择以及难产之处理等方面，我们可以看到 50 年来在计划生育政策的影响下，传统生育文化所发生的变化，从中可以对西村妇女生育行为、生育方式、生育态度的改变有一个更为直观的对照。

第四章，考察 20 世纪五六十年代计划生育在西村的实行过程以及对村民的影响。本章将从新中国成立之后农村妇女所处的境遇和国家在农村中所实行的生育政策着手，分析西村妇女在社会化大生产中所面临的问题，探究政府在妇女生育方面所采取的措施，并从中考察政策在村庄中的实施情况以及妇女在生育问题中自己的意图。我发现 20 世纪五六十年代实行的计划生育由于各方面的原因对西村妇女没有产生多大的影响，但是为以后计划生育工作的开展打下了基础。

第五章，考察 20 世纪 70 年代"晚稀少"计划生育政策在西村登场的过程。在这一过程中，相较于 20 世纪五六十年代，政府对计划生育投入了更多的关注和精力，农村妇女作为计划生育的主角出现在历史舞台上，她们或者采取避孕措施或者实施节育手术，然而她们的生育不可能只按照个人的生育意愿进行，在是否进行避孕或者绝育的过程中她们要与各方面的势力作斗争。而国家政策在西村的开展更加具体，而且在集体经济下村委会对计划生育的执行更具有可操作性。同时各种节育方法对她们个人来说有不同的感受。本章将具体地展现人们在节育方面思想历程的起伏与变化，我将之概括为从犹豫到接受，并且通过对两个个案的具体描述，我将试图展现村庄的性别权力关系。

第六章，考察 20 世纪 80 年代开始"一胎化政策"在西村的实施与执行情况。随着经济体制改革即家庭联产承包责任制的实行，家庭作为独立的单位进行生产经营活动，生产、消费、赡养等在集体化时本已"社会化"的功能重新回归到家庭，从而极大地激化和强化了农民的生育意愿，但同时由于人口问题日益严重，独生子女政策在西村严格实行起来。本章考察作为国家代言人的村级组织是如何行使自己的权力的。同时，在严厉的计划生育政策之下，妇女们都有哪些应对措施，她们的日常生活发生了哪些改变？作为主要负责计划生育的妇女主任，她会遇到什么问题？由于村级组织的业绩与计划生育挂钩，因此，国家政策通过村组织与家庭和个人之间发生了正面的交锋，而在冲突与磨合中，女性的自主意识从夹缝中萌生出来。

第七章，对前几章的内容进行回顾与总结，并思考国家在村落社会变迁与个人生育转型三者之间的相互作用，我们也可以进一步看出妇女的生育行为与国家政策是怎样交织在一起的。到80年代末90年代初期，国家的计划生育政策方针已基本定型，计划生育对妇女生育行为、生育观念的变化起到重要作用，对西村而言，一种新型的生育文化已经开始形成，同时家庭结构与家庭规模也在不断变化。新中国成立以来中国共产党所开展的各项社会改革中，计划生育大约最具戏剧性，影响也最为深远。毋庸置疑的是，国家是村落社会变迁与生育转型的主要动力，但个体在政策实施的过程中不是消极的承受者，而是有自己的能动性。

第二章　西村：一个位于南洞庭湖的村庄

　　那时李玉田是甲长，丁桂林是保长，有大小老婆呢！你问甲长、保长干什么啊，（他们）处理纠纷、征兵、打仗，出工打证明……当时（西）村还不到 200 人，那时节不叫西湾洲，叫附东垸，只有十几户人家。解放之后划地主、富农，就改为四民乡，后来合作社时叫利民社，合作社之后叫农科所，只种黄麻，然后是东风大队，八几年吧就叫西湾洲村，一直到现在都冇改哒。[①]

　　1995 年暑假期间，我第一次来到了西村。当时从沅江县到西村的主要交通工具是船，大约乘坐了 3 个小时，船靠近沅江县草尾镇，西村离镇上大约有 1 公里的路程，我们从镇上乘坐三元钱的"慢慢游"（一种小型的以摩托车改装的交通工具）来到西村，一路上绿油油的水稻一望无际，田垄边能够利用的地方种着芝麻、蚕豆、黄豆、苎麻等农作物，房屋周边种植着鲜嫩的蔬菜，成年男女在菜地里有说有笑地忙碌着。按照沅江县志的记载，西村是水稻和鲜鱼的盛产地，真正可以用鱼米之乡来形容。然而，西村到底经历了怎样的历史变迁，新中国成立前后西村基层的行政系统怎样行使权力？妇女的地位、家庭结构以及人口情况怎样？村落有没有宗族势力？本章将对西村的历史变迁做一大致的介绍，为下文的开展做出铺垫。

第一节　西村建制与自然环境

　　西村被草尾河所包围，是点缀在一大片灌溉稻田中许多密集的村落和

---

① 郭二爹爹访谈资料，访谈时间：2010 年 8 月 16 日。

小村庄之一。它位于湖南省沅江县①的北部，距离沅江县城大约30公里，隶属于沅江县城北的草尾镇。与阎云翔调查的黑龙江下岬村一样，西村的历史也非常短，建制仅160多年。其实整个草尾镇的建制都不长，最早可追溯到清代，据县志记载，清咸丰二年（1852，这一年太平天国军队进入了县境），八百里洞庭中有一方圆200余亩的"青草湖"，在湖的尾端有一冲积地，一些人在此开店经商，随着居民的日益增多，商业活动逐渐繁荣，形成了一个小集镇，因此镇位于"青草湖"之尾，故名"草尾"。由于交通便利，地理位置特殊，草尾镇成为沅江县船舶重要港埠之一，又是滨湖农副产品、生产资料的集散地，商业比较发达。1894年，湖南布政使就在草尾设滨湖屯垦处，专管湖洲开垦征税事宜。② 自1905年县绅窦

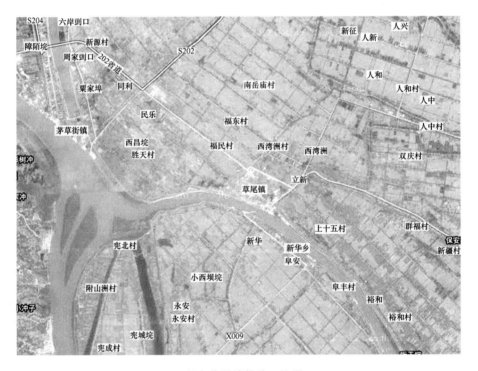

西村在草尾镇的地理位置

注：2011年，西湾洲村与邻近的立新村合并为一个村，并更名为立新村。

————————————

① 1988年10月11日，经国务院批准，民政部〔1988〕37号文件批复沅江县改为沅江市。为便于读者的了解，笔者在文中统一使用沅江县。

② 李润波主编：《沅江县志》，中国文史出版社1991年版，第14页。

安敦、李肩武等创办"洞庭救生义渡"（此救生义渡往返于县城至草尾航线）以来，每天有 10 多班客船停靠于此，20 多班客车经过此镇，水陆交通十分方便，迁移而来的居民也日益增多，草尾镇也不断扩大，2005 年数据显示，全镇辖 52 个农业村，一个社区居委会（5 个小区），两个专业渔场，总面积 143.5 平方公里，其中镇区面积 2.5 平方公里，拥有耕地 11.67 万亩，其中水田 8.5 万亩，旱土 3.2 万亩，另有林地 1.5 万亩，芦苇 5.6 万亩，水面 1.2 万亩。① 西村的建制伴随着草尾镇的发展而发展。

西村属中亚热带向北亚热带过渡的大陆性季风湿润气候区，加之受洞庭湖效应的影响，光热充足，雨量丰富，有利于农业生产的发展。但是由于春夏多雨，因而年降雨量不够均匀，往往春夏降水有余，易形成内涝外洪，秋季则降水不足，多出现干旱，自建县至今，水旱不休。② 因此，新中国成立之后，防洪堤垸的修复与加固成为保护民众恢复生产的主要任务③。西村因位于洞庭湖边，被草尾河环绕，地势平坦，属于典型的湖区，但受县境其他河流以及洞庭湖影响，经常会发生洪灾。每到汛期都要派大量的劳动力护堤防汛，劳动力来自于各个村庄，每户至少派一人参加，没有劳力提供的家庭则缴纳一定的费用，以供村委招募其他劳力来防堤护垸。而劳动力无一例外都是男性。

西村毗邻草尾镇，最远的生产队距离草尾镇大约 2 公里，最近的生产队与草尾镇接壤，自建村以来一直属草尾镇管辖，水陆交通便利。也正因为如此，多次战事在此上演。草尾镇还是钟相、杨幺起义时据扎的地方。在抗日战争时期，日本兵顺洞庭湖而下，日军飞机轰炸"洞庭救生义渡"，在草尾河附近大开杀戒，数艘渡船被毁，死 100 多人，老一辈的人

---

① 此数据由草尾镇办公室提供。

② 淳熙三年（1176）农历五月，大雨连续 15 个日夜，县境禾苗多被灾损。绍熙三年（1192）农历六月，水淹庄稼无收。尤其在道光年间，更是灾情严重。据县志记载，道光十一年（1831），大水，县境堤垸多溃，灾情严重；此后 10 多年灾害频繁：道光十五年（1835），大旱，有蝗灾，且流行瘟疫；十七年，洪水为害，堤垸多溃；二十八年，又逢大水，冲毁田园、房屋甚多。二十九年复遭水患，堤垸倒溃，遍地灾荒，且多瘟疫，史称"己酉大荒"。1931 年 8 月份的大雨使沅江河水猛涨，县城最高水位达到 34.15 米，全县大面积受灾，受灾民众 25 万人，其中死 5473 人，灾情之惨烈被人称为 50 年所未见。

③ 1949 年 10 月 28 日，在沅江县解放之后不到两个月的时间内，沅江县就成立了复堤工程委员会，整修堤垸，将防洪大堤由 849 公里缩短为 551.3 公里，并修建了大通湖蓄洪垦殖试验区。到 1952 年冬天，沅江县投入干部、民工 1.3 万人开始整修南洞庭湖，整修后的沅江堤垸由原来的 41 个垸并为 32 个垸，防洪大堤也由原来的 553.1 公里缩短至 496.7 公里。

还记得那时草尾河血流成河，人们到处逃难躲避。生于 1921 年的郭秀梅记得当时草尾河里一片通红，到处都浮着尸体，五组的张明辉（婆家侄儿）当时还只有 2 岁，郭把她夹在臂膀下逃生，一颗子弹从郭的臂窝插皮而过。[①] 而当时沅江县的"抗日自卫司令部"于草尾建立。[②] 现在的草尾镇也因为其交通便利而有"小南京"之称。西村的建制经历了一个不

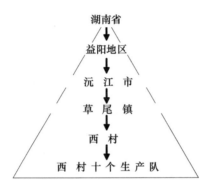

西村现行的行政结构

西村掠影（摄于 2007 年）

---

① 郭秀梅访谈资料，访谈时间：2008 年 7 月 12 日。

② 1945 年 12 月，全县统计日军入侵损失：死 8656 人，伤 2118 人，损毁财务价值 101.36 亿元（法元）。见李润波主编《沅江县志》，中国文史出版社 1991 年版，第 21 页。

断变化的过程。新中国成立之前沅江县划分为 7 个行政区，西村属于第六区（草尾区）的附东垸；1953 年沅江县开始实行初级合作社，西村划归于四民社；1958 年 10 月，沅江全县人民公社化，原来 17 个乡、2 个镇合并为 7 个人民公社，西村并入草尾公社；1983 年，沅江县改变政社合一的人民公社体制，将人民公社改为乡，生产大队改为村，生产队改为村民小组，西村也开始成为一个独立的村，不过村名为东风村；1985 年之后西村的名称一直沿袭至今。

从草尾镇通往西村的马路（选自湖南知青网：重返草尾的记忆 2005）

第二节　西村的农作物生产与性别分工

建村之初，西村由于人口稀少，经济发展缓慢。随着湖面逐渐成为高洲陆地，外地移民不断迁入，挽洲为垸，洲土逐渐开发利用，可耕面积迅速扩大，种植业和捕捞业发展迅速。到清末民初，草尾堤垸渐成，外地移民及县境南部丘岗部分农民相继涌入草尾垸区种田，湖田面积骤增，水稻成为西村主要的经济作物。民国时期，粮食作物面积（水稻）占农作物种植面积的 70%。1905 年洞庭救生义渡航班开辟，外地移民不断来境安家引进大量技术力量，境内的经济文化交流日趋活跃起来，种植的物种逐渐增多。稻谷、苎麻、棉花、柑橘、油菜籽、鲜鱼产量增加，外销量逐步

增多；1949 年，全县农作物种植面积中，粮食作物占 68%，油料作物占
8.5%，经济作物占 23.5%，而粮食作物中，稻谷又占 90% 以上。① 但由
于肥料和水利设施不足，加上缺乏现代科学技术的指导，粮食的亩产量并
不高，1949 年，全县稻谷年平均亩产 141 公斤，如果遇上灾年，产量更
少。因此，除个别土地较多的农户外，一般农户的生活都十分贫困，能够
勉强解决温饱问题已属不错。80 年代初期，西村开始推行家庭联产承包
责任制，每户按人头能够分到 2 亩多水田，除此之外还可分到 0.5 亩自留
地，自留地作物不必上缴各种税收。这时西村的土地所有制和农业生产组
织方式发生了变化，现代农业科技业开始引入到村庄，种植效益开始有所
提高。在种植业中，经济作物如苎麻、棉花、蔬菜等种植面积和投资投工
较粮食要小，但效益较粮食作物要高。因此，在分产到户之后，西村及时
调整农作物结构，将部分种粮田改种经济效益较高的苎麻、棉花和油菜等
作物，并且注意加强经营管理，提高经济效益。1985 年沅江县成为湖南
省商品粮基地之后，草尾镇也成为沅江最大的农业镇，同时也是沅江县
粮、棉、油、麻生产基地，西村也成为洞庭湖区重要的鱼、稻产地。西村
的经济作物越来越多，包括棉花、苎麻、油菜、芝麻、黄豆、绿豆。芝
麻、黄豆与绿豆一般与其他作物间种，种植在田垄边，1985 年草尾区的
粮食种植面积达到了 145800 亩（见表 2 - 1）。不过随着男性村民外出打
工，农田劳动大部分由女性在承担，这也加重了女性的劳动负担，这一点
下文会有论述。

表 2 - 1 　　　　　　　　草尾区 1985 年主要农产品生产情况②

单位：亩、公斤、吨、头

单位	粮食作物			苎麻		油菜籽		柑橘产量	水产品总量	芦苇产量	当年出栏肥猪
	面积	亩产	总产	面积	总产	面积	总产				
草尾区	145800	430	62667	27755	4286	15702	1089	11	1804	8395	32426
草尾乡	35797	420	15032	6580	1052	3301	231	—	285	2500	8912
大同乡	42031	431	18128	6512	1130	4264	298	—	367	1900	7644

① 李润波主编：《沅江县志》，中国文史出版社 1991 年版，第 253 页。
② 吕济熙、张正湘编：《沅江农业十年改革成就及发展战略》，学苑出版社 1989 年版，第
137 页。其中西村属于草尾乡。

续表

单位	粮食作物			芒麻		油菜籽		柑橘产量	水产品总量	芦苇产量	当年出栏肥猪
	面积	亩产	总产	面积	总产	面积	总产				
新安乡	32838	420	13802	4442	794	3592	255	—	372	1595	5900
三码头乡	14784	467	6905	3977	517	1935	135	—	178	1300	3780
星火乡	19621	434	8519	6000	762	2586	117	11	260	1100	5088
草尾镇	642	438	281	264	31	24	2				602

　　新中国成立之前，与中国大部分农村地区一样，西村也遵循着传统的"男主外女主内"的性别分工模式，男人从事大田劳动，而妇女一般是不参加农田劳动的，[①] 翻阅 20 世纪 50 年代的一些档案资料时也发现有相关的记载：新中国成立前宁乡、安化、湘乡妇女还能参加一些农叶（原文如此）劳动，益阳、沅江妇女最人部分（原文如此）不参加农叶劳动，一般认为做重活是丑事，工夫是下贱人做的。[②] 在与西村老人访谈时他们也表达了类似的看法。生于 1911 年的郭二爹爹认为女性不参加农田劳动的原因有两个：第一，那时田地少，许多田地一般在地主手中，男人靠做长工或者短工来从事农田劳动；第二，女人出来做事很丑。[③] 美国学者罗丽莎在考察杭州福湘纱厂后曾指出，新中国成立之前对于制纱的富裕人家的女性来说，由于她们是在家里参与丝绸的生产，因此她们的劳动并不是羞耻的或不雅的；而那些没有身份的贫穷人家的女性到纱厂去工作，那被认为是有失身份和不体面的，因为她们暴露在公众场合。[④] 对于西村来说，男性打理田间的一切事务，偶遇农忙时节，女性可以出来帮忙。大部分时间女性都在家庭内忙着自己的分内之事，比如洗衣、做饭、做鞋、织布，当然家庭劳动不仅烦琐，而且工作量也非常大。毛泽东在寻乌农村调

[①] 费孝通在江苏开弦弓村调查时也指出"村里的妇女不到农田里劳动，整天在家中忙碌"。费孝通：《江村经济·中国农民的生活》，商务印书馆 2001 年版，第 151 页。高小贤在关中调查时也指出类似的情况，见高小贤《"银花赛"：1950 年代农村妇女与性别分工》，载王政、陈雁主编《百年中国女权思潮研究》，复旦大学出版社 2004 年版，第 263 页。不过，对于妇女不参加田间劳动，她们没有分析其中的原因。

[②] 《益阳专区妇委会妇女工作总结》，1950 年 5 月 20 日，湖南省档案馆藏，档案号：155—1—10，第 105 页。

[③] 郭二爹爹访谈资料，访谈时间：2010 年 8 月 12 日。

[④] ［美］罗丽莎：《另类的现代性：改革开放时代中国性别化的渴望》，黄新译，江苏人民出版社 2006 年版，第 57 页。

查时发现了农村妇女工作的艰辛，许多学者都指出了女性从事家务劳动的烦琐以及辛苦，林耀华在调查福建 30 年代前后中国农村生活的情景时发现女性的不容易：

> 妇女们都从事纺线、织布、做衣、做饭、做鞋的工作，家里喂的家禽都是由妇女们负责，还要到外面去捡猪粪。妇女在干农活中与男子一样重要，家里依靠妇女积肥、准备种子、晾晒粮食。收获时的劳动是十分辛苦的，年轻的妇女负责做饭。根据村里的习惯，新娘二嫂要为全家做三年饭，然后和大嫂轮流做饭，每人做一个月，准备早饭是最辛苦的活。二嫂要在鸡叫头遍时起床，拿着灯上厨房，先点着炉灶里的干树叶，然后添进木柴。因此妇女与男子在家庭经济体制中能够起同样大的作用。没有她们来贮藏、准备食物、管理家务、收拾房间、洗衣做饭，男人们就不能够把全部精力放到田间劳动中去。[①]

尽管她们工作的地点大多在家里，但为家庭的生计作出了很大的贡献。比如在开弦弓村，妇女在家从事的养蚕业收入可与农业收入比拟。[②]可是在村民尤其是男性村民的心中，公私之间以及内与外之间的重要性是截然不同的。到目前为止，西村人还认为"男做女工，一世无成"，既然"内外"的重要性不同，也就降低了女性的地位，贬低了女性劳动的价值。林耀华也指出了这种不公正与不公平：

> 妇女却是最忙的，从早忙到晚。然而在村里最隆重的节日"墓祭节"时，家族中的所有男人，从刚会走路的孩子到老人都来参加这个盛宴，但没有女人参加，只有几个十几岁以下的女孩跟着跑来，这是黄家最盛大的集会之一。[③]

林耀华没有分析为什么没有女人参加，但很明显，没有女人参加是因

---

　　① 林耀华：《金翼：中国家族制度的社会学研究》，庄孔韶等译，生活·读书·新知三联书店 1989 年版，第 60—70 页。
　　② 费孝通：《江村经济：中国农民的生活》，商务印书馆 2001 年版，第 151 页。
　　③ 林耀华：《金翼：中国家族制度的社会学研究》，庄孔韶等译，生活·读书·新知三联书店 1989 年版，第 57 页。

为女人可能是无足轻重的人，她们干的是无足轻重的活。杜赞奇在对华北农村邢台地区农民祭祀龙王这一重大祭祀活动的研究时指出，祭祀体系是中国人在帝国行政体系之外另建权威的一种常见形式，利用迷信中的等级体系，封建国家通过祭祀这一媒介将自己的权威延伸至乡村社会。……祭祀龙王起始于民间还是封建国家并不重要，关键在于龙王是一个由国家承认的权威体系。[①] 同样，对于西村来说，祭祀祖先起始于什么时候并不重

西村农田里种植的水稻与棉花（摄于 2008 年 9 月）

沟渠边栽种的芝麻与黄豆（摄于 2008 年 9 月）

① ［美］杜赞奇：《文化、权力与国家：1900—1942 年的华北农村》，王福明译，江苏人民出版社 2008 年版，第 17—18 页。

长新苗的苎麻（摄于 2008 年 9 月）

要，关键在于家庭祭祀是家庭权威建立的一种常见形式，而由谁来主持、参与祭祀活动，更体现或者赋予了其家庭成员的权力与权威。在重要的祭祀活动中将女性排除在外，这无形中赋予家庭中男性权力。

西村认为女性做家务活是分内之事，并且家务活也没有价值，而只有农田劳动才是"正经活"，但一旦农田劳动不能为家庭带来更大的收益时，男性又开始跳出了农田而从事收入更高的行业，这种情况随着 80 年代家庭联产承包责任制的实行之后开始出现。

20 世纪 80 年代分产到户实行家庭联产承包责任制之后，不仅各种经济作物的收成得到提高，各种副业也开始发展起来。据村民反映，有 5 户人家开始养鸭子，4 户人家专门养猪，由于农田归自己所有，有几户人家将水田变成水塘开始养鱼。同时，村庄还有几户人家是干技术活的，大约有 20 个泥匠，10 个木工。有的自己买了手扶拖拉机在村里跑运输，哪家盖房就帮忙拖砖拖水泥等，农忙时节还帮忙运谷子。还有三户人家买了大卡车跑长途运输，并有 10 户人家开大型的推土机。他们随之也成为村落最富裕的家庭，有 1 户人家在村里开了一家打米厂，专门负责全村的稻谷加工。当然，这些干技术活的清一色都是男性，妇女留在农田里干农活，男性干的是技术活，职业的性别等级在村庄显露无遗。在新中国成立之前，西村的主要交通工具为人畜板车和手拉板车，包产到户之后，手扶拖拉机开始在村里跑运输，随着经济的发展，农民手里开始有了余钱，摩托车成了家庭出行的主要交通工具，有的甚至买起了小汽车、大卡车。原西村村支书的两个女儿于2004年在西村开了家幼儿园。① 总的来说，目前西村的经济比较活跃，从事副业或技术活的人数越来越多，由于离集镇较近，做小生意的人也不断增加，与外界的接触也不断增多，这使西村的信息也比较多样。

由于西村离草尾镇很近（最近的生产队不到0.5公里），西村村民还会利用屋场旁小块土地种植蔬菜去镇上贩卖，换几个余钱。② 分产到户之后，大部分农户将一些农田改为种植辣椒、大蒜、莴笋、豆角、香葱等蔬菜，而草尾镇也积极引导农民及时调整产业结构，大力发展蔬菜生产，2008年全镇从事专业蔬菜生产的农户达6500户，占总农户的35%，蔬菜种植面积达1.5万亩。在我去西村做田野调查之前，西村邻村一位叫艾青的村民，从事专业蔬菜生产和贩运近20年，2007年3月注册了"沅江艾青蔬菜公司"，目前与草尾镇的550户农户签订了蔬菜生产合同，合同面积达4500亩，公司自建专业蔬菜基地2个，种植大蒜、香葱分别近1000亩。由于西村交通的便利以及村民普遍种植蔬菜的状况，公司就在西村承包了100多亩水田改种大蒜和香葱。农民出租自己的土地给公司种植蔬菜，租金为700元/亩；田地轮番耕作，根据季节种植不同的蔬菜水果，因此对劳动力的需求是终年的。同时，西村村民也可在蔬菜基地上班劳动。然而，一个引人注意的现象是，从笔者2008年开始在西村调查以来，在蔬菜基地里种植蔬菜的几乎全部是妇女，有两位男性作为管理者出现在基地，没有一位男性在地里从事蔬菜生产，原本农田是男性长期占据的领地，是什么使男性不愿留在大田里呢？是工资太低③还是不愿意与女性一

---

① 基本上西村孩子的幼儿生涯都在这家幼儿园度过。我的关于婴儿的性别比以及生育观念的调查也在一定程度上得益于这家幼儿园。

② 新中国成立之后，这种情况在人民公社以及三年自然灾害时期中断过。有位妇女还回忆起在1956年合作社的时候，由于到街上贩卖蚕豆回来出工迟了被生产队长臭骂甚至批斗的情况："我那天起了一大早，把屋里的蚕豆挑到镇上去卖，哪晓得一回来就开始开我的批斗会，说我走资本主义路线，我们那个生产队长（男的），好讨嫌的，自己一点事都不做，但只要看到别个不做事就要批斗他，更气人的是他生活作风不好，哪个女的不听他的话（即想与她发生性性关系不成），他也会想办法整她。"粟大妈访谈资料，访谈时间：2008年7月20日。

③ 据一位妇女反映，刚开始时，每天的工资是20元，从早上7点到晚上6点，中午休息一个半小时，2010年工资加到了每天25元，工作时间不变。

起劳动或者蔬菜种植本身是女性的职业？这个结果是出于妇女的选择还是妇女无法选择？新中国成立之后，按照共产党所宣扬的妇女解放的意识形态，西村妇女参加户外农田劳动，超出了狭小的家庭劳动范围，超出了她们从夫居、从父居家庭的控制范围。现在改革之后，土地分到农户，妇女仍然在农田里，在各种经济作物地里干户外的农业活，这是否意味着农村性别关系实现了平等？然而，农村男性已转移到了优先发展的非农行业中，将农村中技术含量低的、不受欢迎的工作——农活留给了农村妇女，"农业女性化"不仅是职业的等级化，更体现的是性别的等级化。①

西村妇女在艾青蔬菜基地干活

　　改革开放以来，西村更为重要的领域发生在非农领域。外出务工是80年代以来影响村庄经济发展的主要现象。如今七八十年代出生的中青

---

　　① 有许多学者对中国"农业女性化"现象进行了探讨。朱爱岚在山东几个村的调查也无一例外地体现了"农业女性化"问题，见［加］朱爱岚《中国北方村落的社会性别与权力》，胡玉坤译，江苏人民出版社2004年版，第33—37页。宝森在云南的调查也证实了这一点，见［加］宝森《中国妇女与农村发展——云南禄村六十年的变迁》，胡玉坤译，江苏人民出版社2005年版；［加］宝森《中国农村妇女：什么原因使她们留在农田里？》，杨德译，载李小江、朱虹、董秀玉主编《性别与中国》，生活·读书·新知三联书店1994年版，第128—156页。高小贤在陕西关中调查时也注意到这一问题，见高小贤《中国现代化与农村妇女变迁》，载李小江、朱虹、董秀玉主编《性别与中国》，生活·读书·新知三联书店1994年版，第110—127页。

年都在广东、海南等沿海地区打工，当然正如前面所提到的，打工的中年人大部分为男性，他们的经济收入成为家庭经济增长最重要的来源。而且，村里的大学生也越来越多，这些大学生一般不会再回村庄，而是转向广阔的发展水平好的城市打工或者安家。他们没有重复老一辈的路，但村里的人口还是有增无减，那些打工的年轻人成家立业之后也会回村来，将家安在农村，像中国农村其他村落一样，留守女性开始大量出现。

西村妇女在包装葡萄（摄于 2008 年）

第三节　人口发展历程

据县志记载，从 19 世纪后期起，沅江县在北部陆续新修大批堤垸，来自长沙、湘潭、益阳、衡山、湘阴、湘乡、安乡、华容等地的大量移民迁入沅江县境，光绪十六年（1890），全县人口已发展到 44675 户、274934 人。不过，尽管县境堤垸不断增多，外来人口继续涌进，人口机械增长率高，但一方面由于医疗水平低下，妇女生育面临的风险极大，产妇、婴儿因产褥热、破伤风，死亡率高达 20% 以上；[1] 另一方面由于自然

---

① 李润波主编：《沅江县志》，中国文史出版社 1991 年版，第 545 页。新中国成立之前西村婴儿死亡率很高，产妇生育多，但存活少。可见第四章第四节。

灾害和瘟疫流行，死亡和逃荒、外迁人数增多，使全县人口波浪式地缓慢发展。1932年国民政府进行第三次人口普查，全县人口总数为303126人，其中男155612人，女147511人，外侨3人。[①] 不过，西村建制之后有关人口的变化以及具体数量少有专门的文献记载，我们只能在有关沅江县的人口发展中稍微梳理西村的人口情况。我以沅江县民国时期的几个年份的人口情况来大致窥见西村的人口。以民国21年（1932）为例（见表2-2），当时沅江县辖4区，1个直辖镇，3个区辖镇，55个乡，其中3区管辖廖一区，就是现在的草尾一带[②]。1932年总人口为303126人，如果将人口按照55个乡平分，那么一乡的人口为5512人，如将一乡分为十个村，那么估计一个村的人口为600人左右，这是民国时期几个年份中人口最多的一年。不过这样的一些数据非常抽象，许多村民反映，西村在新中国成立前后人口都非常少，生于1923年的郭二爹爹记得新中国成立后划分成分时，西村当时不到200人，只有几十户人家，那时西村叫福东垸。[③]

表2-2　　　　　沅江县民国时期几个年份的人口情况[④]

年份	户数（户）	总人口（人）
民国6年（1917）	—	200302
民国17年（1928）	44416	235454
民国19年（1930）	43412	267159
民国21年（1932）	47400	303126
民国24年（1935）	50401	277563
民国30年（1941）	53284	278824
民国34年（1945）	48808	288885
民国36年（1947）	44675	274934
民国38年（1949）	44629	263967

注：民国6年（1917年）没有统计户数。

---

① 李润波主编：《沅江县志》，中国文史出版社1991年版，第19页。
② 同上书，第45页。
③ 郭二爹爹访谈资料，访谈时间：2010年8月16日。
④ 李润波主编：《沅江县志》，中国文史出版社1991年版，第106页。

西村的人口大多来自湖南各县境，最初的人口大多来自华容、安乡、宁乡等地。由于北部淤积加速，草尾堤垸不断扩大，湖土面积肥沃，可种作物较多，来自长沙、湘潭、益阳、衡山、湘阴、湘乡、安乡、华容等地的大量移民开始迁入，西村的人口也慢慢发展起来。有的是由于逃荒而来，有的是由于熟人或亲戚在此地就迁移至此，这种情况在新中国成立之后还时有发生。生于 1930 年的罗秋秀说她就是从老家逃荒而来的。

> 我们以前住的地方老是发大水，土地又不好，就是长不出么子家伙来。我们听一个远房亲戚讲个咋（这个）地方还不错，那年我们老家又发大水，我们全家就一路讨饭到个里来了，当时个里住的人比现在少多了，土地也还有蛮多，我们首先自己开荒种地，然后在这里安家定居下来。①

新中国成立之前，西村处于一种自然的生育状态，但由于前述原因人口并没有很大的增长，有时反而是负增长，除了战争时期男性逃壮丁、服兵役者较多，女性较多于男性以外，西村的性别比一直处于比较稳定而合理的状态（在 1.07∶1 左右），不过对男性的偏好也一直受家庭重视。

表 2-3　　　　　第五次人口普查草尾镇的人口数据②　　　　　单位：人

总人口	男	女	家庭户户数	家庭户总人口	0—14岁（总）	0—14岁男	0—14岁女	15—64岁（总）	15—64岁男	15—64岁女	65岁及以上（总）	65岁及以上男	65岁及以上女
30149	15381	14768	9458	29889	6870	3641	3229	20688	10516	10172	2591	1224	1367

表 2-4　　　　　　　　2007 年西村基本情况③

年份	全村总人口（人）	户数（户）	男性人口（人）	女性人口（人）	耕地面积（亩）			党员（人）	
					水田	早稻	旱土	男性	女性
2007	1257	258	628	629	1520	1380	367	35	5

① 罗秋秀访谈资料，访谈时间：2007 年 8 月 14 日。
② 数据来源于草尾镇网站，http://www.agri.com.cn/population/430981104000.htm。
③ 数据根据笔者 2008 年在西村调查时整理而成。

　　从第五次人口普查数据以及 2007 年西村村务公开栏所显示的数据来看（见表 2-3、表 2-4），西村的人口性别比比较平衡，第五次人口普查显示的性别比为 104:100，低于全国平均水平，不过 0—14 岁的性别比达到了 112:100；2007 年的数据更是显示男性人数还少于女性人数，难道在西村不存在性别偏好吗？对于新中国成立之前西村具体的人口数量目前难有资料，也难以对性别比有确切的了解。但新中国成立初期分散于妇幼卫生工作档案资料中的湖南省的人口数据显示了过高的性别比：1951 年接生总数目为 12387 人，其中男性为 6531 人，女性为 5856 人，男女性别比为 111:100；[①] 1952 年接生总数目为 47845 人，其中男性为 25303 人，女性为 21537 人，其他（男女不明）1005 人，男女性别比高达 117:100。[②] 这么高的出生性别比是否足以说明重男轻女的状况，计划生育的开展对西村人口产生了怎样的影响，在以下的章节中将会专门讨论。

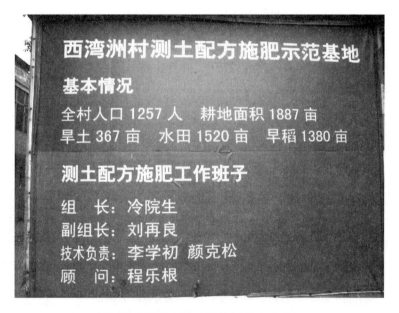

西村基本情况介绍（摄于 2008 年 9 月）

　　① 数据来源见《湖南省人民政府卫生处妇幼卫生工作年报表 1951 年 1 月—12 月》，1952 年，湖南省档案馆藏，档案号：212—1—48，第 18 页。

　　② 同上书，第 21 页。

第四节　姓氏、家庭结构与妇女

曹锦清认为，如果以姓氏结构来划分中国村落类型的话，一般可以分为三类：一是单姓村；二是主姓村（即以一二大姓为主，间以若干小姓的村落）；三是杂姓村（即若干小姓杂处而没有主姓的村落），而中国的村落应以主姓村为主。[①] 但西村属于典型的杂姓村，这与毛泽东在20世纪30年代在湖南南部乡村进行调查时所发现的"无论哪一个村，封建的家族组织十分普遍，多是一姓一个村子，或一姓几个村子"不同。[②] 西村全村人口1257人，户数258户，258户人家分属于49个姓，其中赵、李、刘、王、张、袁是大姓，有近200户，占全村总户数的80%，从户主的情况看，男性户主243户，占93.8%；女性户主仅15户，大多是丈夫在城里工作但本人是农村户口的妇女。全村258户人家，平均每户4.36人，人数最多的户为7人，最少的户仅1人（详见表2-5）。尽管西村妇女比男性还多一人，但49个姓氏中没有一个女性的姓氏，当我与村支书谈论村庄的姓氏的时候，他随口所报出的姓氏没有包括一位女性，同样的现象也出现在女性身上，几乎所有人都认同"妻以其本姓冠以夫姓，妻以其夫之住所为住所"。而且新中国成立之前结婚的妇女几乎没有自己的姓名，生于1930年的曾爱珍告诉我，在娘家的时候她起了名字为林应麻，到婆家来之后就重新起号叫曾爱珍。老一代的人是无名字的，一般是婆家姓与娘家姓相结合就行了。[③] 尽管1950年《婚姻法》颁布之后妇女在婚姻方面得到了相应的与男性相同的权利，但妇女的姓氏也几乎不被村落所认可。[④] 嫁入夫家的妇女一生中村民对她的称呼都是以辈分加夫家的姓，如张家堂客（媳妇的意思），张大婶，张大妈，张娭儿，她的称呼随着身份在变化，但始终没变的是她夫家姓冠在前面。正如朱爱岚所指出的，中

① 曹锦清等主编：《当代浙北乡村的社会文化变迁》，上海远东出版社2001年版，第11页。
② 毛泽东：《湖南农民运动考察报告（一九二七年三月）》，《毛泽东选集》第一卷，人民出版社1991年版，第29页。
③ 曾爱珍访谈资料，访谈时间：2008年7月26日。
④ 因为当我向村支书提起这里面是否有女性的姓氏时，这位开明的村支书哈哈大笑起来说："噶里头何式会有女的姓咯（这里面怎么会有女的姓氏呢）。"

国农村的所有社会关系是通过亲属关系的习语来表达的,[①] 而这种亲属关系是按照父系的亲属关系来称呼的。

许烺光曾指出,中国宗族成员的资格,男子基于出生,女子基于结婚。[②] 其实,女子在一个村落的资格,也是基于她的结婚。妇女在村落中的"历史感"与"当地感"[③] 随着结婚之后秉承了丈夫的"历史感"与"当地感"而融入到村落社会中成为当地人。父系继嗣、父系继承权以及从夫居婚姻是中国家庭的特点,西村也不例外。在儒家社会秩序中,妇女的位置可以由"三从"恰当地概括出来。"三从"规定妇女婚前应服从其父亲、婚后服从其丈夫、丈夫死后服从儿子,对于妇女在户外世界中的行为几乎不存在任何规定,在亲属关系中,她通过她的丈夫来界定自己,也就是除了通过相关男性,她按理应同那个（外面）世界没有任何联系。妇女称呼自己的丈夫为"当家的",而她丈夫也会以"屋里的"相呼,内外之分、等级之分内化在村庄每个人的心目中。[④]

西村的家庭结构以只有父母和未婚子女的核心家庭为主,占到三分之二以上;其次是主干家庭,大约占三分之一;还有几个单身家庭,其中包括离婚、丧偶、孤儿、单身汉等几种情况;联合家庭仅有 2 户（见表 2 - 5）。从夫居、从父居以及父系制的家庭结构不仅是中国农村的真实反映,西村也不例外。新中国成立之后,尽管共产党不断修改婚姻法,提倡男女平等,解放妇女,但各种政治运动几乎没有冲击这种从夫居、从父姓以及父系制的家庭结构。

表 2 - 5   西村家庭结构情况

家庭结构	户数（户）	比例（%）
单身家庭	8	3.1
核心家庭	156	60.5

---

① ［加］朱爱岚:《中国北方村落的社会性别与权力》,胡玉坤译,江苏人民出版社 2004 年版,第 39 页。

② ［美］许烺光:《宗族·种姓·俱乐部》,华夏出版社 1990 年版,第 168 页。

③ 关于"历史感"与"当地感",见杨华《绵延之维:湘南宗族性村落的意义世界》,山东人民出版社 2009 年版,导论第 2—7 页。

④ 李斌在湘北塘村调查时也指出类似的情况。见李斌《1950 年代的塘村妇女——村庄研究中:阶级、性别与家庭结构》,博士学位论文,华东师范大学,2011 年。

续表

家庭结构	户数（户）	比例（%）
主干家庭	92	35.7
联合家庭	2	0.7
合计	258	100

与宝森在云南禄村调查时频繁地发现入赘婚家庭相比（这一比例达到22%）[1]，西村的入赘婚姻极其稀少，只有两户人家。[2] 绵延不断的外婚制和从夫居规范有效地塑造了西村的性别规范。西村的家庭领域是以男人为中心的，这从户主的性别可以看出来，而在中国农村，户依然是日常生活的现实世界中和官方政治经济中文化建构与社会关系的一个关键性纽带，[3] 是联结国家与家庭之间的纽带。户的世系的延续以父亲、儿子、孙子的传承为核心，祭祀祖先的义务、家庭财产和姓都沿着父系往下传，有权修订，而且确实修订家谱的人从不记录或者很少记录女人。女人对这种模式和自己在其中的边缘位置有清醒认识，她们努力接受村落的"历史感"与"当地感"，同时，妇女们对于丈夫祖先的情感体验也慢慢培养起来，为丈夫家生儿育女、传宗接代、延续夫姓血脉的义务感和责任意识也在历史感的浸润下增强，多数女人都发现，接受村落、家庭体制提供给她们的激励和回报，比如尽妇道、孝道，并在其中运作，对自己比较有利，同时当妇女们融入到村落之后，她们便有了村落的主人意识，并对其负有一定的责任和义务以维持村落作为伦理性和功能性共同体的存在。在村庄里，妇女不仅是既定规则、共识和道德伦理的接受者和内化者，而且往往是这些规范的遵守者和实施者，更为重要的还是村落价值和意义系统的能动生产者和创造者。[4] 这也是在西村的生育文化中女性（婆婆，妈妈）更希望自己的媳妇（女儿）快点生小

---

① ［加］宝森：《中国妇女与农村发展——云南禄村六十年的变迁》，胡玉坤译，江苏人民出版社2005年版，第268页。

② 一户为5组的罗秋秀，另一户为7组的吴玉华。

③ ［加］朱爱岚：《中国北方村落的社会性别与权力》，胡玉坤译，江苏人民出版社2004年版，第129页。

④ 杨华：《绵延之维：湘南宗族性村落的意义世界》，山东人民出版社2009年版，第55页。

孩，生男孩的原因。①

　　西村是一个世代以农业为主的村落，像中国世代妇女一样，西村妇女特定的角色是妻子、儿媳或者母亲，为此她们以长辈的行为为参考，学习有用的持家技能。一旦结婚，女性的作用主要在于为丈夫的家庭服务，对于妻子而言，出嫁并不是建立在自己出生的家庭而是加入丈夫的家族体系并移居到他家的居住区。祭祀丈夫家族已逝的祖先和照顾丈夫在世的父母，都是妻子的职责。法律、宗教、伦理或高或低层次的文化都在塑造一个女人在婚姻中的角色形象。西村建制不长，村民大部分都是从外地移民而来的，因此在西村没有宗族势力的存在，在新中国成立前也没有祠堂与祠田，但家族意识也挺浓厚，②因而大家族欺负小家族的现象也时有发生，最常见的比如稻田灌溉用水时，分配土地时，等等。已有很多学者指出了村落宗族势力的影响，但西村没有出现福建华南地区那样的宗族势力，也没有强大的家族势力，在西村没有看到某个家族的祠堂。

第五节　村庄政治结构

　　于建嵘指出，传统乡村社会的政治特征是：在成文制度方面，国家行政权力的边陲是县级；县以下实行以代表皇权的保甲制度为载体，以体现族权的宗族组织为基础，以拥有绅权的士绅为纽带而建立起来的乡村自治政治。③与洞庭湖边的其他村庄相比较，西村的历史非常短，只有160多年。要对新中国成立之前的西村政治做一了解，面临的最大问题就是资料匮乏。新中国成立前西村没有官方或者民间的社会调查，因此对西村的了解主要来源于西村老人的访谈资料以及县志上相关的一些信息。通过了解发现，新中国成立前西村政治结构大体与于建嵘所概括的大同小异。

一　新中国成立之前的村落政治

　　在新中国成立以前的村庄，中央的权力体制是难以渗透至村落的，除

---

　　①　在第三章我会重点阐述西村的生育文化，在以后的章节中我会分析指出计划生育对村庄生产文化的影响。

　　②　关于宗族与家族之分，参见曹锦清《黄河边的中国：一个学者对乡村社会的观察与思考》，上海文艺出版社2000年版，第36—37页。

　　③　于建嵘：《岳村政治——转型期中国乡村政治结构的变迁》，商务印书馆2001年版，第52页。

了保长、甲长之外，在乡村中处理村级事务的还包括许多乡村精英。而中国王权专制社会的乡村精英又可以分为四类：绅士、宗族领袖、庶民地主及乡保之类的国家权力在乡村的"代理人"。其中绅士又被认为处于乡村精英阶层中的领袖地位。张仲礼指出："国家权力的延伸是通过将乡绅官僚化来进行的，国家既要控制乡绅，又依靠乡绅支持自己。"① 这样的情况同样适应于西村，有名望有势力的人家成为西村的权力代言人，而这个势力的体现很大一部分与他所拥有的土地及财富有关。西村的杨华生，老人们回忆说他是强盗出身，地盘很大，很有威严，村里有什么武力纠纷，杨华生咳嗽几声就把事件镇压住了，但杨本身不胡作非为；还有周曼九，土匪出身，有十杆枪，日本鬼子来了之后打鬼子，村里人都听他们的，比如今年的长工师傅多少钱一个月，零工（师傅）多少钱一天，由他们确定下来。② 不过有的乡绅倚仗权力欺压村民的情况也时有发生。费孝通在云南禄村做调查时曾经听到过一起因为乡绅倚仗自己的权势，把一位农民本来是为了借钱而用来抵押的田地占为己有的案件。③

　　新中国成立之前，西村的主要土地集中在少数几户地主和富农手中，大部分村民以租种土地或者给地主打长工或短工为生。保长和甲长管理村级事务。根据西村老年人的回忆，村庄组织的主要功能是催收各种税收和皇粮，在兵荒马乱的年代负责为各种部队筹集给养、兵员等。五组的郭二爹爹出生于1911年，还记得当时实行保甲制时，李玉田当甲长（相当于组长），丁桂林是保长（村长），甲长、保长处理纠纷，征兵，打仗，三个弟兄抽一，五个里面抽两个当兵打仗。还有一些纠纷要处理，比如今年村里的长工师傅多少钱一个月，零工多少钱一天，由他们确定下来。当然，家里有名望的人也可以参加这样的会议……④

　　当然，在描述以往的政治制度甚至是最基层的政治制度时，几乎所有的文献都没有涉及妇女。不是文献有意不去记载，因为不管是县级官员还是村级负责人，无一例外都是男性承担。男主外女主内的性别分工模式使

---

① 张仲礼：《中国绅士——关于其在19世纪中国社会中作用的研究》，上海社会科学院出版社1991年版，第58页。
② 郭二爹爹访谈资料，访谈时间：2010年8月16日；秀爹访谈资料，访谈时间：2008年7月26日。
③ 费孝通、张之毅：《云南三村》，社会科学文献出版社2006年版，第58—60页。
④ 郭二爹爹访谈资料，访谈时间：2010年8月16日。

得女性获得的公共资源和财富不可与男性相提并论，受教育的机会一般只给男性，科举只对男性开放，男性理所当然成为资源的获得者，因此通过获取功名男性不仅可以光宗耀祖，而且更实在的是在当地受到人们的尊重。正如加拿大学者宝森所说，"像拒绝妇女的科举考试一样，民国政府及其保甲制下的地方部门似乎也完全将妇女排斥在外。直到共产党革命的到来，那才发生了戏剧性的变化"①。那么共产党政权的建立到底使基层发生了怎样的变化，妇女是否开始登上了政治舞台并发挥作用呢？

二　新中国成立之后的村委会

我之所以要写到新中国成立之后的村落政治，是因为新中国成立之后共产党所实行的计划生育政策离不开村干部的大力甚至强制执行。阎云祥在黑龙江下岬村的研究指出："计划生育政策对下岬的影响远远超过了附近的村子。期间的差别，在于地方干部在执行政策时间的积极程度。"②

1949 年 8 月湖南和平解放后，湖南各县首先在县以下划区，建立区人民政权，区以下暂时利用旧保甲，完成支前、征粮等工作。1950 年春，农村经过清匪反霸、减租退押等民主改革运动，农民初步发动起来，农会组织普遍建立。1950 年 12 月，中华人民共和国政务院公布了《乡（行政村）人民政府组织通则》，规定行政村属于最基层的政权机构，设村长、副村长等职。同年，湖南省人民政府发出《关于乡村人民政权建设的指示》，各地结合土地改革开展民主建设，正式废除保甲制。由区人民代表派出建政工作组，在健全农会组织的基础上，选举产生农民代表，建立乡人民政府。大乡在乡下设村，村下编组；小乡不设村，村民组直接由乡人民政府领导。沅江刚解放时，即在各乡建立办事处，短时期沿用原保甲制度。当年 10 月，撤销原有乡（镇），改设行政区。机关设有党政两套机构。区人民政府设正副区长、武装干事、民政助理、财政助理、文教助理、建设助理、仓库主任、团干、妇干、事务员、通信员、公务员等。随后，废除保甲制，建立乡、村政权，乡以下为行政村，设村长 1 人，村以下设组，村设村长，组设组长。1953 年，在整顿与健全乡政权工作中，

---

① ［加］宝森：《中国妇女与农村发展——云南禄村六十年的变迁》，胡玉坤译，江苏人民出版社 2005 年版，第 359 页。

② ［美］阎云翔：《私人生活的变革：一个中国村庄里的爱情、家庭与亲密关系（1949—1999）》，龚小夏译，上海书店出版社 2006 年版，第 33 页。

为便利乡政府推行工作，村设主任（如工作需要可设副主任），由村的乡人民代表回退产生，协助乡人民政府召开所辖地区的代表及其他工作人员的工作会议，讨论执行乡人民政府委员会的决议，村民组设组长一人，村民组过大者亦可设副组长一人，由人民代表兼任，负责推行工作，定期向村民报告工作，听取批评和建议。1958 年，在人民公社之下设生产大队、生产队。生产大队行使部分行政职权。村民委员会主任、委员及村民组长由选举产生。村民委员会委员一般有 5—7 人，规模较大的村有 7—9 人。村民委员会下设人民调解、治安保卫、公共卫生、社会福利等委员会和民兵营。

　　新中国成立之后，中国共产党的基层政权开始延伸到村庄，将基层村庄纳入官治系统，实现了国家权力对村庄的垂直延伸。但是仅仅从国家行政权力的下伸并不能够准确地说明新政权给村政带来的变化，吴毅指出，较行政体系下伸对村政权力结构造成更为重要的影响的是中国共产党的基层组织进入村庄，[①] 即党支部进入到了基层政权，村党支部委员会成为农村基层政权最直接的执行人员，掌管着村里的一切事务。当然西村的党支部建设颇早也颇有成就。早在 1937 年 4 月，中共党支部草尾支部就已成立，支部设立于草尾镇。建成之后，中共党员胡定波就在草尾保安垸等区组成"沅江县战时乡村宣传队"，宣传队以小学教员为主体，在县境北部地区进行抗日宣传，并发展党员。[②] 当土改队伍和工作组离开农村之后，农村基层党组织的建设被共产党提上了议事日程。在初级社时期，西村开始有了党支部，张仙桃成为西村历史上第一任党支部书记。党组织深入村庄极大地改变了村庄权力的结构方式。吴毅在川东双村调查后指出：党组织进入村庄，不仅完成了对新崛起的村庄精英的组织化过程，而且在作为新的沟通国家与村庄的精英连带机制方面发挥了四个独特的作用：一是界定村庄的精英人物；二是为党组织源源不断地输送干部；三是组织当地精英；四是成为沟通国家与农民的特殊管道。[③] 自从党支部建立之日起，它就成为西村正式权威的真正核心。在此基础下，以党治村的治理模式得以

　　① 吴毅：《村治变迁中的权威与秩序——20 世纪川东双村的表达》，中国社会科学出版社 2002 年版，第 87—88 页。

　　② 李润波主编：《沅江县志》，中国文史出版社 1991 年版，第 19—20 页。

　　③ 吴毅：《村治变迁中的权威与秩序——20 世纪川东双村的表达》，中国社会科学出版社 2002 年版，第 87—88 页。

运行并一直延续至今，大队党支部书记掌握着大队的实权，是大队的第一把手。作为大队的第一号权力人物，他们的主要职责，就是"管政策，管党员"。管政策就是负责落实和执行上级的指示；管党员就是管干部，管人。① 这两点无论是在合作社、人民公社或者集体化时期，还是在集体解散之后都有明确的体现。尤其是在计划生育开展时期，没有党支部的强硬执行，没有党员的带头作用，计划生育政策的执行是何其艰难。

在合作化时期，尤其是高级合作社时期，西村在公共权力组织方面，根据国家当时的有关法令，成立了社委会、管理委员会和监察委员会，社委会由社主任和副主任等组成，社委会不定期开展社员大会，是高级社的最高权力机构，主要职权有：通过或修改社章程；选举或罢免社主任、管委会委员及其主任；审查和批准管委会提出的全年或季节生产计划、财务计划及预算和决算；审查和批准各种农作物的定额，以及各种工作应得的劳动报酬；审查和批准分配方案；审查和批准管委会对外签订的各项合同和契约；审查和批准政治、文化、福利事业的各项计划和措施；批准扩大与合并社的组织；审查和批准社员以及社员退社、开除社员出社；审查社员对管委会和监委会提出的申诉；通过对社会的奖励或处分；决定社内其他重要事项。社委会的社主任和副主任，都由社员大会产生，直接对社员大会负责。其中，社主任是高级社的法定代表人，对内和对外代表高级社，副主任协助社主任工作②。

表 2 - 6　草尾区 1955 年秋第一批农业生产合作社基本情况登记卡③

合作社总数（个）	参加户数（户）		参加人数（人）		社委人数（人）		耕地面积（亩）		
	贫农	中农	男	女	男	女	自耕	佃耕	自留
22	332	108	1025	922	124	25	5383	132	60
合计	440		1947		149		5575		
备注			共产党员总共 32 人		其中共产党员 24 人		其中水田 5380 亩，旱田 195 亩		

───────────

① 吴毅：《村治变迁中的权威与秩序——20 世纪川东双村的表达》，中国社会科学出版社 2002 年版，第 92 页。

② 于建嵘：《岳村政治——转型期中国乡村政治结构的变迁》，商务印书馆 2001 年版，第 244 页。

③ 根据《沅江县农业生产合作社基本情况登记卡片（一）》资料整理而成，湖南省档案馆资料，档案号：146— 1—312。

与新中国成立之前村庄治理方面稍有不同的是，女性开始进入了村庄的历史舞台并管理公共事务。按照表 2－6 所列情况来看，每个社委成员为 6—7 人，其中每社配备了 1 名女性干部。西村当时属于福安乡第五社，社委成员男 6 人，女性 1 人，负责管理妇女事宜，妇女事宜主要是生产任务的分配，如何更好地合理利用劳动力。男女做事不仅有性别分工，还有场地的分工，在生理、生育方面其实很少涉足。

1958 年下半年，西村开始进入人民公社时期，初期的军事化管理和公共食堂的设立，在某种意义上是对传统家庭的全面否定，其许多做法与太平天国时期相似。西村当时在村一级和生产队一级都设立了委员会。村委会包括支书、副支书、大队会计、大队长、民兵营长、治保主任和妇女主任，生产队作为最基本的生产单位，下设生产队长、副队长、保管员、队会计、妇女队长和民兵排长。生产队一线的干部主要负责起带头作用带领村民做事，而村一级的干部则被上级确定为"半脱产"的干部，有工分补贴。支书、副支书和大队会计每人一个月补助 15 个工日，而每个工日按照男性的最高 10 个工分计算，在社员单纯依靠参加集体劳动获取粮食和现金收益分红的情况下，这足以确保大队核心干部能够得到最高的收入。其实，这些主要干部每个月亲自参加集体劳动的时间不过 10 来天，其余大部分的时间主要从事管理。其他村委成员的工分补贴要低一半。队干部是不补贴的。工分制成为计算家庭个人劳动量的最基本形式，建立相应的分配制度也就成为十分必要的事情。在生产队作为最基本的生产核算单位的同时，以家庭为主体的"户"也就成了生产队收益分配的基本单位。其贯彻执行的基本分配政策则是"各尽所能、按劳分配"。为此，各村建立了十分复杂的分配指数。[①] 村干部每天都会在分配、管理上花费很多的时间。这样的一种形式其实效益很低，也注定会受到乡村社会最坚决的抵制。1962 年西村撤销公共食堂，恢复每家每户的生活。但在集体经济还全面控制乡村社会时，每家每户的生活还是以集体劳动为依托。

在集体化时期，尽管超血缘关系的劳动组织和统一指挥的生产经营活动弱化了家庭的生产职能，但并没有否定家庭作为劳动核算及分配单位。

---

① 具体怎样分配可参见于建嵘《岳村政治——转型期中国乡村政治结构的变迁》，商务印书馆 2001 年版，第 276—277 页。

家庭的劳动核算及分配单位的性质，也就决定，"在公社中，家长的权力是唯一不需要经过公社（政府）批准而又为公社所承认的制度化的权力，但这并不意味着家长完全可以按自己的方式和传统的文化设计处理家庭事务。政治权力渗透到农民家庭中，家庭的内部关系、生育、子女教育、婚姻、老人赡养、生产乃至消费等等都受到公社规范的制约"。同时共产党在农村实行的各种新政策都需要与家庭打交道。

集体解散之后，像全国各地的村庄一样，西村当前的领导机构是由两套人马组成的：党支部与村委会。从理论上来说他们是不同的，但这两套班子有相当多的重叠之处，村委会的许多成员同时也是党支部的成员。村委会由村长（村主任）、会计、民兵营长、妇女主任、治保主任等组成，加上党支部书记和团支部书记，一般为5—7人，体现了村在政治、经济、军事、妇女、青年等方面的主要职能。西村的村委会成员还应该加上10个生产队的队长，尽管现在队长的作用已经大大降低，因为他们不再控制劳动或农业剩余，但队长还是参加村里面各种会议，传达信息，并且有的村民相信各队之间经济成就上的差异与队长的能力也有直接的关系。支书是村里最有权威的职位，村长或村主任协助负责村务管理，会计和出纳负责记录村里的财务以及生产的变动。整个村委会班子在计划生育执行严格的时期却团结一致，计划生育干部只负责执行计划生育政策，妇女主任主要负责妇女事宜。在村委会的领导班子中，除了妇女主任一职外，男性占据了其他所有的职位（见表2－7）。①

表2－7   1985年西村村干部组成情况

序号	职位	年龄	性别	文化程度	所在位置
1	村支书		男	小学5年级	西村四组
2	村主任		男	小学5年级	西村四组
3	副主任		男	小学5年级	
4	会计		男	初中	
5	出纳		男		
6	计划生育干部		女	高中	

---

① 自分产到户之后的40多年中，西村的村委会中只有妇女主任一职是女性。

序号	职位	年龄	性别	文化程度	所在位置
7	妇女主任		女	初中	
1组	队长		男	初中	
2组	队长		男	小学	
3组	队长		男	小学	
4组	队长		男		
5组	队长		男		
6组	队长		男		
7组	队长		男		
8组	队长		男		
9组	队长		男		
10组	队长		男		

注：大部分情况下会计与出纳为同一人兼任，计划生育干部一职在90年代之后不在村委会成员里，代之由妇女主任管理计划生育事宜。

与新中国成立初期相比，西村村委的性别构成几乎没有一点变化（尽管在1955年时社委成员中女性有24人，但如果按照比例来计算一样是很低的），女性仍然被排除在村落政治之外，农村女性进入权力体系参与管理村级事务几乎是一种奢求，男性掌握着村委的一切，尽管有妇女主任主管妇女事务，但在西村计划生育强制实施的时候，妇女主任除了弄清妇女的生育情况以及带领妇女去做手术之外，其他决策性的事务几乎没有发言权。[1] 朱爱岚20世纪80年代在北方三个村落进行调查时也发现村委会的成员除了妇女主任之外没有一位女性成员，而其中的两个村妇女主任竟然也是由男性承担（见表2-8）。计划生育在村落的实施，主要是村干部在执行政府的政策，当这些政策与男性身体的切实体验无关的时候，男性的决策与女性的抉择是否会呈现截然不同的一面呢？当父权制村委会与父权制国家相遇时，他们是否会一拍即合，只为自己的目标而对父权制下的农村女性没有一点怜悯之心？我在下文会作详细的分析。

---

[1] 关于这一点在以后的章节中我会重点讨论。

表 2 - 8　　　　　　　山东一些村落的村委会构成及党员情况①

村名	村委会		党员	
	男	女	男	女
张家车道	5	0	44	若干
前儒林	5	1	30	3
槐里	5	0	34	1

　　新中国成立之后，尤其是集体解散之后，西村可以说一直呈蓬勃向上的发展趋势。这个村不仅成为了农业生产示范村，而且在农用设施、水利灌溉、道路交通及农民收入等方面都在迅速改观。在我调查的这几年中，我至少亲身体验到了以下几方面的变化与发展。第一，农田灌溉渠道全部用水泥沟渠代替，并且已经遍及全村的水田，以前杂草丛生的田垄上也用水泥铺路；第二，从 2008 年开始，全村每个生产队都建立了垃圾池，居民所产生的垃圾集中回收集中处理；第三，水泥马路已经在全村开始普及，90% 以上的人家马路已经修到了自家的院子里；第四，像城市的街道一样，村里从 2010 年开始已开通了路灯，从晚上 6 点一直到凌晨 1 点；第五，计划生育工作已经没有什么麻烦的事情了，年轻人在生完一胎之后自动采取避孕措施或者在生了一女孩之后间隔四年再生一胎，超出计划内生育的情况很少。几十年的计划生育工作到底在西村经历了怎样的遭遇才达到了这样的效果，这些我会在以后的章节中详细叙述。由于这些情况，村民的自豪感油然而生，按照村民的说法，"这一切不仅搭帮政府，也归功于村委会的领导有方，为村民谋福利"。

　　总的来说，西村基层政治结构不断发生改变，有时它更专制，比如在集体化时期，有时会稍微民主（集体解散之后），但无论怎样，以男性为中心的基层政治结构的根本特性都完好无损地保存下来，从新中国成立之前的保甲制度到目前正规的村政府村委会，西村都能看到这种男性中心主义以相对明确而又稳定的形式在运作。也就是说，男性中心主义的组织形式在每个村都是国家之地方一级的组成部分，它们是通过按男性中心主义思路构筑的社区中生活与工作的日常关系来运作的。而这种权力运作关系又同君臣、夫妇

---

　　① ［加］朱爱岚：《中国北方村落的社会性别与权力》，胡玉坤译，江苏人民出版社 2004 年版。表格根据此书整理而成。

之间关系明确对应的中国传统政治模式并同为妇女规定"三从"是完全合拍的。[①] 村庄基层政治结构中女性的身影和声音一般难以出现。

1949 年之后，西村发生了前所未有的变化，而且西村也越来越开放和包容，交通更加便利，自由恋爱已经普及，上医院检查、生育小孩成为一种惯例……不过，正如周荣德在云南昆阳调查之后所指出的，由于种种激励和逐渐变迁，许多其他的传统特色已完全消失或基本改变了，唯有传统的家庭集体的利益仍然是属于优先的社会价值，它具有五个特点：强调父子关系；家庭荣誉感；对大家庭的鼓励；祖先崇拜；家产的共有权。[②] 这五个特点无一例外都带上了父权制的特征。尽管跨越了两个世纪，我认为至少有三种情况在西村仍然并且继续存在，即强调父子关系、家庭荣誉感和祖先崇拜。在西村，这些传统的信仰及价值观体现在如孝顺父母、三代（或者四代）同堂的大家庭的理念、对风水与祭祖的重视、重男轻女等，政府试图采取措施来改变这些传统的信仰与习俗，但有时难以奏效。随着新中国成立之后计划生育的开展，西村比以往任何时候都感受到政府的关注，而这些传统特点更是受到了计划生育的冲击，尤其是村落传统的生育文化。

总的来讲，西村一直是与外部世界相联并处于动态发展之中的一个中国村庄，中国的历史剧一而再再而三在此上演。西村在这半个多世纪中所经历的社会变革与中国其他地方的农村一致，有时也会产生相似的后果，但也会有它的不同，以下的各章我会详加分析。

①　［加］朱爱岚：《中国北方村落的社会性别与权力》，胡玉坤译，江苏人民出版社 2004 年版，第 245—246 页。

②　周荣德：《中国社会的阶层与流动——一个社区中士绅身份的研究》，学林出版社 2000 年版，第 14 页。

第三章 浮出历史地表：西村传统生育文化

　　那时节何式冇难产呢，有难产呢，如果难产的话，就在驮肚婆（即产妇）的头上打把伞，或者在产妇的床顶上罩一张渔网，咯样做的目的是将生产鬼避开，使产妇能顺利生产。[①]

　　难产的时节，就请师公来做法事，师公来了之后，写一些符咒，口里念个不停，反正不晓得念些么子，然后将符咒围着产妇的床边烧掉，烧的灰放到水里要驮肚婆（产妇）喝掉。[②]

　　在西村访谈时，问到生育时难产的问题，许多老年妇女与我谈起了曾经经历过或者听说过的难产的处理办法，现在看来，这些方法或许可以说是封建愚昧、无知，但不管效果如何，就是这些方法曾经使产妇及其家人得到心灵上的慰藉。

　　在前一章中，我们介绍了西村的地理位置与环境、农作物生产与性别分工、人口情况、家庭结构与姓氏以及村庄的村落政治，从中初步探讨了西村女性的地位以及村庄政治权力结构中男性的主体地位。本章将继续分析西村传统的生育文化，不仅从中了解西村传统的生命观、宇宙观以及身体观，同时也为与共产党在西村推行计划生育中遇到的问题进行对比。在中国的村庄，村庄中各种风俗习惯村民们都共同遵守，比如丧葬礼仪、婚俗礼仪以及生活方式等，杨懋春把它称为村庄内部的同一性。[③] 正是这种同一性使村庄成为了一个统一体，在这个群体中，有一套村民认同的行为

---

① 郭秀梅访谈资料，访谈时间：2008 年 7 月 29 日。
② 夏奶奶访谈资料，访谈时间：2008 年 7 月 28 日。
③ 杨懋春：《一个中国村庄：山东台头》，江苏人民出版社 2001 年版，序言第 4 页。

规范及价值观念，李银河称之为"村落文化"。她认为，第一，村落文化不是抽象的概括，而是一种切实存在的社会群体及其所拥有的文化形式；第二，村落文化概念是以村落内部的信息共享为主要特征的。[①] 每个人对群体内其他成员的情况都谙熟于胸，发生于这一群人之间的一切事件都不会逃过每个成员的视野，一言以蔽之，小群体中的一切信息都是共享的。同样，在生育方面，西村也有自己的生育文化，这是西村人"在一定条件下形成的对待生育活动的一整套观念、信仰、风俗习惯、价值标准、行为规范等等"。[②] 村庄成员共同认可及遵守这样的行为规范与价值观念并依次行事。

关于村落的生育文化，郑卫东从经济作用或从工具理性方面对他所调查的村庄进行了概括，他指出，由于男孩的经济效用与"根"的意识、村治秩序与男孩效用、男性偏重的生育女儿账等原因，使村落生育文化注重生男，并且多生男。[③] 他认为这是他所调查村庄的典型生育文化。按照郑卫东的理解，农村生育文化就是一种生男文化。毋庸置疑，在中国大部分的农村，这种男性偏好的生育观念深入人心，然而，郑的研究更注重于从家庭与家族的观念来关注生育文化的内涵，关注的是为什么人们要偏重生男文化，对生育本身的行为方式以及过程等缺乏研究，生育文化还应该有更为广泛的含义，因为生育文化并不仅仅是来论证生育男孩的作用，生育也包含人们对生命以及身体的理解，更是包含一系列仪式、过程以及具体体验。对于女性来说，生育还作为一种危险和污秽的生命过程的故事，她们不仅要面对怀孕时的一种种要求与禁忌，同时也要面对生育时的惶惑不安与焦虑之情，这份焦虑与惶恐，甚至让妇女们害怕怀孕。因此我们只有从包括生育的方式、生育的观念、生育的动力与压力以及难产的处理等方面加以考察，才能对女性的生育感受有更加深刻和全面的认识，也才能对西村传统的生育观有大致的了解。

---

① 李银河：《生育与村落文化·一爷之孙》，文化艺术出版社2003年版，第63页。
② 杨筑慧：《中国西南民族生育文化研究》，中央民族大学出版社2006年版，第4页。
③ 郑卫东：《村落社会变迁与生育文化——山东东村调查》，上海人民出版社2007年版，第40—42页。

第一节　传统的生命观与身体观

在西医还没有传播到中国之前，中国医学对生命与身体的理解不是解剖学的，而是用一种宇宙观的论调来谈论男女的身体以及生命的形成，使之带上神秘主义的色彩，这无疑会影响人们对生育以及生产之道的认识。生育是孕育新生命的过程，人们以不同的方式认识和经历着身体并理解着生命，那么，西村人对于生命以及身体有着怎样的看法呢？

一　西村的生命观、宇宙观

中国的文化将生命观、身体观与宇宙观联系起来，在宇宙中，气是生命源泉的基本能量，是单一并且最重要的因素，在人的生命中，元气维持着人的生命和成长，并且这个元气随着年龄的增长而不断地减少并最终耗尽，如果一个人生命体征消失，那么他的元气就随之消失，也就是说人的元气一旦消失就意味着死亡。姚毅认为，中国传统生产世界是包含了自然主义要素作为本质的，是包含了宇宙论和道德伦理观的一个完整的知识体系。产婆、医生和患者（产妇）存在于一个相同的知识体系下，共有这些知识。[①] 中国医学对生命的理解是以阴阳之气来解释男女之别，认为男性身体主要是由男性的生命活力——阳气来支配，女性身体由其相应的女性活力——阴气来支配。在晚清帝国后期经常有文本提到这样的观念，在这里面，气起到了举足轻重的作用，它是生命源泉的基本力量，是最主要的因素。怀孕的过程或者说生命形成的过程是由上天所馈赠的一点点气进入人体，作为"元气"来维持着人的生命和成长过程，同时给予人类繁衍后代的活力。

在与西村老人的访谈中，也有人曾经认为生命的形成是由气所灌输的，而气是由上天所给予的，对生命的认识就充满着天人合一、天地感应之说。当然，中国很多的神话故事给予了人们这样的观念，如中国三皇之一的伏羲的生命形成过程，就是一种感应之说。伏羲的母亲华胥生活在华胥水边，因好奇踩了雷神的大脚印而怀了伏羲。12 年后，在仇夷生下伏

---

① 姚毅：《产科医、助产士、接生婆——近代中国生育是近代化与国家》，博士学位论文，（日本）东京大学，2010 年，第 15 页。

羲。神女女岐，没有丈夫都生了九个儿子。还有像炎帝母女登感神龙，黄帝母附宝感闪电绕北斗枢星，颛顼母女枢感星贯月，尧母庆都遇赤龙，舜母握登感虹而分别孕育生下这些半人半神的帝王。[①] 除了天人合一，天地感应之说，西村老人更多地以命中注定来解释一切生命现象。正因为生命是由上天给予的，是命中注定的，因此在生命感应的过程中，一个生命的形成往往要注意很多的细节。在过去，由于妊娠、分娩、养育等过程具有危险性与不确定性，诸如婚后无子、胎死腹中、因难产而亡、畸形怪胎等现象在医学知识匮乏的情况下时有发生，也使人们对受孕过程、胎儿性别的形成以及生育过程充满好奇、紧张甚至焦虑和恐惧。在医学知识不能解释的情况下，村民在很大程度上将其归结为神秘的超自然力的结果。[②] 古代相当多的房中书教导人们应该注意行房时的天气现象、社会情境以及所处的地点，总之应该注意天时、地利与人和。因为在世人看来，行房的主要目的是怀孕生子，是生命的形成过程，而生命的形成与自然界有深刻的影响。天候气象特殊或者不佳，如日蚀月蚀、弦望朔晦、雷电霹雳、霓虹地动、大寒大暑、大风大雨大雾，房中书会建议最好不要行房，否则不但对父母有损，并且受孕所怀的胎儿，会相应于行房当时的天气，变成臃肿癫狂，或者聋哑愚顽，或者残盲短寿，甚至不仁不孝。这类说法，更可见古人相信生命的形成与天时互相感应的观念。长沙马王堆出土的帛医书《胎产书》，成书于公元前 2 世纪，是迄今为止中国所发现最早的妇产科文献。全书以记载妊娠养胎、产后保健及产后埋胞等为主要内容，其中所记载的"逐月养胎"说，认为胎儿之成长，系其逐月接受金、木、水、火、土等不同的精气而发育，并强调孕妇应配合胎儿不同的成长，逐月供给所需。[③] 古代之人还相信，天人感应的影响不仅在于天候气象，也包括社会情境与场所环境。比如，服丧之人不可行房，如果遇到腊日斋戒的日子，也不适合，并且强调应该避免在神庙佛寺之中。这种对自然现象的强调忽略了妇女怀孕过程中自身的感受，并将妇女怀孕的身体作为一种外在

---

① 《尚书正义·序》，转引自杜芳琴《女性观念的衍变》，河南人民出版社 1988 年版，第10 页。

② 这种情况在其他国家同样存在，对生命的形成都带有迷信的色彩。如非洲有的部落杀掉分娩时脚先着地的婴儿，有的则杀死双胞胎，还有的认为先长上边牙齿的幼儿不吉，不能活下去。见刘静贞《不举子——宋人的生育问题》，（台北）稻乡出版社 1998 年版，第 7 页。

③ 参见郑义英《〈胎产书〉整理标点辨误》，《成都师专学报》2001 年第 1 期。

而存在。

正是因为相信这种命中注定之说以及生命的不断轮回，西村老年村民将生育与性活动以外的因素联系起来，不仅把生儿育女看作天赐神佑的结果，而且把它提高到祖先或者家族积德行善的结果，认为孩子的诞生与家庭或者个人的德行有关，甚至有人认为没有生育男孩的家庭是因为祖上没有积德。在家庭之间的纠纷中，最恶毒的话也就是说你没积好德，将来断子绝孙。于是乎，一个家庭不孕或者无子则由"行为不正、风水不好、流年不利、冲犯鬼神所致"①。有时，西村有些老年人又会陷入一种宿命论的观点。在她们看来，人的生命是上天赋予的，所有经历的一切都是命中注定的。在西村的老一辈人中，持有这样生命观的人比比皆是，生于1928 年的郭秀梅（西村人叫张娭毑）在接连生了几个小孩都夭折之后认为："一切都是命中注定的，阎王爷要带走他们我呀冇办法，我们呀（读三声）带不活的。"② 尽管有时小孩是人为因素造成，如生病没有及时救治，有的是被子压住窒息而死，但他们都将之归罪于上天的安排。"他们啦命太大哒，我们带不活。"西村的许多老年妇女都是佛教的忠实信奉者，比如王顺清、徐清香、粟大妈、郭秀梅都与我讲起过人生中佛教的重要性。在邻村的南岳庙村，由政府拨款及当地有识之士捐助在南岳庙村重修了一座规模比较气派的庙宇——南岳庙，每年的大年初一以及农历的二月十九日、六月十九日、九月十九日③这几天，村里的许多老年人尤其是老年妇女都会成群结队去庙里烧香拜佛，并有许多妇女在观音菩萨面前跪拜（求子）。同时西村还建有一基督教堂（在四组），西村有一部分中老年人尤其是中老年妇女信奉基督教，西村八组的蔡凤娥 1983 年（27 岁）就开始信教，李少元 1993 年开始信教，这一人数目前有上升的趋势，信奉佛教之人相信生命之轮回与因果报应，基督教的皈依者相信上帝耶稣对他们的教化与指导，生命不仅是上帝所赐予的，而且人的生老病死上帝也

---

① 方燕：《巫文化视域下的宋代女性——立足于女性的生育、疾病的考察》，中华书局2008 年版，第 59 页。

② 郭秀梅访谈资料，访谈时间：2008 年 8 月 14 日。

③ 村里人认为，观音菩萨有三个生日，分别为农历的二月十九、六月十九以及九月十九，在这几天去拜佛求签比较灵。还有就是大年初一这一天也是比较吉利的日子。笔者有几次在西村婆家过年时曾经在大年初一那天与奶奶一道去南岳庙烧香拜佛，随行的人员为张家的媳妇、孙媳妇等女眷以及几个顽皮的小孩。一般的仪式是先烧香拜佛，然后捐钱，最后是讨要平安茶叶，据说这天由寺庙主持发放的茶叶能够消除百病，并确保一年的平安。

能予以帮助与解决。① 尽管年轻人不太懂这些，也不相信这些，但她们一如既往地尊信教会，并一有机会就向其他人说教，劝她（他）们皈依耶稣。②

建立在西村的基督教堂

---

① 2008年7月20日，我开始在西村进行田野调查不久，有幸去教堂参加了一个祷告（安息日），并参与了整个过程。西村的基督教堂每周星期六上午做祷告，这次参加的教徒有50人左右，年龄大多在50岁以上，以中老年女性居多，中老年男性也有，其中还有一位十几岁的小女孩和一位青年男子。每到周六，信徒都会收拾得整整齐齐来到教堂，整个仪式延续有大约2个小时，包括唱赞美诗、读圣经、祷告以及牧师的布道，中间我与几位女性聊了起来。一位77岁的叫兰玉英的老太太告诉我，她信教已经二十多年，至于信教的原因其实很简单，他一个儿子从小就得了病，经常失去知觉，吃喝拉撒都不知道，去了很多医院没有治好之后，别人就劝她信教，她信教之后，她儿子慢慢地就好起来了，除了间或有点精神病，能吃能睡，并在她的鼓动之下，儿子也开始信教了。兰玉英访谈资料，访谈时间：2008年7月20日。还有一位不知姓名的妇女告诉我说在参加礼拜的教徒当中一位男性教徒已经是肺癌晚期，但由于信教，病已经差不多好了，是上帝在保佑他。但寒假我在田野调查期间这位罹患肺癌信奉基督教的患者还是病逝了。

② 2012年8月16日，在我去西村回访时，又去教堂参加了一个安息日。在我对八组的李少元开始进行访谈时，我问她为什么信基督教，她由衷地说基督教的好处，说耶稣会给她的家人带来福气，会包治百病，并拿出随身携带的《圣经》，翻出一些教义要我认真去读，我记得她要我把《出埃及记》《启示录》等五部分内容认真看完，尽管我一再强调说我家里有《圣经》，闲着的时候也经常翻翻，她误以为我买了《圣经》是在认真研读，有人教的想法，她说说她是耶稣派来要我加入教会的，我有点哭笑不得，有几次我打断了她的话，把她引导到我的主题上。这次我访问了五位女性，其中有三位是西村的，另外两位是邻村的。无一例外她们告诉我信耶稣的原因是被不同的疾病所困扰才开始信教，现代医学不能治好的病，耶稣——为她们治好了。

在教堂唱赞美诗的西村及附近村庄的村民

　　西村的许多村民依旧相信，人生不只是有今世，还有来生；不只有阳间，还有阴间。死去的祖宗尚活在阴间，他们在另外一个生命世界指点和影响后代人在现世的生活。个人只是祖宗传下来的生命之链的一个环节。如果家里有长辈去世，每一个家庭的堂屋里都设有一个小小的祭坛，来放置已故长辈的神主牌位，同时，家里长辈去世之后，对坟墓的选择以及每年的祭拜成为一个家庭的大事。据我观察，西村一年当中主要的祭祀事件有大年三十的上坟（称点灯），正月初一的拜年，正月十五的点灯，清明节的上坟，农历七月十五之前的祭祀（给去世的人烧纸钱、衣服、冥币等，俗称鬼节），还有每年给死去的人做阴生。既然有这么多的"重大节日"，那么对去世亲人坟墓的建造就很看重，好的坟墓如同人的住宅，①不仅是值得骄傲的，而且村民相信家庭的兴盛依靠坟墓的风水，这种信仰

---

　　① 有很多学者指出村民对住宅的建筑也非常讲究风水。如黄树民在福建林村考察时叶文德书记举了村里两个实例说明村民不按照风水建房子时遇到的厄运；同样，林耀华在解析福建两户乡下人家兴亡时，也强调了这两家在农村新建设选址、风水的重要性，其书名"金翅"更是因为主人公之一的黄东林家因为其新居邻近的一座山，就像金鸡展翅般成为新居的屏障，这种情形，"以传统中国地理艺术的'风水'而言，它预兆这户人家的兴旺"。分别见：黄树民《林村的故事：一九四九年后的中国农村变革》，素兰、纳日碧力戈译，生活·读书·新知三联书店2002年版，第31—33页；林耀华《金翅——传统中国家庭的社会化过程》，宋和译，（台北）桂冠图书股份有限公司1990年版。

认为祖宗在阴间具有超自然的能力，足以帮助后代，于是村民相信那些功成名就之人是由于风水或者什么超自然力的影响。有的坟墓不仅建得富丽堂皇，最主要的是选择好了地方。在一些重大节日，祭祀祖先是一件非常重要的大事，祭祀时的规矩很严，因为他们相信祖先在看着，如果不严格遵照规矩就会被看成是对祖先的不敬。当然祭祀之事由男性子嗣来进行，这也使西村人担忧，如果没有男性子嗣，谁来供奉祖先，谁来供奉自己日后在阴间的生活？

清明时节的祭拜

一般来说，越富有的家庭越关注祖先的坟墓，注重祭祀，因为"穷人因受生活重担的压迫而很少有闲暇再去顾及别的事情，因而祭祀祖宗的意识较为淡薄。当然，由于穷人们没有金钱为祖宗修墓，或者穷人们今天的生活状况不能自豪地告慰祖宗，这也导致了他们在祭祀祖先时的随意与散漫。然而，富有的家庭首先应该是人丁兴旺，男性子嗣多。许烺光认为，家中人死后有三个去处——墓地、家中的神龛，以及宗族的祠堂。死者的尸体葬在了墓地，而他们的灵魂却留在家庭的神龛和宗族的祠堂里。[1] 当然这个死去的人应该是家庭中的长辈。西村由于没有宗

---

① ［美］许烺光：《祖荫下：中国乡村的亲属、人格与社会流动》，（台北）南天书局2001年版，第28页。

族势力，故老去的人不需要去宗族的祠堂，不过要有墓地和供奉在家中的神龛。神龛一般做得非常漂亮，在堂屋的靠北边的墙壁上。西村对于墓地风水的重要性深信不疑，每一块墓地都是有讲究的，因为这关乎死者后人的兴盛荣衰。因此墓地的选择必须要请一些专门的人士（俗称风水先生）来看风水。[①] 风水先生确定墓地的选择，墓穴的位置，村民认为家族后代的兴旺取决于祖先安息的这块墓地。有一次我在田野调查期间碰到一个家庭扫墓的祭祀活动，[②] 下面一段对话可以表达出村民的宇宙观或生死观：

　　　村民：您老人家回来了啊，你看你家真有福气。你老头子的坟选得真好。（其他村民也附和）
　　　张奶奶：是啊，我老头子死得早，不过他一直都在保佑他的子孙呢，他冇睡着。（指对家庭还担负着责任，看着子孙成长）
　　　村民：你们当时何式选的噶块地咯？
　　　张奶奶：也冇选，当时道士先生说，张爹埋在噶里好，我们就信了。也冇专门选。我老头子积哒德呢。
　　　村民：那是的，不然的话子孙发的噶好。你看你老人家好健在的。
　　　……

　　认为先辈灵魂在保佑子孙后代的说法在西村非常流行，尽管他们根本不晓得灵魂到底是什么（当然学富五车的学者也未必能说得出来），只是村民相信祖先是要尊崇的，要敬仰的。年轻人可能并不看重这些，知道凡事要靠自己的拼搏，但一旦那些年轻人在外闯荡取得了成就，回来之后首

---

①　本人曾对风水不置可否，但父亲的去世使我感受到农村对风水的重视。父亲去世之后最重要的两件事情就是第一请道士在死者家中张罗，第二就是请风水先生带领一帮人去选墓地。
②　这次，一户张姓人家的老母亲八十大寿，这位老母亲老公1982年去世（54岁），他们共生育了9个小孩，存活5个，三男两女，这是农村最理想的小孩数目与性别，五个子女有四个都在湖南省会城市长沙安家，有一个一直在西村，担任西村支书十几年。这位老太太已经是儿孙满堂，四代同堂，她长期住在长沙，但祝寿或者其他重大节日时要回乡下老家，她觉得城市不注重这些，祝寿不热闹，尤其是祭祀活动。这次生日所有子女、孙辈及曾孙都回家，于是儿子们提议上坟。

先就是要祭拜先祖。①

正是因为对于生命的重视以及对家族兴旺、繁衍的注重，因为信奉天人合一的宇宙观与生命观，所以在计划生育刚开展的过程中，这些村民尤其是老年村民更多地排斥这种行为，认为不合人伦，是违反天意的事情。尽管她们在繁重的劳动与家务之间也曾经想过节育，但当把这件事情作为公共事情来谈论的时候她们一开始不能接受。

二　对身体的理解：有等级的身体

如果说西村村落文化中这种天人合一的生命观是从宏观层面对生命、对自然、对宇宙的理解的话，那么对身体的理解就更加具体化了。尽管村民对身体的理解是从阴阳这对概念着手，并来自于对自然、对宇宙的解释。在中国的传统文化中，阴阳概念是维持宇宙运转和变化的互补的理论，阴阳之气的运转也使我们的生命得以延续下去，同时阴阳思想的存在告诉我们所有的事物相互联系也互相依靠，离开哪一部分都不能独自生长。中医也强调阴阳是互补的，但在中国的关于身体的文化中赋予了身体更多的含义，在现实生活当中阴阳不仅是分等级的，而且这种等级延伸到我们的日常生活当中。儒家的社会关系模式不言自明地由阳统治阴，这种差异形成了性别等级制度，使男性的统治变得自然而然。女教中的名著《郑氏女孝经》指出：

> 立天之道曰阴与阳；立地之道曰柔与刚。阴阳刚柔，天地之始。男女夫妇，人伦之始。故乾坤交泰，谁能间之？妇地夫天，废一不可，然则丈夫百行，妇人一志。

司马光发展了这一思想：

> 夫天也；妻地也。夫日也；妻月也。夫阳也；妻阴也。天尊而处上，地卑而处下。日无盈亏；月有圆缺。阳唱而生物；阴和而成物。

----

① 一位20世纪70年代出生的男子结婚之后在外面打拼，混得还不错，今年他的女儿高考考上了一本，有望升入京城的名牌大学，他今年暑假就开始修他爷爷的坟墓，准备修完之后带上一家人回来祭拜，他认为是他死去的爷爷在保佑他的女儿（即死者的曾孙女）考上了重点大学。

故妇人专以柔顺为德，不以强辩为美也。

宋代程颐更是将这种思想发展到极致：

　　夫以顺从为恒者，妇人之道，在妇人则为贞，故吉；若丈夫而以
顺从于人为恒，则失其阳刚之正，乃凶也。……阳上阴下，得尊卑之
正。男女各得其正，亦得为也。

用我们的眼光很容易看出，社会精英尤其是男性精英把对男女的看法
论证为自然的、想当然的、本质的观念，从而制造出了对阴阳截然不同的
理解：阴代表黑暗、寒冷、潮湿；并且阴是隐藏的、潜在的和被动的；阴
是月亮、夜晚。阳象征光明、温暖和活力；阳是主动的，是太阳，是白
天。于是男女两性所对应的阴阳之体就被赋予了不同的含义，并形成了阴
阳等级之序，男尊女卑之思想，女性成为了像西蒙娜·德·波伏娃所说的
"第二性"和"他者"，并且随着"女人并不是生就的，而宁可说是形成
的"，① 女性在其成长过程中，其身心特征、正常生理受到歪曲扭化，女
体污秽的观念渗透到社会各方面。在西方国家，对女性身体的理解尽管没
有像中国一样用宇宙观的阴阳概念来解释，但毫无例外地，女性的身体不
如男性的身体，男女的身体是有等级之分的。在文艺复兴时期，拉奎尔曾
经就当时的解剖知识说明男性的身体是理想标准的结构，女性的身体是一
种变体，他甚至把女性低贱的原因归罪于发现女性身体上性别的差异。②
亚里士多德也强调女性身体结构不太完美。

诚然，女性的身体是不同于男性的身体的，这不仅仅体现在医学的解
释中，更多地体现在妇女对自己身体的理解以及人们对女性身体的看法，
尤其是男性对女性身体的看法。有学者指出，在妇科医学发展的过程中，
妇科医学专家们通过撰写各式各样的医学著作，对女性的产育功能，从求
子、怀孕、安胎、养胎，到分娩、产后保健，一步步发展出应对的措施，
于是女性的身体是生殖的身体，是生育的身体，女性身体的基本功能包括

---

　　① ［法］西蒙娜·德·波伏娃：《第二性》，陶铁柱译，中国书籍出版社1998年版，第
309页。
　　② 转引自［美］费侠莉《繁盛之阴——中国医学史中的性（960—1665）》，甄橙译，江苏
人民出版社2006年版，第23页。

月经、怀孕、分娩、哺乳等。根据李贞德的研究发现，不能生育的夫妇也有用药物治疗的，六朝医方中偶尔可见成对的配方，让夫妇一同治疗无子之病，然而到了隋唐之时，求子药方或者说治疗不孕的药方大量出现，但这些药方全部归于妇人之病中，针对女性身体和生育功能下药。[①]可见，这样的习俗一直沿袭至今，女性的身体是生育的身体，不能生育也是女性的事情，而与生育相关的一切也需要女性来解决和承担。

在以往的医学著作中，很少见到有关于治疗男性生育的书籍，而关于女性生育方面的书籍从唐朝开始大量出现。[②]孙思邈在他的《备急千金方》中有三章专门记录了妇女疾病的别方，专门针对治疗女性生育、怀孕和产后疾病。不能生育的女性，她的身体就会被怀疑有病。因此，早期的妇科著作都主要为治疗妇女的不孕不育，并将之统称为"带下病"。在秦汉时期，带下指的是妇女不育，是就负责保持子宫位置和调节体液从阴道流出的能量区域而言。对于妇女身体的疾病，一般都是从调养带下病开始。这种带下病又与女性的月经挂钩。作为血的生殖和生育能力的证明的月经，相应地成为历代妇科学乃至妇女本身关注的重点。从宋代开始，对月经的关注成为妇科学家关注的重点。在他们的表述中，经血中的血主要和生育的血息息相关，而月经失调便是其他疾病的征兆。唐代妇科大师陈自明在他的《妇人大全良方》开篇中讲道："凡医妇人，先须调经，故以为初。"[③]因此，初潮在所有月经周期中意义最大，它的正常预示着身体的生育功能正常。一个女性没有来月经是被母亲以及家人担心的事情。然而，吊诡的是，尽管月经是如此的重要，人们却将月经视为不洁的。16世纪的李时珍曾经这样描述处在经期的女性："她邪恶的液体恶臭污秽，因此男人应该与她保持距离；她们是不洁的，会伤害男性的精气，给他们带来疾病。"夏洛特·费侠莉也指出，清代的妇科学把月经视为女性的损

---

①　李贞德：《女人的中国医疗史——汉唐之间的健康照顾与性别》，（台北）三民书局2008年版，第29页。

②　有关中医妇产科的发展历程、医家的著述以及历朝历代的产科成就，可参见周春燕《女体与国族：强国强种与近代中国的妇女卫生（1895—1949）》，博士学位论文，"国立"政治大学，2008年，第126—132页。也可见［美］费侠莉《繁盛之阴——中国医学史中的性（960—1665）》，甄橙译，江苏人民出版社2006年版。费氏以时间为脉络对自唐以来的妇科著作、历朝成就作了梳理，也使妇科发展历程贯穿于全书之中。

③　陈自明：《妇人大全良方》，转引自［美］费侠莉《繁盛之阴——中国医学史中的性（960—1665）》，甄橙译，江苏人民出版社2006年版，第65页。

耗和疾病。① 总之，书本知识和口头文化告诉我们，月经是一个病理过程，其特征是不稳定、疲劳和易怒、情绪化并且容易精神失常。历来中国的文化对经血都有忌讳，处在经期的女性是不允许接触男性和神灵的，禁止经期的女性参加一些社会活动，认为会危害到大家共同的生计。同时，西村老人还认为女人的内裤不能晾晒在公共场合，女人的月经带不能让男人看到，女人的被子不能放在男人的上面，女人不能跨越男人的衣服。

西村妇女普遍认为男子的身体是可贵的，尤其男子的精血是极其珍贵的，民间流传这样的话："男子血，贵如金。"在西村，女性自身特有的生理现象同其性别一样，在传统文化中遭到贬抑，月经是女性生理发育成熟的标志，但西村妇女认为月经是脏的、丑的、见不得人的倒霉事情！尽管她们也都知道不来月经更不好，将来不会生育，但对月经都持着鄙视和厌恶的态度。同时，人们普遍认为男子的身体要比女性的身体优越，男人的身体应该是完整的，一位做太监的男性因为失去男性最重要的器官不仅在生理上不是一位男性，更在身体的完整性上要比其他男性低，甚至还不如女性。因此在以后的章节中我们会发现在采取结扎手术的时候那么多女性义无反顾地承担了这一责任。一位老年女性曾经非常自豪地跟我说：

> 我的身体（其实很多情况是讲下体）除了接生婆之外从来没有给别人看过，我不上医院，我也不去做检查（指妇科检查），做检查不是要给他们看吗？我才不会给他们看呢！（问：做检查的不是有女医生吗？）女医生也不能看。总之我的那里是不能让别人看的，你看现在的年轻人啦，一点都不晓得丑。②

女性的身体是重要的，这重要性还来自于女性的身体成为男性性欲的对象，女性身体的每一部分，比如脚，成为男性窥视、意淫的对象。中国的文化还赋予女性的身体更多的意义，她必须是贞洁的，也不能随意暴露自己的身体。在西村妇女看来如今的年轻人穿着暴露性感简直是有伤风化，而对于那些未婚先孕而去做人工流产的女性，尽管她们也在默默甚至

---

① 相关论述见［美］费侠莉《繁盛之阴——中国医学史中的性（960—1665）》，甄橙译，江苏人民出版社2006年版。

② 夏奶奶访谈资料，访谈时间：2008年7月15日。

无奈地接受，但在谈论这样的行为时她们总是会感叹世风日下。"为什么现在刮小毛毛（指人工流产）的女的咯多呢，她们和解不怕丑呢？给别个看难道不感到不好意思啊？"① 对过去的怀念与对现在一些盛行观念的不解使新中国成立前后出生的西村妇女感到迷惑，而这种身体观的改变也与计划生育在村庄的实施有很大关联，各种节育措施在身体上的使用不断地改变着她们约定俗成的看法，身体不再是隐秘的，但关于月经的不洁以及女性身体不如男性的身体还是在村落中占据着上风。

第二节　生产之道：疼痛的记忆

李银河曾经指出，生育文化是指人类在生育问题上的一整套观念、信仰、风俗、习惯等行为方式。② 本文所讲的生产之道包括分娩时产房的准备，接生人员的选择，采取的生育方式（如卧产、蹲产或坐产等）。正如李贞德所说，就生物现象而言，古今中外的生产可能大同小异，然而环绕着此一过程行为的医疗行为、仪式禁忌和思想观念，却可能因时空文化而有差别。③

一　怀孕的禁忌

"婚姻者，礼之本，所以合两性之好，上以事祖先，下以继后世。"古人将婚姻的意义与目的概括得淋漓尽致、入木三分。在中国人眼中，婚姻的功能即在于生育，为什么"在于生育"，因为要"继后世"。所以对于中国的女性而言，婚育是完成其从女到妇、从妇到母社会角色的转变仪式，但婚姻的目的和性质决定了她们对男性的附属和服从地位，赋予了她们繁衍子孙、延续香火的义务，婚姻和生育的异化不可避免地将女性置于"依违离合的现实困惑之中"④。

在西村，当女性结婚之后，人们对新婚夫妇最为关心的事是孕育与

---

① 曾爱珍访谈资料，访谈时间：2008 年 7 月 26 日。
② 李银河：《生育与村落文化·一爷之孙》，文化艺术出版社 2003 年版，第 11—12 页。
③ 李贞德：《女人的中国医疗史——汉唐之间的健康照顾与性别》，（台北）三民书局 2008 年版，第 75 页。
④ 方燕：《巫文化视域下的宋代女性——立足于女性生育、疾病的考察》，中华书局 2008 年版，第 57 页。

否。其实，在选择婚姻对象时，男方也会打听女方家的生育情况与身体情况。女性身体素质被看作衡量生育能力优劣的重要指标，关系到能否生育后代以及后代的强弱寿夭。① 对在一定时间里没有孕育迹象的夫妇，西村有过怀孕经验的妇女都会献计献策，传授经验。对新婚夫妇尤其是妇女而言，一种责任感和使命感也在促使她们尽快完成"义务"，那种婚后不想要孩子的念头对她们来说，不仅不可思议，甚至违背人性，不符合社会道德规范，所以新中国成立之前，西村的新婚妇女从来没有计划过怎样要孩子，而是顺其自然。一旦怀上了，家里人都会感到欣慰和高兴，在饮食起居上给予孕妇一些照顾但不会太多。因为西村的人都觉得怀孕的人不能偷懒，一样要干活甚至重活，这样孩子才生得快。西村怀孕的妇女都不脱离生产和家务劳动，但怀孕后有许多禁忌要注意。西村人认为孕妇不能摸死人棺材，孕妇本人也不能接近死者，即使是父母也不准接近；② 不许走进佛寺，不能备办祭品，也不能上坟祭拜，这些都会冒犯神灵，总之与祭祖祭神有关的事，孕妇都不可以做。其实在西村人心中，孕妇就像来月经的女性一样都是不洁的，她们在行为上要遵守一些限制，于是怀孕的妇女不要去新娘的房间，有的甚至不能参加婚礼，也不要去产妇的房间，不去井边，以免给别人带去不祥或玷污井水。在台湾地区有胎神一说，怀孕的女性更要注意不要触犯了胎神，不然的话会遭到胎神的惩罚。③ 其实在西村也有大致相同的信念，比如怀孕的家庭不能动土建房，怀孕妇女的房子不能随便拆修，也不能搬家，这也是与动到胎神有关系的。西村的这些怀孕禁忌有的慢慢在淡化，有的还在继续流行，但总的来说，怀孕是有很多注意事项的，至少她们相信妇女的不洁会亵渎神明。可见，对女性孕期这一特殊生理时期的明确规定和严格限制，使女性怀孕披上了一层神秘的外纱，英国人类学家马林如夫斯基对于怀孕所产生的种种禁忌感叹说："怀孕常包孕在道德价值的空气中，孕妇亦被逼于一种特殊的生活情况中，为了胎儿的安全，她须遵守种种规矩和禁忌。"④

---

① 方燕：《巫文化视域下的宋代女性——立足于女性生育、疾病的考察》，中华书局 2008年版，第 58 页。

② 这种禁忌在中国的农村比比皆是。笔者父亲于 2010 年去世，在此期间，做法事的司公提醒笔者家里的女眷，来休息（即月经）、怀孕的妇女远离死者，这种远离包括不能触碰死者的一切东西，不能送葬，不能烧纸钱，等等。

③ 任骋：《民间禁忌》，天津人民出版社 2004 年版，第 89 页。

④ ［英］马林诺夫斯基：《文化论》，费孝通等译，华夏出版社 2002 年版，第 29 页。

二　产房的选择与布置

台湾学者刘静贞指出，宋代传世的医书中，有各种关于产育之规定，例如，有"产妇推行年法"，可依产妇年龄推算出生产时应穿衣服的颜色与宜忌方位，再配合"推日游法"、"日历法"、"十二月产图"、"体玄子借地法"、"安床帐藏衣及藏秽物法"，选择生产时的吉位，安置产妇的床帐、睡卧方向，还有埋胞衣的方位所在。当然更少不了一些化解难产、横产的催生"灵符"。[1] 尽管随着时间的推移，生育已经没有这么严格的做法，但是人们还是会小心行事。在一些少数民族地区，产妇是不能在自家房内分娩的，要远离住所另搭一个窝（撮罗子），男人不能进这个产房，满月之后产妇才能回去。[2] 尽管西村在分娩地点的选择方面没有这么大的忌讳，但要注意的事项也是挺多的。首先，妇女不能回娘家分娩。在西村人心中她们遵循着千年以来的古训"嫁出去的女泼出去的水"，出嫁的闺女就变成婆家的人了，再到娘家生产被视为不合情理，据说是因为分娩的血污、晦气会给娘家带来不利，俗称"外孙下地，六十年不利"[3]。在访谈的老年妇女、中年妇女甚至年轻媳妇中都还认同这样的观点。其次，西村妇女生小孩时一般在自家卧房里生产，当然产房要避开放有祖宗牌位的房间或者要避开堂屋，如果产房正对着堂屋就要另选房间，避免血污冒犯祖先。[4] 第三，产房要不透风，产房阴暗，难以见光，因为母婴虚弱的身体受不起这些风吹。有的在产房门口挂上安产符咒，湖南怀化等地，孕妇在临产前一个月左右，需请巫师在房门上画符驱鬼除邪，称为"暗房"，也叫"封禁"。生产时房间里除了产婆和前来帮忙生产的妇女之外，禁止他人进入。产房是一个密闭的女性世界，坐月子期间，除了丈夫以及至亲之外，其他男性难以进入其内。产妇和婴儿必须在产房里待上一个月才能

---

① 刘静贞：《不举子——宋人的生育问题》，（台北）稻乡出版社 1998 年版，第 57 页。

② 吕铁力：《生育人生：田野调查笔记——生育文化·少数民族妇女口述史》，华夏出版社 2002 年版。作者提到鄂伦春族生孩子时女人居然不能在自己家里，哪怕是在冰天雪地的原始森林，也要在离家五六十米远的东南方向搭一个临时性的小窝棚，满月之后方可归家，男人给妻子来送饭，只能用木棍挑进去。如果这时候赶上寨子迁徙，别人都骑着马跑，产妇只能自己背着婴孩和大包小包的家什跟在马后头跑，因为此地的习俗认为产妇的身体里有邪气，连马都不能挨。壮族妇女生育时，丈夫躲得远远的，婆婆也不会在场，诞生新生命的风险和痛苦，是女人坐在一条壮家独有的木凳上独自担当的。

③ 任骋：《民间禁忌》，天津人民出版社 2004 年版，第 80 页。

④ 笔者 2000 年在乡下生育时曾亲身经历此事。

出房间，俗称"坐月子"。"坐月子"期间，产妇不要洗头、洗澡，不要吃酸冷食物，这便于产妇产后虚弱身体的恢复，促使元气不断生成。第四，产妇生子以后，必须要在产妇房门口挂上一块红布条，有的在门檐或窗户上挂一面镜子，既表明生子之喜，也表明在一个月以内禁忌生人入内，尤其是禁忌孕妇、寡妇和戴孝的人、来月经的人入内。这主要是怕她们带来不祥，或者是怕她们的到来会断了产妇的奶水。第五，忌讳带铁器和其他金属器具进入产房。据说这些东西会引来血光之灾。同时，也忌讳将产房里面的东西外借。一般产妇坐月子期间，产房中的东西只能添置，不能减少，否则即为不吉庆。当西村妇女都选择到医院生小孩之后，对产房的选择与布置已有很大的改观，但对坐月子时的禁忌依然存在。

从表面看来，对女性产后的种种注意事项甚至禁忌是在保护小孩与产妇的身体，但实际上"因产血污秽，生育成为不洁之事，产妇则成为不洁的媒介"[①]。传统文化将女性的身体看作是污秽的和危险的，认为会将其负面特质传染给各类人、事和场所。民间的各种有关故事和传说更是把这种情况扩大化，使人远离产妇身体的同时贬低女性的身体，使女性成为"第二性"的人。

三　分娩方式

生育是妇女生命中的大事，是女性生活中的重要经验。对于西村妇女来说，怀孕生产除非身体感觉有异样，否则整个怀孕过程都未有接受诊治的习惯。不能生育使妇女抬不起头，但能够生育也不是一件值得炫耀的喜事。西村妇女在怀孕之后，仍然像往常一样，继续从事家务甚至户外工作，待孕妇出现待产征兆时，才将她安排在产房里，从阵痛剧烈开始到分娩的这一段时间，孕妇都待在偏阴暗的房间中，起初孕妇在床上休息，随着生产迹象明显化，产妇下床移至铺有稻草或烟灰盒黄土的地上等待生产，这些习俗隐藏着很多不卫生、不安全的因素;[②] 同时让产妇右手抓住

---

① 方燕:《巫文化视域下的宋代女性——立足于女性生育、疾病的考察》，中华书局 2008 年版，第 145 页。

② 中国最早的女医学博士杨崇瑞 20 年代对北京郊区和河北农村进行调查，结果显示：产妇死亡率为 15‰、婴儿死亡率为 200‰，数字相当惊人。转引自吕美颐、郑永福《近代中国新法接生的引进与推广》，《山西师大学报》（社会科学版）2007 年第 5 期。又据侯杨方在《中国人口科学》2003 年第 5 期《民国时期中国人口死亡率》一文中统计，民国时期婴儿死亡率平均为 17%—20%。

一支撑物，左脚张开，在其前面铺上一块黑布，使身体腰部呈现浮起状态，此时通常有一至二位协助生产之妇人。整个生产过程中，一般来说都是由亲戚或邻居老妇人担任助产工作，极少（几乎没有）会给不认识或完全没有关系的人来帮忙之状况，而异性更不能出现在产房里。新中国成立之前，农村妇女的生育方式一般是坐着生或者站着生，这是传统的立式分娩法，而这一方法曾经是人类共有的传统分娩体位。其实按照古代史料记载，妇女分娩是没有固定体位的，产妇采用的分娩体位各式各样，如站立、蹲位、坐位、跪位、爬位（手膝着地）、侧位、俯位、半卧位及卧位等分娩，但多数采用立式位，即站、跪、蹲、坐位，有的采取坐位式，如藏族的产妇在生产时坐在一条壮家独有的木凳上独自担当。50 年代之后，慢慢开始推广仰卧位分娩方式。生于 1919 年的夏家奶奶与我谈起生产方式时告诉我说：

> 我站着生过小孩、坐着生过小孩，躺着也生过小孩。生第二个的时候我坐着生的。坐在一条长凳上，下面放一个脚盆，脚盆里面放一些灰。[1]

许多女性在生育多次之后慢慢学会了自己给自己接生，这样肯定是站着或者坐着生孩子了，四组的陈菊英就告诉我说由于生育过多过密，后来生小孩之后就没有喊接生婆了，自己接生，有时婆婆搭把手就搞定了。生完小孩之后，产妇一般是坐着或者斜靠在被子上，尽管产妇身体虚弱，但因为产后的恶露要排出，因此产妇都会遵照这样的规矩。

孕妇产后的胞衣密封于旧瓦壶内，有的深埋在十字路口；有的将"胞衣罐"丢入水塘，谓"日后可广辟财源"；有的埋在偏僻山里，意为父母血统与家乡土地永不分离。

四 接生者的选择

怀孕分娩是女人一生大事之一，然而过去女人却经常在此经历中丧失宝贵的生命，而无法迎接新生命到来的喜悦。影响分娩成败的因素，除了孕妇与婴儿本身的状况外，最关键者实为协助生产的接生者。一般而言，

---

[1] 夏家奶奶访谈资料，访谈时间：2008 年 7 月 22 日。

传统中医对于生产行为的干预，多以医理之阐述或医方之开立为表现，间或有亲至现场者，多是产程迁延、难产之时，才有机会实际参与生产过程，但为时已晚。[①] 相较于西方在 18 世纪即出现专业男性助产士而言，[②] 中国妇女尤其在农村对助产接生人员的选择一直以来都比较保守。由于中国自古以来就有"男女授受不亲"的观念，男性患者求医时也会面临此隔阂。尽管中国历史上也有鲍姑、谈允贤等技术高超的女医生[③]，但这样的人毕竟是凤毛麟角，屈指可数，女性在分娩时其实根本没有可以选择的多种对象。

在西村，生产一般是在产妇家中进行的，临产前，由丈夫或者婆婆去请来接生婆，接生婆多是本村或者邻村的，一般为老年女性，她们几乎没有接受过专业或者正规的接生指导，之所以会成为接生者，根据访谈与其他文献资料有以下几种：一是本身有几次生产经验，熟悉助产技术者，比如 4 组的陈菊英老人，生了 6 个孩子，在生完第一个孩子之后，其余都是自己或者邻居帮忙接生。[④] 二是家传方式，代代以产婆为业者，比如 6 组的谢家奶奶女儿后来从母亲那里学会了接生，但接生技术没有母亲高明。三是从中医或其他人员那里学习生产处置方法者。新中国成立之后，共产党开始大力培训接生员，推广新法接生，当时赵秋香和鲁东秀被选中接受新法接生培训，[⑤] 一般人比较信任有实际生产经验的第一种资格者。西村妇女一般信任上了年纪的接生婆，首先她们认为年轻的没有经验，其次认为在年轻人面前展露自己的身体会使自己失去尊严。

在分娩过程中，除了接生婆与婆婆之外，还需要有其他人来帮忙，这些人一般是女邻居或者女亲戚，她们要生过小孩，这些产妇熟悉的女性或者亲戚可以支持半蹲或者站着的产妇，让她安心生孩子。助产妇女可能采

---

① 周春燕：《女体与国族：强国强种与近代中国的妇女卫生（1895—1949）》，博士学位论文，"国立"政治大学，2008 年，第 185 页。

② 此一说法见周春燕《女体与国族：强国强种与近代中国的妇女卫生（1895—1949）》，博士学位论文，"国立"政治大学，2008 年，第 185 页。

③ 关于鲍姑、谈允贤等女医生的介绍，参见 [美] 费侠莉《繁盛之阴——中国医学史中的性（960—1665）》，甄橙译，江苏人民出版社 2006 年版，第 256—264 页。

④ 陈菊英访谈资料，访谈时间：2008 年 7 月 29 日。

⑤ 赵秋香后来进入草尾镇卫生院工作，既从事接生也从事妇产科医生一职。西村几乎所有的育龄女性都在她手下看过妇科以及生产方面的疾病。鲁东秀 50 多年来一直从事接生工作，远近闻名，2010 年我去访谈她时，她的邻居还以为我是请她去接生的，而且邻居都说她技术好。我访谈她时她快 70 岁了，但身体健朗，笑声不断，还坚持每天去镇上贩卖小菜。

取的方式，包括帮产妇按摩，可能是减少疼痛，也可能是协助胎儿往下运行，倘使产妇晕了过去，她们可能用冷水泼她，好让她苏醒。

五　难产之处理

生产是母亲和怀孕十月的胎儿分离的过程，倘若成功，产妇不但自己重获平安，也为家庭提供了继承人和劳动力。分娩顺利，于家庭、邻里来说是一件大喜事，也是对助产者的一种肯定。台湾学者李贞德曾经研究过汉魏六朝的妇女生活，她发现那时妇女的婚龄大多集中在 14 岁到 18 岁之间，而对妇女寿年的统计显示，20 岁到 30 岁是妇女死亡高峰之一。她因此怀疑难产或者相关疾病是造成妇女死亡的一个重要原因。[①] 事实上，史书中不乏因生产而丧亡的记载。南朝刘宋开国皇帝刘裕的母亲更是因为难产，在生产当天过世，刘裕差点遭到弃养的命运。俗语也形容女人生产，就如同走了一趟鬼门关，妇女自身对于生产的危险性也早有察觉。汉代名臣霍光之妻曾说过"妇人娩乳大故，十死一生"；刘宋时的医者陈延之也说，妇女生产，"下地坐草，法如就死也"[②]，说明了女人在生产时所承受的风险。

女性自怀孕之后很少去医院检查，认为是一种自然的现象，而加之适合女性看病的医院也不多，女性去医院看病必须要将身体展示，而这正是传统性别文化所顾虑的事情。"夫世人生病，内外分科，男女有别。譬如女人生内症外症于下体，男医颇难看视，病女碍于羞耻，即上体亦多未便。"[③] 新中国成立之前，妇产科医师在农村几乎没有，由于十月怀胎期间没有做过相关的检查，对于胎儿在腹中的情况一无所知，因此分娩前当然无法预测产妇可能发生的临时状况，生产也就随时可突变为夺取产妇及新生儿生命的重大威胁。南宋妇科名医陈自明在其所著《妇人大全良方》一书中，于"妊娠门"、"坐月门"之后，特立"产难门"一卷，列举造

---

① 李贞德：《女人的中国医疗史——汉唐之间的健康照顾与性别》，（台北）三民书局 2008 年版，第 191 页。

② 分别见《汉书·外戚传》卷 97，第 3966 页；《医心方——妇人产后禁忌第十九》卷 23。两者转引自刘静贞《不举子——宋人的生育问题》，（台北）稻乡出版社 1998 年版，第 53 页。

③ 《女医生》，《新教会报》1869 年 8 月第 48 卷。转引自［韩］韩莲实《民国时期城市节制生育运动的研究——以北京、上海、南京为重点》，博士学位论文，复旦大学，2008 年，第 59 页。

成难产的六种原因，[1] 即：

一、产前过于保惜，缺乏运动；

二、怀孕后期嗜欲不节，痴情交合；

三、临产之初旁人惊扰，令产母心惊神恐，忧怖畏惧，或是被丧孝秽浊之人冲触；

四、助产之人太过性急，致令胞浆（羊水）先破，产道干涩；

五、生产时间稍久，用力太过，产母困睡，抱腰助产之人疏忽，致令坐立倾侧，胎死腹中；

六、盛暑寒冬生产，不曾安排清凉深层或取暖设备，则易有血冈、血溢妄行、血虚发热，或胎寒血结之证。

陈自明分析难产的形成有自身原因也有外界的干扰，多从触犯禁忌，或从接生之人护理不当来分析，但这些还没有真正说清难产的具体形式。台湾学者洪有锡、陈丽新通过对台湾接生婆以及助产士的访谈资料总结出传统的难产问题包括五种：一是倒头生或称倒踏莲花（足位产）；二是坐斗（又称臀位产）；三是横位；四是挂数珠（脐带绕颈）；五是头侧位。[2]当接生婆碰到这些胎位不正的难产时，也会采取一些处理的措施，如让产妇坐在腰桶上促进产妇进程，在产妇肚子上使劲按压，有经验的、技术好的接生婆会将胎位盘正，处理好这些情况；如果处理不好，就请传统道士司公来为产妇做法事。沅江县大成乡加乐农业社女社员蒋幼臣生小孩，两天两夜没有生下来，赶来几个接生员都没有办法，有人说的生产鬼讨替身来了，就请师公冲锣。后来，南大市联合医院的医师易春云知道了，连忙赶来救护。原来是个双胞胎。后来死了一个，救活一个。[3] 遇到难产时，被视为鬼神作怪，必须请巫婆焚香烧纸，撒茶叶米谷驱鬼。房子窗户都要用渔网拦住，鸣放鸟铳、鞭炮驱鬼。有的用竹竿戳破屋顶上的青瓦；有的敲打铁器或摔破瓷碗，呼喊婴儿父名。

西村妇女还记得难产时候的处理形式：

---

① 陈自明：《妇人大全良方》卷 17。

② 洪有锡、陈丽新：《先生妈、产婆与妇产科医师》，（台北）前卫出版社 2002 年版，第 10 页。

③ 《雪夜救难产》，《沅江报》1957 年 2 月 16 日。

那时节何式有难产呢，有难产呢，如果难产的话，就在驮肚婆
（即产妇）的头上打把伞，或者在产妇的床顶上罩一张渔网，咯样做
的目的是将生产鬼避开，使产妇能顺利生产。①

难产的时节，就请师公来做法事，师公来了之后，写一些符咒，
口里念个不停，反正不晓得念些么子，然后将符咒围着产妇的床边烧
掉，烧的灰放到水里要驮肚婆（产妇）喝掉。②

如果经过连续三次的施法，产妇仍然无法顺利将小孩生出，有的产婆
就会在不得已的情况下，使用未经过消毒的剪刀或者直接用自己的手指
甲，将产妇会阴切开扩大产道，使胎儿娩出。

另外一种影响产妇生命的生产是胎盘延迟娩出，这一状况如果没有得
到及时的处理，或者由于接生婆的疏忽，产妇有可能大出血而死亡。当胎
儿娩出后，一般会使用做草鞋之草绳绑住脐带端，等待胎盘娩出。在台湾
地区，如果无法顺利将胎盘娩出，台湾的接生婆便会考虑尝试使用以下之
方法：一是教产妇的家人在家周围敲打；二是将腹部的绳子紧紧地绑住，
再教产妇嘴巴张开，放一双筷子咬住，使产妇发生摩擦声音，利用声音促
使胎盘产出；三是将铁棒放入装有醋的醋碗中燃烧至沸腾，并将它放在产
妇的双腿间。③假如做了以上方法之后仍无法将胎盘产出的话，接生婆就
会用手伸入子宫将胎盘拉出。有的接生婆由于技术不熟练，临床经验不
足，不会处理难产的应急事情，这时产妇就处于非常危险的境地。比如沅
江县南咀乡转子桥农业社一个妇女生一个女孩，包衣三天不下来，有人主
张把她送到县卫生院去，但她家里人说是碰到了"生产鬼"，他们请神、
许愿、贴符等就这样眼睁睁地看她死了。④1900 年前后，广东、福建等地
的产妇即使难产，家人也不会离家求助医生，很多产妇因而衰竭死亡。⑤

面对医学知识的匮乏以及关于生育方面的禁忌，这些真实的生产之险

---

① 郭秀梅访谈资料，访谈时间：2008 年 7 月 29 日。

② 夏奶奶访谈资料，访谈时间：2008 年 7 月 28 日。

③ 洪有锡、陈丽新：《先生妈、产婆与妇产科医师》，（台北）前卫出版社 2002 年版，第
10 页。

④ 《要推广新法接生》，载《沅江报》1957 年 5 月 25 日。

⑤ 何小莲：《西医东渐与文化调试》，转引自周春燕《女体与国族：强国强种与近代中国
的妇女卫生（1895—1949）》，博士学位论文，"国立"政治大学，2008 年，第 185 页。

以及生育过程,对妇女心理造成了威胁与压力,台湾学者刘静贞在研究宋代妇女的生育时指出,为了逃避生育的危险,曾有妇女在出嫁前悔婚出家,只因为她想起自己的亲人中曾有人因难产而送命,唯恐自己也步上同样的命运,干脆采取釜底抽薪之计,拒绝婚姻。[①] 当然西村妇女没有采取这种极端的形式来反抗生育,但是在老年妇女的记忆中,她们对生育问题也是唏嘘不已,不但觉得那时生产非常的危险,也对生育过程中所面对的不确定性而心有余悸。

第三节　生育的动力与压力

有人认为,无论是传统或现代,无论是中医还是西医,人们之所以致力于产科医学之研究,知识分子之所以积极于产科新知识之引进,其原因不外乎孕产对家族或种族之延续,甚或国家未来之强弱,关系至大。[②] 对于西村人来说,生命对于国家之强弱与未来不是他们所考虑的问题,他们所注重的是家族之繁衍,并同时为家庭提供劳动力。

在避孕技术还没有运用与推广之前,几乎所有的妇女都为生儿育女所累,一方面,她们希望自己成为正常的女性为夫家生出一男半女以完成自己正常的使命;另一方面,历史上不乏女性为减少生育的痛苦而私自堕胎导致失去生命的故事,[③] 如归有光的母亲。因此,西村的女性就在这样一种矛盾中不断延续生命。

一　生育:为延续香火

对于中国的女性而言,婚育是完成其从女到妇、从妇到母社会角色的转变仪式,而具有生育子嗣、繁衍宗族的能力,一直被视为是女性得以建立起正规社会地位的关键性因素。女性出嫁之后,来到婆家要想得到夫家的认可,最主要的一条就是为夫家生育后代。中国有句"名言":"不孝

---

①　刘静贞:《不举子——宋人的生育问题》,(台北)稻乡出版社1998年版,第55页。

②　周春燕:《女体与国族:强国强种与近代中国的妇女卫生(1895—1949)》,博士学位论文,"国立"政治大学,2008年,第185页。

③　关于减少生育而堕胎,已有一些学者进行了研究,比如台湾学者李贞德、刘静贞分别对汉唐年代的生子不育与宋代的不举子进行了全面的分析。见李贞德《女人的中国医疗史——汉唐之间的健康照顾与性别》,(台北)三民书局2008年版;刘静贞《不举子——宋人的生育问题》,(台北)稻乡出版社1998年版,第55页。

有三，无后为大。"生子广嗣、传宗接代，既是父系家族维持永续不绝的主要手段，也是女性体现自身价值、肯定自身能力的表现。按照传统的礼法，女性婚后无子，便符合"七出"的条件。当然，纳妾制度可以弥补无子的缺陷，然而对于女性来说，不论丈夫是出妻另娶还是纳妾广接，都是对自己不孕无用的指责。因此，婚后的女性如果没有生育，便会承受来自社会以及家庭的各种压力。正如人口学家马寅初对小农生育观所描述的那样："在妇女心理中，以生子为天职，以不育为大耻；在父母心理中嫌儿媳不生育，重婚纳妾，理所当然。"有的人就只能祈神拜佛、求助于巫，有的人佩戴草药，或就医治疗。历史记载不乏协助女性怀胎生育的各种办法以及行房之术。从先秦到隋唐，历朝各种妇科医方提供不少求子方术，有的专治不孕，有的针对生女不生男者。汉唐之间的医者都将生儿的责任放在女性的身上，因此医书上有许多方法建议大家怎样去选择一个会生育儿子且多子的女子。[1] 身负延续家庭"根"的重任，妇女成为医方求孕、求男与求好男的焦点。唐代大医学家孙思邈在《妇人方》中还专辟求子一章。从孙思邈的"产育者，妇人生命之长务"一语来看，虽然婚姻养育，男女都有责任，但孙思邈却视生育为女性的天职，可知妇女在生育之中的重担。西村的妇女也就是在这样的一种生育重担中成长。尽管西村是一个杂姓村，不像闽南地区一样有大家族的繁衍和盛行，但生育男孩，延续香火是西村妇女生命的意义所在。嫁到西村的妇女首要的任务是能够生育，然后是为家庭生出男孩，健康的男孩。因此有的家庭在选择媳妇的时候会考虑女方是否有生育能力。也就是说，父系家庭求子，从择配偶就开始了。有的人家会向媒婆打听女方家庭的生育情况，尤其是有姊妹的家庭，如果她的姐妹生育繁盛，这会深得婆家的喜欢。在中国乡里社会里，最易引起小生产者动怒、义愤甚至斥责的是两件事：一是挖别人的祖坟；二是骂别人"断子绝孙"。因为这触及了小农的生存本体，破坏了他们安身立命的"根"，即主要不是为了自身的生存和发展，而是在于完成从前辈到后辈的自然传递。[2]

西村的媳妇，从迈进夫家门开始，她就担负着生育的重任。不断会有

---

① 关于这一点，可以参见李贞德《女人的中国医疗史——汉唐之间的健康照顾与性别》，（台北）三民书局 2008 年版，第 26—28 页。

② 袁银传：《小农意识与中国现代化》，武汉出版社 2000 年版，第 72 页。

人尤其是亲戚朋友会打听是否有喜，如果没有，有的摇头，有热心之人会提出相应的建议。因此结婚的妇女也在这样的氛围中不断关注自己的肚子。

> 我刚（嫁）过来时，半年后还有得动静（指没怀孕），那咋时候我还小嘛，也有想么子（即也没去想怀孕的事情），我干娘（即婆婆）就着急哒，其实我妈妈比我干娘还着急，有次我回娘家，我妈妈就给我熬了一服草药恰，当然我也不知道恰的是什么，恰哒后我真的怀上了，我干娘、妈妈、老公好高兴的。①

当然，我们暂且不去管这服草药是否真能治疗不孕，或者是否黄玉英在吃这服草药之前可能就已经怀上了，这里面的意涵是，女性比任何人更关注生育这个事情。正如高彦颐在研究缠足之后所指出的，"毕竟是女性在帮助女性缠足"②。一个女人外貌最漂亮，家里、地里活计最能干，如果生不出孩子来，也没有资格在家庭、社会立足。因为女性已经内化了这样一个观点：生育是女性生命中的大事，对女性的一生重大深远。就性别角色而言，生育的能力是肯定她是一个正常而没有问题的女人；就社会角色而言，生育（尤其是生儿子）使妇女确立自己在夫家的地位。多子多孙是传统社会父系家族繁荣昌盛的表征；而鼓励生养繁息是历代政府的人口政策。因此，不论主观意愿还是客观形势，都使生育成为女性的"天职"。然而，会生育并不代表你尽到了为妻、为媳的责任，你还必须要生出男性子嗣以延续香火，维持家族的繁衍。没有生男孩的妇女可能受到冷眼，有时家人会恶语相向。

> 我第一胎生的是女（儿），干娘（即婆婆）她们还有给我脸色看，连着两胎我又生了两个妹子，干娘她们就不高兴了。我老倌子脾气本来就暴躁，对妹子也是不大喜欢；我还记得有次晚上我妹子吵，他一脚把我和我妹子从床上端下去了，我半天还爬不起来。③

---

① 黄玉英访谈资料，访谈时间：2008 年 8 月 12 日。
② ［美］高彦颐：《缠足——"金莲崇拜"盛极而衰的演变》，苗延威译，江苏人民出版社2008 年版。
③ 徐清香访谈资料，访谈时间：2008 年 7 月 22 日。

在一些由女性所记载的传记或者口述资料中，都有关于由于生女儿或者作为女儿而在成长经历中遇到种种不平待遇的内容。如毛思迪曾指出，她的母亲由于为杨家生了个男孩完成了中国女人最重人的责任，待遇一下子就上升了。不仅全家人对她笑逐颜开，她的祖母还坚持按照习俗在产后的 30 天里待在床上，并且由祖母亲自伺候她，端茶送水，一日三餐也送到床上。而她自己出生时，家里平静如水，对于她哥哥的出生与她自己的出生有鲜明的对照。① 而新中国成立之前的人家由于家庭经济原因，许多女孩生下来就没有被很好地对待，只因为性别原因，还有的女孩很小就会被作为童养媳而送到人家去抚养并帮忙做事。②

二 生育：为提供劳动力

对于性别嗜好，文献中对于延续香火有过多的描述，然而我想对于劳动力的渴求也是农村追求生育男孩的一个动力。农业社会是注重体力的社会。在机械化操作还根本没有出现的年代，一切农作物都需要劳动力去到农田打理，中国传统上一直是男主外女主内的性别分工模式，自给自足的小生产方式是以个体家庭为生产单位，以手工操作、体力支出、劳动密集型为主的生产方式。这种经济基础在客观上产生了对劳动力的需求，特别是能肩负其犁、耙、耖、挑、扛等重担的男性劳动力。在这一基础上逐渐形成了人们追求多生育，特别是多生育男性的生育观念，因此这是满足经济对劳动力需求的有效方式。同时，在这种小生产方式下，多育多男是有具体的经济价值的，劳动力数量的多少、体力的强弱直接决定着个体家庭的经济收入状况和生活的好坏。由于男女有别，犁、耙、耖、挑、扛等农活是女子力所不及的，俗话说"十个桃花女，赶不上个黄脸汉"，男性以

① ［美］毛思迪：《劫：一个中国女人的自白》，汤本译，（台北）台湾中华书局 1994 年版，第 2 页。相关的记载还可见杜芳琴《大山的女儿：经验、心声与需求——山区妇女口述》，贵州人民出版社 1998 年版；谢丽华主编《我的生育故事》，生活·读书·新知三联书店 2010 年版。

② 著名人类学家林耀华在福建农村调查时就讲到了这种情况："过了一段时间，黄太太又生了一个女儿，但立刻送去做了童养媳。送走孩子，年轻的母亲便可以省下力气干活。当地习俗为减轻家务而采取了这种手段，但这不是一个令人愉快的手段。必须记住的是送走的只是女孩，不论家里如何贫困，所有的男孩都由亲生父母养育。"见林耀华《金翼：中国家族制度的社会学研究》，庄孔韶等译，生活·读书·新知三联书店 1989 年版，第 16 页。

其体力上的优势，强化了小生产家庭的盼子偏好。有学者还指出，在自给自足的小生产方式条件下，小农家庭对自己子女的主要义务是养（抚养）而不是育（教育），而抚养子女花费不大，并且抚养费用是随孩子数量的增加而呈递减趋势：吃饭是"加人不加菜，只加一双筷"，"加人不加米，只加一碗水"；穿衣是"新老大、旧老二、破老三、补老四"。等到孩子长大成人后，可以为这个家庭挣回比抚养费更多的收入。出于功利主义的务实的经济考虑，必然使小农产生多生男孩的强烈愿望和欲求。

新中国成立前，西村人均占有土地数量为1.8亩左右，在基本没有机械、化肥、农药和除草剂，畜力也不十分充足的情况下，一个五口之家操持土地是非常吃力的。西村妇女也有缠足的习俗，重体力活不能干，当然，这并不是说西村妇女不需要劳动，为准备一家人吃饭穿衣需要做的推磨、纺纱、织布、做鞋、做衣服就花费了大部分时间，还有农村里面一般都会有养猪、养牛等活计，扯猪草、煮猪食以及放牛、放鸭等就足够一个家庭主妇忙碌一天的了；家中的孩子在年纪小的时候不但基本上不能干农活，还需要大人的照顾。这样一来，管理家庭农田的工作基本上就落在了男性户主肩上。因此，从提供田间耕作帮手的角度来讲，一个家庭非常需要男孩的帮助，因此也需要生育男孩，越多越好。随着男性户主年龄增长，体力不支，只能依靠儿子挑起家庭重担，赡养老人，维持家庭生计。可见，对于家庭来说，生男是生活的现实需要。因为儿子的直接经济效益是如此之大，使得生育、生男在相对封闭的村落里竟然有了超乎工具理性的意识形态功能。因此，西村有几位没有为家庭生育男性子嗣的妇女至今都有一种愧疚感：

> 能够生个息肯定好不，至少能够为他 ya（读二声，指父亲）在田里做好多事，妹子就不相同了。

因此，以往对计划生育的研究中，对农村妇女我们往往会将之怪罪为愚昧落后思想，受传统思想影响只想生男孩，其实，如果我们从她们所处的现实情境中去考虑，我们就会发现这是她们迫不得已的想法。

同时，劳动力不仅仅是田间户外劳动的帮手，他还是一个家庭在当地立足的基础。一个男性劳动力越多的家庭，它在当地的势力可能也越大，而恰巧如果这个家庭的劳动力有所作为，那么这个家庭的威望就越高。当一起纠纷在村里发生时，家庭中成年男性越多，对他越有利。"出门亲兄弟，上阵父子兵。"尤其在那些需要宗族力量来解决各种冲突的地区，男性成员数目的多寡对于宗族、家族都非常重要。一家有多少儿子往往显示了这家的实力。林耀华也指出，如果家里出了灾难性事件如打官司时，都是由男孩起到了主要的作用。但男孩为什么能够起到那么大的作用呢？这与他们本身所得到的资源有很大的关系，如在城市一直受教育，个人本身以及他的生活圈子，他自身的人际关系。[①]

三 生育：为光宗耀祖

生育不仅是为延续香火，为家庭提供劳动力，同时， 个家庭还可通过男性子嗣的功成名就来实现光宗耀祖的荣耀。光宗耀祖的本意即成就功名，荣耀家族和祖先。中国在古代就有封妻荫子的制度，达官贵人的夫人不仅能够得到诰命头衔，子孙可以直接入仕做官，而且父母甚至亡故的先人也有追赠的官爵待遇，这对一个家族乃至家庭来说是非常高的荣耀，然而，这都属于男性高官的特权。于是，布衣刘邦做了皇帝后，不仅大封同姓王侯，还急着荣归故里，要给老乡乃至天下显示刘氏的无比荣耀，否则用他自己的话，就是"穿着锦衣夜行"，别人不知道这种荣耀有何用呢?!谁若能够获取封妻荫子的成就，在世人眼里就是莫大的荣耀，属于光宗耀祖的。尽管现在没有封妻荫子的制度，但是这种光宗耀祖的观念与思想还容忍存在。

中国自古就有着浓烈的宗法传统，讲求宗族血亲之内的彼此关照，而一旦某位成员发迹，就更有能力关照其他成员，势必会成为全家族炫耀的对象。在家族关系中，个体行为关乎家族荣辱，所以每个人都与整个宗族共荣辱，也正是在这样的背景下，产生了重要的家族情感和家族伦理，不同家族间会因为某个家族成员的原因而发生关联，每个家族成员都肩负着家族的使命，即光宗耀祖。西村的一户张姓人家，二儿子在 1960 年代参军，之后在省会城市工作定居，小有成绩，于是就想到给死去的老父亲修缮坟墓，同时还请法师来作法事、道场，并宴请乡邻，村里人都津津乐道这事，这也是村里人感到很荣耀、羡慕的事情。

---

① 林耀华：《金翼：中国家族制度的社会学研究》，庄孔韶等译，生活·读书·新知三联书店 1989 年版，第 26 页。

　　而且，在中国农村，祭祀相当重要，在很多重要的传统节日，西村都有祭祀的传统，新村人祭祀祖先一个越来越强烈的信念，就是祈求祖先的庇佑，随着人们对落后习俗的扬弃，很多繁琐的祭祀礼仪都得到了简化，但祈求庇护的愿望日渐重要起来，他们相信个人的成就来自祖先的庇佑，并反过来荣耀了祖先，所以在重大节庆日，人们会带着祭品去祭拜祖先陵墓或灵位，"因为人们相信祖先是有神灵的，能够庇佑子孙"。直到今天，很多地方的祭祖习俗都还存在着"祖先虽然已经去世了，但是他们的灵魂还是存在的，能够感知子孙的所作所为，而子孙一旦获得了一定的成就要去祭拜，让祖先看到自己的努力和成就，使他们得到荣耀"。

　　李银河曾指出，中国人的生育观念之所以与西方人的生育观念有极大的区别，就是因为中国人的人生基调是以家庭为本位的，而西方人是以个人为本位的。因此，在农村社会结构的"个人—家庭—村落"这三个层次中，个人总是被传统的中国人忽略的。[①]　所以，中国农村的生育尤其是拼命生育男孩往往承载了很多的意义甚至负担，国家和社会对他（她）们来说太过遥远，也基本上在他（她）们的视野之外。

　　无数个例子说明了家庭男丁兴旺为家庭带来的财富和荣誉。对西村妇女来说，婚姻、生育、家庭，即使不是全部也是最大限度地占据了她们的生活世界，在所有有关妇女的问题中，也许生育问题，更为明显也相当突出地反映了农村妇女遭遇的生存困境。应该生育男孩而不是女孩，并不仅仅来自父系制度的压力，还来自"农民社会、农业社会"的需要。对于这个社会来说，男人作为主要劳动者如同大牲畜一样，是不可或缺的重要生产要素。但是，在更大的社会体系中，不管生育男孩还是女孩，计划生育都是必须首先考虑的因素。农村妇女不能不陷入困境：她们必须承担的是两种截然相反直至相互冲突的社会责任，并将承受不能履行的心理和生理压力。

　　对西村妇女来说，婚姻、生育、家庭，即使不是全部也是最大限度地占据了她们的生活世界，在所有有关妇女的问题中，也许生育问题，更为明显也相当突出地反映了农村妇女遭遇的生存困境。应该生育男孩而不是女孩，并不仅仅来自父系制度的压力，还来自"农民社会、农业社会"

---

① 李银河：《生育与村落文化・一爷之孙》，文化艺术出版社 2003 年版，第 134 页。

的需要。对于这个社会来说，男人作为主要劳动者如同大牲畜一样，是不可或缺的重要生产要素。但是，在更大的社会体系中，不管生育男孩还是女孩，计划生育都是必须首先考虑的因素。农村妇女不能不陷入困境：她们必须承担的是两种截然相反直至相互冲突的社会责任，并将承受不能履行的心理和生理压力。

第四节　小结

马克思曾经说过，人类有两种生产方式，一种是物质资料的生产，另一种是人类自身的生产。在人类自身的生产中，人种得以绵延不断，而且，扮演人类生命载体的女性，也因而获得了不少聚焦的机会。哲学家尼采就曾经通过笔下人物之口说："妇人的一切只有一个答语，这答语便是生育。"① 此一观念在传统中国更是明显。然而，关于生育，中国的传统文化所给出的态度其实是非常矛盾的：一方面，是对生命的膜拜，对一种超自然力量的敬畏；另一方面，是对生育行为本身的蔑视和不齿，视生育为不祥，为不洁。过去人们普遍将女性的价值等同于母性生殖，生多生少、生男生女，都是评判女性价值高低的重要指标，传统文化将"无子"列入妇人七出之首可见一斑。可见她们不仅要面对生产过程中的风险，同时还有承担无子之痛的可能。

西村妇女同样承受着生育的痛苦与艰辛。对生命的理解以及对男女身体的不同对待使妇女在生产当中面临着种种不确定性。然而，生育的痛苦与艰辛并没有降低西村人的生育动力，几千年积淀下来的多子多福以及传宗接代的生育文化，使中国的家庭尤其是农村家庭把生育看作人生最主要的任务和使命。李银河在调查浙江农村之后认为，在没有外在压力的情况下，女性选择少生育或者不生育是最自然的，然而文化的力量是如此强大，它能够大到使人们完全忽略一点肉体的痛苦，坚强地忍受，或木讷地忍受生育之苦。②

---

① ［德］尼采：《查拉图斯特拉如是说》，尹冥译，文化艺术出版社 1987 年版，第 75 页。
② 李银河：《生育与传统文化·一爷之孙》，文化艺术出版社 2003 年版，第 192 页。

第四章　新观念与旧思想的碰撞：计划生育的开端(20 世纪 50—60 年代)

　　芸薹子四钱　大生地三钱　全当归三钱　炒芍药一钱　川穹五分。把这五味药放在瓦罐中，加两饭碗左右的水，煎煮半个小时，取出半碗药液，这是头汁，药渣再加水两碗，煎煮到只剩下半碗，这是二汁。头汁和二汁混合使用。妇女在月经干净日起，每日煎服一剂，在中饭晚饭前服用，连服三剂，在第二月和第三月月经干净后，依照上法，再各服三剂，即可避孕。(《新湖南报》，1956 年 7 月 30 日)

　　1956 年 7 月 30 日，《新湖南报》① 刊登了两个避孕药方，一个是中药五味避孕方（如上），另外一个蝌蚪避孕方。报上说这两种避孕方法最大的好处是：稳当可靠，不花钱，不会产生任何副作用，有效率都达到95％。② 这两个避孕单方最早来自于湖南省妇联福利部部长张艾吟在《谈谈避孕问题》时所推荐的两种方法，③ 中华人民共和国成立之后，随着国民经济的复苏，共产党提出了过渡时期总路线的任务，并将它写进了宪法，同时开始制定第一个五年计划。1953 年 1 月，在第一个五年计划开始实行时，共产党进行了中国历史上第一次人口普查，这次普查原本是希

---

　　① 《新湖南报》是《湖南日报》的前身，创刊于 1949 年 8 月，由毛泽东题词，是湖南省委的机关报，1962 年改名为《湖南日报》。

　　② 《有待科学鉴定的两个避孕药方》，《新湖南报》1956 年 7 月 30 日。其中蝌蚪避孕方为：清明前后产生的蝌蚪，有西瓜子大小，拖一条尾巴。在初生 7 日内蝌蚪没有尾巴，也没有脚，避孕用的就是这种蝌蚪。在月经干净后三五天，服用前用凉开水把蝌蚪冲洗一两次，然后用温开水夹活吞下，第一天吞 14 条，第二天再吞 10 条，就可以避孕 5 年之久。

　　③ 《谈谈避孕问题》，《湖南妇女报》1956 年 7 月 21 日。

望用普选的方式选举出各乡、县、省（市）各级人民代表，为即将召开的第一次全国人民代表大会做准备，但普查的结果却使领导人注意到了一个新问题：新中国成立后，人口迅猛增长，全国人口总数在一九五三年底已近六亿，到一九五四年达到六亿零二百六十六万。有限的耕地面积和庞大的人口基数以及过高的人口自然增长率，对中共领导人产生了震动，也使他们开始思考人口问题。1954 年 12 月，刘少奇在其主持召开的节育工作座谈会上明确指出："现在我们要肯定一点，党是赞成节育的。中国搞节育不会闹人口恐慌，人口增长太快困难很多，而且一下解决不了，避孕药品与器具的供应，不要从商业问题上着眼，这是个人民需要的带政策性的问题。"① 与此同时，中央开始放宽了节育和避孕的条件，并提出"人类要控制自己，实行有计划地增长"②。随后，共产党开始实行计划生育，推广避孕方法；各地也纷纷响应，于是出现了文章开头所出现的避孕单方。不过当时人们对这两个避孕单方尤其是吃蝌蚪避孕的单方心存疑虑。③ 作为湖南省政府报刊的喉舌，在避孕单方尚无确切效果的情况下，《新湖南报》为什么要刊登这样的避孕单方？换句话说，政府为什么要推广节育知识？在农村中还有其他的避孕方法吗？西村的节育知识和节育政策是怎样推广下去的？育龄妇女们怎样知道这样的避孕方法？她们想避孕或者想节育吗？如果想，是什么原因？有适用于男性的避孕方法吗？这对家庭、对个人，尤其是妇女会产生怎样的影响？

　　阎云翔在他的经典著作《私人生活的变革：一个中国村庄里的爱情、家庭与亲密关系（1949—1999）》中指出，自 1949 年以来中国政府开展的各项社会改造里，计划生育大约最具戏剧性，影响也最为深远。计划生育改变了中国传统的家庭结构，使城乡中国人的私生活都有了彻头彻尾的变化，④ 不过阎云翔认为计划生育对下岬村的这种变化更多是出现在 20 世纪 70 年代末期之后，那么，20 世纪 50—60 年代的计划生育政策，对

① 史成礼：《中国计划生育活动史》，新疆人民出版社 1988 年版，第 119 页。
② 此话出自于毛泽东。1957 年 3 月 1 日，毛泽东在最高国务会议上再次讲道："人口每年增长 1800 多万，政府要设一个部门来研究。人类要控制自己，做到有计划地增长。"
③ 《不要轻易吃蝌蚪避孕》，《湖南妇女报》1956 年 9 月 11 日。《答读者问》(问的内容是：报上所载"五味中药能避孕"是否经过了科学鉴定，吃了是否有副作用)《湖南妇女报》1956 年 10 月 21 日。
④ ［美］阎云翔：《私人生活的变革：一个中国村庄里的爱情、家庭与亲密关系（1949—1999）》，龚小夏译，上海书店出版社 2006 年版，第 211 页。

西村的私人生活又会产生怎样的变化？节育是否会促进如阎云翔所说的夫妻之间的亲密关系，是否会影响两性之间的互动或者家庭的劳动分工，或者更进一步来说，这些对男性和女性的影响又会有怎样的不同？尽管阎云翔的著作更多的是考察 70 年代末之后的计划生育，但是循着他的思路，当我从西村妇女自身的角度来考察时，我又会发现什么样的不同？有关 20 世纪 50—60 年代计划生育与农村妇女的研究，小浜正子的《计划生育的开端——1950—1960 年代的上海》一文以大量女性的口述资料、当地政府的档案以及官方文献具体阐明了上海妇女的生育与国家之间以及两者周边诸多的关系问题，她认为在 20 世纪 50—60 年代的上海，生育的医疗化、设施化、国家化为自上而下的计划生育的展开奠定了基础，上海节制生育的推进，通过报刊媒体、工作单位、居民委员会、医疗机构等渗透到了社会基层，而妇女在工作与家务、养育子女的双重负担下，得知并获取节制生育的新知识并积极地身体力行，但由于安全、有效、简便的避孕药具没能得到有效开发，而且积极对待节制生育的男性仍然较少，在这种社会条件的制约和性别结构下，其结果导致主要以妇女身体为代价的输卵管结扎和人工流产为主要节育手段，同时也意味着国家、社会开始有效地介入妇女个人身体。[①] 这些对我有非常大的启发，在这章中，我将与他们两位进行对话，试图勾勒出 20 世纪 50—60 年代的计划生育对西村尤其是西村妇女私人生活的影响。

前面两章在了解西村的基本情况以及传统生育文化之后，本章我首先分析新中国成立之后（1950—1960）农村妇女所处的境遇与面临的矛盾，然后结合共产党在计划生育推广方面采取的措施，探究国家政策对农村妇女产生的影响，最后在此基础上分析政策在村庄实施中的社会性别意义以及妇女在计划生育中自己的意图，试图对以上提出的问题作出回答。

第一节　妇女的处境：两种生产的冲突

1949 年中华人民共和国成立后，中国共产党所面临的紧迫任务是实现政治巩固，恢复社会秩序和重建经济。在农村，共产党开始实行了一系

---

① ［日］小浜正子：《计划生育的开端——1950—1960 年代的上海》，载《"中央研究院"近代史研究所集刊》2010 年第 68 期。

列措施以使农业得到发展，农民生活水平得到改善和提高。从新中国成立之后到 60 年代这一历史进程中，在农村中所发动的运动，主要包括 1950—1952 年的土地改革，1952—1956 年的合作化运动，1958 年的"大跃进"与人民公社化运动，20 世纪 60 年代初的调整和中期的社会主义教育运动以及接踵而来的"文化大革命"，而计划生育运动始终贯穿于其中，其特征是经济变革与政治制度的高度统一。在这一过程中，对农村妇女来说，首先受到的冲击是共产党大力动员她们从家庭走向田间，参加所谓社会化大生产，参与社会主义经济建设，然而这一转变对妇女以及她们的生育会产生怎样的影响呢？西村妇女又该怎样去面对？因此，在这里有必要先对农村妇女所处的政治环境和背景做一简单的介绍。

一　妇女解放：参加社会化劳动

中国共产党在妇女问题上，深受马克思主义妇女观的影响，① 尤其是将妇女解放与参加社会化劳动相提并论。早在 1922 年，中共第二次代表大会制定的第一个《关于妇女运动的决议》就指出："妇女解放是要伴随着劳动解放进行的。"② 在共产党的意识形态宣传中，妇女参加社会化劳动是她们地位提升的重要途径，是妇女解放的重要标志。新中国诞生前夕，毛泽东在为《新中国妇女》杂志创刊题词中就发出了"团结起来，参加生产和政治活动，改善妇女的经济地位和政治地位"的号召。③ 而妇女解放的目标是什么呢？"妇女解放是指妇女从被剥削、被压迫、被束缚、被歧视的处境中解放出来；从自身愚昧、落后中解放出来，争取在政治上的、经济上的、文化教育的、社会的和家庭生活中的男女平等。"④且不论这种马克思主义妇女解放思想是否带有性别盲视或者父权制文化的印痕，但从 20 世纪 50 年代开始妇女也真正被动员起来走出内闱加入到社

---

① 马克思主义妇女观，贺正时的总结相当精到。她认为应该包括以下几点：第一，妇女被压迫是人类历史发展的一定阶段上的社会现象。因此它必将被新的历史条件下的男女平等所代替。第二，妇女解放的程度是衡量普遍解放的天然尺度。因此，妇女解放必须伴随全体被剥削被压迫人民的社会解放而得到实现。第三，参加社会劳动是妇女解放的一个重要先决条件。第四，妇女和男子具有同等的权利和地位。第五，妇女解放是一个长期的历史过程。见贺正时《社会主义与妇女解放》，湖南师范大学出版社 1998 年版，第 15—17 页。

② 湖南省妇女干部学校编：《中国妇女运动文件选编》（内部资料），1987 年，第 2 页。

③ 《新中国妇女》杂志题刊词，1949 年 7 月 20 日。

④ 贺正时：《社会主义与妇女解放》，湖南师范大学出版社 1998 年版，第 1—2 页。

会化生产的行列。

　　1949 年 8 月 3 日，沅江全境解放，解放之后，国民党的影响和势力还大量存在。[①] 在村民的印象中，西村的解放非常平静，而且解放之前与解放之后没有明显区别，对普通村民来说甚至没有当一回事，生于 1911 年的徐二爷回忆道：

> 　　那个时节根本不晓得共产党是么子样的，我们只晓得国军在我们这里（他们称呼国民党为国军），是国军的天下，政府啊那也肯定是国军的政府，后来听说是解放了，就是共产党来了，就晓得有共产党噶码事哒。[②]

　　尽管村民对共产党的印象不深，但随着共产党政权在西村的建立和巩固，以及随后在农村开展的一系列改革与经济运动，不仅使村民刮目相看，也使西村妇女的生活发生了变化。

　　首先对西村生活产生影响的是土地改革运动。1950 年 7 月初，湖南省的土地改革试点工作在长沙、益阳、常德、邵阳、衡阳、零陵 6 个专区展开，同年 8 月，所属益阳专区的沅江县成立了土地改革委员会，开始土地改革运动，草尾区成为沅江县土地改革第一批试点区，当时沅江县委书记李哲在草尾区首建乡蹲点，扎根串联宣传土改政策。出身于山东郓城的县委书记李哲 18 岁（1938）就加入了中国共产党，对共产党的妇女解放思想已早有接触，当土改工作发动起来后，他充分发动妇女，建立了妇女协会、青年团、民兵等群众组织。在西村的土改运动中，李朝生、王年春、欧明海、黄克明家被划为地主，后来由于比例不够，李庆贵、李国安也被划为地主行列，罗谷生、曾佑生、陈汉章、龚新开被划为富农。尽管村民还不是那么理解共产党所说的租赁制度是农民受压迫的根源，但他们分到了私有的土地和农具，并且地主的土地财产被没收，妇女们被发动起

　　① 新中国成立后沅江县第一任县委书记李哲在一篇回忆录中写道：当 1949 年 8 月他们进入沅江城区时，有人用怀疑的眼光看着他们，似乎在问你们能搞得长久吗？见李哲《沅江剿匪回忆》，《湖南党史月刊》1989 年第 5 期。
　　② 徐二爷访谈资料，访谈时间：2008 年 8 月 2 日。贺萧在陕西关中调查时也发现大部分关中地区农民直到 1949 年中期当八路军（那时的当地农民仍称八路军）经过他们的村子时才知道共产党。见贺萧《记忆的性别：中国农村妇女和 20 世纪 50 年代》（未刊发），脚注 6。

来到地主家搜罗东西，共产党发现发动妇女参加土改运动取得的效果是不相同的，在一份向上级领导汇报的档案材料里写道："妇女在土改中发挥着决定性的作用，没有妇女参加就无法划清阶级，妇女运动是土地改革运动中一支强大的力量，一般来说，女农民发动得好的地方，男农民就一定发动得好，妇女如果根本没有发动，男农民的发动也不可能很好的。"①因此，政府采取了不同的措施建立妇女组织，发动妇女。如益阳县在减租退押运动中，在 8 个保都建立了妇女组织，而且妇女在这个运动中显示了力量。有的在地主家里一直不走，搞到银圈 4 个，米 5 斗，还有的搜到了金戒指。②西村一些女性也开始加入到土地改革以及随后开展的各项工作中。当然土地改革使妇女找到了不一样的感觉：第一，西村大部分妇女开始第一次接触到了公共领域的事情，土改中涌现了一些积极分子，如 6 组的罗秋秀，她表现积极，成为共产党培养的对象，她在集体时一直担当妇女队长；4 组的曾爱珍，在扫盲期间，她到农协会教别人读书识字。第二，土地被重新分配，妇女第一次分到了土地，共产党首先赋予了女性经济权，使女性与男性在经济上平等，当然这对妇女来说是一种莫大的鼓舞，③但西村妇女从心底里不想成为土改积极分子，一是因为地主并不如共产党所描述的那样可恶，村里人也都认识；二是参加土改队要花费很多的时间与精力，对妇女来说，参加各种政治活动并不能减轻她们的家务劳动以及家庭照顾工作；三是参加土改也使女性尤其是未婚女性暴露在公共领域尤其是男性的注视之下，这对当时的农村来说被认为是有伤风化、败坏门风。④台湾学者梁其姿曾指出，一般来说，适合良家妇女待的场所是在家庭里，待在外面或者抛头露面的女性本质上是受到理学意识形态的污

---

① 《在复查运动中如何发动妇女——在中南局农村工作会议上的发言提纲》，1951 年，湖南省档案馆藏，档案号：155—1—12，第 95 页。

② 《益阳县兰溪乡在减租退押运动中发动妇女的几个问题》，湖南省档案馆藏，档案号：145—1—276，第 54 页。

③ 关于土地改革对村庄妇女的影响，可参见李斌《1950 年代的塘村妇女——村庄研究中的阶级、性别与家庭结构》第三章，博士学位论文，华东师范大学，2011 年，第 62—103 页。

④ 《沅江报》刊登了这样一个案例：沅江义南乡晓乐农业社青年团员胡桂香，是一个关在屋子里长大的姑娘，近几年来克服种种困难，努力学习文化，已经能识字和写简单的书信。桂香的爷娘都是讲究旧礼教的人。姑娘家打个哈哈，都被认为是轻薄，要是和男子讲句话或者多看了两眼，那简直是败坏门风。前年溃堤之后，为了生活，桂香才能和男子们一起生产，在组里搞妇女工作，参加夜校学习。但爹娘骂她变了卦，哥哥也威胁她：要再在外面跑，一世都不许她进门，桂香的未婚夫也背地里讲她的坏话……《沅江报》1957 年 1 月 7 日。

名化，显示了这些妇女的出现所造成的（男性）的焦虑？而不是她们的实际社会影响力。[①] 但接下来共产党在农业方面所进行的一系列改革，使西村妇女不仅打破了劳动的性别分工，也打破了传统的性别隔离。

当地主的土地分给村民之后，西村也遵循着全国农村经济改革的步伐开始完成农业的社会主义改造。1951 年 5 月，沅江县群力乡的谭连福办起了全县第一个互助组，[②] 此后，各乡开始以家庭为单位建立互助组的农作方式，西村于 1953 年开始成立互助组，互助组规模较小，一般由 3—5 户家庭组成，随后 1955 年 8 月草尾区开始成立初级合作社，第一批建社 22 个，此时女性开始进入到公领域中担任管理者，当时沅江县初级合作社干部有 905 人，其中女社干部 137 人，草尾区社委成员 149 人中有 25 位女性，[③] 这些女性都是劳动积极分子，是共产党在农村培养的对象。与从前所认为的"食利者"相比，她们能挣到工分，能做许多户外工作，这对她们自身的价值本身就是一种肯定。我访谈了一位当年的妇女队长，这位当年的妇女队长在西村还小有名气，她是从外地移民到本村的，同时她没有像其他妇女一样出嫁而是招了上门女婿，[④] 这一点在当时本身就使她与众不同。

> 我那时当妇女队长。为什么我能当妇女队长呢？就是因为我从不挑剔干的活，不管是重活还是脏活我都干。早上 5 点多就起床，一般我们堂客们做堂客们的事，我负责把事情分配下去。其中里面的重活一般是我干，别个完不成，我就帮忙完成。怀小孩之后做事也不甘落后。当时我根本没听说过要计划生育，吃早饭的时候，我顺便把屋里的衣服洗完，家里的事情一定要抓紧时间合理利用。（笑）现在想起

---

　　① 梁其姿：《前近代中国的女性医疗从业者》，载李贞德、梁其姿《妇女与社会》，中国大百科全书出版社 2005 年版，第 355 页。

　　② 李润波主编：《沅江县志》，中国文史出片社 1991 年版，第 204 页。

　　③ 《农业生产合作社基本情况登记卡片（草尾区 55 年秋后第一批社卡片内容综合）》，湖南省档案馆藏，档案号：146—1—312。档案资料显示：1955 年下旬，沅江县开始成立合作社，8 月份共建社 114 个，参加户数为 2549 户，参加人数有 11128 人，其中男性 6000 人，女性 5128 人；草尾区成立了 22 个合作社，入户 440 户，人数为 1947 人，其中男性 1025 人，女性 922 人，生产性质为半社会主义性质。

　　④ 在西村 50 年代招上门女婿的总共有两人。这位妇女队长生于 1930 年，8 岁时与家人逃难到草尾并在此安家。

来那时真的蠢，累得要死不管，崽放在屋里有时一放就是一上午，回来崽在屎尿中睡着哒。①

从 1956 年春季开始，根据中央《关于农业合作化问题的决议》和"全党动手，大办农业高级合作社"的指示，全国各地基本上采取小社并大社的方式，组建高级农业合作社。于是草尾区开始以乡为单位建立高级社，西村所在的草尾乡建立了"利民高级社"，到 1958 年，按照湖南《省委工作组对沅江县 1956 年到 1967 年农业发展规划（草案）的意见》，要求 1956 年沅江县开始合并扩大农业社，在年底（合作社）要高级化，1958 年全县合并为 10 个农业社（平均万户一社）。② 沅江县农村所有高级社合并，组建成琼湖、三眼塘、赤山、草尾、南大膳、共华、万子湖 7 个人民公社，西村所在的整个草尾区建成了一个人民公社——草尾人民公社。西村不管男女老少都加入到高级社，以前土改后所分得的土地一律归社集体所有，统一经营，取消土地报酬，不管是合作社还是人民公社，西村村民都深深陷入到一种集体主义之中。

在共产党的表述中，动员妇女参加劳动是为了妇女地位的提高，为了妇女与男子同等的地位，因为妇女处于四重压迫之下③，不过，妇女受压迫本身是男性建构出来的一种危机感，尤其是在民族危难之际，受压迫的女性成了旧中国落后的一个缩影，成了当时遭受屈辱的根源。高彦颐曾经将这种论调称为"五四妇女史观"，认为五四时期关于妇女的解放论调都将妇女看作是鲁迅笔下的"祥林嫂"，生活在暗无天日的压迫当中，而这样一种论调本身就是一种政治和意识形态建构。④ 新中国成立之后，这种意识形态的创造除了将妇女看作是受压迫的群体之外，更多的是从现实情况出发。仔细探究当时的情况，共产党在农村开展的一系列农业生产活动

---

① 罗秋秀访谈资料，访谈时间：2008 年 8 月 12 日。

② 《省委工作组对沅江县 1956 年到 1967 年农业发展规划（草案）的意见》，1956 年 5 月，湖南省档案馆藏，档案号：146—1—358，第 32 页。

③ 毛泽东在他著名的《湖南农民运动考察报告》中曾明确指出女子所受的四重压迫，即政权、族权、神权以及夫权的压迫，见毛泽东《湖南农民运动考察报告（一九二七年三月）》，《毛泽东选集》第一卷，人民出版社 1991 年版，第 33—34 页。

④ 参见高彦颐《闺塾师——明末清初江南的才女文化》，李志生译，江苏人民出版社 2005 年版，第 1—2 页。笔者也赞同高的观点，同时更进一步质疑的是，妇女的解放是否就是经济的解放，是否是妇女自己所追求的解放，男性是否在为妇女代言。

面临的主要问题是劳动力的不足，首先，新中国成立之初，在政治局势不稳定的前提下，还需要一支稳定的军队保家卫国；① 同时，对于西村来说，由于被草尾河包围，每年面临很长的汛期，村民长期受到水灾的困扰，因此，新中国成立不久，共产党就在 1949 年的 10 月 28 日成立了"复堤工程委员会"，着手解决堤垸及水灾问题；② 其次，在"大跃进"和人民公社时期，由于毛泽东提出用十五年的时间将钢铁产量赶超英美，最后时间缩短到五年甚至三年，农业生产更是受到了大炼钢铁的严重影响，公社领导人把大量的强劳动力调出大炼钢铁，造成农业领域人手缺乏。有人曾经指出，在这个运动的最高潮时，全国曾有一亿多劳力在炼铁炉前工作，许多庄稼没有人收割而烂在地里。③ 最后，农业生产模式的变化也增加了农田生产的工作量，比如水稻种植普遍由原先的一季稻耕作变为二季稻，沅江县委决定 1956 年双季稻种植面积占水田面积 90% 以上，到 1962 年全部种上双季稻，主要问题是到了夏季收抢插时期，劳力严重不足。④ 面对劳动力严重不足的情况，共产党大力动员妇女加入到农业生产当中。当然，她们参加生产劳动所产生的最大影响是，妇女的劳动具有了可以衡量的价值——工分。据湖南省民主妇联筹委会 1952 年对 71 个乡的调查统计，新中国成立前妇女参加农业劳动的为 2558 人，1952 年增至1.71 多万人，为解放前的 7 倍。⑤ 我在湖南沅江西村进行调查时，许多老年妇女还清楚地记得当时劳动的情形：

---

① 1950 年 12 月，沅江全县各地普遍掀起"抗美援朝，保家卫国"热潮，当年的参军入伍者 1050 人；1952 年，在进行反革命分子的大搜捕中，至少发动了上万名民兵。分别见李润波主编《沅江县志》，中国文史出版社 1985 年版，第 23、9 页。

② 1950 年 1 月，全县出动了 3 万民工参与修建大通湖蓄洪垦殖试验区，这年春天，全县整修堤垸共完成土方 549.36 万立方米，并将新中国成立初的 134 垸并为 41 垸，防洪大堤由 930.2 公里缩短至 551.3 公里。《沅江县志》，中国文史出版社 1985 年版，第 23 页。修堤护垸中也出现了大量女性典型。沅江修大通湖的妇女李恩梅一口气挑了 45 石土，获得了英雄称号；益阳妇女修堤共得了二万四千多斤的工资，长沙义兴垸参加修堤的妇女占修堤总人数的 41%，完成土方580 亩，占总任务的 55%。见《湖南省妇女工作九个月来的初步总结及今后工作任务（1949.8—1950.5）》，1950 年，湖南省档案馆藏，档案号：155—1—6，第 26 页。

③ ［美］毛思迪：《劫：一个中国妇女的自白》，汤本译，（台北）中华书局 1994 年版，第33 页。

④ 《省委工作组对沅江县 1956 年到 1967 年农业发展规划（草案）的意见》，1956 年 5 月，湖南省档案馆藏，档案号：146—1—358，第 34 页。

⑤ 湖南省妇女联合会编：《湖南妇女工作 50 年（1953—2002）》（内部资料），2002 年，第12 页。

　　那时节我们都要出工，早上出工很早，由妇女队长带头分配做事，大部分时候都是男的与男的在一起，堂客们（即妇女）与堂客们在一起做事，只有车水的时候男女才一起做事。那时节我们一边做事还一边唱歌，其实那时候做事好苦的，什么事情都要做，插秧、种黄豆、摘棉花，但做的时候没有感觉，散工之后就觉得很累，因为回来还要做饭吃、洗衣服，劳动力不帮忙。劳动力回来后就一般抽烟休息，我们就要生火做饭，还要洗衣服。有时中午有时间洗就晚上很晚洗衣服。①

　　1958 年 8 月在北戴河召开的会议通过了两个影响农民生活的重要文件，即《中共中央政治局扩大会议号召全党全民为生产 1070 万吨钢而奋斗》的会议公报和《中共中央关于在农村建立人民公社问题的决议》。前一个文件决定 1958 年的钢产量在 1957 年 535 万吨的基础上翻一番，达到 1070 万吨；后一个文件决定在广大农村全面推广建立 "政社合一"、"一大二公" 的人民公社。在这一政策下，1958 年 10 月，西村合并到草尾人民公社，草尾人民公社建立了 5 个大食堂，西村与邻村立新村合并起来建 "月月红食堂"，男女老少吃饭一起吃，做事一起做，所有的田地一并合并起来，一个食堂管五六百人吃饭，公社、大队、生产队及生产小组，均按照军事建制编为师、团、营、连、排，在生产上实行大兵团作战，妇女也深深卷入到社会化大劳作当中，当时在食堂做事的曾爱珍对这事记忆犹新：

　　我记得 58 年吧，与立新大队合起来搞食堂，作试点，刚开始食堂 200 人左右，恰饭一起恰，做事一起做，立新大队的田地全部合起拢来。大约一两年之后吧，大食堂就有 500 多人，就重新建食堂，恰住在一起，我们以前住的房子都拆掉。我在食堂做事，每天要做好多事，要做菜，做坛子菜，还要买菜，要挑四担谷到米厂打米，忙得冇得（没有）气歇。②

---

① 粟家奶奶访谈资料，访谈时间：2008 年 7 月 21 日。
② 曾爱珍访谈资料，访谈时间：2008 年 7 月 26 日。

　　曾家奶奶由于劳动的辛苦甚至记得具体的日期：

　　58 年六月初一合食堂（指与立新大队），62 年散食堂，即 58 年开始人民公社，62 年分产到户（指分到了自留地与菜地）。58 年到 62 年这几年太作孽哒，每个人做事做得要死，但是冇饭恰（吃）。①

　　1961 年 5 月沅江全县 7 个人民公社划分为 34 个公社之后，公社管理试行"三级所有，队为基础"，生产队对社员实行"三基本"（基本工分、口粮、肥量）定额管理，评工记分，撤除西村公共食堂。随着工分制这种分配方式的实行，使得一个家庭收入的多少和生活的好坏完全取决于家庭劳动的多少和所挣工分的多少，这时，不管是否愿意去参加社会化劳动，也不管家庭是否很好地处理好养育孩子和家务劳动的问题，为了填饱肚子，妇女们毫无选择地到农田去挣工分，不劳动没饭吃。

　　有次来休息哒（月经），冇出早工，到食堂端碗饭恰，又被别个抢哒，冇出工冇饭恰。那时节说起来真的好笑，争哒出早工和晚工是为了恰一碗饭咧。（笑）②

　　从 50 年代开始，广大农村妇女成为重要动员对象投身于社会主义现代化建设当中，在共产党的动员下，农村妇女开始了她们的"解放之旅"。许多女性尤其是年轻女性走在了前列，她们和男人一样一起劳动，甚至比男性做得更好。③ 这一时期政府利用报刊杂志介绍了许多妇女参加生产劳动的事迹，树立妇女能手的典型，并在一系列政治运动中加强对意识形态的宣传，"劳动光荣"、"妇女解放"等成为 50—60 年代的社会主流话语，并且通过各种方式成功渗透到大众生活的各个层面，以便号召、引导妇女更好地、无所顾虑地参加公共劳动。同时，官方资料不断报道妇

---

　　① 曾奶奶访谈资料，访谈时间：2008 年 7 月 29 日。
　　② 同上。
　　③ 如有一新闻报道写道，沅江县南大膳区同华乡共同美高级农业社 20 岁女社员万爱珍，历经艰难学会了双轮双铧犁这门技术，连男人试用没有成功的双轮双铧犁在她手里都变灵活了。《双轮双铧犁手——万爱珍》，《湖南妇女报》1956 年 4 月 1 日。

女的优秀事迹，① 西村一些妇女也不断地在农业方面挑战自己：4 组的曾
爱珍由于有点文化，劳动也积极，不仅学会了双轮双铧犁，还带领西村妇
女学习双轮双铧犁；6 组的熊兰香也自豪地对我说会犁田，确实，西村妇
女从劳动中得到了政治上和经济上的回报，从劳动中获得了认可，但她们
都同时述说了劳动的艰辛与无奈，尤其是家务劳动以及小孩的拖累。

新中国成立之后，政党或国家政权的声音在书面研究资料里所占有的
绝对优势限制了对这段历史的理解，官方的正式记录告诉我们劳动给妇女
带来了多大的解放。在共产党看来，她们不仅推翻了四座大山的束缚，而
且在经济、政治、社会上获得了与男子平等的地位，然而，虽然妇女们的
地位发生了所谓的翻天覆地的变化，但西村乃至全国的妇女在解放的道路
上都遇到了麻烦与苦恼。对于她们来说，她们不仅走不出内闱，同时也脱
离不了内闱，她们要处理好内与外之事务。

二　解放路上的苦与痛：内与外的冲突

毋庸置疑的是，参加公共劳动对妇女的重要性是不言而喻的，劳动改
变了传统的两性分工，妇女以独立劳动者的身份，突破了传统的"男主
外女主内"的性别分工模式；也打破了几千年"女不治外"的传统，挑
战了公私领域之分。在我与西村老年妇女谈起参加集体劳动的经历时，她
们一种自豪感油然而生。

> 那时靠工分恰饭（吃饭），因此我只想多做事多挣工分。一般男
> 劳力 10 元/月，青年妇女 9 元/月，中年妇女 7 元/月，婆婆子 5 元/
> 月，我做事好厉害的呢，能挣到 10 个工分，经常得到奖励，经常被
> 评为先进分子。就是搞食堂的时候，我每天要挑 70 多担水，还要上
> 街买菜，挑四担米到米厂打米。②

---

① 如沅江县贾菊英、范爱贞等 25 个女农业劳动模范，龚菊云、曹应莲等 116 个女农业社
长、颜春秀等 46 个妇代会主任，陈可珍等 14 个妇女工作者联名向醴陵妇女应战、向南县妇女挑
战。她们围绕着实现全县 72 万亩稻田每亩打千斤粮的奋斗目标，采取 5 项具体措施，为争取每
个女子全劳动力今年做 120—150 个工作日，女半劳动力达到 60—90 个工作日而努力。春耕前，
45 岁以下的女劳动力每人保证积肥 400 石。见《沅江县妇女投入了增产爱社竞赛中》，《湖南妇
女报》1956 年 3 月 21 日。

② 曾爱珍访谈资料，访谈时间：2008 年 7 月 26 日。

　　1956 年 1 月 23 日中央政治局向全国人民提出了《1956 年至 1967 年农业发展纲要（草案）》之后，中华全国民主妇女联合会紧接着在 3 月 8 日发表了《全国妇女为实现"1956 年到 1967 年全国农业发展纲要"的奋斗纲要》，指出这个纲要的实现是农村妇女走向彻底解放，达到真正的男女平等的根本前提。因此农村妇女要高度发挥社会主义的积极性，积极参加农业和副业的生产劳动，提高劳动生产率，并希望每一个农村妇女每年生产劳动的时间不少于 120 个工作日，要在可能的条件下为做更多的工作日而努力。除了更多地参加生产劳动之外，全国妇联还对农村妇女提出了更多的要求。其中最主要的一点是要安排好家务劳动。① 当时的社会一方面要求妇女能以极大的热情、饱满的姿态加入生产劳动，另一方面又要求妇女协调好家务劳动与生产劳动。② 不管妇女参加公共劳动多么积极，成绩多么优秀，但她们始终是一个家庭妇女，官方的报刊、文献也不断地刊登报道一些妇女们将家务劳动与社会化劳动安排得井然有序，并且做家务劳动非常轻松惬意的典型事迹。③ 然而每个人都知道家务劳动的烦琐，因此尽管有关劳动光荣、劳动有意义的事例比比皆是，但吊诡的是，一讲到家务活时，西村妇女在回忆当时的经历时，一脸的辛酸与无奈：

　　　　我们白天下地干活，天黑了还要回来干家里的活，喂猪、洗衣、做鞋、奶孩子，还要纺线做衣服，家里老老小小的鞋子要做出来，衣服要缝补，一家人穿的、用的都是手做出来的，经常干到半晚，早上还要很早出工。那时候的人实在比现在勤快，不晓得何解老是吃不

---

　　① 这些要求包括：在家务劳动方面，农村妇女要有计划地安排家务，以便在可能的条件下以更多的时间参加生产劳动；同时全国妇女还要为改进环境卫生、妇幼卫生、个人卫生而努力，要经常晒洗被褥，食用器具要经常洗刷，房屋庭院要不断打扫。要养成洗脸、刷牙、洗澡、洗发的卫生习惯。见《全国妇女为实现"1956 年到 1967 年全国农业发展纲要"的奋斗纲要》，《湖南妇女报》1956 年 3 月 21 日。

　　② 《湖南妇女报》的一篇社论指出："有些妇女由于不善于安排家务，使家务占去了更多的生产劳动时间。在运动中应该大力举办便利母亲参加生产，贯彻互利政策的多种形式的农村托儿组织。使青壮年妇女能摆脱孩子拖累，迅速投入运动。"见《农村妇女要迅速地、全力以赴地投入春耕生产运动》，《湖南妇女报》1956 年 3 月 21 日。

　　③ 比如一则新闻是这样报道的：在 1957 年迎接春耕大生产之前，沅江县西湖农业社的 300 多个女劳动力，积极做好家务，迎接春耕大生产。她们把家里大人小孩的衣服鞋袜，该补的补了，该缝的缝了。社员徐爱莲不仅给每人做了两双棉鞋，连爱人打胡草的旧棉衣都补好了。见《安排家务迎新春　搞好生产再探亲》，《湖南妇女报》1957 年 2 月 21 日。

饱，老是有做不完的事情。你看现在，唉……①

　　那时我还负责家里所有人的鞋子，每人至少要做两双，一双冬天穿的，一双夏天穿的。家里有十几口人啊，每天我都纺线到三更半晚，只要有空闲时间我都在纳鞋底，有时晚上很晚还要赶出一双鞋来。除了做鞋子，袜子也是我们做出来的。细伢子的衣服啊，大人的衣服啊，我们也要做，你想想看，那时我们要做好多的事。一年到头都右得气歇（即没有休息）。②

　　不管是男性知识分子还是共产党人，都不约而同地忽视了女性家务劳动的重要性，这样也就忽视了女性的价值。早在维新时期，梁启超就曾经指出中国积弱的原因是由于有二万万五千万的女性不能生利，她们只能依赖于男性，做社会的寄生虫。无论是致力丁民族独立与解放的晚清志士还是致力于建立新中国的共产党，都认为妇女是深受压迫、值得同情并使国家落后的象征。③ 这种表述不仅体现了男性精英的优越感，而且明显的是对女性生育以及家庭生产的漠视，新中国成立之后成立的湖南省妇女民主联合会第一次会议中也指出，"由于旧社会重男轻女，妇女在经济上依靠男子，长期养成不善从事各种劳动，甚至轻视劳动的弱点，要使妇女在经济上、政治上、社会上的地位完全与男子平等，最基本的办法就是妇女积极参加在体力上可以胜任的各种劳动生产工作，成为家庭和社会上财富的创造者，改变过去依赖男人的寄生状态"④。共产党也沿袭了这样的观点，1951 年 7 月 31 日，在全国民主妇联第一次宣传教育工作会议上，时任宣传部长的胡乔木解释了家务劳动与社会化劳动的区别，他认为：

---

① 曾奶奶访谈资料，访谈时间：2008 年 7 月 16 日。

② 秀家妈访谈资料，访谈时间：2008 年 7 月 12 日。

③ 由徐天啸所写的中国第一部妇女通史——《神州女子新史》（1912）写道：中国之女子，既无高尚之旨趣，又无奇特之思想；既无独立之主义，又无伟大之事业。廉耻尽丧，依赖成性，奈何奈何。陈东原更是在他 1926 年出版的影响极大的《中国古代妇女生活史》一书中痛心疾首地写道："三千年的妇女生活的历史，只是一部被摧残的女性底历史"，把传统中国妇女看成单纯地被封建社会压迫的受害者。见陈东原《中国妇女生活史》，（台北）台湾商务印书馆 2002 年版，自序第 1 页。

④ 《目前湖南新区妇女工作的方向问题——即方针与政策问题》，湖南省妇联档案，档案号：155—1—6，第 1 页。

农村妇女能跑到地里去劳动，和她们在家里家门口附近究竟有很大不同。地里的劳动，地位更重要，社会活动的机会也更多，所以我们提倡农村妇女到地里去劳动。在我们的社会中，劳动才有地位，社会劳动最有地位，因此，使妇女由不劳动变成劳动，由比较少的劳动变成比较多的劳动，由比较次要的劳动变成比较主要的劳动，由家庭性质的劳动、以家庭为单位的劳动变成以社会组织为单位的劳动，这样就叫做提高妇女的地位，这样才能解放妇女。[①]

也就是在这次会议上，当时的妇联主席邓颖超指出："……只有妇女积极起来劳动，逐渐做到在经济上能够独立并不依靠别人，才会被公婆、丈夫和社会上所敬重，才会更增加家庭的和睦与团结。"[②] 当时的《湖南妇女报》《湖南日报》《沅江报》等报纸杂志上关于劳动有意义的事例比比皆是，如一则"丈夫、婆婆不再踩落她了"的故事里，女青年社员刘运秀结婚时由于家境贫困没有嫁妆，婆婆、丈夫都很不满意她，对她一直不好。刘在家里洗衣、煮饭、做家务，还要做到三包（包柴、包水、包牛吃草），她这样辛苦的劳动，却还是免不了家庭对她的歧视和虐待。在家里没有丝毫过问的权利，丈夫闹离婚。入社后，由于她参加了社会劳动，使她懂得了从劳动中解放自己的道理。同时学会了插秧/割禾等12种农活，做了300个工分，婆婆和丈夫对她的看法有了很大的改变，家庭关系一天天改善。[③] 但是，这个报道本身就有许多自相矛盾之处，甚至破绽百出。第一，婆婆、丈夫的不满意并不是因为她不劳动，而是因为没有嫁妆；第二，在中国传统文化中，一个好媳妇不是要孝顺公婆、操持家务、遵守"四德"吗？那么是否这些美德已被社会化劳动所取代？以至于我们要问，如果刘运秀从事社会化劳动之后，还要不要做以前所干的劳动，如果要做，那她怎么能协调好家务劳动与社会化劳动；如果不做，那家里其余的活由谁来承担；婆婆显然也是女人，我们看不到她怎样解放自己。假使我们都承认社会化劳动的价值，也愿意去从事，但家务劳动由谁来完

---

① 《胡乔木同志在全国民主妇联第一次宣传教育工作会议上的讲话要点》，1951 年 7 月 26 日，湖南省妇联档案，档案号：151—1—12，第 33 页。

② 湖南省妇联妇女干部学校编：《中国妇女运动文件选编》（内部文件），1987 年，第 147 页。

③ 《丈夫、婆婆不再踩落她了》，《湖南妇女报》1956 年 9 月 11 日。

成呢？一味强调社会化劳动的意义使妇女更加陷入到了各种劳动的艰辛中，这也难怪西村妇女发现自己一年到头没有时间休息，同时也发现她既要从事家务劳动，还要从事社会化劳动，比起以前只需要从事家务劳动的妇女来，到底谁得到了解放呢？

早在1884年，恩格斯在《家庭、私有制和国家的起源》一书的序言中就指出："国家唯物主义的观点，历史中的决定性因素，归根结底是直接生活的生产和再生产。但是，生产本身又分为两种：一方面是生活资料，即食物、衣服、住房以及为此所必需的工具的生产；另一方面是人类自身的生产，即种的繁衍。"一直以来，妇女担负着生育小孩的重任，为人类自身的繁衍默默无闻地作出贡献，同时，妇女也在为衣食住行作出自己应有的努力，比如操持家务，制作鞋袜，缝补衣服，纺纱织布，然而在马克思主义者看来，妇女首先仍然是母亲、家庭主妇和弱势性别的成员。尽管恩格斯也注意到了妇女家庭职责与公共生产之间的紧张状态超过了其阶级地位，但他还是强调，"如果她仍然履行自己对家庭中的私人事务的义务，那么她仍然会被排除在公共的生产之外，而不能有什么收入了；如果她愿意参加公共的劳动而有独立的收入，那么就不能履行在家庭中的义务"①。恩格斯看出了妇女的两难处境，也给妇女提出了两种理想主义的选择，要么从事家务劳动不要收入，要么从事公共劳动取得收入，但在恩格斯表述中家务劳动的价值与公共劳动的价值是不对等的，这可以说是所有马克思主义者在妇女解放上的通病。新中国建立之后的农业建设没有给予女性选择的空间，既要从事家务劳动以及担当生育的重任，还要合理安排好它们，以便有更多的时间来从事有价值的公共劳动，同时，共产党也赋予了家务劳动和公共劳动不对等的价值，可见妇女身处这样的夹缝中，生活之艰辛。

20世纪50—60年代，随着农业合作化的发展以及高潮的到来，农村妇女被广泛动员走出内闱参加社会化劳动，然而正如清华大学郭于华教授在调查陕北骥村之后所提出的："从以户内活动为主的家庭劳动变为集体劳动，对女性而言，并非仅仅是劳动方式的转换，事实上也是劳动量的增加。集体化以后，妇女除与男子一样必须按时出工外，传统性别分工的角色并没有改变，做饭、洗衣服、照顾小孩、缝制衣服和鞋子等工作依然全

---

① 恩格斯：《家庭、私有制和国家的起源》，人民出版社1966年版。

部由女性承担。"①随之而来的是劳动强度所致的妇女健康问题。总的来说，共产党将妇女解放作为己任，将妇女参加社会化劳动作为妇女地位提高的一种最主要的途径。然而在追求妇女解放的过程中，这样一种解放又使妇女运动陷入了一个误区。首先将男女平等看成是以男性为参照、以向男性看齐的平等。其次忽视了妇女生理生育以及家务劳动的意义。最后倾向于用经济地位来衡量妇女的进步，忽略了其他需求的重要性。可以说，50—60 年代的妇女解放，只看重妇女参加生产劳动的意义而忽视了妇女在家务劳动中的贡献，作为解放的代价，她们被加上了新的负担——一方面妇女要以极大的热情、饱满的姿态加入生产劳动，另一方面又要求妇女协调好家务劳动与生产劳动。② 这造成了集体时代农村妇女一肩挑起了两副担子——生产劳动和再生产劳动，尽管妇女们在解放的道路上前进了一步，但是日子过得并不轻松。那么共产党实行的计划生育对妇女会有帮助吗？

第二节　计划生育的开端：妇女与国家

当妇女在社会化大生产中面临生育之苦，希望能有更好的办法少生孩子的时候，共产党在这个时候开始推行计划生育以及新法接生了。1952 年底，中共基本完成了在全国范围内巩固政权的任务，在农村实行的土地改革已经接近尾声，各项工作都取得了不错的成绩，共产党开始制定第一个五年计划，于是开始了新中国成立之后的第一次人口普查，普查的结果对于实现第一个五年计划目标的完成敲响了警钟，中共领导人意识到了人口增长所产生的一系列矛盾，加上妇女也不断提出节育的呼声，于是开始提倡进行有计划的生育。

一　妇女的心声：少生少育

对西村大部分育龄妇女来说，繁重的户外劳动与家务劳动以及家庭照

---

　　① 郭于华：《心灵的集体化：陕北骥村农业合作化的女性记忆》，载王政、陈雁《百年中国女权思潮研究》，复旦大学出版社 2005 年版，第 282—283 页。

　　② 《湖南妇女报》的一篇社论指出："有些妇女由于不善于安排家务，使家务占去了更多的生产劳动时间。在运动中应该大力举办便利母亲参加生产，贯彻互利政策的多种形式的农村托儿组织。使青壮年妇女能摆脱孩子拖累，迅速投入运动。"见《农村妇女要迅速地、全力以赴地投入春耕生产运动》，《湖南妇女报》1956 年 3 月 21 日。

顾工作使她们疲惫不堪，所以，在生育方面，她们有自己的想法：是否有权控制生育，是否少生孩子以便不受小孩的拖累，能否进行避孕、节育。早在延安时期，对党内的妇女来说，控制生育是她们在三四十年代所面临的主要问题之一。1938年，在延安的丁玲亲身经历了妇女参加革命的过程，她感到妇女因工作需要就被动员去参加劳动，为了革命，许多妇女自觉实行晚婚，已婚青年克制自己的情感尽量减少生育，但婚育问题仍然是一个客观存在的问题，当年的三八妇女节，丁玲用笔记录了这种状况：

> "女人不结婚就会被嘲笑，而她们结婚生育之后又会因参加政治活动多，不能守在家里而遭怨恨。如果她们在家里待上几年，又会被骂为落后。在旧社会女人的命运是悲惨的，可在新社会她们却陷入了一种并非自己造成的窘境。"她们在没有结婚前都抱着有凌云的志向，和刻苦的斗争生活，她们在生理的要求和"彼此帮助"的蜜语之下结婚了，于是她们被逼着做了操劳的回到家庭的娜拉。她们也唯恐有"落后"的危险，她们四方奔走，厚颜地要求托儿所收留她们的孩子，要求刮子宫，宁肯受一切处分而不得不冒着生命的危险悄悄地去吃着堕胎的药。[1]

丁玲描述中的挫折感和失望感远远出乎共产党的意料，更可贵的是，她提出了如何在参加革命的同时抚育子女这个关键性的问题，这就将生育提到了妇女议事日程上。1942年3月，《解放日报》卫生编委会邀请延安中央医院妇产科专家金茂岳在中央大礼堂作《节育问题》的报告，在报告中他根据1939年9月17日到1942年2月28日的生育情况分析，21岁妇女生育的为56%，而这些女青年正处于求知识、干工作的黄金时机，养育孩子会影响工作和学习。有些女青年为此深感烦恼和痛苦。[2] 因此许多妇女也有私下服用避孕药物甚至偷偷跑到医院做人流等节育手术的。"根据最近（4月）中央医院和中医院的统计，刮子宫、结扎输卵管的约有百余人之多，新娘要求新郎两年内不要小孩的事情时有发生，也有人不

---

① 丁玲：《丁玲代表作》，华夏出版社2008年版，第305页。
② 金茂岳：《节育问题》，《解放日报》1942年3月31日。

顾生命危险乱用堕胎药，其主要原因是青年觉得抚养小孩会妨碍工作。"①

新中国成立之后，西村大部分育龄妇女不仅思考着如何少生孩子的问题，还面临着妇幼卫生工作落后导致的妇女生育健康的问题。新中国成立之前，全国的妇幼卫生工作都非常薄弱，1947 年只有妇幼保健院 16 处，妇幼保健所 12 处。② 民国 30 年，受西医的影响，沅江县卫生院才开始设立助产士，同时琼湖和草尾两镇私立妇产院开始出现。尽管草尾镇是沅江最早设立私立妇产院的地方之一，③ 但离草尾镇只有一公里之遥的西村妇女却很少去医院看病，身体不外露、男女有别等观念在人们头脑中根深蒂固，同时西村人信赖土医（中医），注重民间土方，不但便宜而且方便，全县城乡一向惯用旧法接生，产妇、婴儿因产褥热、破伤风，死亡率高达 20‰左右。④ 新中国成立之后，沅江县开始设立卫生科着手扶植和发展中医，并将原来的沅江县卫生院改为沅江县人民医院，建立妇幼保健站，开始推行新法接生，由卫生医疗部门培训新法接生员。到 1953 年，沅江县建立了新法接生站 10 所，接生组 24 组，新法接生 2880 人，婴儿脐风死亡率降到 1.4%。1956 年建立了妇幼保健站，到 1958 年全县共建妇产院 36 所、新法接生组 32 组，设简易产床 109 张，专业接生员 451 人。⑤

由表 4 - 1 可知，1959 年草尾区的卫生机构包括卫生院 1 个，卫生所 26 个，卫生工作人员总共 153 人，但是妇幼保健员仅有 4 人，西村所在的草尾区当时总人口为 94600 人，所辖 8 个农村人民公社。1961 年为了适应农村人民公社形势，对卫生机构进行了调整，由 1 个卫生院增加为 4 个卫生院，并以公社为单位设 8 个卫生所，原来的大队卫生所改为卫生医疗组，形成了区有卫生院、公社有卫生所，3—5 个生产大队有一卫生医疗组的局面，但是当时的卫生医务人员数也只有 186 人。⑥ 并且妇幼保健方面的专业人员也没有多大增加。对西村的妇女们来说，她们不懂什么妇

---

① 马荔：《打胎和避孕的商榷》，《解放日报》1942 年 4 月 19 日。

② 《三年来卫生工作的总结及今后的任务（草案）——在全国卫生行政会议上的报告》，1953 年，湖南省图书馆藏，档案号：212—1—70。

③ 李润波主编：《沅江县志》，中国文史出版社 1991 年版，第 539 页。

④ 同上书，第 545 页。

⑤ 同上。

⑥ 《草尾区卫生机构调整工作总结汇报》，沅江县档案局藏，档案号：36—2—242，第 45 页。

婴卫生知识，尽管共产党从50年代开始就大力培训接生员、改造旧产婆、推广新法接生，但对农村的触动很少，[①] 生产时产妇出现的产褥热、营养不良、难产等都直接威胁妇女的生命，同时新生儿疾病如四六风、破伤风、新生儿腹泻、早产等也困扰着产妇及其家人，可以说生育是造成女性健康总体水平差的原因。

表4-1　　　沅江县以及草尾区1959年妇幼保健基本情况[②]

机构分类名称	机构数（个）	人员数（人）	床位数	备注
沅江县妇幼保健院	1	5		其中助产士1人，行政人员1人，初级卫生技术人员3人
妇产院	36		108床	
大队卫生所	93	428	93床，其中简易床68床	其中妇幼保健员16人
生产队保健室	150			
接生站（组）	32		简易床1床	
草尾区卫生院	1	43	45床	其中妇幼保健员2人；其中正规床30床，简易床15床
草尾区卫生所	26	110	30床	其中妇幼保健员2人

随着大部分妇女走出家庭从事社会化生产，妇女更是希望少生孩子，不愿被孩子拖累。有的甚至采取了极端的措施，"农村中不少怀孕妇女因为争先出工，故意吃药打胎，发生溺婴打胎等事情，无论城市、农村、机关、学校、街道等方面，不少群众迫切要求节制生育，掌握避孕知识和避孕方法，解决多子女的问题"[③]。在社会化大生产之下，养育孩子成为农村妇女极感困难的负担。有些妇女干部更是为生育小孩受尽了苦，[④] 她们

---

① 有关旧产婆改造以及新法接生的推广，见拙文《1950年代新法接生与农村妇女生育记忆》，载《山西师大学报》2010年第3期。

② 《县卫生科关于五九年卫生事业年报综合表》，1959年，沅江县档案局藏，档案号：36—2—202。

③ 《关于湖南省妇联成立节制生育委员会办公室的批示》，1957年，湖南省档案馆藏，档案号：155—1—205，第123页。

④ 如一位叫黄素秋的女副社长怀孕5个月了还车水，因为她们认为自己是干部，就应该起到带头作用，带头出工，于是黄累得吐血。《要设身处地为孕妇着想》，《湖南妇女报》1956年8月11日。

更多的是要求少生孩子。

> 吃食堂的时候，我那时是"青年突击队"的成员，感到最麻烦的是细伢子的拖累，那时节也不晓得和解，无论怎样毛毛也掉不下来，我有时用带子勒肚子也不流，你看现在的年轻人咯，动不动就流哒（流产）。①
>
> 有次我怀哒细伢子，真的不想要哒，听别个讲用益母草熬水喝可以打胎（就采取了这办法），就还是冇打下来，不晓得和解。②

有的怀了毛毛、生了毛毛还出工是怕没有饭吃，怕家庭收入减少。对于那段时期不能生小孩的妇女，她们感到无比的轻松：

> 那时真是作孽，上午生完小孩，下午就起来做事，哪里像现在一样好好地坐月子咯，要吃饭就要挣工分……生完第一个小孩之后，我间隔了5—6年冇（没）生，我也冇克医院检查，那个时期心里感到很高兴，不生小孩好，生下来是一个负担，要做太多的事。③

从50年代开始，共产党大力宣传妇女参加社会化劳动以实现自身的解放，并同时加强妇幼卫生工作，关注妇女的健康，希望妇女能有强健的身体为社会主义建设作出贡献。然而，正如贺萧在考察了20世纪50年代陕北农村的新法接生时所看到的，国家并没有始终如一地把妇女生育健康当作首要任务，它利用更多的时间来动员妇女参加劳动，而不是用来改变妇女的生育环境，④ 所以农村妇女并没有从早育、密育、多育之苦中解脱出来，她们希望能有更好的措施使自己少生，她们一直有节制生育的要求。幸运的是，从50年代中期开始，情况出现了转机，共产党开始实行计划生育，为妇女提供节育知识和避孕器具。

---

① 曾爱珍访谈资料，访谈时间：2008年7月26日。
② 曾奶奶访谈资料，访谈时间：2008年7月27日。
③ 陈菊英访谈资料，访谈时间：2008年7月29日。
④ 贺萧：《生育的故事：1950年代的新法接生员》，载王政、陈雁《百年中国女权思潮研究》，复旦大学出版社2005年版，第306页。

二　国家的考量：计划生育政策的演变与出台[①]

当妇女在生育问题上烦恼不断之时，共产党在人口问题上也开始担忧起来。新中国成立之初，受国际社会的影响，中共领导人在人口问题上采取的是鼓励生育的政策，提倡的是人多力量大，对于想流产或者堕胎的妇女除非特殊情况一律予以制止。[②]1954 年第一次人口普查数据的公布，使共产党开始对人口问题警觉起来，对中共领导人来说，他们对人口问题的担心主要来自于人口增长是否会超过粮食生产和经济增长，这不仅影响了人民生活的改善，而且直接影响了社会经济的发展，而这正是衡量一个政府成功的主要标志，以至于有学者指出，（中国的）计划生育是作为一个宏观的政治概念出现的。[③] 早在 1953 年 4 月，《人民日报》就发表评论，指出对巨大的人口进行粮食供应的艰巨性。同年 9 月 29 日，在一次政府工作会议中，周恩来不无忧虑地指出："我们大致算了一下，我国人口每年大致平均要增加 1 千万，那么 10 年就是 1 万万，中国农民对生儿育女的事情是很高兴的，喜欢多生几个孩子，但是这样一个增长率的问题却是我们的一个大负担。"[④] 从 1949 年到 1954 年中国人口的自然增长率稳定持续上升，1954 年达到了 24.79‰，总人口达到 360266 万人（见表 4 - 2）。中央高层开始意识到了人口问题的严重性。1954 年 12 月，刘少奇在其主持召开的节育工作座谈会总结讲话中明确指出："现在我们要肯定一点，党是赞成节育的。中国搞节育不会闹人口恐慌，人口增长太快困难很多，而且一下解决不了，避孕药品与器具的供应，不要从商业问题上着眼，这是个人民需要的带政策性的

---

① 据小浜正子的研究，计划生育一词第一次在《人民日报》上出现是在 1956 年 8 月 26 日，且自 1957 年 3 月 8 日后便常常使用。以前一般用节育、节制生育来表达。

② 1950 年 4 月 20 日，中央人民政府卫生部和中国人民军事委员会卫生部联合发布《机关部队妇女干部打胎限制的办法》指出除了六种情况之外，孕妇禁止非法打胎，这六种情况为：（1）有重症痨病、心脏病、肾脏病、恶性贫血或其他能影响孕妇生命的疾病；（2）发生流产现象，安胎无效时；（3）为保障孕妇生命，须实行必要的治疗或手术，须先行打胎时；（4）因骨盆狭窄，难产或剖腹两次以上者；（5）生育过孩子之孕妇身体衰弱足以影响儿童抚育者；（6）因患神经病，足以遗传胎儿者。

③ ［美］蒂伦·怀特：《中国计划生育方案的起源》，载李小江等主编《性别与中国》，生活·读书·新知三联书店 1994 年版，第 388 页。

④ 中共中央文献研究室编：《周恩来经济文选》，中央文献出版社 1993 年版，第 163 页。

问题①。

表 4 - 2　　　　　　　　　1949—1957 年人口自然变动表②

年份	出生率（‰）	死亡率（‰）	自然增长率（‰）	总人口（万人）
新中国成立前	35.00	25.00	10.00	
1949	36.00	20.00	16.00	54167
1950	37.00	18.00	16.00	55196
1951	37.00	17.00	19.00	56300
1952	37.00	17.00	20.00	57482
1953	37.00	14.00	23.00	58796
1954	37.97	13.18	24.79	60266
1955	32.60	12.28	20.32	61465
1956	31.90	11.40	20.50	62828
1957	34.03	10.80	23.23	64653

　　在人口与节育问题上，中共领导人所看到的问题与妇女们所看到的问题是截然不同的，可以看出，共产党所推行的计划生育不是基于每对夫妇有自己能力和权利确定子女数量和生育间隔这一自由的前提的，而是出于对政治与经济发展目的来考虑，他们担心的是因为人口过多，将会影响经济的发展，随之会影响就业、教育、住房等一系列问题。而如丁玲所说，妇女是从自身的现实需要来考虑。早在 1922 年 4 月，"节育之母"桑格夫人来华宣传计划生育时，她的立足点是希望通过节制生育，妇女能够控制自己的身体，成为"自由之母性"，但以胡适、蔡元培为首的知识分子把桑格夫人的节育思想单纯地理解为马尔萨斯的人口论，而且"人满为患"的忧虑是知识分子热烈欢迎桑格夫人来华的主要动因，他们把节制生育作为控制人口数量的主要手段。③ 1954 年 5 月 27 日，时任全国民主妇联副主席的邓颖超就一些机关女干部、女职工要求节育的问题写信给邓

---

①　杨魁孚、梁济民、张凡：《中国人口与计划生育大事要览》，中国人口出版社 2001 年版，第 8 页。

②　史成礼：《中国计划生育活动史》，新疆人民出版社 1988 年版，第 18—19 页。

③　关于桑格夫人两次访华宣传节育，参见［韩］俞莲实《民国时期城市生育节制运动的研究——以北京、上海、南京为重点》，博士学位论文，复旦大学，2008 年。

小平，她在信中指出：有的同志来信提到关于已婚女同志生孩子太多的困难以及避孕问题，有关方面不及时采取主动方针和适宜可行的步骤，任其自流，则会使许多干部因缺乏避孕、医药卫生常识而造成不良后果，将影响干部的身体健康，也影响家庭幸福以及女同志的工作和学习。她建议首先要在机关中的多子女母亲或已婚干部自愿节育中推行有指导的避孕是可行而又必需的，不致有任何不良影响。① 第二天，邓小平就邓颖超的来信作了批示："我认为避孕完全是必要和有益的，应采取一些有益的措施。"在邓小平批示的作用下，7月20日，卫生部向国家计划委员会提交关于控制生育的方案，与此同时，政务院批准卫生部修订的《避孕及人工流产办法》提出，"避孕方法可由人民自由采用"，并承认以前对节育问题缺乏正确的认识，盲目地不赞成节育。随后卫生部正式发出《关于改进避孕及人工流产问题的通报》，该《通报》规定避孕节育一律不加限制，请求避孕者，医疗机关应该给予正确的指导。一切避孕用具和药品可在市场销售，不加限制。② 然而，在同年11月30日商业部和卫生部发出《关于避孕药物的管理和供应办法》中，对农村暂不提供。至于为什么不向农村提供避孕药具，我认为：第一，当时避孕药具需要进口，数量上难以满足；第二，妇女对避孕药具的使用需要指导和学习，还没有更多的专业人士出现；第三，也许最主要的是共产党对计划生育还在不断思考。

不过，两年之后即1956年公布的《1956—1967年全国农业发展纲要》（草案）把计划生育政策部分地涉及了农村地区，此《纲要》的第29条指出："除了少数民族地区之外，在一切人口稠密的地方，宣传和推广节制生育，提倡有计划地生育子女。"当时中共领导人毛泽东、邓小平、刘少奇等在不同会议和场合反复强调"要提倡生育，要有计划地节育"，更进一强化了节制生育的社会舆论环境，1957年1月25日毛泽东在国家计委《关于1957年国民经济计划的报告》上批示"人口非控制不可"，以前关于禁止绝育、人工流产的种种顾虑已经逐渐打破。应该说从1957年之后节制生育的人口政策的大方向已经确定，如果按照这种势头以及政府的决心，如果能够持之以恒，也许中国的计划生育政策将不会在

① 史成礼：《中国计划生育活动史》，新疆人民出版社1988年版，第117页。
② 杨魁孚、梁济民、张凡：《中国人口与计划生育大事要览》，中国人口出版社2001年版，第7页。

以后受到人们的非难乃至难以执行。

　　然而，1957 年奠定的节制生育的社会舆论随着"反右"运动以及三年灾害使农村的节制生育工作又开始陷入停顿，政府高层又开始反对节制生育，宣扬人多力量大的观点又不断涌现，并对积极提倡节制生育的的马寅初、邵力子等人进行批判，这无疑给计划生育工作泼了冷水。三年困难时期过后，中国人口呈现了战争和灾难之后的补偿性生育。1962 年人口自然增长率为 27.14‰，1963 年的出生率和自然增长率继续攀升，分别达到了 43.60‰和 33.50‰，均达到了新中国成立之后的最高峰（见表 4 - 3）。当时，处在工作第一线的周恩来，在工作中已经明显感觉到了庞大人口及快速人口增长率的沉重压力，乃至他在 1962 年 11 月接见全国安置城市精简职工与青年学生工作会议的代表时指出："要公开宣传节育，对年满 18 岁的男女青年不管结婚或者未结婚，都可以讲给她们听。宣传节育过去抓迟了。"[1]

表 4 - 3　　　　　　　　　1962—1965 年人口自然变动率[2]

年份	出生率（‰）	死亡率（‰）	自然增长率（‰）	总人口（万人）
1962	37.22	10.08	27.14	67295
1963	43.60	10.10	33.50	69172
1964	39.34	11.56	27.78	70499
1965	38.06	9.55	28.51	72538

　　于是，1962 年 12 月 18 日，中共中央、国务院针对人口增长过快发出了《关于认真提倡计划生育的指示》，明确指出：在城市和人口稠密的农村地区提倡节制生育，适当控制人口增长率，使生育问题由毫无计划的状态逐渐走向有计划，这是我国社会主义建设中的既定政策。这一指示不仅指明了计划生育工作开展的意义，更进一步指出要加强宣传工作，对各项工作都有明确的指示。有人曾认为，从 1962 年之后，尤其是中央和国务院联名发出《关于认真提倡计划生育的指示》之后，20 世纪 60 年代限

---

① 　史成礼：《中国计划生育活动史》，新疆人民出版社 1988 年版，第 144 页。
② 　同上书，第 21 页。

制人口增长、实行有节制生育人口政策诞生。① 确实，在此一时期，尽管共产党提出的限制人口增长的具体人口政策，制定的实施人口政策的节育手段和方法、工作方式以及必要的配套措施还不是很完善，但在这一时期，卫生部提出了开展计划生育的详细方案。第一，对计划生育的控制已经有一明确的目标，要求在 1965 年把全国人口增长率由 1962 年的 27.14‰下降到 20.00‰左右，第三个五年计划期内下降到 15.00‰以下，第四个五年计划降到 10.00‰以下。第二，为了使计划生育的各项指标落到实处，开始组建各级计划生育组织机构。在《关于认真提倡计划生育的指示》发布之后，就在卫生部妇幼卫生司设立计划生育处，随后国务院成立了计划生育委员会，由国务院秘书长周荣鑫任委员会主任，同时委员会下设办公室，杨振亚任办公室主任。卫生部妇幼司司长栗秀真负责计划生育技术指导工作。到 1964 年 1 月，国务院要求中央和地方都要成立计划生育委员会，专门负责这方面的工作。第三，为了从经济上对计划生育工作给予保证，设立了计划生育专项经费，并对计划生育手术费实行部分减免。1965 年 6 月 26 日，毛泽东对卫生工作作出"巡回医疗队下农村开展卫生工作，要搞好计划生育工作"的指示，对农村计划生育工作也提出了更高要求。同年在全国计划工作会议上周恩来指出要在 20 世纪以内将人口净增率控制在 1.00%，计划生育重点应当面向农村，深入宣传教育，这是一个战略性问题。就在中共领导人在计划生育方面统一了认识，各级政府都开始认真执行时，"文化大革命"的爆发又使计划生育陷入瘫痪，直到 20 世纪 70 年代初，计划生育又重新被提上议事日程。

纵观这一过程，在这一不断磨合甚至断裂的过程中，一方面，计划生育从共产党高层之间的不断讨论到被提上议事日程；另一方面，相关避孕知识和计划生育政策得到了推广，各个省份以及县市也开始在这方面做了大量工作，这为 20 世纪 70 年代及以后计划生育工作的开展打下了基础。

三　西村的行动：妇女干部的重要性

从 20 世纪 50 年代开始的计划生育被分为几个阶段②，而西村真正

---

① 汤兆云：《当代中国人口政策研究》，知识产权出版社 2008 年版，第 95 页。
② 总的来讲，1950—1970 年的计划生育可以划分为以下几个阶段：(1)1949—1953 年，人口增加奖励期；(2)1954—1958 年年中，计划生育开始期；(3)1958—1961 年，"大跃进"中断期；(4)1962—1965 年，计划生育推进期；(5)1966—1970 年，"文革"中断期。

接触到计划生育是在 20 世纪 60 年代之后。阎云翔的研究认为，在五六十年代，出于意识形态与革命的真诚，村干部会努力将国家政策执行到极端程度。我的调查也显示村干部在执行国家政策时的不遗余力，不过阎更多的是讲到男性村干部，我还要说明在这个过程中女性村干部或者说积极分子的作用，她们在政治领域崭露头角，其中又会有怎样的社会性别意涵呢？

西村真正开始接触节制生育的事情是在 1962 年之后。1962 年 12 月，中共中央、国务院发布《关于认真提倡计划生育的指示》，这一具有里程碑式意义的有关计划生育的专门文件使各级政府认识到了计划生育的紧要性与迫切性。各地迅速成立了计划生育领导机构，并制定规划。1963 年中旬，按照上级的要求，沅江县成立节制生育委员会，由当时县人民委员会周元麟县长亲自挂帅；县成立节育机构以后，沅江县各区社（场）直到生产大队，均成立了节育委员会和分会。据统计当时全县共成立委员会 43 个，分会 338 个，小组 3125 个，形成了级级有专职或兼职领导干部。[①] 1963 年 10 月，县委召开电话会议，决定在沅江县琼湖镇中心公社办节制生育试点，然后将计划生育工作面向农村铺开。[②] 同年为了把生育纳入有计划的轨道上来，沅江县制定了《1964—1968 年计划生育工作五年规划》，在这一五年规划中，确定五年规划努力的目标是将人口出生率控制在 18.00‰，即每年出生人口不能超过 6128 人。这一目标的制定对当时沅江县的生育情况来说任务是艰巨的，1963 年沅江县出生人数为 15007 人，出生率达到了 40.39‰，比 1962 年出生人口增长 50.17‰，平均每天有 41 个新生儿出生，如果要在 5 年后将人口出生率控制在 18.00‰，这就要求平均每 5 个生育期妇女少生 1 个小孩，需要做 5 对夫妇的工作，这样在 5 年内就会少出生人口 34914 人，并要求 174570 对夫妇做好节育工作[③]（见表 4-4）。

---

　　① 《沅江县对全县节育工作检查情况汇报》，1964 年，沅江县档案馆藏，档案号：36—2—323，第 53 页。

　　② 《关于节制生育工作的报告》，1963 年，沅江县档案馆藏，档案号：36—2—296，第126 页。

　　③ 《沅江县 1964—1968 年计划生育工作规划》，1963 年，沅江县档案馆藏，档案号：36—2—323。

表 4 - 4　　　　　　1964—1968 年沅江县计划生育工作规划①

年份	拟控制出生率（‰）	出生人口数（人）	比 1963 年减少的人口数（人）	需做多少对夫妻的工作（对）
1963	40.39	15007		
1964	30	11146	3861	19305
1965	25	9288	5719	28595
1966	20	7431	7576	37880
1967	18	6128	8879	44395
1968	18	6128	8879	44395
总计		40121	34914	174570

　　面对如此艰巨的任务，沅江县节制生育委员会下达命令要求各级党委指派专职书记负责计划生育并把它列入议事日程，同时，在把琼湖镇作为试点之一后，又确定 44 个村庄进行计划生育试点工作，西村（当时为东风大队）也成为试点村之一，由草尾区副书记宋宗保负责此项事宜。当时西村有 9 个生产队，288 户共 1154 人，在确定为试点大队之前，西村的人口增长速度很快，1962 年全大队出生 56 个小孩，出生率为 44.00‰，1963 年出生 88 个，出生率为 76.00‰，超过以往任何一年。②

　　西村作为计划生育的试点村刚开始时，大队、生产队干部中大部分人存在着错误的认识和抵触情绪。沅江县档案局保存的一份有关西村（当时是东风大队）怎样开展计划生育工作生动地反映了上至村干部下至普通村民对计划生育工作的多重顾虑与担忧。如大队支部成员王谷秋在节制生育工作刚开始时存在"四怕两怀疑"：怀疑计划生育是"腰河里的水"，不是毛主席的政策；怀疑避孕的可靠性。四怕是怕丑、怕不好意思向群众贯彻、怕要带头、怕耽误生产。担任五队队长的杨佩运抱怨说："有人有世界，社会主义要有人才能建设，搞些这样的名堂干什么！"西村村民对计划生育采取拒绝态度的更是各种各样，抵触情绪非

---

　　①　《沅江县 1964—1968 年计划生育工作规划》，1963 年，沅江县档案馆藏，档案号：36—2—323。

　　②　《草尾公社东风大队是怎样开展计划生育的》，1964 年，沅江县档案馆藏，档案号：36—2—323，第 74 页。

常严重，① 据统计：全大队有模糊认识的、抱中间态度的占 52%，有抵触甚至有反感的占 20%。② 一位当时的计划生育干部在西村开展的计划生育工作的总结中指出："农村有它特定的自然条件和生活习惯，决定着它在某些方面不及城镇，封建残余思想要多一些，接受科学知识要慢一些，这些表现在接触新事物的心理是错综复杂的。"③

尽管有这么多的顾虑和怀疑，尽管西村对节制生育工作感到陌生并加以排斥，但被选作试点的草尾乡的计划生育工作必须要开展下去。1961年之后，人民公社经过调整政策，在实行社队分权体制的同时，将党组织网络延伸到了大队一级，以实现党对乡村社会的一元化领导。④ 西村也成立了以张仙桃为书记的党支部，计划生育政策通过基层组织村支部执行起来，即使村委干部也并不理解。1964 年 9 月下旬，草尾区副书记宋宗保带领一些干部以及草尾卫生院的医生来到了草尾公社东风大队（西村前身），在西村召开了第一次非正式的节育工作会议，参加该会议的有大队干部、大队社员代表、各生产队队长和妇女队长以及党员等，在会上宋宗保传达了县委对节制生育工作的要求，并希望各位干部在节制生育方面积极起带头作用。当草尾区副书记宋宗保召集村委成员以及相关成员召开会议之后，西村支部书记张仙桃要求大队支部成员统一认识并作出了"一定要突破思想关的决定"。随后，西村村委会开始采取了一系列措施。

首先，建立组织，明确责任。大队建立了计划生育分会，由支部副书记张春树同志负责，九个生产队建立了计划生育领导小组，由小组长负责并责任到人；各节育小组除了由小组长领导之外，还派支部成员负责，同时妇女队长具体协助此事。从分工以及具体做法来看，男性干部主要负责政策上的宣传与发动，而女干部具体推广各种避孕方法。在宣传发动上，

---

① 归纳起来大致有 10 种：1. 现在的干部管得宽，连人家被窝里的事都管起来了；2. 避孕就是阉猪一样被阉掉；3. 这种断子绝孙的事搞不得；4. 现在小孩多，以后劳力多，有人就有世界；5. 我的尽是女，生个崽后再说；6. 嫌避孕麻烦；7. 怕避孕会引起得病；8. 听信谣言，说子女多的再生了不供应粮食；9. 认为是干部有得事做；10. 生崽都要受限制，只有变"公子"。见《草尾公社东风大队是怎样开展计划生育的》，1964 年，沅江县档案馆藏，档案号：36—2—323，第 75—76 页。

② 《草尾公社东风大队是怎样开展计划生育的》，1964 年，沅江县档案馆藏，档案号：36—2—323，第 76 页。

③ 同上书，第 75—76 页。

④ 于建嵘：《岳村政治——转型期中国乡村政治结构的变迁》，商务印书馆 2011 年版，第 273 页。

西村干部也接受了共产党的一套理念，如果不实行计划生育，中国将在发展的道路上遇到困难，总之，生育之事是与国家发展息息相关的。[1] 当时《沅江报》发表评论说：

> 但是也有不少人，把生孩子看成是个人生活小事，与国家无关，更有的认为生孩子是前世所修，命中注定，这是没有根据的错误说法。孩子生得过多过密，做父母的无论在经济上、精力上，都会搞不来，从没见过多子女的父母生活宽裕，精神愉快。更严重的是，对孩子的教养、疾病问题不能得到很好的解决。同时，人口增长过快，不但影响人民生活水平的提高，还会影响国家建设。人民生活不能提高，哪里有力量建设国家呢？因此，有计划地生孩子，是关系国家、社会的大事，绝不是一个小问题。[2]

　　女干部却成为节育知识的学习者与传播者，其实整个工作的重点是由妇女队长负责实施的。正如前面所说，首先对那些妇女组长、接生员等进行计划生育的培训工作，然后让她们去进行宣传发动。曾经担任过妇女队长的曾奶奶和罗秋秀告诉我当时的经历：

> 你问有冇有听哒港过避孕，有啊！我那时节是妇女队长，组织去公社听的，拿出避孕套来向我们讲解，丑的要死，未必你有听过啊？（问边上一位娭毑）我听哒之后就回来哒，那时节也冇强制要求，我回来之后不好意思向别个港呢。[3]

> 以前当妇女队长简单，就是领哒做事，或者带头做事，后来妇女

---

[1]　在一次宣传发动会上，西村支部书记张春树向开会的群众算了一笔人口账：1962年全大队出生56个婴儿，出生率为44.00‰，1963年出生88个，出生率为76.00‰，超过以往任何一年。而在粮食产量方面，尽管产量年年增长，却赶不上人口增长的速度。1962年总人口为1078人，粮食总产量934100斤，完成征购和储备以后，分给社员的口粮为595170斤，平均每人547斤，1963年粮食总产量增加到1150650斤，增产为23.2%，分给社员的口粮614720斤，比1962年多分配19550斤，可是人口也增加到1154人，平均口粮反而降低到532斤，每人少分了15斤，因此从国家、集体、个人三方面来看，开展计划生育工作都是迫切需要的。见《草尾公社东风大队是怎样开展计划生育的》，1964年，沅江县档案馆藏，档案号：36—2—323，第77页。

[2]　《节制生育，利国利己》，《沅江报》1957年12月10日。

[3]　曾奶奶访谈资料，访谈时间：2011年8月16日。

队长宣传计划生育太难，哎呀，开始的时候，那被别个（别人）骂得要死，男的女的都骂，骂得不像样呢。①

其次，重点解决干部的思想问题，尤其是女干部的思想问题。当时在西村开展计划生育工作时，大队、生产队干部普遍存在着错误的认识和抵触情绪，绝大部分群众认为生男生女是人生的大事，生多少儿女是命中注定的，如果要计划生育就会违背天意。因此，对干部要认真细致地做好工作，打消她们的思想顾虑，起带头作用。通常那些具体负责宣传计划生育的妇女队长也成为了要带头实行节育的首要对象。许多女干部或者党员被要求要带头节育。5 组的罗秋秀是妇女队长，就曾经被要求节育。

那时我是妇女队长，当时社干部把我喊过去问话，我至今还记得，他们问我还生小伢子不，我回答说我还想生一个女，如果噶次生的是女，我就不生哒，如果不是女，我就想还生一个。干部说反正你最多只能生一个，最好是不生哒，你要带头呢。后来我真的生的是女儿，我就冇生哒。②

最后，依靠贫、下中农开展工作。新中国成立之后共产党在农村开展的各项工作都离不开贫下中农的拥护，不过这次依靠的是女性贫下中农，这再一次体现了生育是女性的事情。村委在贫下中农中挑选了 20 名有活动能力的妇女（包括妇女队长、妇女积极分子）组成骨干分子队伍，派她们到沅江县进行了五天的培训、学习，学习节育政策的相关工作，掌握节育技术知识，这些学习了的妇女不仅担任了村里面的宣传员、技术指导员；还成为避孕药具的推销员和效果跟踪观察员。③ 当时鲁东秀和赵秋香也参加了这次学习，回来之后不仅是大队的干部，又是节育骨干，一直兢兢业业地工作，在下一节我会重点讲到她们。

从西村组织宣传计划生育的推广过程中不难看出，正如阎云翔所言村干部在执行国家政策时起到了非常重要的作用。不过阎云翔对四位男性村

---

① 罗秋秀访谈资料，访谈时间：2011 年 8 月 14 日。那时罗已经生了 4 个儿子了。

② 罗秋秀访谈资料，访谈时间：2011 年 8 月 14 日。

③ 《草尾公社东风大队是怎样开展计划生育的》，1964 年，沅江县档案馆藏，档案号：36—2—323，第 79 页。

支书的描述使我们想当然地将女性排除在村级管理领域之外，也使我们缺少对女性村干部的进一步认识，[①] 而在计划生育的推广过程中，不管是明确责任还是解决干部思想问题，妇女干部都成为了其中重要的主力军。档案资料不断叙说男性领导对计划生育引起了多大的重视，他们学习党的精神，召开会议，以经济发展模式的理论来细数计划生育的重要性，但真正在执行这一政策或者被劝说的是妇女。当然，这是一种传统的社会性别分工模式，即生育被认为是女人的事情，而与生育相关的一系列事情也由女性来承担，这种分工模式就这样投射到计划生育工作中。女干部被找去谈话要求带头节育，女干部要去学习节育知识，也被分配责任要求去向其他妇女讲解避孕知识，她们既担任客体同时又担任主体。一方面，她们面对着一个新的权威，这个新权威以男性村干部为代表，不断向她们施加压力，从表面上看来，她们与男性一样共同执行国家政策，但在实际的权威和权力上，她们根本无法与男性领导者相提并论，比如要她们带头节育，要她们想办法宣传避孕知识；另一方面，实际掌控她们生活世界的，仍然是坚守固有风俗的母亲和祖母等女性长辈们，因为她们主要是向妇女传播节育知识而不是向男性。非常有意思的是，1917 年阎锡山在山西发动全省性的反缠足运动时，他雇用了女性查脚员去劝说、教育甚至监督妇女放脚，这一反缠足运动创造了两种正面的对立的女性主体位置：一边是受过教育和享有特权地位者，接受国家的反缠足任务；另一边则是不识字的村妇，她们抗拒着前者形同侵犯的任务。[②] 现在看来，计划生育的推广与当时的反缠足运动是何其的相似，一边是紧跟着共产党的精神与具有高觉悟的积极的女性，她们接受了共产党所赋予的宣传计划生育的任务，同时自己要带头实行计划生育，一边是不识字的西村妇女，她们质疑着国家的政策，同时也抗拒着这些计划生育宣传员形同侵犯的任务。

　　当西村的计划生育政策开始得到重视时，一场在农村发展的社会主义教育运动又迫使计划生育停顿下来。这场运动历时四年之久，由于重新抓阶级斗争，不仅许多基层干部受到打击，而且一部分群众也被拔高了阶级成分，受到错误的处理。西村村民至今记得在四清运动时每天都

----

① 参见［美］阎云翔《私人生活的变革：一个中国村庄里的爱情、家庭与亲密关系(1949—1999)》，龚小夏译，上海书店出版社 2006 年版，第 29—33 页。
② ［美］高彦颐：《缠足——"金莲崇拜"盛极而衰的演变》，苗延威译，江苏人民出版社 2008 年版，第 74 页。

在毛主席像面前拿着小红本向毛主席汇报，汇报的内容是今天思想有哪些波动，今天要记多少工分，犯了一些什么错误，要怎样改进，等等。在西村刚开始的计划生育宣传活动随着四清运动而中止了，后来由于"文化大革命"的爆发，西村的计划生育工作陷入停顿，不过却播下了计划生育的种子。

第三节　节育知识的宣传：新观念的传播

在计划生育刚开展时，人们对节制生育非常不理解，很多人认为避孕是丑的见不得人的事情，是与性相关的，而"性在1949—1980年间是一种禁忌，当时与性有关的东西都是被严格禁止的"[①]。对农村妇女来说，她们其实自己很想避孕，但是不好意思去听讲解，也不敢去问别人，不敢去学办法，觉得这个事情讲不出口。[②] 因此，要使计划生育能够实行下去，首先要做的就是对计划生育政策以及节育知识进行大力的宣传与推广，使农村妇女能够接受节育观念并自愿采取避孕措施。共产党在这方面下功夫，通过培训计划生育骨干人员、树立一些计划生育的典型人物以及运用书籍与报刊等文字资料来宣传发动。而在这一宣传语推广过程中，有些接触到了很多节育知识，而有的妇女生活轨迹发生了重大的变化，正如阎云翔所说，她们的独立自主性得到加强，不过女性在追求独立自主的同时却面临着不一样的问题。

一　计划生育专业人员的培养：西村两位积极分子

为使避孕知识推广下去，1957年1月，湖南省妇联联合湖南省卫生厅联合举办了避孕学习班，参加学习的有各专市卫生科（局）妇幼干部、各专市妇联干部、专市人民医院妇产科及省直属厂矿妇幼人员50人，[③]

---

① ［英］艾华：《中国的女性与性相——1949年以来的性别话语》，施施译，江苏人民出版社2008年版，第1页。

② 湖南宁乡县有个农业社有一对夫妇，孩子生得过密，听说有办法避孕，喜欢得不得了，丈夫就去买了阴茎套，谁知被别的男社员知道了，见了他们就开玩笑，因此妻子认为这下出了丑，埋怨丈夫。见《避孕不是丑事》，《湖南妇女报》1957年4月11日。我在西村调查时许多老年妇女也与我说起不好意思谈论避孕的事情，很怕丑。

③ 《湖南省志·人口志》，前引书，第340页。

同时还有各级节制生育骨干 163 人。① 至于这些计划生育专业人员要达到怎样的水平，当时湖南省卫生厅副厅长赵建军提出的要求是，这些专干"要掌握计划生育的政策、方法，然后在群众中开展宣传活动，要起到'宣传员、技术指导员、工具推销员'三方面的作用"②。针对一些农村妇女避孕时出现的一些错误的做法，比如有些妇女乱用药物打胎或者不知药物的使用方法打胎，1957 年 11 月 1 日，中共湖南省委、湖南省人民委员会联合发出"关于进一步开展节制生育工作的指示"，指出尽管在 1957 年的 6 个月内训练了宣传指导骨干 6057 人，同时各地都采用了展览会、家庭访问等各种形式进行了广泛的宣传，使认为生育问题是"私房事"，谈避孕节育是丑事等观念有所改变；但必须继续大力培养训练出来一批干部加强农村节育宣传和节育手术。原则上要求 150 户以上的农业社每社训练接生员、妇代会主任各一名，重点进行推广宣传。③ 同时，省卫生厅发出了《继续深入开展节育工作及大力宣传骨干的通知》，要求各县市加大培训力度多多培养节育专业人员，并下达培训任务，要求年内各地、市共培训 2.6 万名乡、社基层节育技术指导骨干。④

按照上级的精神，沅江县也着手培训计划生育骨干，从 1964 年至 1968 年要求总共培训 9500 人，由县、区或镇分别来培训（见表 4 - 5）。当时的要求是"平均 20 对节育夫妇中，有一名避孕骨干，由县、区（镇）分级培训，20%—30% 由县负责培训，县妇幼保健站和人民医院要配备和输送技术高明的专业技术力量，加强技术设备、指导和解决相关问题"⑤。当时每个生产大队的计划生育领导小组的成员都要接受业务培训，

① 这次学习自 1957 年 1 月 14 日起学习 4 天。学习期间，大家汇报了群众迫切要求避孕和各地开展避孕宣传的方法等情况。在衡阳市第四人民医院，动员接生员结合产家访问挨家进行宣传。衡阳市妇幼保健所还举办了训练班，培训读报组长卫生组长和基层妇女主任，作为宣传避孕知识的骨干。见《省妇联、省卫生厅联合举办避孕学习班》，《湖南妇女报》1957 年 2 月 1 日。

② 《省卫生厅赵建军同志关于计划生育工作在宣传部长会议上的发言》，湖南省档案馆藏，档案号：219—1—4，第 53 页。

③ 《省委、省人委指示各地加强领导：把节育工作深入到农村中去》，《湖南妇女报》1957 年 11 月 11 日。

④ 《湖南省志·人口志》，前引书，第 400 页。

⑤ 《沅江县 1964—1968 年计划生育工作规划》，沅江县档案局藏，档案号：36—2—323，第 65—66 页。文件还规定：必须广泛深入地开展宣传教育，把科学技术交给群众，彻底肃清封建迷信和传统的残余思想，宣传和提倡科学节育方法。每年由县组织 1—2 次大型的巡回展览会，2—3 次系统的节育讲座，各基层单位，建立避孕指导室或避孕宣传室，开展经常性的宣教工作。

同时要求各公社的妇幼卫生人员、接生员、赤脚医生等都要学习这方面的知识。不过，这些人员的选择都带有性别指向：妇女首当其冲。这样，西

1957 年 1 月 1 日《湖南妇女报》有关节育的相关报道

村 5 组的鲁东秀与 6 组的赵秋香先后被选上去当接生员，在草尾卫生院一起接受培训，同时，除了学习相关接生知识之外，还要学习一些计划生育知识。① 她们学习这些知识后，利用机会宣传计划生育的好处以及实行科学避孕的方法，达到计划生育的目的。②

表 4 - 5　　　　　　1964—1968 年沅江县骨干培训规划③　　　　　单位：人

年份	共培训人员数	由县培训人数	由区（镇）培训人数
1964	1000	300	700
1965	1500	450	1050
1966	2000	500	1500
1967	2500	500	2000
1968	2500	500	2000
合计	9500	2250	5750

1. 鲁东秀：官方承认的接生员

生于 1931 年的鲁东秀目睹了她母亲的生育之苦，④ 鲁只读了一年小学，她说是父亲重男轻女造成的，不过鲁东秀开朗活泼、能说会唱，1949 年（新中国成立那年）嫁到西村的鲁东秀不久之后就表现出了她积极能干、肯干的一面，在初级社时她是妇女主任，不仅事事都要带头做，比如到茶盘洲打湖草，到漉湖打芦青放到田里做肥料，同时还要关心妇女的事情，如果妇女有两天没出工，就要上门去问情况。只有与共产党所宣扬的妇女解放理论保持一致的妇女才可能被选上当接生员或者妇女干部，即首先要保持劳动的积极性和政治上的先进性。鲁东秀也承认她被选上当接生

---

①　《1956—1967 年全国农业发展纲要》（修正草案）第 29 条规定，卫生部门应该为农村训练接生员，积极推广新法接生，宣传和推广节制生育。1957 年湖南省培训计划生育专业队伍的培训内容包括四个部分：为什么要提倡节制生育？实行节制生育要打破哪些顾虑？为什么要提倡晚婚？怎样实行计划生育？每一部分下设几个通俗易懂的小问题解答人们心中的疑惑。《节制生育课本提纲》，1957 年，湖南省档案馆藏，档案号：155—1—213，第 41—42 页。

②　《怎样办好农村产院》，科技卫生出版社 1958 年版，第 5 页。

③　《沅江县 1964—1968 年计划生育工作规划》，1963 年，沅江县档案局藏，档案号：36—2—323，第 65—66 页。

④　鲁东秀母亲生育了 15 个，但成活的只有 5 个，母亲曾经吃过单方、草药，但吃了之后没一点作用，反而还生得多些。

员是因为她一直是劳动积极分子，由于劳动积极以及政治立场坚定，1963年鲁被选为接生员参加培训，同时她也曾被选派到沅江县参加党训班，不过由于文化程度不高，跟不上班，以后的党训班就没有参加，但这丝毫没有影响她对工作的热爱，她在劳动时还带领大家一起唱歌。①

鲁在接受接生培训过程中，对共产党推广的计划生育知识也有学习，比如自己先学习子宫帽的使用、避孕套的使用，鲁东秀回忆起她当计划生育宣传员时说：

> 我做了40年的接生员，社教运动开始，一个村选一个接生员，我被选上了，与易贸、赵秋香、傅医生等一起接受培训，那时接生的时候也充当计划生育的宣传员，因此也要学些噶方面的家伙，子宫帽妇女自己可以掌握，避孕套有时男的不想戴，自己先学会使用，然后向男女做工作，我讲戴的好处，不然流产会有好大的坏处，这是政府的政策，不是我们硬逼的。②

不过鲁东秀对于她那时充当计划生育宣传员时的艰难处境记忆犹新：

> 有时开妇女会，有时候妇女在一起时就会说，你们一定要坚持避孕，免得恰亏，你们如果要东西可以找我，唉，工作难搞呢，她们骂我，我又不会回嘴，有时男人发脾气，会打人，我会赶快跑的，我才不会上当呢。

西村妇女对鲁东秀宣传避孕知识不大能接受，有的人甚至反对、抵制避孕，有的人甚至把宣传避孕与乱搞男女关系混淆不清，认为是道德败坏的问题。③ 因此在宣传过程中，鲁东秀本人却受到一些打击。老公不能忍

---

① 我访谈时她已80岁高龄，她不仅健谈，而且记忆力惊人，她还满怀激情随口唱了六首当时"大跃进"劳动时的歌曲，其中有首歌词是这样的：人家的春耕闹忙忙，懒汉婆娘不出房；青草红旗到处飘，懒汉婆娘床上伸懒腰；劳动妇女工分多，懒汉婆娘要靠哥哥；出工早，收工晚，妇女胜过男子汉；勤劳男女顶呱呱，生产模范要评她……
② 鲁东秀访谈资料，访谈时间：2011年8月14日。
③ ［日］小浜正子：《从"非法堕胎"到"计划生育"——新中国成立前后性和生殖之言论空间的变迁》，载姜进、李英德《近代中国城市与大众文化》，新星出版社2008年版，第348页。

受鲁东秀去宣传这样的事情，① 也许传统文化视女性身体为不洁，而鲁东秀她们是女性性器官的专家，同时，良家妇女的场所应该是在家内，而她们暴露在公共领域成为众多男性窥视、观看的对象，这应该使鲁的老公非常恼火；又或许由于劳动的积极性与她开朗外向的性格，老公在 1966 年与她离婚了，她说她也没有计较这么多，做了一辈子的接生员和计划生育的宣传员。② 鲁后来没有再婚。在计划生育的推广过程中，鲁东秀成为了一位远近闻名的接生婆，同时也在各种场合推广避孕知识。但由于文化程度不高，她一直从事着接生的工作，经历了婚姻变革的鲁东秀也在共产党的一些政治运动中经受了一些打击，③ 但鲁对这些没有怨言，她一直自豪的是在西村只有她才有共产党颁发的"接生证"，这既是她的荣耀，也是她的资本。

2. 赵秋香："吃上了国家粮"

西村 4 组的赵秋香也被选为计划生育的骨干分子，她首先也是一位接生员，不过与鲁东秀不同的是，赵秋香不仅学习了计划生育政策、节育与避孕知识，更重要的是她学习了计划生育手术。④ 这与她具有初中文化水平有关，她在学习了一些避孕知识后又被派到沅江县人民医院接受了一个月的节育手术培训，她说在她成为一名妇产科医生之前总共接受了 7 个月的培训，赵以前从未接触过妇产科知识，与她一起参加培训的都是那些上过卫校的人，有医学基础知识，她自己一无所知，但由于有初中的文化程度和对这一职业的热爱以及刻苦认真的学习态度，赵秋香一直坚持了下来，并且学习非常认真刻苦，后来，她的技术也深受人们的信任，西村有

---

① 按照传统文化来讲的话，鲁东秀做接生员或者计划生育宣传员应该是被归入到"三姑六婆"的行列，而一直以来，中国的文化对"三姑六婆"的评价都是负面的。可见衣若兰《三姑六婆——明代妇女与社会的探索》，(台北) 稻乡出版社 2006 年版。

② 鲁东秀努力使自己保持与党的一致性，但想不到儿子在计划生育方面与她开了个玩笑。她儿子 1975 年结婚，第一胎生了个儿子之后，在她的动员下领了独生子女证，十年之后即 1985 年，她媳妇还想生一胎，就把独生子女证等一些实惠的东西退给政府，还交给政府 450 元钱 (其实应该是罚金)，又生了一胎。

③ 她告诉我她在初级社时由于没有与地主富农划清界限被打下来，即从当时的妇女主任位置上打下来，在社教运动中也曾经被人批斗。

④ 这些节育技术包括怎样放置避孕环，如何进行人工堕胎，以及如何进行输精管、输卵管结扎手术，这些技术一般在短短几周的时间内都要学会。经常是通过短期的培训之后就可以上岗操作了。另见 [美] 毛思迪《劫：一个中国妇女的自白》，汤本译，(台北) 中华书局 1994 年版，第 54—55 页。

80%以上的育龄妇女都在她那里接受了节育手术以及节育指导，这与她自身的敬业精神和责任感有相当大的关系。她说她每做一个手术，都会把它当作是自己第一次动手术一样。

> 我始终记得我伢老子(即父亲)噶的话，淹死的都是会游泳的，撞死的都是那些会骑摩托车的，所以，我每次(做手术)都好认真的，消毒(工具)时间还差一分钟都不行，生细伢子的人我一直守在身边，动手术时我就想我这是第一次动手术。①

凭借过硬的妇科技术，赵秋香于1974年进入了草尾乡卫生院，成为一位有编制的医务工作者，按照西村的话就是"赵吃上了'国家粮'"。通过被选为计划生育专干人员，赵秋香使自己的生活方向发生了转变，她有了稳定的工作，经过多年的实践与学习，她成为了一名堂堂正正的妇产科医生，远近闻名。在与西村妇女的访谈中，有许多老年和中年妇女都提到赵医生，都说她医术高明，技术好，目前还有很多的年轻妇女找她帮

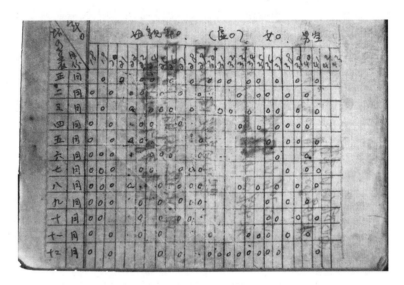

赵秋香为人推测婴儿性别的小本子，上面密密麻麻地标着只有她自己
清楚的一些标记。

---

① 赵秋香访谈资料，访谈时间：2008年7月20日。

忙，比如如何使用一些更好的避孕方法，或者找她摸摸小孩的胎位正不正，更神奇的是会咨询她胎儿的性别，当然这并不是依靠 B 超技术。①

赵秋香以她自己的实干精神得到了共产党的认可，1979 年赵曾经被评为沅江县的先进个人，由于她做节育手术的准确率高，1980 年她的事迹登上了《湖南日报》，同时，赵也得到了村民的信赖，因为计划生育在西村的实施过程中，她不是一个冷冰冰的节育手术医生，她会依照村庄中的一些现实情况帮助村民逃离计划生育干部的管制，这点将在以后章节中进一步阐述。

同时，为了紧跟政府的号召，赵本身也积极响应计划生育，与别的计划生育宣传员比起来，她的政治立场是鲜明的，她说她本来只想生两个小孩的，但老公不同意，于是生了第三个小孩，出生于 1946 年的赵秋香，在她那个年代养育四五个小孩是很普通的，她在第三胎之后主动提出要结扎，她说小孩多影响她学习与工作，共产党经常用来发动妇女参加生产而使用的宣传话语深刻于她的脑海。

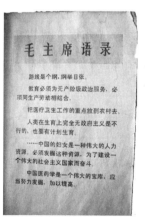

伴随着赵秋香的《妇产科学》一书，书里开头几页
都是毛主席语录。

西村还有一些妇女小队长、妇女主任以及积极分子等接受了一些计划

---

① 在我与她的一次访谈中，一位已经生过一胎的妇女跑过来询问赵医生胎儿的性别，使我惊讶的是，她并不是借助于 B 超技术来判断婴儿性别，而是从她的办公桌里拿出一本发黄的边边都被磨掉的小本子来帮她推算，妇女们都说挺灵的。

生育的培训，但由于对这一事情的不热爱以及怕丑等原因没有成为共产党继续培养的对象，不过她们依然在其他方面突出，比如劳动积极、做事和男人一样能干。她们的行动也许验证了阎云翔所说的新中国成立之后这代人独立自主意识得到了加强，然而在追求独立自主的过程中，她们遇到了与男性不一样的问题，有的面临婚姻的危机，有的面临生育的烦恼，甚至面临的是双重的负担。

二　文字资料的宣传：以《湖南妇女报》为例

除了培训计划生育骨干人员进行节育知识的宣传与节育手术的实施，这一时期关于避孕方面的著作和书籍也开始大量出版（见表 4 - 6）。早在1955 年 8 月，人口理论专家邵力子就专门编写了《关于传播避孕常识问题》的小册子，并印刷向各界人士发放。据统计，自 1954 年开展避孕工作以来，全国印刷了 500 万册宣传指导避孕的书籍、3000 多套避孕挂图和展览图片，制作了 700 多套避孕幻灯片。[1]

表 4 - 6   1956—1964 年间关于避孕知识的部分著作

序号	作者	书名	出版时间	出版单位
1	邵力子	《关于传播避孕常识问题》	1956 年 10 月	不详
2	王女桀、马龙瑞	《怎样避孕》	1956 年 12 月	不详
3	宋鸿钊	《怎样避孕》	1956 年	不详
4	浙江省妇幼保健院	《有计划地生孩子》	1956 年 12 月	不详
5	卫生部宣传处	《避孕前后》	1957 年 3 月	不详
6	卫生部宣传处	《避孕指导手册》	1957 年 3 月	不详
7	王文彬	《性的知识》	1956 年 6 月	人民卫生出版社
8	湖南省卫生厅	《农村卫生常识》	1956 年	湖南省卫生厅
9	《健康报》编辑部	《避孕知识》	1963 年	人民卫生出版社
10	《健康报》卫生宣传组编	《避孕方法介绍》	1963 年	科学普及出版社
11	《健康报》卫生宣传组编	《避孕方法小型展览》	1963 年	科学普及出版社
12	北京市公共卫生局卫生教育所编	《避孕画册》	不详	不详

---

① 杨魁孚、梁济民、张凡：《中国人口与计划生育大事要览》，中国人口出版社 2001 年版，第 17、21 页。

序号	作者	书名	出版时间	出版单位
13	羽夏	《生育与避孕》	1964 年 10 月	上海科学技术出版社

资料来源：1—6 根据史成礼《中国计划生育活动史》整理而成；7—13 根据湖南省图书馆索引目录资料整理而成。

在 60 年代之后，关于计划生育方面的书籍也开始印刷出版（见表 4-7)，向民众宣传计划生育的意义、好处，许多书籍都通俗易懂、图文并茂。比如由吴德昭编写、湖南人民出版社出版的《计划生育问答》一书，采用问答的方式，针对人们思想上存在的一些疑难问题，简要地讲述了计划生育的道理、受孕的生理知识以及一些行之有效的科学的避孕方法。

表 4 - 7　　　　20 世纪 60 年代关于计划生育的部分著作

序号	作者	书名	出版时间	出版单位
1	计划生育译丛编译委员会，上海市医学科学技术情报站编写	《计划生育·一》	1965 年	（上海）科学技术编译馆
2	计划生育译丛编译委员会，上海市医学科学技术情报站编写	《计划生育·二》	1965 年	（上海）科学技术编译馆
3	计划生育译丛编译委员会，上海市医学科学技术情报站编写	《计划生育·三》	1965 年	（上海）科学技术编译馆
4	中华人民共和国卫生部妇幼卫生局健康报社编辑部	《计划生育手术常识问答》	1960 年	不详
5	重庆医学院妇产科教研室，重庆医学院泌尿外科编	《计划生育手术图解》	1965 年	人民卫生出版社
6	吴德昭编	《计划生育问答》	1964 年	湖南人民出版社
7	长沙市计划生育委员会办公室宣；长沙市卫生防疫站摄制	《计划生育画册》	1963 年	湖南人民出版社
8	杭州市计划生育办公室编	《计划生育好处多》	不详	不详

资料来源：根据湖南省图书馆目录索引资料整理而成。

《节育宣传要在农村广泛深入地开展》（《湖南日报》，1957 年 8 月 12 日）

《早婚的害处》（《湖南日报》，1958 年 12 月 7 日）

　　在计划生育的推广过程中，各地报刊成为节育知识宣传的重要阵地。湖南省在《新湖南报》《农民报》《湖南妇女报》《湖南卫生通讯》等报刊上开展了政策宣传和节育方法的介绍。下面我将以《湖南妇女报》为例，探讨从 1956 年创刊到 1958 年停刊不到三年的时间内报刊是如何推广与传播计划生育政策与节育知识的，也可从中看出民众对计划生育的认识态度。

　　《湖南妇女报》是湖南省妇联主办的群众性的妇女综合报纸。1956 年 3 月 8 日，《湖南妇女报》正式创刊发行，当时创刊的宗旨在于向妇女宣传党的方针政策，加强维护妇女儿童合法权益的宣传，帮助妇女学习科学文化知识，并指导妇女 "用共产主义思想处理恋爱、婚姻、家庭问题"，她定位的读者群体为具有中小学文化程度的妇女。[①] 创刊后的《湖南妇女报》一方面大力宣传妇女的光辉事迹，鼓励妇女积极参加各种社会化生产，做社会主义建设的主人，另一方面在国家大力推行节制生育的时候，《湖南妇女报》在推广节制生育方面起到了举足轻重的作用。1956 年 7 月下旬，全国农业发展纲要指出要将计划生育在人口稠密的农村地区实行，湖南省召开全省妇幼卫生工作会议，省政府领导第一次正式提出要在全省逐步开展节制生育，积极宣传避孕知识，对生育过多、迫切要求避孕节育的应予支持。7 月 21 日《湖南妇女报》发表了第一篇由省妇联福利部张艾吟部长署名的关于避孕的文章，题目为《谈谈避孕问题》：

　　　　湖南妇女报编辑部收到一些读者来信，反映说：有些多子女的妇女因为生育过密，奶不够孩子吃，母亲和孩子的身体逐渐消瘦。因此希望介绍一些有关避孕的科学方法。我只能很肤浅地谈谈这个问题。生育子女是健康男女对社会应尽的光荣义务。但是如果用科学的方法来适当地控制生育的时间，调整生育的密度，减轻做父母的一些负担，使她们能生产，这样不仅不会减少人口，也符合国家保护妇女儿童的政策。不过，在选择避孕方法时千万不要道听途说，要真正掌握住切实可行的科学方法，同时要夫妻配合。介绍两种比较简单可行的

---

　　① 《湖南妇女报》为四开四版，于每月的 1 号、11 号、21 号发行，一月发行 3 次。《湖南妇女报》于 1959 年 3 月被压缩停刊。创刊三年的《湖南妇女报》总共发行了 108 期，1982 年 1 月复刊。

方法，① 供迫切要求避孕的妇女试试。

《谈谈避孕问题》（《湖南妇女报》，1956 年 7 月 21 日）

"避孕信箱"（《湖南妇女报》，1957 年 4 月 21 日）

---

① 这里所说的两种避孕方法即为本章开头所提到的中药避孕方和蝌蚪避孕方。

　　这篇关于"避孕问题"的文章拉开了对节育、避孕探讨的序幕，从 1956 年 7 月 21 日开始刊登第一篇有关避孕的文章到 1958 年 5 月份，《湖南妇女报》刊登避孕的文章多达 73 篇，相当于每个月发表 3 篇文章之多（见表 4 - 8）。小浜正子对《人民日报》文章的总结，发现从 1956 年到 1958 年关于避孕、堕胎主题的文章达到了 100 多篇，足见当时对节育的重视。① 从所刊发的标题和内容来看，报刊所要传达的关于节制生育相关的主题有三个方面（见表 4 - 9）：一是对国家节制生育政策的宣传与推广；二是刊登适用的避孕方法和技术；三是介绍推广节育与带头节育的典型与模范。

表 4 - 8　《湖南妇女报》有关避孕方面的文章统计（1956.7—1958.5）

年份	篇数（篇）	备　　注
1956	13	1956 年 7 月至 1956 年 12 月
1957	50	1957 年全年
1958	10	1958 年 1 月至 1958 年 5 月

　　资料来源：根据湖南省图书馆所提供的《湖南妇女报》资料整理而成，以下相同，不再赘述。

表 4 - 9　《湖南妇女报》不同主题文章统计（1956.7—1958.5）　单位：篇

年份	政策宣传	避孕知识推广	典型播报	其他	合计
1956	2	6	2	3	13
1957	12	9	13	11	50
1958	5		2	3	10

　　一方面，计划生育政策的宣传主要在于使大家清楚计划生育政策实施对国家发展的意义，节制生育给大家尤其是妇女带来的好处，主要目的是希望人们接受这种观念。如《谈谈避孕问题——卫生部李德全部长在全

──────────

　　① ［日］小浜正子：《从"非法堕胎"到"计划生育"——新中国成立前后性和生殖之言论空间的变迁》，载姜进、李英德《近代中国城市与大众文化》，新星出版社 2008 年版，第 333 页。其中 1956 年 12 篇，1957 年 77 篇，1958 年 25 篇。

国政协第三次全体会议上的发言摘要》中指出：

> 避孕工作虽已取得成就，但仍需加强。如果不实行节育，就不能使国家更快地摆脱贫困；实行有计划地生育，是对国家负责的·表现。[①]

另一方面，政策的宣传一般都会强调避孕与国家、家庭及个人之间的利害关系：

> 避孕是与国家和人民群众的长远利益，与每个家庭的利益和幸福有密切关系，宣传避孕也是宣传党国家的政策措施，也是关心群众、联系群众的表现，要大胆、严肃、耐心地宣传。

在共产党看来，生育已成为阻碍国家发展的当务之急，实行节育不仅能使国家发展，也是国家关心群众的表现。不过，人们却难以从这种巨型国家、民族叙事中来理解这种普通人看起来再普通不过的生育事宜，更何况避孕的意义已与传统的生育文化相背离，与家庭观念，甚至家族观念背道而驰。

不过，《湖南妇女报》却想从观念和行为上改变人们的生育观念。考虑到许多避孕方法人们不会使用，《湖南妇女报》一直在大力推广与介绍实用的避孕方法与技术，刊登了 20 余篇实用的避孕方法。[②] 在介绍这些方法的时候，有时还配有图片解说，使这些避孕方法一目了然，通俗易懂。从 1956 年 12 月 11 日到 1957 年 1 月 11 日，连续四期刊载 "避孕前后" 专栏，用图片配文字的形式每期介绍一种避孕方法。1957 年 1 月 1 日的 "避孕前后" 就以插图的形式通俗易懂地介绍了三种避孕方式：阴茎套，子宫帽，避孕药膏。

除了不断宣传节制生育的好处、介绍实用的避孕方法之外，《湖南妇

---

① 《谈谈避孕问题——卫生部李德全部长在全国政协第三次全体会议上的发言摘要》，《湖南妇女报》1957 年 3 月 21 日。

② 这些方法包括避孕套的使用，子宫帽使用的注意事项，中草药避孕的单方、安全期避孕法、节育手术，如《我结扎了输精管》（1957 年 4 月 21 日），《不是割与阉》（1957 年 7 月 11 日），等等。

女报》还不时介绍一些节育方面的典型，以使人们积极效仿，形成积极避孕的风尚。典型的树立包括两种，一种是树立地方典型，[①] 另一种是树立人物典型。这些典型人物既有宣传节育的典型，同时更有带头实行节育的典型。[②] 我认为，典型的树立体现的是国家话语中的一种理想主义或者理念的投射。因为我们从那些典型中看不到她们的思想负担，也看不到她们身体的感受。避孕不是靠身体来成全的吗？

但是，我们不要认为像《湖南妇女报》等这样通俗的报纸或者书籍在农村推广节育知识方面走得有多远，一方面，当阅读还只是读书人或者有薪、有闲阶层的一种习惯时，《湖南妇女报》在农村的发行量有多大不得而知，至少当我向西村妇女询问这件事时，不仅没有一个人看过，甚至大部分的人连听都没有听说过，这很正常，当报业还没有市场化，普通家庭订报还没有像现在一样成为一种共识时，那么能够阅读到这些知识的受众有多少就可想而知；另一方面，在农村，许多村民尤其是农妇是不识字的，读报（书）不仅是一种奢侈品，甚至对许多家庭来说简直就是幻想，就目前来看，村民也没有阅读的习惯，每年村里都会订几种报纸，但我发现这些报纸一般都堆积在村支书家中。计划生育到底是怎样宣传的，避孕知识、方法在农村中起到了多大的作用，只要看看西村的情况我们就知道了。

三　避孕方法的推广

李伯重曾经指出，避孕并非近代独有的现象，在近代以前，许多地区的人民就已经采取各种手段来进行避孕了，在宋元明清时期江浙地带就开始使用一些方法来节育，这些方法包括药物节育和非药物节育，甚至还包括手术节育，从宋朝开始的妇科医书都有记载。[③] 然而，在这些医书中，这些避孕知识更多的是提到堕胎和人工流产，即事后的处理，在 17、18 世纪的英国，堕胎仍是最主要的生育控制手段，如让妇女洗热水澡、服强

---

①　如《长沙市是这样开展避孕知识宣传和指导工作的》（1956 年 12 月 11）、《湘乡县节育宣传工作成绩显著》（1957 年 9 月 11 日）等。

②　如《辅导组长黄元富积极宣传避孕知识》（1956 年 12 月 21）、《蒋孝英劝夫避孕记》（1957 年 8 月 21 日）、《张素英、周桂英积极实行避孕和晚婚》（1958 年 2 月 1 日）等。

③　具体一些方法见李伯重《堕胎、避孕与绝育：宋元明清时期江浙地区的节育方法及其运用与传播》，载李中清、郭松义等编《婚姻家庭与人口行为》，北京大学出版社 2000 年版，第 173—176 页。

猛的泻药、跳桌子、骑奔马等，这种情况对妇女其实已经造成了很大的伤害。因此，当计划生育不断进行宣传与提倡之后，最重要的环节就是要使妇女能够在事前积极使用避孕药物和避孕药具，尽量避免事后的处理。在农村，接受过培训的那些计划生育专业人员以及各公社的妇女主任、妇女队长等无疑成为这方面的主力军。概括起来，20世纪50—60年代所介绍的节育措施主要包括药物避孕、中草药避孕、节育手术避孕，以及其他物理方法避孕。

1. 药物避孕

大致来说，避孕药物包括避孕药膏、坐药、子宫帽和阴茎套等。① 前三种为女性所使用，不过每种方法使用起来都相当麻烦，② 甚至还需要一定的医学知识。这样看来，要在农村中使用这些方法是有一定困难的，所有这些使用方法必须加以仔细讲解，如子宫帽使用时要注意的事情有：

> 打算使用时，应该先去医院找妇产科医师检查。一、要决定是不是适宜采用这种避孕方法（因为一般有阴道松弛、宫颈糜烂，或者阴道有发炎毛病的妇女不能采用），如果医师认为可以，就先要测量阴道的大小，再去选购。二、选购和使用时要仔细检查阴道隔膜有没有漏洞和裂口。三、阴道隔膜应在睡觉前放好，行房事后六到八小时才能取出。取出过早，精子还活着，避孕效果就不好。四、取出后在温水中洗净，擦干，仔细检查有没有破口，然后撒上滑石粉，放置通气盒内透气，只要没有破裂，以及经常使用，两三年内也不必换。

从这一使用注意事项来看，妇女不仅要知道自己阴道的大小，更难以想象的是放一物体于阴道内六至八个小时会是何种感受。对绝大多数的农

---

① 避孕药膏是一种胶冻样的东西，一般装在牙膏那样的锡管中。这种药膏内含有杀死精子的药品。避孕坐药又叫避孕栓，是用杀精子的药品做成花生那样大小、上尖下圆的药坨子，用时剥去外面的锡纸，放在阴道内，十分钟便可溶化散布在阴道内，这时便可以行房事了。阴道塞是用棉花、海绵或者橡皮海绵剪成五分厚、直径一寸五分左右圆形的塞子，边缘上系一条长约六寸的绳。用时可把避孕药膏涂在塞子上。

② 使用阴道隔膜时先在隔膜圆顶上和边缘上涂上避孕药膏，用肥皂把两手彻底洗干净，用三个指头将隔膜夹成长圆形，送到阴道后顶部（如再用手指把隔膜前缘推到耻骨后凹处，使隔膜盖在子宫颈上）。上好以后还应该用手指摸一下，看阴道是不是紧密地隔开了，子宫颈是不是完全被隔膜盖住了。

村妇女甚至对许多城市女性来说，这些避孕方法是非常不方便的。男性使用阴茎套相对简单，刚开始男性使用阴茎套的人数确实要多于其他药物避孕方法（见表4-10），但后来，这一情况发生了变化，1958年1—6月，据对湖南省70县市和10个省属厂矿统计，有34万对夫妇使用药物，23万对夫妇使用阴茎套避孕。[①] 以后随着避孕药物的不断研制，男性承担避孕任务的人数也越来越少了，我们将在以后章节中看到这一变化。

表4-10　　　　　　　　　1956年避孕工具销售量[②]

季度	有管药（盒）	无管药（支）	坐药（支）	子宫帽（个）	阴茎套（个）
第一季度	1295	444	678	261	19637
第二季度	1036	989	712	228	20650
第三季度	1858	1942	631	493	43711
10月份	714	350	113	242	29609

2. 中草药避孕

避孕药物的效果与生产是一个不断摸索的过程，数量上难以满足广大育龄妇女的需求，因此在五六十年代，在自行生产的避孕药具难以满足的情况下，中央鼓励各研究机构积极研发简便的中药避孕单方。湖南省也下文要求各医药研究单位加强对中药避孕的研究和重点试验工作。[③] 关于中草药避孕单方，台湾学者刘静贞在对现存传世的宋代医药方书的整理，得出了19种断产去胎方剂，其原料包括牛膝、肉桂、蟹爪、当归、人参、甘草、莲麦、朱砂、川穹、桃仁等。[④] 但刘也认为这些方药实际医疗过程中的效果如何，实难判断；况且流传情况怎样，不得而知。从1956年开始，湖南医学院妇产科教研组就指派专人负责研究避孕工作，并着手对一

---

①　《湖南省志·人口志》，前引书，第394页。

②　《为汇报我省避孕工作情况及建议事项由》，1956年12月28日，湖南省档案馆藏，档案号：212—1—282，第108页。

③　见《进一步开展避孕工作计划》，1956年12月28日，湖南省档案馆藏，档案号：212—1—282，第128页。

④　相关方剂及搭配见刘静贞《不举子——宋人的生育问题》，（台北）稻乡出版社1998年版，第70—71页。笔者认为，在这19种方剂中，前18种为中草药方剂，而第19种为子宫帽或者子宫栓剂的雏形。此种配方及用法为：取牛膝六七茎，绵缠锤头令碎，深内至子宫头，忌生葱猪牛肉。

些避孕作用的中药进行研究。1956 年 7 月 21 日，湖南省妇联福利部部长张艾吟就多子女妇女因为生育过密，奶不够孩子吃，母亲和孩子的身体逐渐消瘦等情况，介绍了两种避孕的单方。① 但是中草药避孕药方还是难以得到，永顺县计划生育委员会同志下村宣传计划生育工作时，看到农民群众迫切要求供应价格低廉、效果好的口服药物，但难以有，于是他们采集了民间的土方土药，如"满天星"、"泽南"等中药，也采集了一种绝育土方，主要药物是当归、麝香、茗蒲等，转交中医药研究所研究。② 同时，民间还有一些用于避孕的单方，比如避孕糖浆、桐油涂抹宫颈避孕、血蜈蚣（又名裂叶秋海棠）口服避孕、柿子蒂口服避孕，复方石朱砂根避孕及八角枫口服绝育。③ 当然这些单方避孕效果如何不得而知，西村妇女也没有听说过，更不用说服用。

1957 年长沙市妇幼保健院研制试用食盐糊避孕，④ 其实对于这些中草药避孕单方效果究竟如何难以得知，而且到底是否有科学的依据也有待考证。但从过去对一些中医中的避孕方视为偏方，不安全，不科学，到寻找中草药避孕的新途径，可以说，共产党对生育避孕行为赋予了新的意义，并且重新对中草药避孕、药物避孕以及其他避孕方式给予了新的价值。

3. 实施节育手术避孕

除了采用避孕药物避孕之外，有的因小孩生育较多且根本不想再生的人有绝育的念头，毕竟上面所述的避孕药物使用起来比较麻烦，而且要持之以恒。1957 年 4 月，湖南省卫生厅发出《关于开展节育工作与修改人工流产和绝育手术规定的通知》规定，节育手术包括男扎、女扎、上环和人工流产。男女性结扎只要夫妇双方自愿申请即可施行。在节育手术推行之时，结扎手术主要采用的是男性结扎。当时泌尿科专家吴阶平说，男性结扎输精管是简单易行的绝育方法，这种手术没有痛苦，对正常生理没有障碍，手术后对性生活没有影响。泌尿科专家王历耕也认为，男性结扎输精管手术方便，在门诊时就可以做，熟练的大夫只要十分钟左右就可以

---

① 此两种方法在前文已经说明，不再赘述。

② 《采集、试验口服避孕药物》，1965 年，湖南省档案馆档案，档案号：219—1—5。

③ 《湖南省志·人口志》，前引书，第 394 页。

④ 该方法是用米粉或者淀粉 8.06 克，食盐 11.3 克加水至 100 毫升调成糊状，用纱布包扎成球状塞入阴道，或备 3 寸见方清洁布一块，将食盐糊沾上，塞入阴道底部，性交后 8—12 小时取出。

做完。① 新闻报刊也积极刊登输精管结扎这方面的报道。② 从表 4 - 11 可以看出 70 年代之前输精管结扎手术比输卵管结扎手术比例要高。我想这一方面是因为五六十年代实行的计划生育工主要是领导带头，以身作则，而领导一般是男性；另一方面这一阶段的计划生育实施广度与深度仍然不大，还是在试点以及摸索阶段。在人工流产方面对于早期怀孕者想终止妊娠的可以采用负压吸宫法人工流产；怀孕 10—14 周内要求终止妊娠者采用钳刮法人工流产。当然对于节育手术，人们是最不能理解也是最感恐惧的，一定要做大力宣传。

表 4 - 11　　　　　　　　　1963—1970 年湖南省节制生育手术数

年份	放置宫内节育器	输精管结扎	输卵管结扎	人工流产	合计
1963	3332	7748	5919	16632	33631
1964	11909	15327	13982	53854	5072
1965	37180	22010	27245	93607	180042
1966	99639	80442	40129	142369	362579
1970	151248	46031	113133	225542	551079

资料来源：《湖南省志·人口志》，第 397 页。

4. 其他自然避孕方法

除了上述避孕方法之外，还有一些避孕方法既不需要使用药物，也不需采用其他影响身体的手术措施，我们称之为物理避孕方法。这些方法包括尿道压迫法避孕③、体外排精避孕、安全期避孕以及延长哺乳期避孕等

---

① 《首都医学界座谈晚婚和避孕问题》，《人民日报》1957 年 2 月 23 日。
② 在《我结扎了输精管》一文中，一男子讲述了自己结扎输精管的过程。"结婚 5 年妻子生了 4 个孩子之后经济上有困难，妻子身体也很弱。在报纸上看到输精管结扎可以节制生育之后，我都有要求，但我顾虑结扎后怕影响身体健康或生活。爱人是做卫生工作的，耐心向我解释，最后消除顾虑，实行了结扎手术，手术后 20 分钟就能到机关工作，第三天伤口有些痒，第七天不再痒了，对身体没有任何影响，性欲与结扎前一样。现在很放心。"见《我结扎了输精管》，《湖南妇女报》1957 年 4 月 21 日。
③ 尿道压迫法避孕是指在房事即将射精时，男方用两个手指压迫阴处附近尿道 1—2 分钟，以阻止精液从尿道排出，使精液回流入膀胱，达到避孕的目的。尿道压迫法很早就有，只是在当时是作为男性延年益寿的一种方法，在中国的房中术的医书中，关于这方面的记载较多。见〔荷〕高罗佩《中国古代房内考——中国古代的性与社会》，李零、郭晓惠等译，上海人民出版社 1990 年版。

方法，这可以说是一些传统的避孕方法。尿道压迫法与体外排精法是由男性来掌握，一般来说难以实现，尤其是在农村。安全期避孕通过掌握妇女的生理周期来达到避孕，因为妇女只有在每个月的排卵期内才会受孕。不过到底每个月哪些天为安全，以往的医书上所告知时间现在看来不准确甚至完全是错误的。以往医书认为妇女的排卵期在妇女月经刚干净之日，一直到清代，医家都坚持这种错误的说法，认为妇女最佳受孕时间是在月经干净后三五日内。[①] 到新中国成立之后这一说法还自然流行[②]。当然安全期避孕法到底是否安全，人们还心有疑虑，[③] 同时也说明了对这一避孕方法的不理解。掌握妇女生理特点而采用的另一种非药物避孕方法，是延长母亲为婴儿哺乳的时期，正如郭泉清所说的"在贫穷的我国人，又无其他避孕的知识，此法乃成为唯一可用的方法，因而故意延长授乳时期，以达到避孕的目的"[④]。不过笔者对这一方法不敢苟同。调节房事以及性交保留和体外排精等方法都属于自然避孕法，这些节育方法虽然不十分可靠，但不干扰身体的生理功能，也无副作用。

回顾当时的计划生育宣传与推广，它显著的成绩可能在于，通过培养一些计划生育骨干成员，有效传播了一些计划生育的政策与观念，并通过报纸、书籍、宣传画册、图片等影像和文字资料，创造和传播了有关避孕、节育的新知识，尤其是在城市里。

第四节　不尽人意的结果：旧思想的顽固

从现实处境来看，在 20 世纪 50—60 年代，共产党所提倡的节制生育无疑是非常适合农村妇女的强烈需求的，妇女在生育与劳动的负担之下迫

---

① 台湾学者李贞德指出，"倘若查阅魏晋南北朝以来的房中书，则不难发现各种建议大同小异。或谓月事过后第三天，或三五天之内，交而有子。此种说法，自秦至清，并无重大改变。"见李贞德《女人的中国医疗史——汉唐之间的健康照顾与性别》，（台北）三民书局 2008 年版，第 18 页。

② 到底妇女月经安全期是哪些天，在 20 世纪 50 年代还存在错误的说法，如 1957 年《沅江报》上说的安全期是指"月经正常的妇女，月经前 4 天和月经后三天最容易怀孕，应该避免性交"。见《避孕有哪些方法》，《沅江报》1957 年 4 月 16 日。

③ 比如有人听说安全期避孕后就产生过疑问。"我刚结婚不久，和爱人觉得使用避孕做到有计划地生育，采取了安全期避孕法，我的一个朋友失败了，请问，这种方法可靠吗?"见《安全期避孕可靠吗?》《湖南妇女报》1957 年 8 月 11 日。

④ 郭泉清：《实用避孕法》，家杂志社 1947 年版，第 16 页。

切希望能够少生，那么 20 世纪 50—60 年代所开展的计划生育工作在西村起了多大的波澜，对农村妇女到底有多大的帮助，节育知识、避孕器具是否宣传、发放到位，她们是否接受了计划生育这一对村民来说有点私密性的事物呢？这确是我们必须知道的。

一　20 世纪 50—60 年代西村的生育情况

在节育知识没有推广到西村之前，西村一直处于自然的生育状态，在西村调查时，70 岁以上的妇女生育的小孩一般都在 10 个以上，她们几乎没有采取一点节育措施。1957 年 8 月上旬，为了配合新法接生以及计划生育工作的开展，沅江县卫生科在草尾乡进行了一次生育摸底调查，发现草尾区新建街妇女刘良秀 16 岁结婚，到 40 岁时已经生育 19 胎，徐时秀 39 岁生育了 18 胎，但成活率不是很高（见表 4 - 12），①鲁东秀的母亲生了 16 胎，存活下来 6 个。

表 4 - 12　　　　　　　西村部分老年妇女生育子女情况

姓名	年龄（岁）	生育子女数（胎）	成活子女数（个）	姓名	年龄（岁）	生育子女数（胎）	成活子女数（个）
刘良秀	40	19	6	李春秀	42	11	不祥
徐时秀	39	18	3	万娭驰	44	14	6
周祝其	37	11	6	曾爱珍	37	10	5
陈淑纯	38	10	5	龚玉秀	42	18	6
卜冬秀	39	11	5				

农妇有节育的想法，但难以找到合适的节育方法。尤其是在参加社会化生产之后，许多妇女发出了要求少生小孩的要求。

　　问：您生了多少个小孩？
　　答：我自 16 岁结婚之后，总共生了 13 个小孩，活哒 6 个。
　　问：生这么多小孩辛苦吧？有没有想过不生？
　　答：你看辛苦啵。我们那个时节又有得人带，又要出克做事，好

---

① 《节育调查落实情况》，1957 年，沅江县档案馆藏，档案号：132—2—296，第 112 页。

辛苦的。真的不想生。

　　问：冇得办法想吗？（指避孕）

　　答：有么子办法呢？我那时想的办法就是把老倌子关在门外边不跟他一起睡，有时就与细伢子睡，为个咋事还不晓得生哒好多闷气呢！①

　　西村妇女在事前避孕方面几乎没有什么知识，唯一懂得的一点就是不同床，但这个不同床会引起丈夫的不快甚至打骂，毕竟，男人们都认为生育孩子与养育孩子的责任都在妇女的身上，而这个不能成为剥夺他们性生活的理由，因此他们有理由打骂自己的老婆。

　　　我从来没有采取过避孕措施，唯一的方法就是不同床，那时同床生怕怀上细伢子，夫妻生活一点都不愉快。有时经常把老头子关在门外，于是两人之间还闹了好多意见呢，挨哒好多冷拳（指夫妻为这事打架又不好意思说）。②

　　共产党所推行的计划生育是与在农村中所实行的一系列农业改革相伴进行的。1958 年 6 月下旬，西村开始建立人民公社。在村民的印象中，土地改革、互助组以及人民公社给他们的生活带来的变化远远超过了计划生育的影响。在村干部看来，国家的重点工作是要发动劳力进行经济建设，提高粮食产量实现"大跃进"，而在这个过程中，大部分妇女的生育、生理健康受到了很大的影响。1960 年 5 月，湖南省卫生厅到沅江（笔者调查村所在县）、麻阳、安江等 8 个县市重点调查的 43641 个劳动妇女中，患妇科病 9851 人，占 22.4%，其中发病严重的高达 40% 左右，最低也在 10% 左右。③ 高小贤在陕西调查时，省卫生厅负责妇幼卫生的干部回忆当时妇女患子宫脱垂的情况时说：

　　　五八年"大跃进"，人人要到地里劳动，妇女刚生了孩子也要

---

① 陈菊英访谈资料，访谈时间：2008 年 7 月 29 日。

② 曾爱珍访谈资料，访谈时间：2008 年 7 月 26 日。

③ 《湖南省三个月来预防妇科病情况汇报》，湖南省档案馆藏，档案号：212—1—508，第 48 页。

去，所以子宫脱垂比较多。很多妇女子宫脱垂非常痛苦，走路吧，一个大肉疙瘩。子宫脱出来她还得下地劳动。有这个病还不能对别人说……当时省卫生厅也组织医疗队到农村去治疗子宫脱垂，主要是用子宫托，那时我记得我在上海订了一万多个子宫托，发下去。子宫脱垂营养跟不上，营养不良，产后又不能很好地休息，这就不能得到很好恢复。我们查到全省有子宫脱垂的妇女有 5 万多。[1]

不重视妇女健康和不注意照顾妇女的特殊生理，对保护妇女生殖健康的意义认识不足。妇女劳动强度过大，经期下水田、孕期做重活、产后得不到适当休息的情况很多。曾奶奶说她生完小孩 10 天之后，由于身体复原慢，就去队上找老头子，当时队长说："10 多天了还不能搞饭吃啊!"意思是认为"我们妇女太娇气"。[2] 与西村相邻的福东乡胜天农业社，社里 450 个女劳力每天经常有 300 多个出工。小组派工缺乏经验，以致在一个月内发生 6 个孕妇流产的现象。[3] 由于村庄对女性的生理期比如月经期有许多的忌讳，使妇女们在生理期时难以启齿。

问：来休息（即月经）的时候要不要出去做事？
答王：一样要出去。我屋里老倌子那时是队长，有次我来休息，有点不舒服，冇出工，他气得要死。我们那时来休息时垫的是黄草纸，非常粗糙，在外面做事，大腿根都被磨得出血了，但是又冇办法。[4]

由于片面提高妇女劳动强度，妇女流产和患其他妇女病的现象在农村不断出现。有的农业社还表扬怀孕妇女"带肚出工"，使孕妇很为难，出工吗？支持不住；不出吗，有时会受到闲话和不公正的对待。[5] 很多妇女

---

①　高小贤：《"银花赛"：1950 年代农村妇女与性别分工》，载王政、陈雁《百年中国女权思潮研究》，复旦大学出版社 1999 年版，第 276 页。

②　曾奶奶访谈资料，访谈时间：2008 年 7 月 21 日。

③　《农业社要注意维护妇女生产中的安全》，《湖南妇女报》1956 年 4 月 11 日。

④　粟家奶奶访谈资料，访谈时间：2008 年 7 月 23 日。

⑤　1956 年《湖南妇女报》刊登了一件令人气愤的事：常德港二口乡新村高级社，作风恶劣的副社长唐德和，竟然殴打妇女李固英出工：李来了月经不舒服，要求不割禾换剪红薯苗，唐不问理由硬是拖她去，也不听李和其他妇女的解释，粗暴无礼地打李的耳光，接着重踢几脚，李当时痛得晕了，见《社干唐德和殴打妇女应受处分》，《湖南妇女报》1956 年 8 月 11 日。

生完小孩之后就下床劳动，4 组的陈菊英和曹志芳"上午生完小孩，下午就起来做事"①；有的不到一个星期就外出劳动：

> 搞食堂的时候，我生完大崽 4 天就出去扮禾，很有劲。当时老年人就说，你这样做事身上痛不？我说不痛。中间休息的时候就回来给奶给崽吃，然后又匆匆忙忙跑到田里去。②

> 53 年生第一咋扎小孩，生完第二个孩子之后，我间隔 5—6 年右生（小孩），中间我也有克医院检查，检查做么子咯，那咋时节感到好高兴的，不生孩子好，生下来是个负担，要做好多的事情哦。哪像现在一样好好地坐月子，要恰饭，挣工分，还有屋里的事情哪个来做咯，不生好。③

二   五味杂陈：妇女对待节育的矛盾心理

小浜正子对 20 世纪 50—60 年代上海开展的计划生育研究指出，20世纪 50 年代初，妇女因各自的条件和社会阶层的差异，生育观念不一，但在上海城市地区，到 20 世纪 60 年代中期，节制生育的观念已能渗透到过去从未接触过的幼小失学的劳动阶层妇女，她们在工作与家务、养育子女的双重负担之下，积极地接受了节制生育的宣传。④ 西村妇女与上海妇女一样处于双重负担之下，但是她们对待节育、避孕的态度却与上海妇女不同。

在与西村妇女的访谈中，她们都表示在那个时候（即五六十年代）谈论避孕是很丑的事情，而且她们也不能接受人为地、公开地制止生命的形成，认为生孩子是自然的事情。曾爱珍和陈菊英对我说，当时宣传避孕知识还是不能太接受，对为什么要避孕以及避孕知识还是不能理解。西村人将节育概括为五怕：怕丑，怕影响健康，怕绝代，怕不可靠，怕影响夫妻感情。尤其是如果节育就必定会谈论到性，但是在公共空间谈论性和生殖而感到害羞，甚至企图避孕是一件不道德的事情，因

---

① 陈菊英访谈资料，访谈时间：2008 年 7 月 29 日。
② 曾爱珍访谈资料，访谈时间：2008 年 7 月 27 日。
③ 陈菊英访谈资料，访谈时间：2008 年 7 月 29 日。
④ ［日］小浜正子：《计划生育的开端——1950—1960 年代的上海》，载《"中央研究院"近代史研究所集刊》2010 年第 68 期，第 97 页。

为"避孕，牵涉到性，而性是几千年来'正人君子'所耻于启齿的，谈性必不可免被人痛斥是'诲淫'、'下流'。这种封建观点虽然不占统治地位，但是还有它发挥作用的场合"[1]。不过许多妇女也开始试着用一些土办法来避孕，但效果甚微。"有一些人乱用药物避孕，有的甚至吃药打胎，比如吞吃水银或红花、桃仁等药物来避孕或堕胎，这是非常危险的。因为水银是一种强烈的毒药，对肠胃和生殖器有很大的破坏作用，吃了会使性欲减退，月经不调；桃仁、红花是中药中对孕妇经用药物，服了会发生大出血，有时胎儿打不下。严重损害胎儿的体质。不请教医生乱吃药物，不但造成经济上的损失，还会严重影响身体健康，甚至生命危险。"[2]湖南怀化县农村3个女青年，把镜子上的水银刮下来兑水吃，但这样使身体健康受到了很大的损害，而且很危险。她们是想避孕，但不好意思到卫生所去问避孕方法。[3]有人还用麝香、奎宁等药物堕胎。岳阳县的吴人藻说："我爱人孩子生得过多，去年曾经用麝香、奎宁等药物堕胎，结果病了半年，身体和钱都遭受了重大的损失。"[4]西村妇女也听说过一些偏方可以打胎，但这些偏方的效果都不是很好。曾爱珍听说喝红花水可以打胎，但她自己从未试过；曾奶奶听说用益母草煎水喝可以打胎，就试用过，但是没有打下来。一方面是传统文化所追求的多子多福的生育观，老年妇女普遍认为三儿两女是最佳的小孩数量；另一方面是现代节育观念所提倡的少生少育，旧秩序的残余与新秩序的承载竟然都得在妇女身上得到体现，处在这种夹缝中的女性无所适从。

　　共产党宣传计划生育时的目的是妇女儿童的健康、国家和民族的发

---

① 《文汇报》1957年1月9日，转引自小浜正子《从"非法堕胎"到"计划生育"——新中国成立前后性和生殖之言论空间的变迁》，载姜进、李英德《近代中国城市与大众文化》，新星出版社2008年版，第348页。

② 《不要用有危险的办法避孕》，《湖南妇女报》1956年12月21日。

③ 《水银有毒吃不得》，《湖南妇女报》1955年5月21日。关于水银避孕笔者最早见于南宋妇科权威陈自明《妇人大全良方》中的记载："论曰：欲断产者，不易之事。虽曰天地大德曰生，然亦有临产艰难，或生育不已，或不正之属，为尼为娼，不欲受孕，而欲断之者。然其方颇众，然多有用水银、蜢虫、水蛭之类，孕不复怀，难免受病。"转引自刘静贞《不举子——宋人的生育问题》，（台北）稻乡出版社1998年版，第68页。

④ 《岳阳县举办了展览会宣传避孕知识》，《湖南妇女报》1957年1月21日。

展，也就是说节制生育不仅是个人和家庭的问题，更是有关国家的问题。1957 年 3 月，在第二届第三次全国政协会议上，当时的卫生部长李德全发言指出：

> 在对避孕认识上，有不少人还不了解这一工作对我们国家的新中国成立富强、对个人家庭后代美满幸福的重大意义，甚至认为避孕是不人道的。……提倡节育避孕，适当地调节生育密度，有计划地进行计划生育，不但不是不道德，而正是应有道德的表现，正是国家对人民高度负责的表现。

为了说服大多数人能够采取节育措施，李德全强调了它不仅是个人和家庭的问题，更是有关国家的问题，将个人和国家的两个观点结合起来进行提倡。计划生育是关系国家和自己本身利益的大事，是党和人民政府对人民的关怀，但西村大部分妇女必然不太明白个中道理。将她们的日常生活、生育等与国家衔接起来，对于村民来说，实在是遥不可及。村民无法从共产党所表述的发展观中检视自己习以为常的理念和行为，"崽女前世修，躲也躲不过"，也许要妇女实行节育、避孕，实在是国家多管闲事的无聊举措。

当西村村支部希望在群众中宣传节育工作时，西村群众对此感到非常惊讶，生小孩是自己的私事这是千百年以来都遵循的道理，难道政府还想改变我们生小孩的事情吗？她们普遍对计划生育采取拒绝态度，因为有很多的思想问题没有解决。《湖南妇女报》刊登的一篇文章可以看出当时村民对节育的不解甚至恐惧心理：

> 在农村开展避孕宣传后，广大群众是非常拥护的。但也有不少人，不懂得避孕的意义和发生，产生许多错误的思想。有人说："男的要割，女的要阉。"有人听到的信息，以为是真的，心里不安，做事也不起劲，说政府如果真是这样，不如死了算了。其实这是很大的误会。避孕的主要方法是使用工具——阴茎套、子宫帽，或者用避孕药。如果觉得生孩子生得多了，不想生了，可以用手术的方法不再怀

孕，男子结扎输精管，女子结扎输卵管。不是割去睾丸或阉掉。①

研究中国人口与计划生育的美国学者班尼斯特指出，最初的计划生育取得了很小的成效，不仅在于当地领导的不重视，还在于人们不愿意在公共场合谈论性的问题。……尽管许多干部，包括群众，都觉得需要控制生育，但是他们认为这件事涉及性的问题，不应该在公共场合加以讨论。因此他们既不谈论避孕药具和生育控制，也不学习这方面的技巧和买避孕器具。②

三　不尽人意的结果

草尾区领导雄心壮志地想将计划生育工作推广下去，西村的计划生育工作在村支部的重视与带动下貌似有了起色，从一份档案资料来看，西村取得的成绩相当不错：

> 去年11月份（1963年）开展计划生育工作以来，取得了显著的成绩。全大队163个有生育能力的子女中，尚无子女的5人，患妇科病5—12年未生育的9人，剩余149人全部制定了节育规划。规划在三年后生的41人，四年后生的25人，五年后生的35人，不再生育的48人。为了实现规划，坚持使用阴茎套的99人，使用药物的14人，已经结扎的2人，采用其他办法的34人，半年来，仅公社卫生所就销售阴茎套1124只，家家乐21支。③

然而，在与西村妇女的访谈中，她们普遍认为自己没有学习或者接受相关的避孕知识的指导，也没有制定什么节育规划，更不用说采取避孕措施。档案资料所展现的只是领导们所希望的情景，至少坚持使用避孕套的人数有99人，我对这一数字深有怀疑。计划生育专干认为她们几乎不好意思向男性介绍阴茎套的使用，就算向妇女推介了这一方法，但很多妇女告诉我说丈夫根本不愿意戴。可见西村的计划生育成绩只是表现在纸上，

---

① 《不是割和阉》，《湖南妇女报》1957年7月11日。

② Judith Banister, *China's Changing Population*, Stanford University Press, 1987, p. 357.

③ 《草尾公社东风大队是怎样开展计划生育的》，1964年，沅江县档案馆藏，档案号：36—2—323，第75页。

官方的成绩与现实的境遇有很大的落差，在现实生活中人们还在犹豫甚至排斥，尽管她们希望有办法能使她们避孕。李伯重在考察了宋元明清时期江浙地区的节育方法之后指出，尽管从宋代开始就不断出现关于避孕以及堕胎甚至用手术方法的节育措施，但李也发现，他所谈到的节育方法大多为江浙地带社会地位和经济地位较高的阶层采用，因为他们大多受过教育，可以从医书中获得有关信息，同时由于经济条件较佳，也能够享受较好的医疗服务；而大多数普通民众，因识字不多或者根本不识字，加上家境贫寒，因此较少可能从医书中获得有关的节育知识或求助于医生。[①] 西村在计划生育方面难以执行下去，我想除了李所讲的因素之外，还有以下几个方面。

1. 宣传不到位，观念难以改变

对西村来说，这种恐惧心理的消除也需要一定的时间。但在 20 世纪 50 年代，即使西村妇女想避孕，但一部分是因为节制生育的力度依然不大，同时中央也曾经明确规定"药具暂不向农村地区发售"。就算对避孕的恐惧心理消除之后，但又由于避孕药物的难以获得又使妇女对避孕敬而远之。如草尾乡白沙洲社社员秦小南的爱人，已是 6 个孩子的母亲了，因子女过多了，不能好好地参加农业生产，去年就只做得十多个劳动日。她对避孕要求很迫切。曾经几次到当地联合诊所去，买不到避孕药品。建议有关部门，加强避孕药品的供应和技术指导。[②] 湖南零陵古风农业社社员李月秀听了避孕宣传之后，心里很快活。"但我们只是听了宣传一下，到底如何避孕法还是不知道，只想等干部来指导，但等来等去没有音信。我们要求避孕宣传工作的同志，到我们农村中来详细告知我们避孕的方法。"[③] 益阳地区当时在计划生育工作开展中所出现的问题总结出以下几点：首先，宣传发动不广泛不平衡，各区在城镇普遍开展起来了，但广大的农村尽做了试点，没有很好地开展起来；其次，技术指导跟不上群众的需要，能做节育手术的限于几个专、县市医院，还没有传给农村，因而农村干部和群众要求手术不便，另外在个别的手术质量上也出现了问题。南县用蓖麻油引产而致死人命 2 条。桃江县实施人工流产刮穿子宫，引起大量流血而死

---

① 李伯重：《堕胎、避孕与绝育：宋元明清时期江浙地区的节育方法及其运用与传播》，载李中清、郭松义等编《婚姻家庭与人口行为》，北京大学出版社 2000 年版，第 187 页。

② 《农村要避孕药品》，《沅江报》1957 年 3 月 16 日。

③ 《请设法供应妇女避孕药品》，《湖南妇女报》1956 年 11 月 21 日。

亡，益阳县因上环刺穿了子宫，结果行剖腹手术做子宫修补。①

《避孕不是绝育》（《湖南妇女报》，1956 年 12 月 21 日）

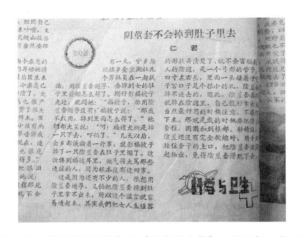

《阴茎套不会掉到肚子里去》（《湖南妇女报》，1957 年 1 月 11 日）

从当时的档案和文献资料来看，五六十年代农村中的避孕情况确实不容乐观，有的地方尽管推行了避孕工具但没有做技术指导以致闹出了好多笑话，还有的不知道使用和保管好避孕工具，甚至乱吃药物危害了身体健康。如湖南安化平江乡有个妇女将避孕药膏口服使用使得满口牙齿脱落。

---

① 《益阳专区 1963 年计划生育工作中出现的问题》，1964 年，湖南省档案馆藏，档案号：155—1—215，永久，第 31—32 页。

常德市一小学教师乱吃避孕药物，致使半身不遂。① 西村教堂曾奶奶有次听说吃避孕药可以避孕，就吃了一大把避孕药，结果是几天都不想吃饭，整天昏昏沉沉的。② 1957 年 3 月，当时的卫生部长李德全在全国政协会议上针对人口增长问题发表重要讲话，指出在农村中的避孕知识的推广做得还不够。她说，农村妇女对节育要求很迫切，但不懂得避孕方法。有的人怀了孩子，就故意参加重劳动或服堕胎药物，有的不相信避孕效果，因此，她要求各省市卫生部门计划训练中级卫生人员，让他们深入城市和县城里去进行避孕技术指导，加强避孕的宣传。③

同时当时能够做节育手术的人员也不足：湖南省卫生厅在对 116 个县、市医院、厂矿医院和妇幼保健机构的调查后发现，已经开展输精管结扎手术的有 85 个单位，能做手术的共 396 人，已经开展输卵管手术的有 95 个单位，能做手术的共 364 人，能开展人工流产的有 93 家单位，能做人工流产的共 394 人，已开展放置节育环的有 69 个单位，能放置避孕环的共 232 人。④

在宣传的基础上，技术指导和工具供应应该紧密结合，但往往是有的推行了工具不做技术指导以致闹出了好多笑话。⑤

然而不是所有节育手术人员都像赵秋香专业敬业，不仅节育手术人员不足，由于培训的时间不长，加之这样的技术也是不断学习的过程，所以节育手术质量不高，有一些节育手术人员的技术还没有完全过关，还有一些人的责任心也不强，导致手术中经常出现差错，医疗手术事故也会产生。⑥ 因此，在全省第三次计划生育工作会议中，省计划生育委员会指出

----

① 《计划生育的重要性与措施——省妇联宣传部黄熙年同志在避孕训练班的讲课稿》，1957年，湖南省档案馆藏，档案号：155—1—213，第 12 页。

② 曾奶奶访谈资料，访谈时间：2008 年 7 月 27 日。

③ 史成礼：《中国计划生育活动史》，新疆人民出版社 1988 年版，第 128—129 页。

④ 《1963 年计划生育技术工作情况及今后工作意见——杨志远同志在医疗工作会议上的发言》，湖南省档案馆藏，档案号：219—1—4，第 83 页。

⑤ 沅江县和平街妇女李利云把阴茎套使用后放在火上烘干，第二次使用因破损而失效。见《沅江县节制生育工作总结》，1963 年，沅江县档案馆藏，档案号：32—3—296，第 98 页。

⑥ 一份档案材料记录了这些事故：1963 年 9 月 23 日，湖南省精神病院护士齐尧芳在该院进行吸宫流产手术，为她做手术的助产士江维礼在吸宫时用力不当引起子宫穿孔，幸好发现及时，没有生命危险。同一天，省冶金厅物探队的王仲明做输精管结扎手术，发生毒血症。湖南医学院第二附属医院在 6—9 月所做的节育手术中也发生三起事故，一例开展吸宫流产发生子宫穿孔，二例做吸宫流产后发生血栓静脉炎，流血较多。见《省卫生厅"关于计划生育工作对徐启文书记的汇报"》，湖南省档案馆藏，档案号：219—1—1，第 28 页。

"我省计划生育技术力量还很不够，特别是远远不能满足农民群众的需求，因此需要大力培训计划生育手术技术力量"①。于是，除了选拔一部分接生人员专门学习节育技术之外，大部分妇产科医生也必须要学习这些技术。

2. 避孕药具无论是在价格、质量和可选择性方面都存在问题

50—60 年代，除了节育手术之外，不但避孕药具供应量少，而且做工粗糙，质量难以有保障。"据不少地区反映，农村仍然买不到阴茎套，群众很有意见。"1956 年，当国家、各级政府和媒体大力宣扬避孕药具的时候，一位叫王桂芳的女性联名 29 人写信反映了当时推广的避孕药具的缺点。其中国产男用避孕套的缺点是太厚、太脆，一用即破，使人非常担心。国产的"阴道隔膜"，钢丝环太硬，胶膜硬得像皮膜，号码少，价钱贵，有些人就买不起。希望有关工厂使用最好的橡胶生产避孕工具，特别是多生产些质量好的男用避孕套。"科发"药厂生产的避孕药膏，有刺激性，用后分泌物增多，同时药膏浓稀不均，有时打开盖子流清水；再用力一挤，出来的又是块子，不好使。卫生部门最好研究一些没有刺激性的避孕用药。②政府在起步阶段自发研制的避孕药具的有效性是值得怀疑的，不仅服用药品的人产生了一些不良的反应，在避孕药的生产过程中，一些工人也发生困倦、嗜睡、浑身瘙痒现象，男同志乳房胀痛，女同志月经不调，第九制药厂的两个女工，因为药物副作用，月经经常不停，一直坚持生产。③

同时避孕药具的供应采取的是收费制，1963 年阴茎套的作价原则是国产货批发价 0.024 元/个，零售价 0.030 元/个。④ 尽管后来对避孕药具的供应价格有所下降，但对农村来说仍然是一个负担，1966 年每两个避孕套收费 1 分，凡有工资收入者及城镇居民需要避孕套一律按市场价格收费，不得减免。⑤ 对农村妇女来说，要她们花钱去买本不能接受的避孕药

---

① 《关于培训计划生育手术技术力量的联合通知》，1966 年，湖南省档案馆藏，档案号：219—1—13，第 20 页。

② 《生产好的避孕用具》，《人民日报》1956 年 8 月 19 日。

③ 《卫生部军管会谢华同志在全国避孕药工作会议上总结发言》，1967 年，湖南省档案馆藏，档案号：219—1—14，第 20 页。

④ 《关于加强农村阴茎套供应工作的联合通知》，1963 年，湖南省档案馆藏，档案号：219—1—1，第 239 页。

⑤ 《省计划生育委员会办公室通知》，1966 年，湖南省档案馆藏，档案号：219—1—13，第 135 页。

具心里实属不甘，尽管国家要求各省份要有计划生育经费的预算开支（见表4-13），但国家在计划生育经费的预算中的开支范围是城乡居民群众施行男、女绝育结扎手术，放、取节育环或人工流产的全部手术费和手术费以外的各项费用（如挂号、住院、检验、医药费）的减免部分。伙食费和避孕工具费个人自理。①

表4-13　　　　　　　　1965年湖南省计划生育经费预算表②

项目	预算
男性结扎	30000人，平均每人按2.5元计算，共需75000元
女性结扎	25000人，平均每人按9元计算，共需225000元
上环	25000人，平均每人按1.2元计算，共需30000元
人工流产	80000人，平均每人按8.5元计算，共需680000元
宣传教育费	200000元
培训费	210000元，每人8元，每个大队5人，共36000个大队
奖励费	6000元
购置器械	74000元
技术指导所	100000元

3. 避孕药物使用起来不是很方便

从1955年至1958年，政府开始着手大规模地生产和发放避孕药具。据官方的统计，共产党在1957年生产了4500万的避孕套和200万的试管杀精冻。但在开始节育的头几年，可用的避孕药具仅仅包括横膈膜、不润滑的安全套、避孕冻剂和避孕泡沫，所有这些避孕药质量都不可靠。宫内节育器，一些是进口的，一些是由国内制造的，在国内一些城市销售，被证实是不适用于公众的。在20世纪50年代，节育措施的使用依然是非常低的，一部分是因为节制生育的力度依然不大，另一原因是因为避孕药具无论是在价格、质量还是在可选择性方面都存在问题。同时，一些传统的避孕方法还在试用，但这些尝试不久就放弃了，因为通过试验的大部分妇

---

① 《湖南省人民委员会关于计划生育工作经费开支问题的规定》，1964年，湖南省档案馆藏，档案号：219—1—5，第32页。

② 《关于1965年计划生育经费的预算》，1964年，湖南省档案馆藏，档案号：219—1—5，第8页。

女不是有病就是怀孕了。对于早期的控制生育运动来说，在减少中国生育率方面几乎没有什么重要的作用，除了一些大城市之外。但妇产科专家宋鸿钊认为目前推行的用避孕器械、药品以及计算安全期等避孕方法都有效果；但他认为，这是和技术条件、经济以及广大人民的卫生知识水准等有关的一个复杂问题。少数人行之有效的方法，不一定适于在广大群众中推广。因此，在推广避孕方法时要考虑到社会方面的因素，城市和乡村应有所不同，即使在城市也不能单从效果着眼。他说，现在有的方法如用子宫帽、阴茎套、避孕药膏等都是很好的，但人们不愿使用或不能坚持，其原因是不习惯，或是怕麻烦。假如这两种思想不能克服，再好的方法也不会得到好的效果。① 在那些关于避孕方法的使用及注意事项的说明书里，正表明了这样一个事实：这些避孕方法的使用将是非常麻烦、不便甚至有时效果根本难以达到的过程。

1956 年国务院颁布了《农业发展纲要 56 条》，指出要将计划生育推广到农村地区，按照中央和省委的指示，沅江县人民政府成立了临时节育指导机构，开展节育宣传和避孕技术指导，然而在 50 年代西村的计划生育工作几乎没有开展起来，首先，由于各种政治运动与经济改革在农村的不断上演，使村民没有更多的时间去关注私领域中的生育事宜。其次，就算政府大力推广了计划生育，出版了大量的书籍，这大部分也是在城市中进行的。毕竟鲁东秀和赵秋香这些计划生育宣传成员是在社教运动之后才接受了相关的培训。一份 50 年代的档案资料也强调了计划生育难以开展的原因：由于农村宣传工作不深不透，避孕药具供应面小，给避孕工作造成了一定的困难，群众普遍反映已证实效果的避孕用物手续烦琐，在目前农村经济条件、卫生水平等方面尚受到一定的限制，迫切需要研究"服药"或"打针"的简便方法。② 尽管湖南省卫生厅要求各级单位运用报纸着重避孕政策、意义等方面的宣传，制造有关避孕模型、图表，巡回各地展览，并加印避孕小册子三万份作为宣传辅助资料。③ 但西村妇女几乎不大识字，报纸对她们不起作用，而制作的宣传小册子由于数量太少也难以发到村民手中，因此 50 年代的计划生育在西村几乎没有受到影响，也没

① 《首都专家座谈避孕和早婚问题》，《人民日报》1956 年 2 月 23 日。
② 《为汇报我省避孕工作情况及建议事项由》，1956 年，湖南省档案馆藏，档案号：212—1—242，第 108 页。
③ 同上。

有推广下去，只有一位小学教师曾经记得去县里开会时买过避孕套，"但丈夫不愿意戴"①。而且，有一点必须肯定的是，尽管有的妇女得到了相关的避孕知识，但夫妻之间的亲密关系并没有得到加强。

高彦颐在考察废缠足之后指出，缠足的消逝不是一个从缠到解的直线过程，不会在一夕之间就从旧式生活翻转到新式生活。应该说它的消逝意味着某种语言上和情绪上的混乱。它所呈现出来的特色，是一种在时间、感情之间徘徊、游移和摆荡的动态。② 对西村妇女来说，又何尝能在短期之内接受避孕的理念呢?!

第五节　小结

20 世纪 50—60 年代，共产党在农村所发起的一系列政治、经济运动无不需要农村的全民参与，而妇女被认为"是一种伟大的人力资源，必须挖掘这种资源，为了建设一个伟大的社会主义国家而奋斗"③，并在经济建设以及所谓的解放妇女的现实情况下，农村的大部分妇女走出家庭，走向社会，参加社会主义经济建设，在"男女都一样"，"男人能做的事女人也能做"这种男女平等意识的支配下，他们确实投入了满腔的热情。西村妇女也不甘落后，她们或成立"青年突击队"，或与男性一样做着相同的工作，如扮禾、车水。当然，对西村妇女来说，与其说是在男女平等意识指引下参加社会化生产劳动，不如说是在为家庭生计所迫的现实条件下参加社会化劳动。

当然，在动员广大农村妇女加入到社会化大生产的时候，妇女的另一种生产——生育——无可避免地与社会化生产相遇并产生了冲突。一方面，对经济生产的重视并随之在农村开展的一系列经济制度的改革如合作社、人民公社等无需要广大农村妇女的参与；另一方面，在对农村医疗卫生条件的不断改善以及对妇幼卫生工作的重视下，婴儿的成活率也大大提高。然而，婴儿成活率的提高或者说多生小孩并不意味着妇女有更多的

---

① 刘老师老婆访谈资料，访谈时间：2011 年 8 月 12 日。

② ［美］高彦颐：《缠足——"金莲崇拜"盛极而衰的演变》，苗延威译，江苏人民出版社 2008 年版，第 6—7 页。

③ 中华全国妇女联合会编：《蔡畅、邓颖超、康克清妇女解放问题文选（1938—1987）》，人民出版社 1988 年版，第 319 页。

时间和精力投入到抚养小孩上面，她们更多的是感到无奈和辛酸，因为妇女被动员参加社会化劳动与男性并肩作战的同时，男性并没有被动员腾出一些时间来参加家务劳动和照顾小孩。在人民公社制度下，尽管以超血缘关系的劳动组织和统一指挥的生产经营形式弱化了家庭的生产职能，但以家庭为主体的户成为生产队生产分配的基本单位，分配形式采取的以户外劳动的工分制计算，因此家务劳动被淹没在户外劳动的工分制中而看不到经济效益，同时家庭中的户主都是男性，女性的工分收益也划归在户主即家庭的名义下。对西村妇女来说，繁重的家务劳动、频繁地生育小孩以及国家动员之下的社会化劳动不仅加重了妇女的负担，同时也使妇女处于经济收入的边缘。

当西村妇女不断为育儿所苦恼之时，1956 年颁布的《农业发展纲要》要求将计划生育推广到农村。对西村妇女来说，她们一直想少生孩子以便减少抚育小孩所带来的劳累，她们也曾采用过一些民间单方来避孕，比如服用益母草汤，服用麝香，甚至采取一些蛮力来打胎，但这些最终没有成功。大部分西村老年妇女的性生活是不愉快的，当然原因可能很多，对生育的恐惧是其原因之一。按理说 50 年代后期开展的节制生育运动应该会受到广大农村妇女（西村妇女）的大力接受与支持的，难道这不正是她们所希望的吗？难道她们不都是被儿女所累吗？然而，吊诡的是，共产党开展的节制生育运动也正如新法接生一样在 50—60 年代并没有受到广大西村妇女的欢迎。

对于中国家庭尤其是中国农村家庭来说，传统的多子多福的生育观念已根深蒂固，当一种新的生育观念渗入到强大的主流意识形态时更多的人还是会选择后者，毕竟多子多福、"不孝有三，无后为大"的生育观念不仅深入到了每个人的心中，它更是形成了一种思维定式与自我认知。西村的生育习俗已经深入到人们的脑海中，而且更为难的，生产过程本身是妇女自身去承受的事情，而生育这件事情却是有关家庭、有关家族的大事，在这当中，妇女不仅自己默默承受生产中的痛苦，而且也只能顺其自然，如果要人为地去中断，妇女是不能做主的，她或者可以偷偷去进行。同时，共产党实施计划生育是以经济利益或者国家发展为出发点，这些宏观的大道理对村民来说无异于隔靴搔痒。

当然，西村妇女是想避孕的，然而 50—60 年代所开展的计划生育运动却因为一系列的政治运动而几度中断，使共产党在这方面所推广的力度和强度都大大打了折扣；难以接触到避孕工具，接触到避孕工具之后妇女自身不会正确使用，告诉使用方法但使用起来麻烦不断，使用之后效果不是很明显，这都使计划生育在西村开展起来有一定的难度。加上避孕药物的生产处于不断的摸索与试验阶段，避孕效果存在一定的问题。而且，对她们来说，避孕又是非常私密化的事情，是很丑的事情，公开谈论避孕不仅不好意思，而且还会被人耻笑。

　　大队干部或者说村委会在计划生育推广中开始发挥了一定的作用，通过召开会议，发动宣传，他们将计划生育传到村民中。当然这一时期的计划生育对村干部的要求比村民要高要严厉，尤其是妇女干部。在村民对计划生育不理解不接受的时候，村干部必须要起带头作用，妇女干部更是首当其冲，社会性别关系投射于这种分工中。她们不仅是执法者，同时也是体验者，对她们来说处于一种两难的处境，不仅要比男性干部掌握更多的避孕知识，负责发放避孕药具，而且她们自己一定要身体力行带头避孕，甚至在宣讲或者发放避孕药具的过程中还要受到社员的痛骂。避孕的实践牵涉到身体的接触，是受制于性别规范的，无论是子宫帽、避孕药膏、坐药等避孕药物中体现出来的身份政治无不体现着生育是女性的事情，与男人无关，男性不会为这事戴避孕套，他们不仅觉得麻烦，而且有损男性的尊严，更不用说会为这去结扎输精管。也就是说，避孕，并不是一个单纯的生命终结的过程，也不是妇产科医生三四十分钟的门诊手术，甚至是中医的几贴打胎方，而是国家政策、性意识、家庭及性别分工等意识形态在妇女生育方面的角力。总的来说，20世纪50—60年代所推行的计划生育在西村已经开了个头，尽管大部分妇女并没有从中得到更多的好处，但她们确实开始接触到了避孕的观念，并且在这一实施过程中，有些妇女利用这一机会改变了自己的生活轨迹。那么70年代开展的计划生育对西村妇女乃至西村带来了怎样的影响呢？

第五章　由犹豫到接受：晚、稀、少计划生育政策(20世纪70年代)

　　记得是 74 年吧，我又驮哒（怀孕了），我已生哒三个（两男一女），心里特别不想生哒，你晓得那时还是搞集体呢，要挣工分哦，生毛毛（生小孩）肯定又要耽搁时间哦。当时政府也号召计划生育，我听哒别个嘎可以刮毛毛（即人流），于是我就一个人跑到（草尾乡）卫生院去刮，有味的是不晓得我是不是怀哒双胞胎，医生说刮完哒，但我的肚子还是一天天大起来，当时好担心是不是只刮了（小孩）手脚或者其他地方，中间也有克（没有去）做检查，后来还是生哒第四胎，是扎妹子，生完之后我就结扎哒，再不想生哒呢。①

　　1966 年 5 月 16 日 "文化大革命" 的爆发使西村刚刚有起色的计划生育工作陷入停顿，这一时期，各级计划生育机构被 "砸烂"，计划生育工作被说成是 "管、卡、压" 受到批判，人口又处于盲目发展的状态。不过从 1968 年开始，一部分计划生育工作仍在进行并且到 70 年代开始走上正轨。1968 年 9 月，国务院成立了计划生育领导小组，并于卫生部设立计划生育办公室，粟秀真担任主任，全面负责计划生育工作；1971 年 7 月，国务院总理周恩来亲自批转了卫生部军管会联合商业部和化学工业部递交的《关于做好计划生育工作的报告》（51 号文件），全面启动了 20 世纪 70 年代的计划生育工作。这份文件规定 "到 1975 年城市人口自然增长率控制在 10‰左右，农村降到 15‰以下"，当时主要推行的是 "晚、稀、少" 的政策，在生育数量上规定 "一个不少，两个正好，三个多了"，这一政策在西村也得到了普及并取得了很大的成绩。在 60 年代西

---

① 徐金元访谈资料，访谈时间：2008 年 8 月 14 日。

村育龄妇女开始接触到了一些节育知识，但出于种种原因她们还在徘徊、犹豫，因此实施节育措施的人数非常少；到 70 年代情况却发生了变化，从 4 组王顺清 1972 年第一个主动要求采取输卵管结扎手术之后，60 年代结婚的西村媳妇在 70 年代中后期几乎都实施了结扎手术，有的甚至是出于自愿，没有实施结扎的都采取了其他避孕措施没有再生育了。那么是什么原因造成了妇女在计划生育方面的这一转变？70 年代共产党采取的计划生育政策是怎样影响了西村乃至西村妇女？阎云翔对下岬村村民私人生活的考察告诉我们，自 60 年代以来，年青一代在择偶方面不仅趋向独立自主、追求浪漫爱情，而且夫妻之间的亲密关系也得到增长，并且在家庭决策、家庭财产的处置方面，个人的权利尤其是妇女的权利得到了提升，可以说，妇女在家庭中的地位显著提高了。[1] 他所考察的这些在西村是否出现了相似的一面？这对西村的计划生育又会产生怎样的作用？当妇女权利上升时是否能决定自己的生育？

有关 70 年代计划生育在农村的推广以及对妇女的影响，小浜正子的《中国农村计划生育的普及——以 1960—1970 年代 Q 村为例》一文为我提供了很好的范例。她通过对大连市 Q 村的田野调查以及与大量 Q 村中老年妇女的访谈发现，国家的生育控制手段即计划生育以农村合作医疗体系及人民公社行政体系为基础，在 1960—1970 年代的 Q 村，村民们因为贫穷和养育的负担，计划生育在一定程度上受到了欢迎，而这是由村里的育龄妇女通过节育环避孕和普遍推行绝育（输卵管结扎）使计划生育开始普及；后来，由于政策实行得太严格，村民感到了强制性，当家庭内意见不统一时，比起丈夫和婆婆，妇女本身对生育控制的态度更积极，妇女不只是政策的被动接受者，她们在村子复杂的权力关系背景下，对政策或接受或拒绝——因此在这场运动中，政策和妇女结为同盟，一致抵抗传统父权制的多子观念，有效控制了生育，使该村计划生育取得显著成绩。[2] 小浜正子的研究不仅以妇女为主体，而且也印证了阎云翔所说的妇女的权利与地位、主动性与能动性问题，不过她对国家借由计划生育控制妇女的身体着墨不多。西村的计划生育也取得了不错的成绩，那么西村是怎样将

---

① ［美］阎云翔：《私人生活的变革：一个中国村庄里的爱情、家庭与亲密关系（1949—1999）》，龚小夏译，上海书店出版社 2006 年版。

② ［日］小浜正子：《中国农村计划生育的普及——以 1960—1970 年代 Q 村为例》，载《近代中国妇女史研究》2011 年第 19 期，第 173—211 页。

"晚、稀、少"计划生育政策推广下去的？妇女们在这场运动中是否也体
现了如阎云翔和小浜正子所说的主动性与能动性？是否也抵抗了传统父权
制多子多孙的观念而控制了自己的生育？在计划生育的推广过程中国家是
怎样控制了妇女的身体？

　　在这一章我首先对 20 世纪 70 年代西村的处境以及计划生育政策的开
展做一简单的介绍；接着我具体分析西村计划生育的开展过程，然后针对
西村妇女采取的节育措施来探讨国家是怎样控制了妇女的身体以及妇女是
怎样做出选择的，最后我将运用两个个案来进一步分析计划生育对妇女、
对村民的影响。

第一节　计划生育工作组入村

　　在 70 年代计划生育的实施过程中，派驻计划生育工作组进村监督、
管理当地的计划生育工作是一个非常普遍的做法，当然，各地计划生育工
作组进村的时间是不相同的。如阎云翔调查的黑龙江下岬村 1977 年夏派
驻计划生育工作组进村；[1] 小浜正子调查的大连市 Q 村计划生育技术小分
队于 1976 年巡回农村地区；[2] 沈阳农村的计划生育工作在 1972 年底就有
计划生育医疗小组进村。[3] 西村的计划生育工作组于 1975 年来到村庄。

一　计划生育政策的演变与推广

　　1975 年刚开春，一位叫陈可珍[4]的女性来到了西村，她是作为上面
（即沅江县）派来的计划生育工作组的干部负责西村计划生育工作的宣传

---

　　① 见［美］阎云翔《私人生活的变革：一个中国村庄里的爱情、家庭与亲密关系
（1949—1999）》，龚小夏译，上海书店出版社 2006 年版，第 211 页。
　　② ［日］小浜正子：《中国农村计划生育的普及——以 1960—1970 年代 Q 村为例》，载
《近代中国妇女史研究》2011 年第 19 期，第 181 页。
　　③ 见［美］毛思迪《劫：一个中国妇女的自白》，汤本译，（台北）台湾中华书局 1990 年
版，第 119 页。
　　④ 关于陈可珍，1950 年代的《湖南妇女报》曾有相关报道，可以看出陈是一位劳动积极
分子：最近，沅江县贾菊英、范爱贞等 25 个女农业劳动模范，陈可珍等 14 个妇女工作者联名向
醴陵妇女应战、向南县妇女挑战。她们围绕实现全县 72 万亩稻田每亩打千斤粮的奋斗目标，
采取 5 项具体措施，为争取每个女子全劳动力今年做 120—150 个工作日，女半劳动力达到 60—
90 个工作日而努力。见《沅江县妇女投入了增产竞赛中》，《湖南妇女报》1956 年 3 月 21 日。

与推广的，西村许多妇女至今还对她记忆犹新。① 应该说沅江县于1975年派驻计划生育工作组进驻西村不算太早也不算太迟，有的村计划生育工作开始得更早，而有的进驻得比西村还要迟，但不管怎样，"文化大革命"之后停顿的计划生育工作在1970年初就拉开了序幕。从1966年开始，由于"文化大革命"的影响，全国刚刚开始形成的节制生育又处于无节制状态，1966—1970年这5年间，每年出生人口在2500万到2700万之间，人口出生率均在30‰以上，人口自然增长率为26‰左右，1970年人口达到了82992万人。② 当时对"文化大革命"陷入极大热情的毛泽东也对人口问题警觉起来。1970年12月，面对来访的美国记者埃德加·斯诺，毛泽东明确表示了对计划生育尤其是农村的计划生育工作的不满：

> 中国农业还是靠两只手，靠锄刀和牛耕种，现在有些进步了，但还很落后，识字的人还不多，女人节育的还不多。……农村里的女人，头一个生的是女孩，就想要个男孩子，第二个又是女孩，又想要男孩子。第三个生了，还是女孩，还想要男孩子……一共生了九个，都是女孩子，年龄也45岁了，只好算了。……重男轻女，这个风俗要改。③

从毛泽东的讲话中不难看出，一方面，他将生育尤其是生育的性别取向完全视为女人自身的事情；另一方面，他对无计划的人口增长表现出了担忧，以至于1974年12月，他在国家计委《关于一九七五年国民经济计划的报告》上批示"人口非控制不可"④。这一指示对以后全国计划生育工作是个很大的推动。

1971年"九一三"事变之后，周恩来主持中央日常工作，同年12月，国务院召开全国计划会议，不但指出要整顿经济，同时提醒大家尤其

---

① 生于1947年的曹志军对这位计划生育干部有如下印象：我对这位干部特别有印象，她是北方人，长得牛高马大的，一副马脸老是拖得长长的，好像是乡里的干部呢，还和当时的生产队长吵过架……曹志军访谈资料，访谈时间：2010年7月20日。

② 汤兆云：《当代中国人口政策研究》，知识产权出版社2005年版，第111页。

③ 《会见美国友好人士埃德加·斯诺的谈话》，1970年12月18日。见彭珮云主编《中国计划生育全书》，中国人口出版社1997年版，第133页。

④ 杨魁孚、梁济民、张凡主编：《中国人口与计划生育大事要览》，中国人口出版社2001年版，第54页；史成礼：《中国计划生育活动史》，新疆人民出版社1988年版，第61页。

"要注意粮食和经济作物产量不能适应工业发展和人口增长的需要"①。因此，尽管在以"阶级斗争为纲"指导下各项工作存在不少问题，但计划生育工作却受到了国务院、卫生部、商业部、燃料化学工业部等部门以及共产党高层的重视。1971 年 7 月，卫生部军管会联合商业部和化学工业部向国务院提交了《关于做好计划生育工作的报告》，在报告中讨论了计划生育工作，对全国人口出生情况作了详尽的分析，并提出了几点非常重要的建议。② 7 月 8 日，周恩来亲自批准了此报告，③ 指出："除人口稀少的少数民族地区和其他地区外，都要加强对这项工作的领导，深入开展宣传教育，把晚婚和计划生育变成广大群众的自觉行为。"同时，国务院在制定第四个五年计划中第一次明确规定了计划生育工作的具体指标，"在

《湖南日报》上刊发的有关计划生育的宣传图片（《湖南日报》，1974 年 7 月 8 日）

---

① 金冲及：《二十世纪中国史纲（第三卷）》，社会科学文献出版社 2009 年版，第 1058 页。
② 建议包括：（1）落实毛主席有关计划生育工作的指示，开展宣传教育；（2）各级革委会要认真抓好计划生育工作，卫生部门要在现有编制内设一个小的办事机构，深入发动群众，抓好典型，总结和推广经验；（3）卫生医疗单位宣传节育知识，做好技术指导，提高节育手术质量，根据不同情况采取安全节育措施；（4）加强避孕药械研究、生产和供应，扩大生产发放避孕药。参见史成礼《中国计划生育活动史》，新疆人民出版社 1988 年版，第 160 页。
③ 此报告以国发〔1971〕51 号文件转发。

第四个五年计划内，城市人口自然增长率降到 10‰ 左右，农村降到 15‰
以下"①，这就把控制人口增长的指标首次纳入国民经济发展计划。为了
使制定的目标能如愿达到，1973 年 7 月 16 日，中央决定成立国务院计划
生育领导小组，单独办公，全权负责计划生育工作，由华国锋任组长，粟
秀真为办公室主任。② 成立之后的国务院计划生育领导小组于年底召开了
第一次全国计划生育工作汇报会，这次会议着重提出了"晚、稀、少"
的人口政策，"晚"是指男 25 周岁以后，女 23 周岁以后结婚，女的 24 周
岁以后生育；"稀"是指生育间隔为 3 年以上；"少"是指一对夫妇生育
不超过两个孩子。这不仅为 70 年代计划生育工作的开展奠定了基本的指
导方针，从此以后也就将生育问题列入国家直接干预的、全面的规划中，
无论是结婚年龄、生育数量、生育时间，都在国家的控制之下，以前由家
庭中自己所作的决定都交给了国家进行安排，结果就是由国家来干预每对
夫妇的生育决策，而不是基于每对夫妇有自己的能力和权利确定子女的数
量和生育间隔这一自由前提的，于是其造成的代价不是均衡地而主要是由
中国妇女来负担，③ 关于这一点我将在下文讨论。

《湖南日报》刊发的有关计划生育的宣传话语 （《湖南日报》，1978 年 11 月 16 日）

　　1978 年 3 月 5 日，第五届全国人民代表大会第一次会议通过的新宪
法第 53 条明确规定："国家提倡和推行计划生育。"从机构的设置、负责
人的任命以及将计划生育写进宪法，可以看出计划生育在政府工作中的重
要性和迫切性。随后，从中央到地方正式成立了计划生育领导组织和办事

---

　　① 史成礼：《中国计划生育活动史》，新疆人民出版社 1988 年版，第 160 页。
　　② 1975 年 5 月，吴桂贤任组长；1978 年，陈慕华任组长。
　　③ ［美］蒂伦·怀特：《中国计划生育方案的起源》，载李小江等主编《性别与中国》，生
活·读书·新知三联书店 1994 年版，第 388 页。

机构，各省、市、自治区都制定了"晚、稀、少"人口政策的地方性规定和条例，落实人口政策。在湖南，1971年5月12日，湖南省革命委员会重新成立了省计划生育工作领导小组。计划生育领导小组由罗秋月、侯金龙、陈世华、赵古甫、郭苏华等6人组成，罗秋月任组长，侯金龙任副组长，办公室设在卫生局里面，同时要求各地市县相应成立领导小组。[①]1974年6月15日，湖南省革命委员会以湘发〔1974〕28号文件发布了《关于计划生育工作若干问题的试行办法》，大力提倡晚婚，提倡每对夫妇生两个孩子，生育间隔4年以上。对自觉实行晚婚的给予表扬，凡试行节育手术者，挂号、检验、手术、药品、住院费一律免收。[②]1978年10月在中央批准《关于国务院计划生育领导小组第一次会议的报告》（69号文件）提倡"一对夫妇生育子女数最好一个，最多两个的要求"后，湖南省即开始在全省大力提倡一对夫妇生育子女数最好一个，最多两个，生育间隔一般在3年以上。之后1979年6月五届二次全国人民代表大会报告明确表明鼓励只生一个孩子的夫妇，从此开始了20世纪80年代的独生子女政策（第五章）。

如此来看，计划生育于70年代全面展开并推行于全国，农村各人民公社都设立了计划生育工作机构，配备专职干部，全面推广、强化计划生育，西村也不例外。1973年，沅江县革命委员首先恢复计划生育领导小组，并切实要求计划生育领导小组认真抓好计划生育工作，同时要求各级行政部门采取思想动员与行政手段相结合的办法，按照"一个不少，两个正好，生育间隔四五年"的要求，落实计划生育的具体措施；对违反计划生育的个人，或取消评先进资格，或扣发产假期工资，或给予行政处分，或处以罚款。1974年，沅江县人口净增率降到17.59‰，1975年又降到17.28‰，其中草尾区和北大、赤山等6个公社降到15‰以下。1978年，计划生育部门进一步提出"一胎上环，二胎结扎，严格控制生育三胎"的要求，计划生育达到50%，人口净增率降到10.69‰，有4个区、10个公社及草尾、阳罗、南大、琼湖4个镇和水运公司提前实现国务院提出的"五五规划"指标，净增率降到10‰以下，是年，全县人口净增

---

　　① 《关于成立省计划生育领导小组的通知》，1971年，湖南省档案馆藏，档案号：219—1—19，第1页。也见《湖南省志·人口志》，第136页。

　　② 《湖南省志·人口志》，前引书，第345页。

率在全省 89 个县市中居第 48 位。① 不过在介绍西村的计划生育推广之前首先要了解 70 年代西村的具体情况。

二　集体化体制下的西村

西村的计划生育工作随着陈可珍带领的计划生育工作组的入村开始进入到村委的议事日程。当时，西村属于草尾公社下面的一个生产大队——东风大队。"文化大革命"开始后，农村公社法定组织体制由革命化的革委会体制所取代。1968 年初，沅江县革命委员会成立，10 月沅江县各区成立革命领导小组，随后各公社也相继成立了由军队代表、领导干部代表和群众代表组成称为"三结合"的领导班子——革命委员会，其政治结构特征是在革委会体制下的社队集权制。② 西村也成立了东风大队革命委员会，负责西村的各项工作。

1. 依然贫穷的西村

小浜正子在考察 70 年代 Q 村的计划生育时，发现贫穷和养育的负担使 70 年代的计划生育在一定程度上受到了村民的欢迎，③ 这也许不是 Q 村特有的现象，70 年代的西村依然是一个贫穷的村庄。"文化大革命"时期，共产党又开始在农村划分阶级成分，那些地主、富农、反革命、坏分子、右派分子被划为"黑五类"，这些黑五类分子被塑造成为党组织以及群众的共同敌人而区别对待，以强调农村居民的政治性，加强对农村的控制。西村那些在土改中曾经被划为地主的人又被划为黑五类。新的意识形态提倡对党的真诚，提倡政治路线的正确性，成分观念受到特别强调。

集体经济时期国家对农村的管理是全面的，村民不仅失去了对土地的支配权，大型生产工具都归集体所有，每个人所凭借的就是自己的劳动力，工分是个人劳动报酬的唯一体现，但"文化大革命"批判"工分挂帅"、"物质刺激"，尤其是从 60 年代末 70 年代初开始，沅江县积极推广"农业学大寨"，全县农村仿效"大寨式记工"办法，取消劳动定额，搞

---

① 李润波主编：《沅江县志》，中国文史出版社 1991 年版，第 114 页。

② 革命委员会设主任、副主任、政工、群工、武装、人民保卫、民政、秘书等干部，大队也成立革命委员会，设主任、副主任和委员。于建嵘：《岳村政治：转型期中国乡村政治结构的变迁》，商务印书馆 2011 年版，第 277 页。

③ ［日］小浜正子：《中国农村计划生育的普及——以 1960—1970 年代 Q 村为例》，前引书，第 205 页。

"政治评工"，按标准工分，自报公议；村民粟爹爹告诉我那时评工分的场景："散工之后，就跑到队上，首先拿着本子喊几句毛主席语录，然后汇报一天所做的事情，最后自己就说要评几分，然后一窝蜂就散了……那时真的是乱搞。"而且在工分的评定方面明显体现出了性别差异与性别歧视，妇女的工分一般都低于男性劳动力，[1] 除了那些极个别的妇女能与男性得到同样的工分之外，[2] 只有极少数的妇女拿到 8 分，大部分的妇女是5—6 分工。[3]

> 那时主要是挣工分，家里总共七口人，公公没有口粮，要在七个人的口粮中抽出一份，人劳各半，工分占一半，人口占一半，妇女只属于半劳动力，小孩太多，年龄小，要恰啊，是困难户，每年亏欠队上。[4]

> 集体时我们女的都要在外面做事，插秧、摘棉花什么事都做，我们得的工分一般是 5 分、6 分，最多是 8 分，没有男的工分高。……只有车水的时候男的女的都在一起车，工分才差不多。[5]

同时，不适当地把社员经营的自留地和家庭副业当作资本主义尾巴割掉，一切必须以集体利益为主，不然的话就会被戴上某种"帽子"：

> 有一次队上分的豌豆，晚上散工之后我就剥开，然后早上很早上街去卖，回来之后赶忙吃早饭，出工，（那天）上工时队上召开会

---

[1]　同工不同酬的问题在当时是全国各地的普遍现象，已有许多论著提及并有分析，见刘中陆、臧健、田小里等编《青春方程式：50 个北京女知青的自述》，第 362—364 页。"男知青干一样的活，但男知青评 6.5 分和 7 分，女知青最多 4 分。"见高小贤《"银花赛"：1950 年代农村妇女与性别分工》，郭于华《心灵的集体化：陕北骥村农业合作化的女性记忆》，两篇文章载王政、陈彦主编《百年中国女权思潮研究》，复旦大学出版社 1999 年版，第 274、283 页。

[2]　曾爱珍和罗秋月告诉我说她们曾经拿到了 10 分的工分。因为表现突出，曾爱珍成为青年突击队的成员，罗秋月担任了那时的妇女队长。分别见曾爱珍和罗秋月的访谈资料，访谈时间：2008 年 7 月 26 日，2008 年 8 月 12 日。

[3]　在访谈中，关于工分同工不同酬的问题，西村老年妇女现在还没有感觉到之间的不平等，认为这很正常，她们把不同酬的原因归结为以下：一是因为男劳动力的力气大，肯定工分要高于女的；二是因为妇女要花时间在家务上，有时出工要迟。但每个老年妇女都谈到她们必须利用好时间喂孩子、洗衣服、做家务等，而男的在休息时间都会在田间抽烟聊天。

[4]　曾奶奶访谈资料，访谈时间：2008 年 7 月 27 日。

[5]　秀家妈访谈资料，访谈时间：2008 年 7 月 21 日。

议，我当时好高兴的，克（去）之后才发现是要斗我，说我是资本主义尾巴，拿东西去卖，那时我记得我怀孕哒，是 76 年。[①]

王跃生指出，中国农村从土地改革直到 20 世纪 80 年代家庭联产承包责任制实行，生产力水平同样没有发生令人耳目一新的明显变化。[②] 这不仅制约了农业的发展也进一步导致了家庭的贫困。有许多家庭由于劳力少、小孩多，年终决算时，不仅分不到一分钱，还欠生产队的钱，成为典型的"超支户"。成年劳力越多越勤快的家庭就越富有，那些在"大跃进"时期吃"大锅饭"长大起来的孩子在 70 年代中期开始成为家庭的主要劳动力为家庭创收，而那些 60 年代中后期结婚的妇女正饱受小孩的拖累而成为超支户，每年都要向大队透支粮食乃至被村里人看不起。徐金元、张桂香、曹志芳等家都饱受过这样的痛苦。

> 70 年代搞集体的时候，我的崽女还小，我最大的是 68 年出生的儿子，最小的是 75 年出生的，崽女饿得作孽，一年到头来冇恰过（没吃过）鱼肉，有钱啵，家里劳动力只有我和老倌子，还有一个娘也要服侍，看到别个家恰肉，我崽欠（羡慕）得要死，好作孽。[③]

并且，从新中国成立之后直到实行家庭联产承包责任之前，中国的农业发展水平一直比较落后，徐中约甚至认为，从 1957 年到 1978 年，（中国的）农业一直处在糟糕的状态下，粮食产量的年平均增长率只有 2.6%，棉花增长率为 2.1%，因此农村的生活水平没有得到什么改善，农村经济即使不是死气沉沉，至少也是有气无力的。[④] 整个 70 年代，按

---

① 徐清香访谈资料，访谈时间：2008 年 8 月 12 日。与西村老年妇女的访谈中很多人都会谈起那个年代到草尾镇买卖蔬菜的事情，买卖蔬菜的时间必须要抓紧，而且一般是妇女们到镇上做买卖。

② 王跃生：《社会变革与婚姻家庭变动——20 世纪 30—90 年代的冀南农村》，生活·读书·新知三联书店 2006 年版，第 13 页。

③ 曹志军访谈资料，访谈时间：2011 年 9 月 15 日。

④ 徐中约：《中国近代史：1600—2000，中国的奋斗（第 6 版）》，世界图书出版公司北京公司 2008 年版，第 565 页。林村的叶文德书记也讲到"1958 年到 1978 年期间，实行集体农耕制，生活却无多大改善"。黄树民：《林村的故事：一九四九年后的中国农村变革》，素兰、纳日碧力戈译，生活·读书·新知三联书店 2002 年版，第 67 页。

照官方的统计来看，西村每年人均收入 50—60 元，妇女不但工分算得低，而且由于工分值与队上的总收入有关，队上收入不高，村民的工分值也不高。由于集体化劳动忽视了生产效率的提高，在困难的年头，一个工只有几分钱。① 这在当时农村是普遍现象。在一份加盖了"密件"的有关沅江县农村人民公社一九七四年决算分配方案的档案资料中，西村所在的草尾公社 3351 户有 1251 户（占 35.8%）是超支户，当年超支 51870 元，其中有的超支户年年超支，累计超支 221740 元。② 1976 年与 1967 年相比，沅江全县粮食增长 53%，棉花增长 12%，农业生产总值增长 69%，但社员收入没有增加，社员劳动日工值仍在 0.41—0.58 元之间，年均人分配 50—60 元，有的队甚至劳动　年分不到现金。③ 农业生产的不景气以及小孩的拖累使得集体化在西村妇女的记忆中生活一直是非常的辛苦，有妇女不断重复这样的问题：那时我们天天做事，天不亮就出门，金黑（天黑）才回来，可感觉就是恰不好（吃不好），恰不饱（吃不饱），咯是为么子呢?④

2. 医疗卫生与妇幼保健的改善

然而，集体体制下农业的不景气并不影响农村人口的增长。在《人类的四分之一：马尔萨斯的神话与中国的现实（1700—2000）》一书中，李中清与王丰指出："从 1958 年开始到 1978 年结束的农村集体体制中，中国农民家庭不必像以前那样计划其人口行为。集体化和公有化意味着食物、住所和工作从根本上不再是家庭的责任，人口控制的传统集体单位——家庭的瓦解和传统生育抑制行为的崩溃，导致了中国有史以来最快的人口增长。"⑤ 不过我认为李中清与王丰的分析过于理想化，而且他们

① 遇罗锦在 1971 年下放到河北临西县的一个村子时，这个村每年的工分值没有高过一毛钱，经常是 7 分、8 分钱一个工，妇女最高分一天记 8 分，也只有一天不到 6 毛钱的收入，只够吃一顿饭的钱，无怪乎她母亲每个月还要向她寄来十元钱作为伙食费。见遇罗锦《冬天的童话》，第 69 页。

② 《沅江县农村人民公社一九七四年决算分配方案》，1974 年，沅江县档案局藏，档案号：36—2—502，第 004 页。

③ 李润波主编：《沅江县志》，中国文史出版社 1991 年版，第 207 页。

④ 曹志军访谈资料，访谈时间：2011 年 9 月 15 日；曾爱珍访谈资料，访谈时间：2008 年 7 月 16 日；秀家奶奶访谈资料，访谈时间：2008 年 7 月 15 日。

⑤ 李中清、王丰：《人类的四分之一：马尔萨斯的神话与中国的现实（1700—2000）》，生活·读书·新知三联书店 2000 年版，第 81 页。

　　还忽视了重要的一点，即新中国成立以来国家在农村的医疗卫生和妇幼保健方面所作出的努力。

　　新中国成立之初，湖南全省医务人员只有 1.83 万人，病床不足 4000 张，人口死亡率高达 25‰，产妇死亡率 6.89‰，婴儿死亡率高达 200‰。① 农村有句俗语"只见娘怀胎，不见崽走路"就是对过高的婴儿死亡率的形象写照。为了改变这种状况，自 20 世纪 50 年代开始，共产党就开始在农村建立农村合作医疗，各生产大队普遍建立卫生小组。1965 年 6 月 26 日毛泽东作出"把医疗卫生工作的重点放到农村去"的指示（简称六·二六指示）之后，大批医务人员包括一些知名的教授被下放到农村安家落户，同时在农村开始培训赤脚医生和接生员（见表 5 - 1）。1969 年沅江县就培训赤脚医生 650 人，卫生员 3654 人；全县 37 个公社，368 个大队，共建合作医疗站 340 处，占生产大队总数的 92.4%。② 西村的胡青云（女）、汤国政等被选为赤脚医生接受短期的医疗培训，他们学会了针灸、会医治小伤小病，同时主要的是预防疾病，相应地，西村的医疗卫生条件得到了极大的改善。

表 5 - 1　　　　　　　　　主要年份全国不脱产卫生人员数③

年份	合计	其中		女卫生人员占合计（%）	农村接生员（万人）
		女卫生人员（女赤脚医生）	会接生		
1973	121.2		19.0		
1974	137.2	38.4		28.0	52.4
1975	155.9	50.2	33.4	32.2	61.5
1976	180.2	63.8	44.0	35.4	72.7
1977	176.0	62.8	46.8	35.7	75.5
1978	166.6	58.2	41.0	34.9	74.3

---

　　① 《湖南省志·人口志》，前引书，第 301 页。

　　② 李润波主编：《沅江县志》，中国文史出版社 1991 年版，第 545 页。到 1974 年 6 月，全国农村人民公社的大队赤脚医生已经发展到一百多万人，生产队卫生员已经发展到三百多万人，其中有相当数量的女赤脚医生、卫生员和接生员。见《我国农村百万赤脚医生茁壮成长》，《湖南日报》1974 年 6 月 26 日。

　　③ 中华全国妇女联合会妇女研究所、陕西省妇女联合会研究室编：《中国妇女统计资料》，中国统计出版社 1991 年版，第 483 页。

续表

年份	合计	其中		女卫生人员占合计（%）	农村接生员（万人）
		女卫生人员（女赤脚医生）	会接生		
1979	157.5	53.6	39.4	34.0	70.9
1980	146.3	48.9	35.6	33.4	63.5

很有意思的是，这些选拔出来的赤脚医生、接生员等同时还要承担计划生育的宣传工作，不仅要熟悉节育方法，甚至还要学会一些节育手术。在一些宣传妇幼卫生的书籍资料中，妇幼卫生也总是与计划生育紧密相联，如1966年由著名妇产科专家林巧稚、夏宗馥编写的《农村妇女卫生常识问答》第一部分为妇幼卫生知识，第二部分就讲计划生育;① 到70年代出版的《农村妇女卫生》一书共分为五个部分，更是在开篇第一部分就讲计划生育。② 正如小浜正子所指出的，培养赤脚医生时，很多地区采取"性别敏感"方法，特意选拔妇女为培训对象，以承担接生、妇幼卫生和计划生育等工作。③ 而直到70年代末期，计划生育属于医疗卫生部门主管，农村的计划生育工作就是以医疗系统和行政系统的妇女干部——生产大队（村）的妇女主任及其下属的各生产队妇女队长等女干部为中心开展起来的。④ 西村的计划生育也出现了相似的情况。

与此同时，在妇幼保健方面，共产党一方面大力推广新法接生，⑤ 另一方面积极治疗妇女病。据县志记载，沅江县于1950年开始由卫生医疗

---

① 林巧稚、夏宗馥：《农村妇女卫生常识问答》，人民卫生出版社1966年第一版、1972年第二版。

② 湖南长沙县革命委员会卫生局编：《农村妇女卫生》，人民卫生出版社1974年版。该书的五个部分为：一、计划生育；二、妇女四期卫生；三、新法接生；四、常见妊娠期疾病和难产的识别和处理；五、常见妇女病的防治。

③ ［日］小浜正子：《中国农村计划生育的普及——以1960—1970年代Q村为例》，载《近代中国妇女史研究》2011年第19期，第189页。

④ 《当代中国》丛书编辑部编：《当代中国的计划生育事业》，当代中国出版社1992年版，第252页。

⑤ 美国学者贺萧在陕西关中和陕南四个村子的调查为我们详细地呈现了共产党在农村进行旧产婆改造以及新法接生的推广过程，见贺萧《生育的故事：1950年代中国农村接生员》，载王政、陈雁主编《百年中国女权思潮研究》，复旦大学出版社2004年版，第301—327页；笔者在一篇文章里也专门谈到了新中国成立之后共产党在农村开展的妇幼卫生工作，见胡桂香《1950年代的新法接生与农村妇女生育记忆》，《山西师大学报》2010年第3期。

图左为建于 70 年代的草尾乡卫生院，也是赵秋香医生工作的医院，
图右为赵秋香医生在她的工作间，设备非常简陋。

部门培训新法接生员，到 1958 年，全县共建妇产院 36 所，新法接生组 32 组，设简易产床 109 张，专业接生员 451 人。如第三章所述，传统的中医重视妇科与产科，也总结出了一些行之有效的方法和技术，但具有很大的局限性，由于注重一些迷信的东西，而且产婆的接生水平参差不齐，产妇生产的条件比较恶劣，西村老年妇女告诉我，当时产妇死亡的原因多为大出血和产褥热，而 50% 的新生儿死于四六风，如遇难产，产妇和婴儿都是九死一生。而新法接生注重消毒处理，并且由经过现代医疗训练的医护人员来接生，婴幼儿的死亡率大大降低。[1] 赵秋香和鲁东秀就是在这种情况之下被选为接生员的（见第四章），尽管在 50 年代新法接生难见成效，但到 60 年代中期尤其是 70 年代这些成绩明显展示出来了，到 70 年代后期，沅江县内新法接生率已达到 90% 以上。[2] "大跃进"之后，由于劳动强度过大，忽视了女性的生理健康，全国农村妇女患停经和子宫下垂等妇女病的人数越来越多，卫生部门与社队合作，一方面采取药物治

[1]   一本《接生员手册》记载了新法接生员的准备工作：接生用的主要器械为产包，一切用具都集中在产包内。包内应该有以下东西：带孔中单 1 条、消毒巾 1—2 条、接生衣或袖套/围裙 1 套、剪刀 1 把、止血钳 2 把、镊子 1 把、吸痰管 1 根（也可以用导尿管代替）、导尿管 1 根、橡皮手套 1—2 副、纱布 3 块、绷带 1 卷、粗棉线（2 根）。以上物品放在高压蒸汽锅内消毒，或放在蒸笼里。见刘曼君编《接生员手册》，湖南科学技术出版社 1986 年版，第 46 页。

[2]   李润波主编：《沅江县志》，中国文史出版社 1991 年版，第 546 页。

疗，一方面采取"三调、三不调"① 保护措施较为有效地控制了发病率，同时治愈了大部分妇科病患者。这一段时期随着医疗卫生条件的提高以及妇幼保健方面的改善，人口增长也得到大幅度提高（见表5－2）。不过正如50—60年代一样，西村育龄妇女们依然面临着养育孩子的辛苦，因为要出集体工，母亲们无法正常喂养和照料年幼的孩子，老年妇女与我谈起当时养育时的情景时依然唏嘘不已，这恐怕不是西村母亲们独有的现象，郭于华在对陕北骥村老年妇女进行生育访谈时，一位母亲回忆起当时的情况还是泪水涟涟。②

表5－2　　　　　　　沅江县1970—1980年末人口情况表③

年份	总户数（户）	总人数（人）	自然增长		净增（人）	净增率（‰）	密度（人/平方米）
			人数（人）	增长率（‰）			
1970		490775					
1971	119656	537713					
1972	121853	553431	12997	25.28	+15718	+29.23	254
1973	121977	566578	12654	24.00	+13147	+23.76	260
1974	123665	574533	9450	17.59	+7955	+14.04	264
1975	125481	586662	9443	17.28	+12129	+21.11	269
1976	126698	593037	7364	13.27	+6375	+10.87	272
1977	129721	600440	7039	12.57	+7403	+12.48	276
1978	132015	605936	6035	10.69	+5253	+8.75	278
1979	134319	609874	6024	10.59	+4181	+6.90	280
1980	134171	612245	3482	6.08	+2371	+3.89	281

3. 妇女相对自主的社会空间

整个70年代，尽管父系制、从夫居以及妇女外婚制依然没有得到改变，大队的户口本上仍然是男性户主，家庭成员的收入——工分也依然归家长掌握，但毋庸置疑的是，相较于以前，大部分妇女获得了相对自主的

① 三调、三不调，即妇女参加集体劳动，经期调干活不调湿活，孕期调轻活不调重活；哺乳期调近活不调远活。
② 郭于华：《心灵的集体化：陕北骥村农业合作化的女性记忆》，载王政、陈雁主编《百年中国女权思潮研究》，复旦大学出版社2005年版，第284—285页。
③ 李润波主编：《沅江县志》，中国文史出版社1991年版，第107—108页。

社会空间。

在集体经济时代，新的意识形态提倡婚姻自主、男女平等，根据阎云翔的考察，共产党于 1950 年颁布的婚姻法于 60 年代中期在农村中得到提倡，而独立自主、自由恋爱、男女平等这些新观念通过政治教育、宣传机器、娱乐活动等方式引进了村子，最终在集体化体制下（70 年代）出现了浪漫的爱情。① 我在西村的调查也证实了阎云翔的说法，新中国成立之前西村曾有童养媳（西村称为"细媳妇"）的出现，教堂的曾奶奶就告诉我被家里人送去做"细媳妇"，男的比她大十几岁；1949 年结婚的陈菊英老人说她在结婚之前从来没见过男方，不能发表什么意见；而 1952 年结婚的曾爱珍说她"在结婚之前一直没有见过面，我娘说行我就同意了"。到 60 年代结婚的男女双方都已经冲破了"父母之命、媒妁之言"的包办婚姻，尽管还没有达到阎云翔所说的"60 年代的年轻人迎来了自由恋爱的春天"，但父母亲开始征求年青一代的意见，双方在结婚之前要见上几次面互相考验对方，当父母的意见与女儿相左时，年轻的女儿甚至会设法说服自己的父母。4 组的曹志芳就是典型的一例，她告诉我说她在 1964 年曾去相亲，当时父亲很反对这门亲事，一是因为男方家里太穷，二是父亲觉得男方的性格不好，怕她受欺负，但 3 岁失去母亲的曹表现出了自己非常有主见的一面，她看中了对方的一表人才和勤快，坚持答应这门亲事，并联合自己的姑妈共同说服了父亲。②

王跃生对 20 世纪 30—90 年代冀南农村婚姻家庭的变动的研究中指出，集体经济时代，新的意识形态提倡婚姻自主，要求社员把对家庭事务的关注和对家长的忠诚转向集体，它减少了家长对子女行为的束缚，以传统家法处置成员的做法被彻底否定，传统时代对孝行、多代共爨的旌表变为对生产劳模的表彰，推崇爱护集体的行为。总之，在原则上集体经济文化倡导所有成员都是平等的，家庭内不同代际、长幼成员亦无尊卑之别。③ 王的结论不无道理，但他却忽视了家庭成员所处的社会空间的变

---

① ［美］阎云翔：《私人生活的变革：一个中国村庄里的爱情、家庭与亲密关系（1949—1999）》，龚小夏译，上海书店出版社 2006 年版，第 56—62 页。阎在本书中更是用了许多的案例来说明他的结论，见此书第二章、第三章。

② 曹志芳访谈资料，访谈时间：2009 年 8 月 12 日。

③ 王跃生：《社会变革与婚姻家庭变动——20 世纪 30—90 年代的冀南农村》，生活·读书·新知三联书店 2006 年版，第 23 页。

化。在70年代，集体劳动给了男女双方相互接触与了解的机会，而从新中国成立之后共产党大力推行的男女平等观念更在集体经济时期得到加强，西村最早结扎的妇女王顺清说她与老公谈对象之前就认识他，"因为曾经在一起干过活，性格有点内向，但老实、可靠"。事实上，王顺清在结婚生了三个小孩之后就主动要求去结扎，并得到丈夫的支持，这与她是自己找到的婆家有很大关系。

而且集体劳动不仅给了男女双方相互接触的机会，更进一步来说，从新中国成立之后共产党鼓励妇女参加社会劳动的风尚，也使得农村妇女的经济地位得到了很大的提升，到70年代几乎所有的成年女性都必须参加集体劳动来获得报酬，高小贤曾经精辟地总结了农村妇女经济身份的获得对其地位的影响：一是改变了传统的两性分工，妇女以独立劳动者的身份参加社会生产，其独立人格地位逐渐被社会认同；二是由过去的被赡养者变为赡养者，在家庭中的重要性增大；三是集体劳动扩大了妇女的眼界和交往范围，有助于新观念的传播和接受；四是政府鼓励和培养了一批女劳动模范和积极分子，其中一些人被提拔到各级管理部门，成为妇女地位提升的表率，在农村中发挥着示范效应。① 尽管在这一转变过程中妇女仍然面临许多问题（第四章），可是至少它削弱了族权、父权对妇女的控制，使妇女获得了更多的自主权利，这对于妇女对家内乃至家外事务做出决策是一个很大的促进作用。当计划生育来到西村时，妇女们会做出怎样的决定呢？

第二节 阻力与压力：计划生育任务的落实

如上所述，20世纪70年代的西村尽管贫穷，但由于医疗卫生条件的改善等原因，人口增长较快，这却与计划生育的初衷相违背。在沅江县的计划生育工作中，草尾区的计划生育工作一直开展得很好，在全县的表彰排名中多次位居第一。② 1979年草尾区由于计划生育工作突出被授予红旗单位，而草尾公社东风大队（即西村的前身）更是被授予先进集体的荣

---

① 高小贤：《中国现代化与农村妇女地位变迁》，载李小江等主编《性别与中国》，生活·读书·新知三联书店1994年版，第112页。

② 根据档案资料记载，草尾区在1976年、1977年、1978年连续三年名列第一，也是全县人口出生率最早降到10‰以下的区。见《沅江县计划生育先进集体登记表》，1979年，沅江县档案馆藏，档案号：36—2—646，第70页。

誉称号。① 小浜正子在 Q 村的调查认为，计划生育在 Q 村取得的成绩，不仅得益于农村合作医疗体系，还与深受村民妇女信赖的女赤脚医生 J 以及热心计划生育工作的生产大队妇女主任 D 有关。② 在西村，除了小浜正子所说的情况之外，更与多种形式的宣传动员以及村委会的努力分不开——国家政策通过村委会再到个人。1975 年，沅江县派驻工作组下乡抓计划生育工作之后，西村的计划生育工作就开始紧锣密鼓地开展起来了，首先是进行宣传教育与动员。

一　多种形式的宣传与动员

1973 年底由北京科学教育制片厂拍摄了一部彩色科教片《计划生育》，片子一开头，就以鲜明的形象展现出当时工农业各条战线所取得的

曹志芳家中镶嵌在二门柜上的 20 世纪 70 年代计划生育的宣传画报

---

① 《本会卫生、计育工作先代会会议文件材料》，1979 年，沅江县档案馆藏，档案号：36—2—645，第 188 页。

② ［日］小浜正子：《中国农村计划生育的普及——以 1960—1970 年代 Q 村为例》，《近代中国妇女史研究》2011 年第 19 期。

1973 年发行的科教片《计划生育》的海报封面

辉煌成就，把人口有计划地增长与社会生产的辩证关系作了深入浅出的说明，同时通俗易懂地讲解了人体的生理知识，讲解了晚婚和实行计划生育的好处；同时，更重要的是，影片还描绘赤脚医生送手术到炕头、卫生员深入田间宣讲计划生育、医务人员为上节育环的妇女做检查等场面。① 不过当时西村村民并不能理解人口有计划地增长与社会生产的辩证关系，但影片中所展现的计划生育人员的上门宣传服务却在西村有相同的展现。

　　在西村，育龄妇女要想采取节育措施并不是自己一个人能做决定，还必须有家里主要人物的同意，如果没有生出理想的后代，家庭的长辈如公公、婆婆不会同意媳妇采取避孕措施。② 加拿大学者宝森在云南禄村调查

　　① 用当时的宣传词来说："影片雄辩地说明了党的计划生育政策代表了广大劳动人民的利益，得到人民的衷心拥护。"见育兵《一部宣传计划生育的好影片》，《湖南日报》1974 年 1 月 16 日。

　　② 有关这方面的事例报纸或者宣传材料上经常会有报道，70 年代出版的 3 辑计划生育文艺宣传资料作品有一个大概的模式：首先是婆婆如何阻拦儿子、儿媳采取计划生育，然后在党的教育（一般是一位热衷于计划生育事业的好党员或者计生干部）下被改造；或者丈夫希望妻子继续生育更多的小孩，然后这位丈夫在妻子与大队干部的说服下也实行了计划生育。所有的文艺宣传资料最终都以皆大欢喜即采取了相应的节育措施而收尾。不过这些报道在另一方面是为了体现上门宣传的作用。见《计划生育文艺宣传资料汇编（第一辑）（第二辑）（第三辑）》，人民卫生出版社 1974 年版、1976 年版、1977 年版。

时一位隋女士就向她讲述了70年代她想节育时遇到的问题:

> 我生了第五个孩子之后（35岁），很坚定地决定必须去做手
> 术……我老婆婆不让我做。我为去做手术的事情想了很多，这的确会
> 马上得罪很多人的。我卖猪得到了一些钱，去楚雄做了手术，结果我
> 老婆婆发火了，她刻毒地说我的闲话，她的话很不中听并且很
> 伤人。①

西村妇女也面临着类似的窘境，如4组徐清香的节育就受到了婆婆很

赤脚医生宣传计划生育（《湖南日报》，1973年11月8日）

---

① ［加］宝森:《中国妇女与农村发展——云南禄村六十年变迁》，胡玉坤译，江苏人民出版社2005年版，第338页。

赤脚医生宣传计划生育 (《湖南日报》，1976 年 10 月 26 日)

大的影响；5 组王佩君的绝育就受到了婆婆、奶奶以及丈夫的阻挠（在后面的章节中我们会看到她们是如何受到家人的影响的）。在共产党看来，只有细致入微地上门宣传、劝说才能使政策实施下去，于是共产党延续了60 年代的做法——培训那些经常与妇女打交道的妇女干部、大队赤脚医生、新法接生员、积极分子等去做说服教育工作①。如湖南省泸溪县到1978 年全县建立了一支由专职妇幼保健员和大队妇女主任、赤脚医生、

---

①　据报道，1973 年湖南省培训了二千二百多名女赤脚医生，她们既能进行新法接生，盒治一般的妇女病，还能指导计划生育，见《积极防治妇女病，保护妇女劳动力》，载《人民日报》1973 年 3 月 13 日。当时湖南的报纸在这方面有大量的报道，如《计划生育的好宣传员》，载《湖南日报》1973 年 10 月 28 日；《贫下中农的好接生员——记共产党员、接生员杨光凤的事迹》，《湖南日报》1974 年 12 月 17 日；《红心暖万家——记零陵县花桥大队赤脚医生周清元的先进事迹》，《湖南日报》1977 年 12 月 28 日；《普及新法接生，推动计划生育》，《湖南日报》1975 年 10 月 27 日；《为了妇幼的健康——桂东县妇幼保健站助产士李德嫒的先进事迹》，《湖南日报》1978 年 2 月 19 日；《热心宣传计划生育》，《湖南日报》1979 年 1 月 4 日；《热心计划生育的好干部》，《湖南日报》1979 年 5 月 26 日；等等。

接生员、政治夜校辅导员等五千多人的计划生育宣传指导队伍，平均每个生产队 3.2 人，她们被要求给妇女上生理卫生课，介绍节育知识，进行技术指导，做好节育药物、工具的供应，同时有针对性地宣传和上门指导，尽量方便群众。① 在西村，大队妇女主任陆金莲、妇女队长罗秋月、赤脚医生赵秋香、接生员鲁东秀等首当其冲成为计划生育的宣传骨干；同时 1978 年湖南省计划生育领导小组、湖南省编制委员会、湖南省人事局、湖南省劳动局联合发文《关于配备公社一级计划生育专职人员意见的通知》之后，湖南全省农村人民公社三千三百六十五个都配备了一名计划生育专职人员，② 她们组成了一个宣传团体。当然这样上门的宣传工作是不好做的，有时会受到人家的指责和辱骂，有时还得不到家人的理解，一位 Q 村妇女描述了当时妇女队长宣传计划生育工作时的艰辛：

> 妇女队长就开始宣传要带环、绝育，越来越严了，并开始强制了，……以前当妇女队长简单，就是领着干活，那个时候的妇女队长宣传计划生育太难。妇女队长是包干的。哎呀，那给人骂得呀，骂得不像话。③

但一方面，共产党通过选取政治立场坚定的（绝大部分）女性干部，对她们进行意识形态的灌输并赋予她们政治使命感使她们乐于奉献自己；另一方面，适当表扬那些积极分子、给予她们一定的荣耀也促使她们对自身工作认同。一份有关沅江县表彰先进妇幼卫生专干的档案资料既形象说明了这些积极分子的先进事迹与光辉形象，同时又表明了国家对她们这份工作的高度认可：

> ……特别是在这场移风易俗、破旧立新的斗争中，广大的妇幼专干以高度的政治责任心、饱满的无产阶级感情、充沛的革命干劲，奋

---

① 《后进赶先进，三年大翻身——泸溪县计划生育工作取得显著成绩》，《湖南日报》1978 年 11 月 16 日。

② 《关于配备公社一级计划生育专职人员意见的通知》，1979 年，沅江县档案馆藏，档案号：69—2—4。

③ ［日］小浜正子：《中国农村计划生育的普及——以 1960—1970 年代 Q 村为例》，前引书，第 202 页。

战在计划生育第一线，把工作做到实处，她们风里来雨里去，夜以继日，忘餐废寝，深入到群众之中促膝谈心做过细的思想政治工作；她们以革命利益为第一，自动放弃节假日和探亲机会，克服家务事和小孩的拖累，甚至亲人病了也没有回去料埋，抓住关键时刻，为计划生育做贡献。为了表彰先进，树立典型，经民主评定领导审查，县计划生育领导小组研究批准，授予甘万泉等三十二名同志为七八年上半年"妇幼专干先进工作者"的光荣称号。①

就在这次表彰的 32 名先进工作者人员名单中，西村的赵秋香榜上有名，此时她已经吃上了"国家粮"，不仅仍然做接生员工作，还负责节育手术的实施，同时在这过程中她只生育了三个就带头结扎了，尽管家里婆婆不同意。

考虑到许多村民文化水平不高，有大部分妇女是文盲，计划生育宣传人员用幻灯片或者挂图来讲解节育手术的原理、节育方法的运用。

湖南沙溪县达民公社用挂图宣传计划生育（《湖南日报》，1974 年 7 月 14 日）

在 70 年代初，湖南省计划生育办公室就曾安排 20 个县作为幻灯片宣

---

① 《关于表彰全县先进妇幼专干的通报》，1978 年，沅江县档案馆藏，档案号：69—2—3，第 14—15 页。

传试点，由湖南省计划生育领导小组与湖南省电影制片厂幻灯组共同制作反映计划生育的幻灯片，1979 年就共同制作了 1800 多套彩色计划生育幻灯片。[①] 在人口集中的地方，计划生育宣传员将图片张贴在公告栏内，当村民围拢过来时，他们会试着向村民讲解；大多数县都会组织公社电影队在电影放映之前放映相关的幻灯片。[②] 这些视觉图片，更多的是有关人体生理构造、生殖器官的展示，极具震撼力，这样的画面，对当时的村民来说如果不是属于文化禁区的话至少也是人们羞于启齿、不敢在公开场合讨论的话题，却借助于对计划生育的宣传，打开了这个视觉上的禁区，也拨开了这层神秘的面纱，为传播生理学知识打开了一扇大门。西村第一位男性结扎者杨志山就是通过图片宣传来了解结扎的原理的：

> 我那时看到有图片宣传男的怎样结扎和女的怎样结扎，我发现女的结扎就像阉猪一样，要在肚子上开口子，男的结扎就简单多了。[③]

与此同时，西村还利用广播不断宣传计划生育工作。黄树民认为，新中国成立之后，共产党在农村无所不在的政治工具和政治控制就是通过广播进行的。这种紧密的政治控制，不但遍布于村内的每一个战略据点，而且延伸到村民们工作的田野里，村民被迫参加各种政令宣导或是政治活动。[④] 阎云翔在下岬村的调查发现这个村广播的安放更是费了心思，"大队给每家都装了广播喇叭，一般都正好装在炕头上。喇叭没有开关，无论是广播内容还是广播时间都由县广播站来控制。控制广播的开关设在大队的办公室，每天有固定的时间段来播报"[⑤]。赵萍芳、罗中元至今还记得广播中的节育信息对她们的影响：

---

① 《湖南省志·人口志》（第二十三卷），前引书，第 373 页。

② 小说《蛙》形象地描写了县电影队下乡放电影时，在正片放映之前会加演幻灯片普及计划生育知识。幻灯片有男女生殖器官的图形、怀孕的形成、避孕的图解等，村民的反应是"黑暗中的观众发出阵阵怪叫和狂笑"。见莫言《蛙》，上海文艺出版社 2009 年版，第 54 页。

③ 杨志山访谈资料，访谈时间：2011 年 8 月 16 日。

④ 黄树民：《林村的故事：一九四九年后的中国农村变革》，素兰、纳日碧力戈译，生活·读书·新知三联书店 2002 年版，第 142 页。

⑤ ［美］阎云翔：《私人生活的变革：一个中国村庄里的爱情、家庭与亲密关系（1949—1999）》，龚小夏译，上海书店出版社 2006 年版，第 33 页。

问：你怎么会选择去结扎呢？

答：广播里经常会有一些通知，像我们其实都不想生毛毛哒，只是又不想带头，心里有底，广播里老是广播哪个哪个克做哒结扎，要表扬，同时还给予奖励……有时还是有帮助的。[1]

70年代广播宣传，（我还记得）有个姓唐的男广播员，在广播里面宣传，村支部也宣传政策、措施、对策等等。[2]

其实利用广播宣传在50年代中期就开始了，到70年代中期，湖南省广播电台就把节制生育作为宣传报道的重要内容。各公社负责计划生育事宜的领导就会选取一些重要的内容在大队（村）的广播里面进行宣传。[3]如草尾区大同公社为使社员弄清楚计划生育给大家带来的好处，党委负责人陈爱泉就在广播里对社员进行算账对比的教育：如果不实行计划生育，一年将会增加一个大队的人口（八百人），人口增加之后，人均耕地面积下降，人均粮食也会下降，随之而来人均收入也会下降，如果计划生育抓好了，上述消费就会减少，对国家的贡献就会增加。[4]

对西村大部分妇女来说，广播在为她们提供节育知识的同时，也给她们内心带来了不安甚至威慑作用。那些没有遵从政策采取节育措施的——比如4组的徐金元，作为干部家属不带头被点名批评；那些侥幸躲过了计生干部的查询的会心中窃喜，但又在不安与担心中度过；而那些被不断点名的也会由于家庭的阻挠而使她不知所措，比如王佩君，她生了5个女儿，但她必须听从家里的安排继续生育。正像电视里插播的广告一样，70年代的广播宣传也在无孔不入地渗透到村民的心中，对她们起到了作用，但村民自己无法控制听什么和什么时候听，每天他们都被迫听大量的官方新闻、政治宣传、干部讲话，村民只是被动地接受这些指令和信息，并强

---

① 赵萍芳访谈资料，访谈时间：2011年8月16日。

② 罗中元访谈资料，访谈时间：2011年8月16日。

③ 小说《蛙》更是形象地记载了公社计划生育领导小组副组长，同时也是公社卫生院妇产科医师在广播中的讲话内容："各大队干部请注意，各大队干部请注意，根据公社计划生育领导小组第八次会议精神，凡是老婆生过三个孩子及超过三个孩子的男人，都要到公社卫生院实行结扎手术。手术后，补助二十元营养费，休息一周，工分照记……"见莫言《蛙》，上海文艺出版社2009年版，第57页。

④ 《一手抓生产，一手抓计划生育——中共草尾区委》，1979年，沅江县档案馆藏，档案号：36—2—645，第89页。

迫她们照着去做，而不是要问她们有什么意见，这条传达的渠道是单向的，从高层到基层，而非反向而行。为克服这种弊端，不定期开会宣传也起到了一定的作用。

有村民还记得（具体时间不太清楚）第一次计划生育大会是在以前的大队屋场坪举行的，会议场面与其说是热闹，不如说是闹哄哄。① 已经有了5个女儿的张明辉在这次会议上被点了名，张勃然大怒，本来他是张家独苗，对于老婆连续生了5个女儿早已怨天尤人，心有不甘②；他老婆更是由于生了5个女儿后觉得抬不起头很少在公开场合露面，这次会议她就没有参加：

> 听哒讲是开关于生细伢子的会，我就不想去开了，我冇脸克……当然我自己肯定是不想生哒哝，但我做不得主呢！③

开会对男性村民来说几乎没什么意思，在男性村民眼中，如果不生个儿子，除了面子上过不去之外，还因为家里根本就没有劳动力，对他们来说"该做么子就做么子去，生细伢子是堂客们的事，冇生出崽来那肯定不行"④。

男性村民的想法与行为几乎代表了几千年来父系、父权家庭的观念，延续香火是一父系家庭必须承担的也是最重要的责任，但是生育本身却是女人的事情，生出儿子是父系家庭的荣耀，生不出儿子是女人应该承担的责任，总之男人在生育这一行为中彻底成为了一观望者。不过会议对许多育龄妇女还是有很大帮助的。

> 把咯扎（这个）事情放开了讲，还真有好处。开会的时节，会

---

① 由谢添导演的电影《甜蜜的事业》对于开会有生动的描述，婆婆阻挠媳妇去开会，想生儿子的家庭也不想去开会，下文会介绍这部影片。

② 张明辉不顾罚款与批评，老婆后来又生了两胎，全是女儿，被村里人戏称为"七仙女"。

③ 王佩君访谈资料，访谈时间：2009年8月7日。起初王不想与我访谈，后来我经常拉着我小姑子跑她家，终于有次将话匣子打开叙说了她的生育史，但她执意不准我录音和拍照。王与我婆家是亲戚，是我公公的堂嫂子，在我嫁到西村之后，我几乎没看到她参加我婆家的以及她自己婆家的一切红白喜事，更不用说村里的一些活动了，我们到她家去，她也从未与我们同桌吃饭，我小姑子说她脾气很怪。不过我相信是因为她生育7个女儿之后的一种自责。

④ 张明辉访谈资料，访谈时间：2009年8月14日。

宣传一些计划生育的好处等，我们那一般不会认真听，其实也还会讲到何式避孕、节育，我们装作漫不经心，手里做事还有停，其实心里听得认真呢！①

有关计划生育的宣传报道（《湖南日报》，1972年2月9日）

不过70年代所进行的计划生育宣传活动也深受当时意识形态的影响，在宣传发动过程中都将计划生育当作"移风易俗、破旧立新"的手段。在1973年11月召开的湖南省计划生育工作会议上，时任湖南省委宣传部副部长的侯金龙发言指出，计划生育是一场破旧立新、移风易俗的深刻的思想革命，充满着两个阶级、两条路线、两条思想的激烈斗争，……因此在婚姻和生育问题上狠抓两个阶级、两条路线和两种思想的斗争。②1978年6月，主管计划生育的陈慕华副总理在国务院计划生育领导小组第一次会议上指出，计划生育是一场破旧立新、破私立公的深刻革命；要破除几千年遗留下来的旧的传统观念，树立无产阶级的婚姻生育观，必须大造革命舆论。③而且，在这一"破旧立新"的宣传中，对传统文化中歧视女性的内容进行了大肆批判，在一篇名为"批臭孔孟之道，深入开展计划生育工作"的文章中，对"不孝有三，无后为大"、"三纲五常"、"三从四

---

① 张桂香访谈资料，访谈时间：2008年8月12日。

② 《以路线为纲，大力开展计划生育工作——侯金龙同志在全省计划生育工作会议上的发言》，《湖南日报》1973年11月14日第二版。

③ 《陈慕华副总理在国务院计划生育领导小组第一次会议上的讲话》，1978年，沅江县档案局藏，档案号：69—2—2，第10页。"破四旧"，即"旧思想、旧文化、旧风俗、旧习惯"的合称，本来是林彪在"八·一八"讲话中提出的号召，却一直用在计划生育宣传方面。

德"，以及"七出"等进行了批判，说这些是"反动统治阶级的思想，给劳动人民套上了沉重的枷锁"①。应该说70年代这种男女平等思想的传播却对女性自主意识的提升起到了很大的作用。

二　计划生育任务的规划与制定

通过开会、广播、幻灯片以及计生专干、妇幼卫生人员的宣传与动员，西村的计划生育工作慢慢开展起来。在70年代，草尾区的计划生育工作无论是从质量还是从数量方面来说都位于沅江县的前列，成绩每年都在增长。1976年草尾区的净增率为10.4‰，② 到1978年净增率降为8.38‰，其中东风大队（西村的前身）的净增率为9.8‰（见表5-3），③到1979年草尾区的净增率下降到6.9‰，位列沅江县第一名。④

表5-3　　　东风大队（西村）1978年度人口自然增长情况⑤

单位	本年度总人数	上年度总人数	两年平均人数	出生		死亡		净增	
				人数	千分率	人数	千分率	人数	千分率
草尾区	80803	80760	80782	1219	15.09	542	6.71	677	8.38
草尾公社	16609	16570	16589	246	14.82	100	6.02	146	8.8
东风大队	1136	1111	1124	18	1.6	7	1.62	11	9.8

尽管草尾公社的计划生育工作成绩显著，也不乏计划生育的积极分

---

① 《批臭孔孟之道，深入开展计划生育工作》，《湖南日报》1974年5月26日。有关这样的先进事迹在当时的报纸上常有报道，例如：《破旧立新就是好》，《湖南日报》1972年2月9日；《用实际行动消除剥削阶级旧思想旧风俗——田坪大队干部带头实行晚婚和计划生育》，《湖南日报》1972年2月9日；《新田县计划生育工作成绩显著》，《湖南日报》1973年11月14日；《人口有计划增长，社员生活逐年提高》，《湖南日报》1979年8月8日；《为革命实行晚婚》，《人民日报》1973年7月30日；《晚婚和计划生育好》，《光明日报》1976年5月4日第三版；《新乡县计划生育工作有成绩》，《光明日报》1977年2月12日。

② 《沅江县1976年计划生育情况统计表》，1977年，沅江县档案馆藏，档案号：69—2—1。

③ 《草尾区人口自然增长情况分析表（1978年度）》，1980年，沅江县计划生育委员会档案，沅江县档案馆藏，档案号：69—2—1。

④ 《姚官保在沅江县计划生育工作共华现场会议上的发言》，1980年，沅江县档案馆藏，档案号：69—2—8。

⑤ 《草尾区人口自然增长情况分析表》，1979年，沅江县档案馆藏，档案号：69—2—1。当时草尾区包括草尾镇、草尾公社、大同公社、新安公社、熙福公社、星火公社；草尾公社包括福西、福东、福民、东风、四民、新跃、向阳、幸福、东红、胜天、立新等大队，东风大队即为西湾洲村的前身。

子，但并不是所有的村民都能够做到像王顺清、杨志山①等人那样，那么，在70年代计划生育的推广过程中，村党委是怎样推行的生育政策呢？按照上级的指示，第一，抓晚婚率；第二，抓计划生育四种手术量。

　　1. 晚婚晚育：难以完成的任务

　　70年代的计划生育工作最主要的政策是"晚、稀、少"，当时国家提倡的晚婚年龄为农村男25岁，女23岁，生育间隔时间为4年。为了使晚婚能够贯彻下去，1974年6月15日，中共湖南省委发文规定："对不到晚婚年龄要求结婚的青年，应该耐心地进行宣传教育，使其自觉推迟婚期；加强对青年的社会主义道德教育和法纪教育，严格婚姻登记。"② 同时还规定各企业、事业单位招收学徒工、练习生时，只招收未婚青年，在学习和转正期间，要教育他们自觉实行晚婚，如坚持结婚者，应劝其退学、退工。③

　　在西村，根据我的访谈，新中国成立前与新中国成立初期妇女结婚的年龄一般在16岁左右，生于1928年的郭玉秀刚满16岁结婚，陈菊英17岁多结婚，曾奶奶甚至在12岁就作为童养媳许配了人家，夏奶奶16岁结婚，曾爱珍刚满15岁就结婚了，……西村一直遵行着早、密、多的生育文化，即早结婚早生子多生子。1950年的《婚姻法》规定男女结婚年龄为男20岁，女18岁，村民结婚年龄稍有推迟，然而要达到计划生育中的晚婚的要求，除了一些极个别的人，比如军人或者家里有一些禁忌的（如丧事后三年内不能结婚），村民几乎都不能接受，西村大部分的村民结婚年龄在20岁左右，如夏晓春1975年结婚时只有19岁多，罗中元1973年结婚时也只有19岁，徐清香1971年结婚时不满20岁，冯月娥1976年结婚时21岁……可以说在70年代结婚的西村男女几乎没有人达到国家所规定的晚婚年龄。在城市如果没有达到晚婚年龄可以不发结婚证加以劝说、解释；④ 但在农村，一纸婚书根本抵不上

---

　　① 王顺清是西村最早的女性结扎者，杨志山是西村最早的男性结扎者，在第四节将会详细述说。

　　② 《湖南省志·人口志》（第二十三卷），前引书，第354页。

　　③ 同上书，第355页。

　　④ 沈阳一位名叫杨紫安的女性在结婚时没有得到工作人员的祝贺，而是遇到工作人员不断地进行计划生育的宣传教育，并且要杨紫安夫妇在办理结婚登记证明时一定要在生育协议上签字，如果不签字，工作人员有权不发放结婚证书。见［美］毛思迪：《劫：一个中国妇女的自白》，汤本译，（台北）中华书局1990年版，第152—154页。

一场宴席，① 也就是说西村男女结婚并不看重结婚证，而且有的根本不去扯结婚证，② 能够证明结婚的是双方家庭举办的宴席，尤其是男方家庭，宴席的举行就意味着男女双方已经正式成为夫妻，而结婚场面的隆重不仅能说明这个家庭对婚姻的重视，也说明了这个家庭的富有。

《湖南日报》教育青年坚持晚婚的宣传标语（《湖南日报》，1973 年 11 月 8 日）

宣传标语与图片

---

① 加拿大学者宝森在云南禄村田野调查时发现农民家庭在婚姻宴席方面的花销以及礼仪安排的隆重，可以说宴席是全村人的宴席也是全村人的聚会。见宝森《中国妇女与农村发展——云南禄村六十年的变迁》，胡玉坤译，江苏人民出版社 2005 年版，第 282—289 页。

② 西村 4 组的张伯龙与杨小羊 1982 年结婚，到目前为止都没有办结婚证，但村里人从未有人怀疑他们婚姻的合法性。5 组的刘某某老婆离开他之后（因为没扯结婚证），又与别人结婚，也没有人说她是重婚罪。

宣传标语与图片

　　为了推广晚婚晚育，当时的报刊媒体在这方面不断加强报道，刊登典型事迹，提倡"为革命坚持晚婚，为革命计划生育"①。不过，有意思的是，翻阅当时的档案资料，可以发现草尾区在进行计划生育规划与总结时，根本没有将要求村民晚婚晚育作为提高节育率的一种方法。② 而且，吊诡的是，档案资料显示1973年沅江县的晚婚率为48%，草尾公社的晚婚率达到了61%，③ 可是我在调查时却发现70年代结婚的男女青年几乎都没有达到晚婚的要求。村规民约超越了国家的政策规定，也许，对于村干部来说，阻止一个家庭结婚或者劝说一个家庭推迟婚姻都是不现实的，甚至不近人情。婚姻的重要性众所周知，它不仅是合两性之好，更重要的

　　① 沅江南县复兴港大队的小谭和小江积极响应晚婚号召，耐心说服父母，曾经两改婚期，两口子一同投入了兴修水利的战斗。见《破旧立新就是好》，《湖南日报》1972年2月9日。如湖南省新化县田坪公社田坪大队领导成员，以身作则，积极带头落实毛主席关于计划生育的指示，全大队30个大队、生产干部，除两个无生育能力之外，其余的都实行了晚婚和计划生育，在她们的带领下，全大队29个未婚男女青年，全都落实了晚婚规划。见《田坪大队干部带头实行晚婚和计划生育》，《湖南日报》1972年2月9日。

　　② 在我翻阅沅江县档案局仅有的两份有关草尾区计划生育的档案文件中，都谈到了对计划生育的规划与具体做法，在这种表功式的总结文档中，大部分的做法是怎样提高"四种手术率"，怎样与群众做思想动员；领导们如何以身作则等，但里面没有涉及晚婚。见《一手抓生产，一手抓计划生育工作——中共草尾区委》，沅江县档案局藏，档案号：36—2—645，第88—94页；《抓好计划生育，促进农业生产——中共（草尾）大同公社党委》，沅江县档案局藏，档案号：36—2—645，第102—107页。

　　③ 《一九七二——一九七三年出生情况统计》，沅江县档案馆藏，档案号：36—2—482，第15页。

是保持家庭的延续，同时，婚姻对个人来说也是至关重要的。杨懋春
指出：

> 如果男子没有结婚就死了，下葬时不举行仪式，他的灵魂也不能
> 进入祭祖祠堂，而已婚男人死了，必须举行正式的丧葬仪式。已婚男
> 人如果没有儿子，死前可以收养一个，这样家庭就能延续下去。他的
> 牌位将放在祭祖祠堂，受后代崇拜。①

共产党非常清楚婚姻对一个家庭尤其是农村家庭的重要性。1949年
新中国成立之后颁布的第一部法律就是《婚姻法》，这部1950年5月1日
开始生效的《婚姻法》不仅规定了男女双方结婚的条件、年龄、义务与
责任，同时还规定了不能结婚的一些条件，如婚姻法第五条规定：

第五条　男女有下列情形之一者，禁止结婚：
一、为直系血亲，或为同胞的兄弟姊妹和同父异母或同母异父的
兄弟姊妹者。其他五代内的旁系血亲间禁止结婚的问题，从习惯。
二、有生理缺陷不能发生性行为者。
三、患花柳病或精神失常未经治愈，患麻疯或其他在医学上认为
不应结婚之疾病者。

1980年修改的《婚姻法》在禁止结婚方面仍然有相应的要求，② 正
如"中国有关对女性月经、性交、怀孕等的注意事项等，都是为了保护
女性的生育能力"一样，生育也是结婚的主要目的，③ "不孝有三，无后
为大"，计划生育干部和村干部在这里遵循传统的生育文化，没有在晚
婚方面下功夫。杜赞奇认为，乡村社会中的领袖只能产生于具有共同象
征性价值观念的组织结构之中，对国家政权来说使文化网络中的各种规

---

① 杨懋春：《一个中国村庄——山东台头》，江苏人民出版社2001年版，第103页。
② 1980年9月10日通过，1981年1月1日实行的《婚姻法》第六条规定，有下列情形之
一的，禁止结婚：一、直系血亲和三代以内的旁系血亲；二、患麻疯病未经治愈或患其他在医学
上认为不应当结婚的疾病。
③ 美国学者艾华指出："正如我们所看到的，要求女孩子在健康和卫生方面的自我监督，
主要是为了保护她们的生育能力，确保她们顺利完成她们的社会任务。"见［英］艾华《中国女
性的性与性相：1949年以来的性别话语》，施施译，前引书，第75页。

范为自己服务并不是一件容易之事，造成这种现象的原因在于，文化网络中并不是所有的组织和象征性符号都护佑正统秩序，其中许多信仰在官府看来是非法的，但仍为村民所接受，这就使我们易于理解为什么乡村社会中存在着不一定合法的非正规领袖。① 不能说村委会如杜赞奇所说的是不正规的领袖，而是村委会对村庄事务有自己的灵活性，他们起着平衡作用，在与国家政策没有过大冲突的情况下，根据村庄的具体情况作出调整。

因此，既然一方面大力提倡晚婚晚育在 70 年代的西村难以实行，另一方面又要使计划生育指标能够达到上级的规定数量，村委就必须对计划生育率或者节育率方面作出硬性的规定，其中就是对节育手术数量的规定。

2. 计划生育四种手术量②的完成：数字背后的反思

汤兆云曾经指出，70 年代的计划生育与 60 年代的节制生育主要不同之处在于计划生育工作具体指标的提出。③ 1971 年制定的第四个五年规划规定人口增长率农村降到 15‰左右，城市降到 10‰，1975 年第五个五年规划规定农村降到 10‰左右，城市降到 6‰左右，为达到目标，制定落实人口规划是各部门计划生育工作的重要一环，而任务的完成体现在四种手术量的完成，每个大队都会在这方面下功夫。1976 年底，沅江县在南大区召开了全县计划生育工作南大区现场会议，各区认真制订计划生育四种手术计划；会后，草尾公社党委负责人刘罗海亲自主持了全公社召开的大会，提出了全公社计划生育具体规划和措施把全公社计划生育的数字和任务分配到了各大队（见表 5 - 4）。④ 草尾公社为了使计划生育工作认真开展起来，开展了革命竞赛，全公司十二个单位，分成六个对手赛，三天一评比，做到了比有标准，学有榜样，赶有目标，帮有效果，先进更先进，后进赶先进。⑤

---

① ［美］杜赞奇：《文化、权力与国家：1900—1942 年的华北农村》，王福明译，江苏人民出版社 2008 年版，第 9—10 页。
② 四种手术量为上环、人流、男扎、女扎。
③ 汤兆云：《当代中国人口政策研究》，知识产权出版社 2005 年版，第 116 页。
④ 《以实际行动学南大赶南大，掀起计划生育新高潮》，载《计划生育工作简报》（第四期），沅江县档案馆藏，档案号：59—2—2，第 76 页。
⑤ 同上书，第 78 页。

表 5 - 4　　　　　　　　　草尾区 1976 年落实人口规划数①

单位	育龄妇女数	已出生数	现孕今年生	生第一个人数	间隔四年以上生第二个	新婚夫妇人数	晚婚率		1977 年落实人口规划数		
							男	女	到大队数	到生产队数	到人数
草尾区	8260	547	550	176	97	231	79%	56%	46	283	670
草尾公社	1749	78	97	95	60	38	80%	25%	11	*	160
东风大队											

注："到人数"是指当年各单位有多少人要制订规划，不过没有找到东风大队的数字。

为了完成任务，使计划生育达到上级的要求，草尾区要求每个公社、大队把计划生育提到议事日程上，列入四化规划，对于西村负责计划生育工作的干部来说，每年甚至每个月要达到一定的节育率才能使人口增长率有所下降并达到预定的目标，因此，每年甚至每月都要制定目标，比如1978 年 5 月份草尾区分配的四种手术数为 800 例，然而到月底完成的手术数只占原定手术数的 28.4%（见表 5 - 5），于是在以后的任务中就需要不断地加强任务，完成所定任务。

表 5 - 5　　　　　　　沅江县 1978 年 5 月份四种手术情况②

单位	5 月份分配四种手术数	5 月份完成手术情况				完成原定手术数的百分比（%）	排列名次
		合计	上环	结扎	人流		
阳罗区	800	435	229	95	111	54.5	1
南大区	620	323	188	88	47	52.2	2
赤山区	500	200	102	65	23	40	3
黄茅洲区	800	252	102	98	52	31.5	4
共华区	1000	314	187	43	84	31.4	5
草尾区	800	228	103	76	49	28.4	6
琼湖区	650	162	65	72	25	24.9	7

───────

①　《沅江县 1976 年计划生育情况统计表》，沅江县档案馆藏，档案号：69—2—1，第 2—3 页。

②　《五月份四种手术情况》，1978 年，沅江县档案馆藏，档案号：69—2—2，第 85 页。此份表格中关于结扎的数据没有分清是男性结扎还是女性结扎，但可以肯定的一点是男性结扎的数量是极其少的。

单位	5 月份分配四种手术数	5 月份完成手术情况			完成原定手术数的百分比（%）	排列名次
		合计	上环	结扎	人流	
三眼塘区	500	91	60	13	18	18.2	8
泗湖山区	1140	189	106	36	47	16.8	9
全县合计	7000	2194	1142	586	466	31.35	

那些计划生育做得不好的，在任务的驱使以及压力下，不断采取措施调整策略，调整的结果就是加大实施四种手术量，如草尾区熙福公社1978 年的计划生育工作抓得不得力，9 月份统计孕生率时达到了17.38‰，于是党委决心改变落后面貌，七个党委拿出五个去抓，组织手术队深入各大队巡回开展四种手术，全社仅一个月的时间，就做四种手术110 多例，既有效地控制了当年孕生率高峰，又为 1980 年降低人口出生打下了基础。[1] 为了完成指标，有的采取突击行为，与草尾区邻近的赤山区认为计划生育工作不能适应新时期发展的需要，决心跨大步，对规划外怀孕的坚决采取补救措施，1978 年 5 月份，他们共做四种手术 200 例，其中上环 102 例，结扎 65 例，人流 23 例。[2]

翻阅当时的档案资料，无数的表格与数据不断叙说着各地区、各大队计划生育工作所取得的成绩：

从四月八日到四月三十日止，短短的二十多天的时间内，全县共做四种手术五千六百一十四例，其中男女结扎一千七百五十七人，上环三千〇二十二人，人流八百三十五人，南大区、黄茅洲区、阳罗区完成和超额完成了预定的节育人数。[3] 五月份全县又组成宣传小分队七十一个，手术队四十四个，共做四种手术二千一百九十四例，其中男女结扎五百八十六例，上环一千一百四十二例，人工流产四百六十

---

① 《一手抓生产，一手抓计划生育工作——中共草尾区委》，1980 年，沅江县档案馆藏，档案号：36—2—645，第 92—93 页。

② 《狠抓当前不松动，确保七八年人口规划的实现》，载《计划生育工作简报第六期》，1978 年，沅江县档案馆藏，档案号：59—2—2，第 84 页。

③ 《认真总结经验教训，继续掀起计划生育新高潮》，载《计划生育工作简报第五期》，1978 年，沅江县档案馆藏，档案号：59—2—2，第 78 页。

六例，完成原定手术的百分之三十一点三五。①

在这里，我们只看到一些冰冷的数字，这些数字的取得与农村妇女好像没有瓜葛，好像这些手术只是一些与妇女无关的事情。在 1978 年沅江县计划生育的表彰大会上我们可以看出要表扬的是哪些人：今年来我县计划生育工作在毛主席革命路线和华主席抓纲治国战略决策指引下，在县委的具体领导下，取得了显著成绩，计划生育群众运动之大、发动之广、持续之久、效果之好是前所未有的。全县上半年所做四种手术 13347 例，相当于去年全年总和。这些成绩的取得是与各级党委的高度重视，各个部门、各条战线密切配合，业务部门发挥的职能作用分不开的。特别是在这场移风易俗、破旧立新的斗争中，广大妇幼专干以高度的政治责任心、饱满的无产阶级感情、充沛的革命干劲、良好的医疗技术，奋战在计划生育第一线。② 农村妇女在计划生育过程中所做的一切好像都不存在。"只要运动一来，妇女都是一批一批地去做节育手术。"③ 有些妇女在做结扎手术时心里害怕得不行，但必须还是要进行的，没有人去关注女性躺在手术台上的感受，在结扎之后也没有人去关注节育手术对女性会带来什么后果。

三　干部们的两难处境：国家政策与村落文化

莫言的小说《蛙》呈现了一位无情的、政治立场鲜明的、对国家政策极其忠诚的乡村妇产科医生兼任大队妇女主任的人生经历，从新中国成立之后直到她退休，她一直负责大队的计划生育工作，凭借铁腕、冷酷手段，她不仅举报她吃上了国家粮的侄儿计划外怀孕——这导致了她的侄媳妇在高月份引产时的死亡，而且在她的严密监视下，还使得几位超生逃亡在外的妇女不正常死亡，以致村民们一看到她就"闻风丧胆"④。尽管《蛙》只是一部小说，姑姑也只是一个虚构的难以在现实社会中找到的不

---

① 《狠抓当前不松动，确保七八年人口规划的实现》，载《计划生育工作简报第六期》，1978 年，沅江县档案馆藏，档案号：59—2—2，第 82 页。

② 《关于表彰全县先进妇幼专干的通报》沅计育〔78〕第 004 号文件，1979 年，沅江县档案馆藏，档案号：69—2—3，第 14—15 页。

③ 李银河：《生育与村落文化·一爷之孙》，文化艺术出版社 2003 年版，第 167 页。

④ 莫言：《蛙》，上海文艺出版社 2009 年版。凭借这部献给经历过计划生育年代和在计划生育年代出生的千千万万读者的关于计划生育的小说，莫言获得了 2013 年度的诺贝尔文学奖。

近人情的人物，但却说明了妇女干部们在执行计划生育过程中的两难处境，一方面要遵守国家政策，另一方面却要面对一个熟人社会。不过村干部在执行计划生育政策时不会像这位妇女主任一样不讲人情。对他们来说，在执行工作时会考虑到这个家庭的具体情况，前任村支书张暑洪告诉我说，一般来说会尽量考虑让每个家庭生育有一个男孩，要考虑到人家的实际情况，计划生育工作是费力不讨好的事情，有时事情做得太绝，那就是断子绝孙的事情，人家就会记恨你一辈子。① 他们的原则是生育有一个男孩的家庭，如果要满足计划生育率，运动来得严，那就要动员去结扎，还没有生育男孩的家庭，会考虑到要上环，不会要求去结扎。因此只要能想办法，村干部也会睁只眼闭只眼，甚至有时还一起共谋计策。6队的徐清香与2队的王佩君就是典型的一例。

徐清香1970年正月嫁到西村之后，近两年时间没有怀上小孩，为此她遭受公婆的冷眼与老公的打骂，后来她终于怀孕，并于1972年6月生下一女孩，接着1974年10月生下第二个女儿，连续两个女儿的出生并没有给家里带来喜气，相反"夫妻关系也不好，公公还骂人说，'他妈的，只晓得生丫头片，赔钱货'"②。在村民眼中，生男生女都是女性的原因。按照徐的说法是"生男的（男孩）是你女的（妇女）有用，生女的（女孩）是你女的有用"。人们没有想到不能生小孩男的也要负责任。③ 生完两个女儿之后，1976年徐怀上了第三胎，这时村干部就上门来做工作了，当时西村的治保主任殷清明还上门来抓她。徐清香的婆婆求助于当时的妇女主任陆金莲，希望能让媳妇生个儿子。

在婆婆的求情下，陆金莲带着徐清香到了当时区卫生院的赵秋香医生那里去做检查，名义上是动手术，但陆金莲要求赵秋香帮忙看看徐怀的是否是男孩，如果是男孩，"就瞒上不瞒下"，就是说对上级计划生育干部隐瞒真相，如果是女孩就直接动手术。在妇女主任陆金莲的帮助下徐清香最终没有做人流手术，在以后的四个月里她躲到了益阳的娘家，后来终于

---

① 张暑洪访谈资料，访谈时间：2009年6月15日。

② 与徐清香有两次访谈，一次是在2008年8月12日，一次是在2011年8月14日，文中所引用的资料来自于这两次访谈，下文不再赘述和引用。

③ 1989年播放的电视连续剧《篱笆·女人和狗》就是一个鲜明的例子。在这个电视剧里，二媳妇香草因为没有生出小孩受尽了丈夫的暴力，一次意外事件中得知她老公不能生育，不但她老公自己不相信这回事，就连香草自己也不敢相信还有这样的事情，即男性不能生育。在70年代的西村这样的观念在村民中也比比皆是。

顺利生下一个男孩。在这里，这位妇女干部从家庭实际情况以及从传统的
生育观念着手，帮助徐清香顺利为她夫家生下一传宗接代之人。如果没有
陆金莲的帮忙，徐清香也许只能去做人流或者采取其他节育措施，而在这
个重男轻女的家庭里，她的生活也许还会有更多痛苦的回忆。①

　　与徐清香比较起来，6 组的王佩君就没有她这么幸运了，尽管她也得
到了村干部的暗中相助。

　　生于 1941 年的王佩君 1959 年嫁给西村的张明辉，张是独子，且两代
单传。王佩君总共为张家生了七个女儿，被人家称为"七仙女"。1975 年
陈可珍带领工作组来西村宣传计划生育工作的时候，王佩君正怀着第六
胎，前面五个都是女儿，王佩君的压力可想而知，但生下来还是女儿，王
佩君不想生了，但家里的公公婆婆以及老公张明辉都不同意，计划生育工
作也在进行中：

> 　　那时计划生育开始抓得紧了，但我冇结扎，当时队上也考虑了我
> 家的事情，我老倌子他是单传人家也不好意思硬逼着你克结扎，但盯
> 我还是盯得紧。也不希望我再怀孕。

　　对王佩君，村干部非常为难，按照政策规定，王是一定要去结扎的，
她已经生了六个小孩了，但六个孩子都是女孩，要想强制对王佩君采取节
育手术，西村村委也没有人带头去执行，在西村村委的半推半就之下，王
于 1977 年又生下一女儿，生产的经历非常不好受：

> 　　回到家后，我打水洗了一个澡，过了一下，肚子就痛起来哒，快
> 要生了。我婆婆过来帮我接的生，生下来又是一个女孩。没有人管我
> 了，我冷得打颤。过了几天，有人跑来就问，肯定又生了个女的，说
> 不定把它溺死了吧，怎么没有响动呢？我们没有把她溺死，到底是自
> 己身上掉下来的，舍不得。

---

　　① 因为陆已经谢世多年，有关她的做法来自于徐清香的访谈。我们不知道陆的本意是为了
帮这位育龄妇女还是为了帮这位没有孙儿的婆婆或者是帮这个没有男孩的家庭。不过可以肯定的
是，没有陆金莲的帮助，徐清香的第三胎应该是保不住了。

生了七个女儿的王佩君终于没有再生了，在不断地生育以及那难以言说的精神负担中她的身体也垮了，由于坐月子没有得到很好的照顾，加上家庭人口尤其是小孩太多，过度的劳动量使她右手手指不能伸直，脚尤其是膝盖疼痛，她认为是经常泡冷水的缘故；不但如此，王佩君还一直生活在生育女儿的阴影中，以至于她自己始终认为不但自己命中无儿，而且有儿子的话她将会克儿：

> 后来有户人家生了 4 个男孩，想生一个女孩，但没有生中，就想互相交换一下。我还是不肯，我怕带不活，到那时人家更加会讲闲话了（指克子），命中没有就没有，不要强求。

从王佩君的生育经历来看，女人生儿子的冲动，不仅来自于丈夫、家庭及外界的压力，更重要的是以生儿子来体现自身的价值。王佩君起初不肯接受我的访谈，就算我访谈时，老公张明辉也多半会在场，我想老公的在场肯定会增加她的压力。不过王佩君现在的生活情况不错，除了身体的毛病外，7 个女儿都很孝顺，村民说女儿们每年给的钱他们老两口用都用不完，并说如果生的是 7 个儿子的话他们骨头都会榨干。不过村民们又怎能体会当年他们为了生儿子的艰辛与痛楚呢？

除了正确处理好农村妇女的生育之外，干部们尤其是女干部们还面临着一个两难的问题，既要动员妇女实施计划生育，又要带头执行计划生育。小浜正子在 Q 村调查的村赤脚医生 J 不仅上门劝说妇女采取节育措施，同时 J 也是该村最早接受绝育手术的（1970）；而妇女主任 D 不仅率先让两个儿媳妇做了绝育手术，也让亲属进行绝育，而且"如果找到需要做绝育工作的对象后，她会顽强地、近乎固执地，每天晚上都上门动员"，这些模范行为使她受到了县里的表彰。[1] 李银河在浙江余姚的调查也指出，计划生育政策的实施一是靠政策，二是靠干部，三是靠资金，并且她认为干部的表率作用带动了村里的计划生育，[2] 我在西村的调查也深有认同，作为计划生育的女性干部，她们不仅要积极宣传计划生育，而且

---

① ［日］小浜正子：《中国农村计划生育的普及——以 1960—1970 年代 Q 村为例》，载《近代中国妇女史研究》2011 年第 19 期，第 187、197、203 页。

② 李银河：《生育与村落文化·一爷之孙》，文化艺术出版社 2003 年版，第 168、176 页。

也要带头进行节育。80 年代的妇女主任就告诉我，她在生了二胎之后（两个女儿）就只好去结扎，因为"人家盯着你，你如果不带头，那村里的计划生育就搞不起来，你带头了，你讲话就硬了"①。同时，对于村庄的男性干部来说，家庭中亲属成员的节育也成为村民效仿、谈论的话资，村干部家属在计划生育工作中也必须要起到带头作用。1975 年下半年结扎的徐金元，老公张暑洪当时在西村担任民兵营长一职，公公是西村支书，1974 年 4 月份怀上第四胎之后，乡干部就找张署洪谈话，要他老婆起带头作用去做人流或者结扎，徐金元迫于压力去区卫生院做了人流，但不知什么原因，徐金元的肚子还是一天天大了起来，她怀疑是自己怀了双胞胎，人流时只流掉一个，或者是人流时手术没有做干净，于是徐很担心生下来的孩子会缺胳膊少腿的。在惴惴不安中，徐金元最终于 1975 年 2 月生下一健康的女婴。是年下半年徐就做了结扎手术：

> 生完之后，县里的计划生育干部就到我屋里来向我做工作，说我是干部为什么不响应政府的号召，我想反正已经生了四个哒，于是 75 年下半年我婆婆子（即老婆）就克结扎哒。②

作为干部家属，如果不带头不仅会受到来自上面的压力，同时也会遭到村庄其他人员的抵触。与西村相邻的沅江县三眼塘区联盟大队因为村干部没有带头实行计划生育而只是对村民施加压力就被部分群众联名写信告到了县计划生育委员会，说"他们大队搞计划生育节育措施只要求群众结扎，而大队干部家自身带头不搞，有一点后台的人也不结扎，群众意见很大"③。在关系家庭的繁荣与延续方面村民一点都不含糊，草尾区四季红公社红旗大队第 8 组的夏国冬已经有四个小孩，但因为大队干部要他实施节育措施，就把大队干部告了，其原因是有三位大队干部自身带头不好。④

为了降低人口出生率，为了达到一定的节育率，村干部们不得不制订各种计划，不得不大力进行宣传与动员，当然干部们也不得不起带头作

---

① 胡嬺钰访谈资料，访谈时间：2012 年 8 月 14 日。
② 张暑洪访谈资料，访谈时间：2009 年 6 月 15 日。
③ 《人民来信处理档案》，沅江县档案馆藏，档案号：69—2—7，1979 年 7 月 19 日。
④ 同上书，1979 年 12 月 27 日。

用，农村妇女不得不采取各种避孕措施，实施各种节育手术，如果说古代女性的缠足是一种靠身体成全的经验，那么避孕措施又何尝不是如此！对于西村妇女来说，国家通过推广各种避孕方法并强制实施而牢牢控制了她们的身体，各种避孕方法的反复使用，是她们必须面对的生活现实。然而这样的一种现实被一些简单的表格、复杂的数据和冠冕堂皇的政治话语所掩盖，不过我有幸能够聆听到她们的感受。

第三节　对身体的控制：各种节育方法的使用

共产党所采取的各种形式的宣传发动以及村委会、妇女干部所做出的努力，其最终目的就是要妇女（政策的导向一般是针对妇女的）能积极采取避孕措施，降低人口出生率，提高节育率。从 70 年代开始，中央特别强调要免费提供避孕药品和有关的医疗服务。[①] 与 60 年代所大力推行的使用子宫帽、阴道隔膜、避孕药膏等节育措施不同（第四章），70 年代的避孕措施已有很大的改善。小浜正子在梳理 Q 村的节育方法时，认为 Q 村主要使用的是避孕环（宫内节育器）与绝育（输卵管结扎），这两种方法在西村也有很大程度的普及，同时，西村妇女的节育方法还包括服用口服避孕药和做人工流产。无论如何，农村妇女及其家庭既是计划生育政策实施的对象，也是避孕行为的主体，她们在什么情况下选择避孕方法，又有什么样的经历和感受，应予以特别关注。在访谈中我发现西村妇女的避孕经历大多是从口服避孕药开始的。

一　口服避孕药：难忘的经历

70 年代所使用的避孕方法中，口服避孕药首当其冲。[②]早在 1965 年 1 月 9 日，毛泽东在同斯诺谈话时对计划生育在农村未能推广感到不满，他认为最好能制造一种简便的口服避孕药品。在这样一种指示下，上海第十

---

① 1974 年元旦刚过，商业部、燃化部、卫生部、财政部和国务院计划生育领导小组联合发出紧急通知，决定从 1 月 20 号起在全国实行免费供应的避孕药具有：口服避孕药 1 号和 2 号、18 甲（短效）和炔雌醇片、避孕套、子宫帽、避孕栓、避孕膏、避孕膏注入器、外用避孕药片、上海探亲药片 1 号和 53 号、1 号长效避孕针、天津探亲药片、避孕薄膜，并组织送货上门。见史成礼《中国计划生育活动史》，新疆人民出版社 1988 年版，第 167 页。

② 关于口服避孕药研制、开发与使用，参见［美］伯纳德·亚斯贝尔《改变世界的药丸——避孕药的故事》，林文斌、廖月娟译，（台北）台湾天下远见出版有限公司 1999 年 8 月版。

二制药厂开始试着生产 1 号和 2 号两种短效口服避孕药，并于 1967 年 6 月取得效果，由试验生产转为正式生产，1968 年开始推广。[①] 是年 5 月，湖南省卫生厅领导小组发出《关于分发口服避孕药有关问题的通知》，要求将国家分配我省的 3000 人份口服避孕药，除少数分配在城市应用于工厂外，其余主要应用于农村试点，然后逐步推广。[②] 后来生产的口服避孕药有 1 号、2 号、0 号，复方短效 18 甲片、畅销 18 甲片、速效 18 甲片；甲地孕酮片等。湖南省在 1971 年由湖南医药工业研究所研究生产"湖南一号"口服避孕药，经过 5 年的临床观察和实验，于 1977 年开始投入使用。[③] 当然西村妇女对这么多种避孕片根本就不懂，也不知道自己服用的是哪一种，只知道妇女主任或者计划生育专干会给一些药丸，并告诉她们怎样服用。

口服避孕药开始在农村妇女中使用较广，这不但与计生人员的送药上门有关，也与药物本身的便捷有关。我访谈的妇女告诉我说，首先口服避孕药服用简单，只要能坚持每天服用一粒就可以了，[④] 其次不需将身体展露给外人或者医生看，这是妇女们最反感的事情，最后口服避孕药也不会在身体上留下手术的创伤。按理，口服避孕药应该销量很广，但事实上许多妇女在服用一段时间之后就不再服用了。在一份湖南省向国家卫生部军管会汇报的湖南省 1970 年口服避孕药 2 号推广使用情况的档案文件中可以看出口服避孕药的使用情况：

> 1969 年 7 月至今，中央共分发我省口服避孕药 400 万人份，在推行口服避孕药的过程中，我们先后采取了办学习班、印发宣传资料、转发典型材料等方式，提高了对口服避孕药的认识，全省服药人数共 522800 人，但由于宣传工作做得不够，积压较多，目前共库存

---

①　《中国计划生育报》，1987 年 10 月 23 日第 2 版，转引自史成礼《当代中国计划生育活动史》，第 155 页。

②　《湖南省志·人口志》（第二十三卷），前引书，第 394 页。

③　同上书，388 页。

④　具体服用方法是：从来月经当天算起的第五天开始吃药，每天吃一片，譬如初一来的月经，初五就应当开始吃药，连吃 22 天，不能间断。一般在停药后的 1—5 天内，就会来下一次月经，再从来下一次月经的第五天重新开始吃药，每天吃药最好在晚饭后或者睡觉前。如果当天忘记了，应该在 24 小时内补吃一片，不然就会使避孕失败，或因忘吃而造成下身流血。见林巧稚、夏宗馥编《农村妇女卫生常识问答》，人民卫生出版社 1974 年版，第 35 页。

280万人次。①

　　针对这种情况，湖南省卫生厅要求各级单位进一步加强口服避孕药的宣传工作，并准备在1972年6月份印发避孕宣传资料两万份，发至各公社一级；而且为使库存的口服避孕药得到尽快落实，要求全省每个公社落实400—500人份。② 其实避孕药推销不出去的一个重要原因就是药物的副作用问题。尽管会有大量的文字资料告诉避孕药的效果如何，但有关这些避孕药品的副作用和医疗禁忌却很少被提及，比如湖南省介绍自行研制的"湖南一号"避孕药时这样写道：

　　　　经过五千多例一万三千多周期的临床试用，避孕有效率高达百分之九十九点五，副作用小，服用方便，深受群众喜欢。这种新的避孕药是湖南医药工业研究所的同志们自行设计合成的。研究工作开始后，他们碰到了很多难题，比如缺乏资料借鉴，设备简陋等，但同志们为了抢时间，争速度，为计划生育作出贡献，大家不怕苦，不怕累，加班加点，连续作战，终于克服了一个又一个难关。③

《"湖南一号"避孕药研制成功》(《湖南日报》，1978年11月16日)

---

　　① 《关于向国家卫生部军管会上报我省口服避孕药二号推广使用情况》，1971年，湖南省档案馆藏，档案号：212—1—19，第77页。
　　② 同上。
　　③ 《"湖南一号"避孕药研制成功》，《湖南日报》1978年11月16日。

　　报道主要的关注点是有了研究人员的不辞辛苦与努力，才有了药物的成功。妇女们被告知服用，但服用后的不适是由她们自身来发现和体验，但却被政府代言——"深受群众喜欢"，很多人吃药后月经紊乱，或者停药后月经不来，更大的心理反应就是"吃药后有些恶心、想吐、胃不舒服、头晕发困等，就像怀孕后的感觉一样，还有少数人吃了，在不该来月经时下身流血"①。绝大多数西村妇女都有服用口服避孕药的经历，然而在她们的脑海中服用口服避孕药并没有留下很好的记忆。徐金元认为："口服避孕药恰起来麻烦，冇工夫恰，每天要做那么多事，好恰亏呢，肯定不会记得哒。"② 徐清香则认为："圆子（避孕药）恰不进，恰哒想吐。"③ 罗中元说："……但恰圆子真的恰不得，恰得发黑眼晕（即昏眩），老是想吐，恰药也麻烦。"西村妇女对口服避孕药最大的感受就是吃后不舒服。在发生这些副作用后，大部分的丈夫对妻子出现的这些情况漠不关心，脾气暴躁或者不体贴的丈夫还以为她们是在偷懒，装病。最主要的是尽管心里有这么多的不舒服，但还是要正常劳动，不能影响她们出集体工。教堂曾奶奶告诉我说：

　　　　恰药之后老是想睡觉，昏昏沉沉的，提不起劲，老倌子是队长，就骂我说做事磨洋工，哪里是磨洋工咯，拿起锄刀眼睛都睁不开，站着都能睡觉，他们那些男人家何解（读"改"音）会晓得咯。④

　　并且妇女们往往被告知这是正常现象，也没有去求医。关于这些情况卫生部门早有耳闻，只是碍于生产的数量多而其他的节育方法还在不断的摸索试验中，因此还是大力推广。比如湖南省卫生厅要求计划生育干部要以高度的政治热情将推广口服避孕药当作一项政治任务来抓，并应用于农村试点，以便跟踪观察；同时还希望她们"将使用的经验和问题每半年总结一次，报送省妇幼保健院"⑤。在这种大力推广下，1976年草尾公社

①　林巧稚、夏宗馥编：《农村妇女卫生常识问答》，人民卫生出版社1974年版，第36页。
②　徐金元访谈资料，访谈时间：2011年8月15日。
③　徐清香访谈资料，访谈时间：2009年8月15日。
④　曾奶奶访谈资料，访谈时间：2008年8月。
⑤　《湖南省卫生厅领导小组分发口服避孕药有关问题的通知》，1969年5月31日，湖南省档案馆藏，档案号：219—1—14。

在采取的各种节育措施中，女性结扎有 15 人，上环 146 人，使用口服避孕药的人数最多，达到 356 人（见表 5-6）。

表 5-6　　　　　　草尾区 1976 年各种节育措施人数①　　　　单位：人、%

单位	男扎	女扎	上环	服药	其他数	合计节育人数	节育率	人工流产
草尾区	32	263	625	982		5623	66.6	309
草尾公社	0	15	146	356	48	1342	75	48
东风大队	0	4	35	101		140		

注：东风大队（即西村）为笔者 2008 年田野调查时得到的大致人数。

西村大部分妇女第一次的避孕体验大多是服用避孕药，服用避孕药的时间一般是一年或两年，最多三年。由于服药的主动权在妇女身上，计生干部不能掌控，而随着口服避孕药副作用的不断出现以及妇女生育胎数的增多，其他更容易让计生人员操控的避孕措施在妇女身上开始使用。

二　宫内节育器（上环）：身体的第一次接触

上环（即放置宫内节育器）是一种长效的节育措施，也是在西村使用得最多的节育手术方法之一。1958 年，湖南省就开始采用宫内节育器避孕，② 与小浜正子调查的 Q 村一样，沅江县实行上环节育手术也始于 60 年代，但那时一般在城市妇女中使用。西村妇女上环始于 70 年代初期，当时益阳地区计划生育部门统一要求，对生育两胎以上的育龄妇女均提倡放置宫内节育器，当年就做了此项手术 7925 例。③以后湖南省妇女放置宫内节育器的人数不断增多（见表 5-7）。

---

① 《沅江县 1976 年计划生育情况统计表》，沅江县档案馆藏，档案号：69—2—1，第 2—3 页。

② 当时使用的节育器种类数量不少，有不锈钢金属环、不锈钢金属麻花环、塑料节育环、金属塑料混合环、硅橡胶圆环、带铜 T 型宫内避孕器、带铜金属 V 型宫内避孕器、避孕器和盘香环等 10 余种。《湖南省志·人口志》，前引书，第 399 页。

③ 湖南省益阳地区地方志编纂委员会编：《益阳地区志》，新华出版社 1997 年版。

表 5 - 7　　　　　　　　　1970—1979 年湖南省节育手术数①　　　　　单位：例

年份	放置宫内节育器	取出宫内节育器	输精管结扎	输卵管结扎	人工流产	合计
1970	151248	15125	46031	113133	225542	551079
1971	270172	27017	162261	344131	287110	1090691
1972	317848	37830	121005	281086	314182	1071079
1973	487597	42481	112860	324372	279002	1246312
1974	453225	42027	82719	247875	301912	1127758
1975	985287	89839	170051	403713	318623	1967513
1976	676971	96366	53737	225017	264976	1317067
1977	683535	124859	75418	256695	267590	1408097
1978	594457	112757	64737	228282	275471	1275704
1979	641280	194865	126004	426640	381694	1770483

　　放置宫内节育器的妇女一般是在生育了二胎之后（80 年代之后生育一胎就要上环），在"一个不少，两个正好，三个多了"的原则下，对计生干部来说，上环对人口控制有更好的操作性。起初，西村妇女对上环比较排斥。一方面，上环毕竟是一种医学手术行为，需要由具有专业知识和受过训练的人进行操作；另一方面，也是最主要的，手术涉及女性最隐私的部位——涉及性的问题。然而计划生育工作人员的引导是她们选择上环的主要原因，不过妇女们也发现上环一次性就可以解决避孕的问题，也只好慢慢接受这种方式。尽管环的种类很多，但所有访谈的妇女都不知自己使用的是什么环，也没有被告知上环会给自己带来什么影响。吴燕秋在调查台湾妇女进行堕胎手术时，也指出医生进行的这些节育手术，就如同暗箱操作技术，想要堕胎的妇女常常无法同医生讨论使用何种手术堕胎，而医生也觉得没有必要与妇女讲这些。②

　　作为一种医学手术行为，许多妇女在上环时都怀有恐惧与不安心理，但正如小浜正子调查的 Q 村一样——由于相信赤脚医生 J 和妇女主任 D，在她们的劝说与动员下才会放心地去上环。我在西村的调查也印证了这一点，在 70 年代西村大部分妇女都是经妇女主任陆金莲的动员在赵秋香医

　　①　《湖南省志·人口志》，前引书，第 397 页。
　　②　吴燕秋：《"拿掉"与"毋生"——战后台湾妇女堕胎史（1945—1984）》，博士学位论文，"国立"清华大学，2009 年，第 69 页。

生那里上的环，这两个人西村妇女都非常熟悉。

从手术本身来讲，宫内节育器的主要问题有环自动脱落和带环怀孕。1983年到1985年湖南省计划生育研究所联合22个单位对农村育龄妇女宫内节育器的一项跟踪调查表明，第一年净累计脱落率、净累计意外妊娠率分别为21.4%和15.3%。[①] 这种情况是全国性的问题。小浜正子在Q村的调查发现12个上环的妇女中有6人日后怀了孕，其中还不乏环脱落的情况。[②] 西村许多妇女曾经有这样的经历，6组的张秀英就是一个典型。她于1970年上的环，上环之后的第二个月身体出现像怀孕一样的症状，恶心呕吐，浑身乏力，当时张秀英根本就没有想到是怀孕了，

> "上环是到赵医生那里上的，但后来还是正常来休息（指月经），并且有十来天，又去医院照片，但环还是在里头，冇滴嘎（没掉），后来就流产哒，大约三个月左右吧，我肚子疼就克解手（上厕所），肚子疼哒一晚上呢，然后只听见一声响，掉下一坨东西，环还在那坨东西身上呢！"……那时天天做事扮禾。[③]
>
> "生完第四胎之后就开始上环（1972年），但环不晓得和解滴下来哒（掉下来了），可能是做事做得太辛苦了。就又怀哒，生完第5个之后又上环，但是又滴嘎哒，又怀上哒。"[④]

6队的夏晓春也曾经带环怀孕过，4队的罗中元也有相同的经历，不过她们既没有向医院反映，也没有采取其他行动，有的后来又去重新上环。在与她们访谈时，许多西村妇女认为掉环可能是做事太辛苦了。

西村妇女将环脱落的原因归结为做事太辛苦，这是多么可爱甚至是多么善良的想法。确实，在没有分产到户之前，妇女们都必须参加集体劳动，每天要按时出早工、上午工、下午工甚至还有晚工（晚上），每天各生产队长都会按时打铃提醒大家外出农田劳动，绝大部分妇女还要面临繁重的家务活，辛苦是可想而知的。但在70年代，宫内节育环的质量以及

---

① 《湖南省志·人口志》（第二十三卷），前引书，第388页。
② ［日］小浜正子：《中国农村计划生育的普及——以1960—1970年代Q村为例》，前引书，第202页。
③ 张秀英访谈资料，访谈时间：2011年8月15日。
④ 曾奶奶访谈资料，访谈时间：2008年7月27日。

做节育手术的医生的技术都可能使环脱落。在一份 1979 年到 1982 年人工流产的原因分析中，由宫内节育器引起的带环怀孕或脱环怀孕达到了 34% 左右（见表 5-8）。1964 年 7 月湖南省卫生厅指出，实施节育手术的医务人员，应在技术熟练者的指导下进行妇科检查 200 次，吸刮人工流产各 30 次，放环 15 次，男女结扎手术各 10 次以上，在确实掌握操作本领之后，才能单独进行手术。① 1974 年 2 月，卫生部也发出《关于认真抓好节育手术质量的通知》，强调要加强技术队伍培训，做好术后观察和随访，认真对待手术事故。② 但由于对计划生育率的硬性规定，规定实施节育手术人数逐年增多，农村基层医疗卫生单位技术设备、技术力量一时跟不上需要，很多医生只是在稍微学习了一下节育手术之后就开始进行各种手术，如草尾公社医院的赵秋香医生说自己在看过三次结扎手术之后就开始独自进行操作了，有时一天要进行 40—50 人的手术。③

表 5-8　　　　　1979—1982 年按妊娠原因分类全国人工流产原因④

妊娠原因　　　　年份	1979	1980	1981	1982
女扎再通	1.22	1.02	0.52	0.67
男扎再通	3.59	3.96	2.72	1.88
带环怀孕	12.15	11.99	12.45	11.93
脱环怀孕	21.34	23.47	21.78	20.90
服药失败	7.83	9.05	11.65	10.35
避孕针失败	0.17	0.12	0.35	0.50
避孕套失败	1.74	1.58	2.43	2.02
外用药失败	0.21	0.39	0.52	0.85
体外排精失败	0.41	0.05	0.17	0.12
安全期失败	0.70	0.19	0.43	0.47

① 《湖南省志·人口志》，前引书，第 405 页。
② 《关于认真抓好节育手术质量的通知》，〔74〕卫计生字 113 号（1971 年 2 月 9 日），载杨魁孚主编《中国人口与计划生育大事要览》，中国人口出版社 2001 年版，第 52 页。
③ 赵秋香访谈资料，访谈时间：2011 年 8 月 14 日。
④ 中华全国妇女联合会、陕西省妇女联合会研究室编：《中国妇女统计资料（1949—1989）》，中国统计出版社 1991 年版，第 438 页。

续表

年份 妊娠原因	1979	1980	1981	1982
其他措施失败	49.69	46.94	45.64	48.97
无措施				

　　不过，还有使妇女感到难受的就是上环之后出现种种生理或者心理上的不舒服，比如腰有点痛、月经有点不正常等。台湾家庭计划研究所曾经于 1965 年、1966 年、1967 年、1971 年和 1979 年年对台湾地区装置乐普、子宫环和铜 T 妇女的追踪研究分析显示：就停用子宫内避孕器之理由来看，是以故意取出为停用的首要原因，其次是自然排出，第三是因意外怀孕，而副作用是故意取出的主要原因。这些副作用包括四种：一是出血、痉挛、下腹部及腰背酸痛；出血经量增加、经期延长以及月经期间有点血或出血三种情形。二是骨盆腔发生炎症，常见症状有阴道分泌物增多、骨盆腔疼痛和不规则出血现象。三是子宫穿孔：症状有下腹痛、子宫痛、腰酸及消瘦。四是意外怀孕引起的问题，如宫外孕、自然流产以及败血性流产。[1] 西村妇女在上环之后也有出现这些情况的：

　　　　我上环之后，就感觉有点不适应，来休息（指月经）拖的时间长些，有时有有时有得，冇上之前比较正常，一上环就略样了，不晓得么子原因，有时我跟妇女主任讲，她就讲冇事的，过段时间适应了就会好哒，但情况还是一样的，不过我是适应了（指适应了副作用）。[2]

　　西村许多妇女有了这些副作用之后就是忍着，忍到慢慢适应了这种副作用之后就认为是正常了。也许，上环的这些不适若与担心怀孕、发生怀孕、堕胎所受的生理、心理压力相比，可能是值得的。毕竟，没有上环的妇女如果没有按计划怀孕就必须实施人流。

---

　　① 姜锦烨、林文龙：《台湾地区妇女使用子宫内避孕器之后（乐普、铜 T、母体乐），自觉副作用之研究》，《中华杂志》1987 年第 7 期。
　　② 张桂香访谈资料，访谈时间：2008 年 7 月 21 日。

三　人工流产：从限制到放任

在所有对妇女身体控制的避孕技术中，最使人感到不可理喻的是政府对人工流产的态度。在 50 年代，中央曾多次下文禁止人工流产，[①] 到 1963 年，随着国务院《关于认真提倡计划生育的指示》的颁布，卫生部开始修改人工流产以及绝育方面的一些条件，在人工流产方面，指出，凡妇女要求实行人工流产术，凡无手术禁忌症，医疗单位应尽量争取早作，[②] 这就将以前提到的出现的术后问题交给妇女自己去考虑了。而到了 70 年代，为了达到一定的节育率，人工流产作为计划生育四种手术量的统计，尤其是作为一种补救措施被大力推广，以前所提倡的会影响母体健康以及下一代的生命而禁止人流的规定已经被忽视或者忽略，实现了从有害身体到有利于国家发展的华丽的转身。也许，对人工流产的各种表述形成了福柯所说的真理游戏——一条制造真理的规则，福柯认为，真理不是中立的，绝对的，真理存在于权力之中，真理也是不断被创造的。

在没有实施计划生育以前，西村一些妇女曾使用一些口耳相传的土办法来流产（见第四章）；但到 70 年代，国家政策以及医疗技术的发展使流产成为非常简单的事情，也使流产从私领域转向了公领域，不过这种转变却发生了根本性的变化，妇女可以享有处置她们身体的权利转向由国家来规定她们什么时间、什么地点去进行流产。西村育龄妇女大多有流产的经历，1976 年，西村有 58 位育龄妇女经历过人工流产，[③] 有的不止流产一次，有的在一年之内流产两次甚至更多。1979 年草尾区大同公社乐民大队共做四种手术 1750 例，其中人流手术 404 人，上环 906 人，男扎 35

---

① 1950 年 4 月，中央人民卫生部、中国人民革命军事委员会卫生部发布《机关部队妇女干部打胎限制的办法》规定，为保障母体安全和下一代之生命，禁止非法打胎，到 1952 年除了几种非常特殊的情况之外（这几种特殊情况见第三章第一节），1957 年由卫生部发出的《关于人工流产及绝育手术的通知》中强调：人工流产，可能影响到母体健康，甚至造成终身疾苦与生命的危险，因此要尽量避免。

② 〔63〕卫妇崔字 61 号，中华人民共和国卫生部《关于修改人工流产及男女结扎手术条件规定的通知》。

③ 此数据来自于笔者的调查统计。其中曾奶奶一生怀了 10 胎，其中自然生育 6 胎，人工流产 4 胎，存活了 5 个子女。在生第五胎与第六胎之间人工流产 4 次；张秀英总共怀孕 10 胎，顺产 7 个，自然流产 1 个，人工流产 2 个，总共存活 7 个；张桂香在结扎之前两年时间流产 2 次；杨晓良第二胎不符合规定时间，流产一次。

人，女扎 378 人。① 人工流产一般是在公社卫生院进行，有时由村里集体组织进行，有时由有技术的巡回医疗队走访各个村庄，就地实施手术。西村妇女称呼人工流产叫刮毛毛，而且，在西村妇女的表述中，"刮毛毛"成为了非常简单的事情。

> 我取环后又怀哒，就去刮掉，2 个多月哒，我一个人去，老公要做事，自己后来走回来的，回来后休息了几天。②
>
> 当时去刮毛毛，就是一个人去，刮完之后就在医院里休息一下，然后就回来做事，扯黄麻，晒谷，洗衣做饭，还要隐瞒（刮毛毛），以为刮毛毛是丑事。③

与口服避孕药、上环甚至结扎比较起来，其实人流更使妇女身心受创，人流毕竟是一种事后的处理方式，她们不仅经历了怀孕的辛苦还要承受将未来生命消失的一个过程。尽管许多妇女与我谈论流产时看起来一脸的轻松，因为她们自己觉得没有副作用在她们身上体现，但当时她们去流产时的那种心情现在还能体验或者还能在脑海中重现吗？高彦颐在研究缠足时指出："有时我们可以看到访谈乡村妇女有关其缠足经验的访问稿，然而，就算在这些访问稿里，她们所使用的词汇，以及这些语汇所展现的政治意识，也是后来才学习的。"④ 为了说明这个问题还列举了一个纪录片《小喜》（Small Happiness）里三位缠足老太太，其中一位老太太用"封建"这个词来说明她为什么缠足，而高指出，"（封建）这个词使她得以说明旧中国'压迫'她的根源，但却无法传达出她对于幼年时必须缠足此一事件的真实感受"。确实，经历 30 多年之后，在我与妇女的访谈中，她们与我提得最多的事情是（这个事情）"很丑"，"不好意思讲"，乃至于她们觉得现在的女孩动不动就去打胎是太不害臊了。在 70 年代这种禁欲主义盛行的时代，妇女对人流的这种羞耻感超过了上环、结扎，其

---

① 《一手抓生产，一手抓计划生育——中共草尾区委》，1980 年，沅江县档案馆藏，档案号：36—2—45，第 91 页。
② 徐清香访谈资料，访谈时间：2011 年 8 月 28 日。
③ 曾奶奶访谈资料，访谈时间：2008 年 7 月 27 日。
④ ［美］高彦颐：《缠足——"金莲崇拜"盛极而衰的演变》，苗延威译，江苏人民出版社 2008 年版，第 9 页。

实这几种都是与女性的生殖器官相连，但唯独对人流妇女们展现的更多的是害羞。而且，正是因为害羞，她们不敢将人流之事告诉别人，照常做事，而这对身体损害更大。

四　绝育：从输精管结扎到输卵管结扎

采取外科手术行为的绝育，是属于节育手术中最严格也是最值得注意的一种，绝育分为男性输精管结扎和女性输卵管结扎，按照医书上的介绍以及对当时颇负盛名的赵秋香医师的访谈，结扎输精管无论是从技术方面、手术的恢复时间还是对人体的损伤来说都比结扎输卵管要小。早在1957年8月中华人民共和国卫生部在《关于人工流产与绝育手术的通知》中指出，结扎输精管手术简便，无须住院；[①] 1963年卫生部再次发出通知，指出男女结扎手术中，男子输精管结扎术较为简便、安全，无须住院，应努力提介。[②] 在开始推行结扎手术的时候，输精管结扎占比较大的比重，不过一般在城市进行。1954年6月，益阳地区人民医院施行首例输卵管结扎手术，但在此后10多年中，虽然报刊不断宣传报道此种结扎术的好处，[③] 但数量依然不多。当时输卵管结扎还没有被掌握，一旦输卵管结扎术技术日益成熟，输精管结扎就退出了历史舞台。

70年代之后，女性的输卵管结扎手术获突破，于是输精管结扎手术在全区的比重逐年下降。1971年，益阳全区共做输卵管结扎手术28827例，占当年绝育手术总量的84.8%，随后，男性结扎日渐减少，到了1974年，男性输精管结扎手术只占全区绝育手术的7.7%，较之1970年下降35.8个百分点（见表5-9）。

---

① 《中华人民共和国卫生部关于人工流产及绝育手术的通知》，〔57〕卫妇李字第20号，1957年8月15日。见彭珮云主编《中国计划生育全书》，中国人口出版社1997年版，第1976页。

② 《中华人民共和国卫生部关于修改人工流产及男女结扎手术条件规定的通知》，〔63〕卫妇崔字第61号，1963年10月11日。见彭珮云主编《中国计划生育全书》，中国人口出版社2002年版，第1977页。

③ 1957年4月，《湖南妇女报》就刊登了一输精管结扎者的故事，一男子在结婚5年妻子生了4个孩子之后经济上有困难，妻子身体也很弱。在报纸上看到输精管结扎可以节制生育之后，两个都有要求，但男子担心结扎后会影响身体健康或生活。爱人是做卫生工作的，耐心向他解释，最后消除顾虑，实行了结扎手术，手术后20分钟就能到机关工作，第3天伤口有些痒，第7天不再痒了，对身体没有任何影响，性欲与结扎前一样，现在很放心。见《我结扎了输精管》，《湖南妇女报》1957年4月21日。

表 5-9　　　湖南省益阳地区 1963—1979 年绝育手术数量统计表 ①　　单位：人

年份	手术数量	其中		年份	手术数量	其中	
		男性绝育	女性绝育			男性绝育	女性绝育
1963	1413	1100	313	1973	29910	3436	26474
1964	1939	1191	548	1974	16566	1270	15296
1965	3771	1147	2624	1975	21654	2036	25618
1966	8996	4880	4116	1976	20579	1520	19059
1970	6158	2676	3482	1977	18706	4731	13975
1971	34013	5186	28827	1978	21025	2048	18977
1972	37260	7411	29849	1979	14901	1758	13143

在中央提倡的四种手术中，只有输精管结扎是针对男性的，但西村的结扎也主要是在妇女身上实行的，这种情形恐怕不是西村特有，因为人们认为男性结扎对男性不利，有人对男性结扎就持这样的观点：

> 此种避孕手术宜行于妇女身上，而保持男子的生殖机能。因在现行社会制度下，家庭以男子为主，而经济来源亦有赖于男子，如不幸而男子去世，则拥有三数小孩的寡妇，其再嫁的机会很少，而她的生育机能也无用处，反之，如女子死亡，男子往往需再娶，以主持家政，而新来的妻子，也自有其嗣欲。故除在特殊情形之下，……保持男子的生殖机能颇为重要，而此种绝育的手术应行于女子身上。②

这样的描述不仅使男女两性的身体产生了优劣之分，而且也将男女地位的高低进行了区分。父系制家庭注重的是传宗接代，而女性只是传宗接代的载体和工具，于是，人们对男性的结扎予以不同的说法。按照西村的说法，男的结扎之后就跟被阉了一样断了种子，干不了重活，身体会有毛病。徐金元，这位 70 年代民兵营长的老婆理直气壮地说："男的结扎会

---

① 湖南省益阳地区地方志编纂委员会编：《益阳地区志》，新华出版社 1997 年版，第184 页。

② 郭泉清：《实用避孕法》，家杂志社 1947 年版，第 50 页。

干不了重活，男的结扎不就像阉猪一样被阉了吗？那肯定不行的。"① 徐金元的观点几乎代表了西村所有妇女的观点，② 在访谈中我不断询问妇女这种观点是怎样得来的，她们都说是听别人说的，而同时她们觉得女性应该承担起结扎甚至避孕的重任，认为是理所当然的。因此，几乎所有去结扎的妇女去结扎时都说没想过要与自己的丈夫去商量要他去结扎，而是自己义无反顾地承担起一切行动。③ 就算有的妇女希望老公结扎但由于没有人带头而不敢：

> 当时我也想过男性结扎，但这个地方都是女的结扎的，如果我强迫他去结扎，不晓得别个会何式讲我，也不晓得别个会何式讲我老公，……我认为吃药的方法好，上环也好，结扎总觉得有点怕。④

然而，要说村民们对输卵管结扎手术了解多少恐怕不容乐观，基本上她们都带着疑惑甚至害怕。有一本书概括了人们对结扎手术的种种焦虑，比如做了结扎手术，对男女双方的身体健康、参加劳动和性生活有影响吗？有人说做了输卵管手术后月经量增多了，有这样一回事吗？输卵管结扎后，妇女的性格会改变吗？会发胖或退瘦吗？输精管结扎之后会不会变成"太监"？做了结扎手术之后，男的精子和女的卵子到哪里去了呢？有人怕做结扎手术会痛，会出血，有办法解决吗？⑤ 这样的疑问也一样存在于西村妇女的心中。对她们来说，结扎最主要的就是害怕，毕竟这是一种手术行为，要动刀子，有伤口，有的手术操作不当还会留下后遗症，西村妇女结扎之后就在卫生院休息5—7天时间，有人照顾，手术以及住院期间的一切费用不用承担，自己带点米去就可以了。

从70年代中期之后，西村凡是生育两胎以上的妇女——除非身体原

---

① 徐金元访谈资料，访谈时间：2011年8月12日。

② 我不知道这样的误解来自于何时、何地，在访谈中我不断询问妇女这种观点是怎样得来的，她们都说是听别人说的，或者说自然就有，后来我才发现她们将男性的结扎术等同于太监的手术，对她们甚至对村里人来说，太监就是男不男女不女的人，没有一点男性的阳刚之气，所以西村的村民才会有这样的想法。

③ 当然其中有几位特例，我在以后会有介绍。

④ 赵萍芳访谈资料，访谈时间：2011年8月16日。

⑤ 吴德昭编：《计划生育问答》，湖南人民出版社1964年版，第2页。

因——一律要结扎。毕竟，结扎后就不需要对妇女进行管理或者监督了，而使用其他避孕方法都能使怀孕成为可能，口服避孕药只要停药就可以怀孕，上环的妇女也只要找熟人或者找关系将环取出来就可以怀孕。[①] 用当时为西村妇女做结扎的赵秋香医师的话说："结扎方便，简单，一刀就一劳永逸，你恰药就要不停地恰下克，她们何式有时间，何式记得略。"[②] 这也折射出中国社会性别关系的面貌，在父权文化中男人对女人身体的支配，不仅迫使妇女承担更多的生育责任，避孕本应该是夫妻双方的责任，但在重男轻女、传宗接代的影响下，却成了女性单方面的义务，而女性也没有做出更多的要求与反抗。

五　节育的复杂性：多种节育方法的"体验"

小浜正子在 Q 村的调查和阎云翔在下岬村的调查都指出了节育方法在农村妇女中的使用，不过她们的描述使我们看到的是妇女使用节育方法的单一性，其实，随着政策的不断调整，农村妇女们会被告诉使用不同的方法来达到节育率，因此育龄妇女们往往不止使用了单一的节育方法，她们至少使用了其中的一两种，有的四种都使用过。生于 1954 年的罗中元就体验到了四种避孕方法：

> 我 1974 年生第一胎，1976 年生第二胎，冇人带孩子，黄光秀妇女主任要我去上环，我开始不想去，就要我恰圆子（即吃口服避孕药），但恰圆子不好，恰得发黑眼晕（指头晕），老想吐，大约吃了一年左右吧；后来就上环，但环在身上不舒服，做不得事，腰子疼，就取环，上环取环都是到草尾镇医院做的；取环之后就又怀哒，就去刮（即做人流），记得那时刘艳秋是支书，说如果不刮就要拆屋。[③]

---

① 小说《蛙》就写到有人专门为妇女秘密取环赚钱，取环很简单，"用一根铁钩子，几下就钩出来了"。具有讽刺意义的是这个取环之人竟然"是一个劁猪阉狗之人"。见莫言《蛙》，上海文艺出版社 2009 年版，第 113 页。

② 赵秋香访谈资料，访谈时间：2008 年 8 月 12 日。

③ 罗中元访谈资料，访谈时间：2011 年 8 月 15 日。

表 5 - 10   1978 年各地、县节育手术统计 ①

地区	节育手术合计人数	放置宫内节育环人数	取出宫内节育环人数	输精管结扎人数	输卵管结扎人数	人工流产例数
益阳地区	161608	70311	13263	3072	35259	39703
益阳市	3349	556	138	30	292	2333
安化县	16443	8177	1107	489	4255	2415
沅江县	50238	23958	2557	1481	16270	5972
宁乡县	36930	18635	4633	33	2281	11408
桃江县	15851	5407	1904	376	2535	5629
南县	19551	7967	1753	515	4923	4393
益阳县	19186	5611	1171	148	4703	7553

经历了这几种节育方法之后，罗中元最终被动员于 1984 年结扎。而在西村，大部分妇女都经历了罗中元这样的避孕过程。生于 1957 年的徐清香也对当时自己所采取的节育措施记忆犹新：

> 77 年我去上的环，在赵医生（指赵秋香）那里上的，当时不想结扎，怕呢，上了 8 年之后，环（可能）偏哒，就驮哒（即怀孕），就去赵医生那里先取环，后刮掉（即人流），那时大约有两个月哒，我一个人去的，老倌子要做事，自己后来走回来的，休息了几天。至于恰圆子（吃避孕药），那恰不进，恰哒就吐。后来又上环，上了 3 年多，又掉哒（指环掉了），又驮哒，只好又刮掉。

当然，徐清香最终没有采取结扎措施，这是她不断经历了几次上环、取环以及人工流产之后自然绝育所达到的结果。高彦颐在考察上千年的缠足史时，曾经感叹女性身体的顽强性②，那么西村乃至中国妇女所经历的这种种节育方法的体验我想不仅体现了如高所说的"身体的顽强性"，更体现了父权制社会的霸道与冷酷。

---

① 《一九七八年各地、县节育手术统计》，沅江县档案馆藏，档案号：69—2—2，第 56 页。
② ［美］高彦颐：《缠足——"金莲崇拜"盛极而衰的演变》，苗延威译，江苏人民出版社 2008 年版，第 6—7 页。在高看来，尽管缠足痛苦，尽管缠足不合时宜，母亲还是继续给女儿缠足；到放足时，缠足这个古老的习俗就算已经被法律定义为犯罪，人们还是相信小脚是值得追求的，于是感叹女性身体的顽强性。

对西村妇女来说，吃避孕丸、流产、上环、取环以及结扎在她们的心中留下了难以磨灭的印象。当然，在听她们口述时，从她们的表述中却难以发现其中选择的艰难与矛盾。不过正如贺萧所提醒大家的，口述过去是一种回忆，而回忆是立足于现在去讲述过去，其不断受到自身成长环境或者新的政治话语的冲击，因此记忆不是"真实"事物的仓库，"记忆包含的不仅仅是痕迹的建立，而是重新解读那些痕迹。每当记忆被召唤的时候，它都看起来像是新造出来的，因为讲述者在积极地创造新的含义。它时常重组一个人对所记得的事情的理解，以至于记忆的色调可能转移"。妇女们现在讲避孕是因为避孕对许多妇女来说已经是一种常识，而经过几十年时间的过滤之后，在与这些妇女的访谈中，她们的表述也是轻松自然的，并认为避孕习以为常。

就算在当时记载的档案材料或者文献资料中，妇女采取避孕措施并不是什么需要特别挣扎的难事，她们身体的体验以及内心的感受一直没有人去关注，妇女们付出的身体和情感的代价也常常得不到家庭和社会的重视。受父权制家长制压迫的妇女同时也受到社会主义父权制国家的歧视。作为政府来说，当地政府不断地营造出计划生育好、节育手术好的观念，而这种观念是不断面向女性来叙说的，这种好的结果是女性可以更好地投入到经济建设当中，不仅解放了妇女也使妇女的价值得到体现。媒体和舆论需要不断地制造出这样的典型，她们都以解放妇女、保护妇女的身心健康、免受多子女的苦恼为诉求重点。1974年5月，湖南省计划生育办公室撰文写道：

> 由于全省实行了计划生育，促进了母亲和儿童的健康，广大干部和群众，特别是广大劳动妇女减少了家务劳动和孩子的拖累，思想大解放，精神面貌发生了变化，更加精力充沛地投入了三大革命运动，有力地促进了"工业学大庆，农业学大寨"群众运动的深入开展。①

当时的《人民日报》《光明日报》也有大量的这方面的报道：

> 江苏省无锡市太湖渔业公社农业大队第二生产队由于计划生育工

---

① 《批臭孔孟之道，深入开展计划生育工作》，《湖南日报》1974年5月26日。

作搞得好，二十一名妇女由于孩子少，家务牵累少，个个精力充沛，而计划生育工作搞得差的一些生产队，妇女社员由于孩子多，家务重，干活心挂两头，学习落在后头，积极性不能充分发挥，影响革命和生产。……贫农钮小妹有节育的愿望，但对动手术有思想顾虑，公社卫生院医生诸良芬几次上门讲明道理，说明动手术后不会影响身体健康和劳动生产，并讲了自己手术绝育后的情况，解除了她的思想顾虑，愉快地进行了节育手术。①

在这些报道中，女性都是以非常主动、积极、高兴的姿态去进行节育手术的，而手术完全看不出有什么副作用，这些看似客观的但我认为是冰冷的描述看不出女性是否有心理的胆怯或者其他顾虑，有的只是欣然接受，而这种接受并不是出自当事人之口，因为这些女性的声音不但被封装在国族的巨型历史之中，而且诉说着此一巨型历史的词汇，就妇女个人经验而言，不足以写进历史。其实，对西村那些不断要实施避孕措施的妇女来说，避孕绝非一次性的程序，而是一种持续性的身体状态。与其说避孕解放了妇女的身体，倒不如说妇女的身体被牢牢掌控，就身体的感受而言，生育与避孕在本质上并无区别，除非自然绝育，否则妇女的身体处于永不停息的进行式当中。

第四节　两位结扎者（绝育者）背后的故事

共产党通过各种宣传教育甚至强制形式使生育了一胎的妇女都采取了节育措施，整个 70 年代，西村采取避孕的育龄妇女达到了 90% 以上，其中结扎占到了 70%，徐金元、王顺香、张桂香、曾爱珍等都采取了结扎措施，她们是属于结扎比较早的女性，而且她们告诉我说她们是自愿结扎的；还有一些人尽管没有结扎，她们也一直采取了避孕措施，没有再生小孩，不过，从 70 年代中期之后，我发现这些节育方法都无一例外地在女性身上使用（见表 5 - 11），可以说妇女的身体在国家的严密控制之下，但我们也发现妇女在这一过程中并不是一个被动的接受者，由于贫穷和养育的负担，计划生育在 70 年代的西村如小浜正子所说的"在

---

① 《切实加强党对计划生育工作的领导》，《人民日报》1973 年 7 月 30 日。

一定程度上受到了欢迎"。而阎云翔在下岬村的调查也指出，虽然有许多人拒绝实行计划生育，但是有的人也觉得避孕是个好办法。在 1978 年、1979 年两年里，下岬村有 9 名妇女自愿做了绝育手术，因为她们不想再生。① 不过阎并没有讲到这些妇女具体的生育情况，如果只生育了女孩，她们会与政策结成同盟吗？或者如果只生育了一胎，她们会自愿控制自己的生育吗？

表 5 - 11　　沅江县 1978 年元月至二月底计划生育四种手术比比看②

单位	育龄妇女数	四种手术情况				
		男扎	女扎	上环	人流	合计
草尾区	8732		32	87	183	302
草尾公社	1797		11	17	26	54
新安公社	1165		2	26	11	39
熙福公社	1109		4		18	22
草尾镇	979		2		29	31

　　小浜正子在考察 Q 村的计划生育后得出结论说，当家庭内意见不统一时，比起丈夫和婆婆，妇女本身对生育控制的态度更积极，妇女不只是政策的被动接受者，她们在村子复杂的权力关系背景下，对政策或接受或拒绝——因此在这场运动中，政策和妇女结为同盟，一致抵抗传统父权制的多子观念，有效控制了生育。③ 不过我却发现这些自愿节育的妇女的生育有两个共同点：一是生育了三个及以上的小孩；二是至少生育了一个男孩。

表 5 - 12　　　20 世纪 70 年代西村部分结扎女性生育情况

姓名	生育胎数	存活胎数	存活男孩数	备注
徐金元	4	4	2	

① ［美］阎云翔：《私人生活的变革：一个中国村庄里的爱情、家庭与亲密关系（1949—1999）》，龚小夏译，上海书店出版社 2006 年版，第 213—214 页。
② 《沅江县 1978 年元月至二月底计划生育四种手术比比看》，1978 年，沅江县档案馆藏，档案号：69—2—2，第 71—73 页。
③ ［日］小浜正子：《中国农村计划生育的普及——以 1960—1970 年代 Q 村为例》，前引书，第 174 页。

姓名	生育胎数	存活胎数	存活男孩数	备注
曹志芳	5	4	1	非正常死亡1个
徐清香	4	3	1	流产1个
陈菊英	6	3	1	非正常死亡3个
教堂曾奶奶	10	5	3	流产4个，死亡1个
曾爱珍	4	4	2	
罗秋月	5	5	4	
廖丽君	3	3	2	
胡玉英	7	5	3	非正常死亡2个
张秀英	7	6	4	非正常死亡1个
罗中元	3	3	2	
王佩君	7	7	0	未结扎
袁四平妻子	3	3	0	未结扎

从表 5 - 12 中可以看出，那些结扎了的女性至少符合以上两个条件，而没有生育男孩的袁四平妻子和王佩君，尽管她们的生育数量超过了国家的规定，但她们只是采取了节育措施没有结扎，并且如前所述，她们采取节育方法也受到了家庭各方面的阻挠，只有当她们生育了足够的数量和理想的性别时，她们才能控制自己的生育，在这种情况下，妇女本身就对生育的控制态度更积极，因为对她们来说至少是完成了家庭的任务。所以与妇女对计划生育的主动性与积极性连接在一起的是各种复杂的权力关系，而妇女也必须在这期间处理好这些关系才能达到与政策的联盟。在这一节我将通过对西村最早实行结扎手术的男女个案进行分析，希望从中能更好地理解生育与节育中的社会性别以及村落组织的其他方面。黄树民在他的经典著作《林村的故事——一九四九年后的中国农村变革》中对林村的党支部书记叶文德进行了一个生命史的描述，我在这里也将以生命史的方法介绍西村最早的两位结扎者。

一　吃螃蟹的女人：西村最早的女性结扎者

小浜正子在她的文章中曾介绍 Q 村两位计划生育的典型——妇女主任 D 和赤脚医生 J，其中 J 是 Q 村最早实施结扎手术的，而 J 实施结扎最主要的原因在于她是国家培养出来的赤脚医生，在计划生育方面要起带头作用。在西村妇女中，最早采取结扎行为的是 4 组的王顺香，她于 1972 年结扎，结扎时她还只有 25 岁，那时的计划生育还只是在宣传避孕上，没有强迫也没有规定去结扎，但她自愿去结扎了。与 J 比较起来，西村第一位结扎的女性并没有鲜明的政治立场，也没有 J 那样的光辉业绩，更不需要起带头作用，那么是什么原因促使她义无反顾地实施结扎，西村又给予了她怎样的待遇呢？

王顺香生于 1947 年，据她回忆，她 18 岁才开始来月经，属于发育比较迟的女性。然而在 19 岁那年（1966）就已经结婚，婚姻是媒人介绍的，老公是本生产队的，以前认识，"经常见面，但自从提亲之后见面就很不好意思了，那时节谈爱丑呢，哪像现在咯"。1968 年，21 岁的王顺香生下第一个小孩，是个儿子。此后的 1970 年与 1972 年又连续生了一个女儿与一个儿子，按照当时西村的情况，像她这个年纪的女性生 3 个小孩是不算多的，一般都会生 4.5 个以上，与她同年的曹志芳生了 5 个之后结扎，徐金元也是生了 4 个、流产 1 个之后于 1976 年结扎，而且当时政府在 1973 年之后才作出 "一个不少，两个正好，三个多了" 的数量规定。但王顺香在生完第三个小孩之后就坚决不想再生了。对她来说，不想生的原因有以下几个方面：一是家里太穷，负担太重。"我 72 年就结扎主要是养不活。我干娘（即婆婆）生了 15 个，在世的只有 8 个（3 男 5 女），干爷（即公公）不管家，干娘就带着崽女讨米过活，我老公被送给别个家里，后来那里的伢娘死了之后他又回来哒。"[①] 王顺香老公周培植，是个不善于交谈、生性有点木讷的男子。在土改划分成分时，周培植家里是典型的贫农，家里几乎没有什么值钱的东西，嫁过来之后由于家里人口多，家里一直没有什么起色。在王顺香看来，"干娘生那么多小孩不仅拖垮了身子，而且一直冇过上什么好日子"。有了干娘的事例，再加上老公的不细心，王顺香心里就一直不愿多生孩子。

第二个原因是采取其他避孕措施怕丑，嫌麻烦。70 年代初，西村妇女一般来说还没有想到事前采取避孕措施，当然这也与避孕措施的推广程

---

① 王顺香访谈资料，访谈时间：2011 年 8 月 14 日。与王顺香的访谈主要时间在 2011 年 8 月 14 日，其后在 8 月 15 日和 8 月 17 日进行了第二次和第三次访谈，文中引用王顺香的谈话内容都来自于这几天的访谈资料，在后文中不再赘述。

度有关，王顺香说她没有听说过事前的避孕方法，也不懂其他避孕措施，但她知道当时西村妇女怀孕之后会被动员去做人流，但人们对人流的反映不是很好，尤其是医生对待这些妇女的态度上：

　　　　刮毛毛（即小孩）的时候不是要脱裤子啵，就有点忸忸怩怩，动作就慢哒点，草尾医院的黄凤梅就骂，作骚时不怕丑，脱得快，现在就怕丑哒？听哒别个一讲就更不想去做流产哒。

　　农村里面对性与生理知识的态度不仅影响了医生，而医生更是影响了她所面对的"病人"。

　　第三个原因是刚好有计划生育技术人员下乡工作，并到她家做了宣传与劝说。尽管那时计划生育工作实行得并不严厉，但王顺香还是记得那时队上还是开了动员会，号召大家结扎，但并没有强制要求。"碰巧益阳地区有医生上门来了，来动员我们，要我去结扎，说月子里结扎是最好的……"可以看出，妇女在决定生与不生时，并不只受到政策的左右，还会考虑到与工作、经济条件、家庭条件、身体健康之间的关系。[1] 于是在生完第三个小孩之后的第 7 天，王顺香的老公[2]用船载着王顺香去镇卫生院做了结扎，但王顺香的结扎手术进行得并不顺利，一般只要几十分钟不超过一个小时的输卵管结扎术在她身上出现了意外，"我结扎时搞了几个小时，老公在外面急得捶门哒，在我之前有一个人结扎，出来之后脸上惨白惨白的。我子宫收缩得不好，也可能是医生的技术不好，反正我用的时间太长哒"。

　　事实上，王顺香被益阳地区来的医生所告知的"月子里结扎最好"的话骗了。赵秋香医生认为其实月子里结扎要麻烦些，"因为刚生完小孩，子宫收缩不好，还冇复原，找输卵管的话就难找些，因为冇收缩好的子宫肥大，将输卵管盖住哒，找出来费时间，就算找出来哒，由于子宫肥大结扎也麻烦些"[3]。除此之外，当时的手术质量并不过硬。益阳地区在总结 1974 年计划生育工作时指出，我区出的手术事故是全省最多的，各县要论证提高医务人员的技术水平，保证手术质量，要狠批"事故难免

　　① ［日］小浜正子：《中国农村计划生育的普及——以 1960—1970 年代 Q 村为例》，前引书，第 204 页。
　　② 对于王的老公是否愿意她去结扎，我没有访谈到他。
　　③ 赵秋香访谈资料，访谈时间：2011 年 8 月 15 日。

论"杜绝事故发生。①

　　既然知道在坐月子期间结扎会有那么多弊端，但为什么还是有那么多的妇女在月子期间结扎呢？许多妇女记得她们是在月子里结扎的。如赵平芳在生完小孩的第 8 天结扎，罗中元在刚坐完月子的最后一天结扎，欧玉珍在坐月子的第 10 天结扎，赵秋元也是在月子里结扎……在这里医生与村干部的利益第一次不约而同地走在了一起。

　　在 70 年代，对于避孕药物的使用以及节育手术的实施一律是免费的。"不论城市或农村，口服避孕药和四种手术费一律免收"，并且"农村男女社员，由所在大队按同等劳力照计工分"②。同时还应该安排相应的假期。当时湖南省计划生育领导小组还根据国家的规定对计划生育手术的休假安排有明确的规定（见表 5 - 13）。

表 5 - 13　　　　　　　　　**各种计划生育手术的休假规定**③

项目	休假时间	项目	休假时间
上环及取环	3 天	引产术	20—30 天
男性结扎术	3—5 天	流产结扎术	28 天
女性结扎术	20 天	剖宫流产加结扎术	35 天
人工流产术	10—14 天	产后加结扎术	除产假 56 天之外，另补 7 天

　　但西村干部在这上面做了一些文章，对他们来说，动员妇女在月子里结扎有以下好处：一是好动员，好宣传。"女的坐月子不能跑到外面去啵，我们来做工作就容易多了。她在月子里反正有时间，坐月子也有点无聊不，我们去上门谈她们也愿意听些啵。"④ 因此当村干部尤其是妇女主任掌握了育龄妇女的情况之后，就抓住机会与妇女做宣传与动员，晓之以理，动之以情。二是在月子里结扎不需要补贴工分。"你本身是在落月

　　① 《抓大事，促干劲，认真搞好计划生育——益阳地区计划生育工作检查总结》，1975 年，湖南省档案馆藏，档案号：219—1—31，第 312 页。
　　② 《关于计划生育的几项规定》，1971 年，湖南省档案馆藏，档案号：219—1—9，第 26 页。
　　③ 《关于计划生育的几项规定》，1971 年，湖南省档案馆藏，档案号：219—1—9，第 27 页。另见《湖南省志·人口志》（第二十三卷）第 351—352 页，关于休假时间稍微有一两天的出入。
　　④ 胡嫦钰访谈资料，访谈时间：2012 年 8 月 16 日。

(坐月子)，落月反正是不能做事的，补贴工分做什么呢?"村支书刘艳秋的话道出了其中的原委。于是王顺香，这位西村最早的女性结扎者，在生完小孩第 7 天去结扎，不仅没有工分补助，也没有发一点营养品。当然她在医院里的住院费用是免费的，同时她还得到了一条，就是作为典型与榜样在西村进行宣传。王顺香本人不仅对这事没有一点怨言，反而觉得队上这样做是理所当然的。"因为我是在月子里，月子里反正出不得工啵。"在我访谈王顺香的时候，她仍然没有因为当时没有补贴工分或者发放营养品而有不满，也许对她来说，结扎帮她解决了生育的劳累，这是她求之不得的，她告诉我，"如果生那么多，我会寻短路死，我真是多亏了计划生育"。没有小孩的拖累之后，王顺香可以安心地出集体工，挣工分了，家里的生活也开始得到了改善。集体解散之后，他们与别人合伙开了一家模具厂。生活安闲，不过她告诉我说结扎之后怕冷些了。

当然我们不应因王顺香对生活的满足而不去反省这其中的权力、性别关系。王顺香响应政府的号召主动实施了结扎手术，然而在这场结扎手术中，她没有得到政府所给予的一点点实惠，村干部中男性的主导地位再一次占了上风，而其中村委成员中唯一的女性（妇女主任）也成为了"帮凶"，她不仅成功使王顺香结扎，而且还与男性村干部站在一边共同维护属于村庄的集体利益而不是维护妇女个人的利益。因为补贴工分意味着村庄里其他社员所得就相应地要少。并且西村干部在其中并没有完全按照国家政策办事，而是按照村庄的规则在办事，也许我们可以说毕竟一个人是不可能在父权制的领导机构中占据上风的，而一直以来由于生育本身就是女性自己的事情，男性村干部在其中自以为使村落的损失降到最小，表面上看是为集体着想，其实是对妇女生育方面的漠视，对妇女权利的漠视。这一点我们可以从一位男性结扎者的待遇中窥见一斑。

二　"越界"[①]：西村最早的男性结扎者

相对于庞大的女性结扎者来说，西村的男性结扎者可谓是凤毛麟角。

[①]　我从王政老师那里借用了"越界"这一词语。在她的《越界：跨文化女权实践》一书中，"越界"可以指跨越国界，跨越文化界限，但主要是指女权主义、女人的越界，即"她们不仅身体力行地突破男权文化对性别的限制，也力图跨越国家、民族、种族、阶级等种种在男权文化中建构起来的等级界限"。见王政《越界：跨文化女权实践》，天津人民出版社 2004 年版，前言第 2—3 页。

从 70 年代到 90 年代，在历时 30 年的计划生育中，西村总共只有六位男性采取了结扎措施（见表 5 – 14），而女性结扎者有 176 人之多。然而，探讨这些男性结扎者的心路历程，可以对西村的计划生育工作有进一步的了解，更可以进一步了解西村的社会性别关系。

表 5 – 14　　　　　　　　　**西村男性结扎者情况**①

姓名	结扎时间	结扎原因	所在生产队
杨志山	1974 年	老婆有病	6 队
袁有民	1985 年	对堂客好	3 队
丁永生	1986 年	对堂客好	3 队
周乃章	1986 年	国家干部	5 队
王志兵	1986 年	国家干部	9 队
高洪清	1990 年	不详	1 队

在这 6 位男性结扎者当中，6 队的杨志山是最早实行输精管结扎手术的男性，他于 1974 年采取输精管结扎手术。当时西村村委会还就这事情进行了宣传与表扬，但这种表扬没有起到很大的作用，西村不管男女对男性结扎都持负面态度。整个 70 年代，西村只有杨志山一位男性结扎了输精管，而女性有 54 位结扎输卵管。杨志山生于 1936 年，家里兄妹 5 人，两男三女，杨志山排行老二。新中国成立之后，杨的家庭情况并不好，1955 年结婚，老婆张秀英生于 1935 年，比他大一岁。据张秀英回忆，与杨志山的认识是经过媒人做媒认识的，媒人是杨志山的姨夫，杨家与张家相隔七八里路程，媒人介绍之后，自己也没什么意见，"当时我们有什么意见咯，见面都很少，反正父母说了算，那时节谈爱好丑的呢……"② 次年她就嫁到了杨家，至于彩礼钱方面，张秀英一概不知道。当然她也没权知道，于她而言遵循的是"父母之命，媒妁之言"。嫁过来的张秀英在

① 在西村还有两位男性结扎者，一位是 6 队的李天赐，但李不是在西村结扎的，而是在湖北结扎的，并且结扎之后他老婆再次怀孕，他有结扎证，但村里人怀疑他的真实性，李天赐于 2010 年死于癌症。关于他家的情况在第五章有进一步的介绍。另外一位是邻村南岳庙村的裴建军，裴确实结扎了，但他是在结扎之后搬来西村的，严格说来这两位不算西村的男性结扎者，西村支书提供给我的这份名单也没有将他们两人包括在内，这 6 位中高洪清 52 岁死于肝癌。

② 张秀英访谈资料，访谈时间：2011 年 8 月 14 日。文中所引用的谈话都来自于这次访谈资料，不再赘述。

1957 年生下了第一个女儿，但女儿出生才一个月零 3 天就在一个晚上患"被和煞"而死。① 杨志山老婆总共怀孕 10 胎，顺产 7 个，自然流产 1 个，人工流产 2 个，总共存活 7 个，1972 年生最后一胎，那时张 36 岁，在这生育的整个过程中，张秀英也曾采取了避孕措施——上环。在张秀英的印象中，老公对她很好，老公结扎的时候也没有与她商量，也没有要她去做结扎，尽管那时女的结扎非常普遍。然而，通过与杨志山本人的访谈以及村干部的回忆，杨志山的结扎其实有几方面的原因。

杨志山的老婆张秀英其实有一点不正常，那就是她患有癔病，当然她癔病发作的次数并不多，② 但一发作起来延续的时间却很长，有时一年两年。尽管张秀英无论从哪方面看都像一位正常的人，但受不得大的刺激，不然的话就会患病。杨志山对这事一直都小心翼翼，他说他尽量不去刺激她，杨志山的家庭情况并不好，家里总共有兄妹四人，属于典型的贫农，对于他以及他的家庭来说能够找到一个姑娘结婚已经是很不错的了，而且张秀英本身长得不错，不发病的时候性格很好，待人接物各方面到位。当然只要发病就不会干任何事情，也不认识人，如果离家出走就找不到回家的路，杨志山生怕老婆有这样的情况出现。

大约 1967 年，张秀英带环怀孕流产之后，没有采取任何节育措施，有过上环的失败之后，她没有想过再去上环，也没有吃避孕丸，按照她的说法是："不知道有吃避孕丸一事。"于是在没有任何节育措施的前提下，1968 年与 1969 年，她又两次连续怀孕，"听别个讲可以刮毛毛（即人工流产），我就先后到卫生院去把毛毛刮了。当时我是下定决心不要细伢子哒，也不怕"。1972 年 1 月，已经流产三次的张秀英再一次怀孕，这时她想起以前的两次人工流产经历，"还是有蛮疼呢"，她就没想到再去做人流了，于是当年 10 月，张秀英生下了第 7 个孩子（存活的），连续的生产、流产，以及上环等经历，使张秀英的心情也很郁闷，心里已经是非常不想生哒，"小孩是绝对不能要了，但采取什么办法呢"？

---

① 其实就是被被子盖住憋死的，这是一种迷信的说法，但当时村民没有想到这一层，认为人生死有命，富贵在天。而且 1957 年正是西村开始进入到轰轰烈烈的合作化的前奏，成年男女都要参加到生产的"大跃进"中，生活的劳累加上对照顾小孩的无知使女儿过早地就离开了人世。

② 张秀英与杨志山的访谈是分开进行的。张秀英的访谈中没有谈到她患病的事情。杨志山告诉我说总共发了三次病，集体时发病一次，分产到户之后发作一次，2008 年发病一次。

应该说杨志山一直是很担心张秀英发病的，当然他更感觉到了生活所带来的巨大压力：小孩太多，没有人帮忙带；挣工分的人少，吃饭的人多。他心里也一直担心老婆再怀孕。恰巧70年代初的时候，计划生育宣传工作已经在西村开始进行，"我听别人讲男的可以结扎，我就想着去结扎了，而且我发现女的结扎像阉猪一样，男的结扎简单多哒，我就冇跟婆婆子（即老婆）商量，就跑去结扎哒"。至于为什么杨志山说男的结扎容易些，女的结扎难些，是因为"宣传的时候我看到了一些宣传挂图，讲解结扎的原理，我感觉男的结扎容易些，女的结扎要难些，而且那些宣传的人也讲男的结扎要容易些"。杨志山心里感觉有谱了，他想到了自己要去结扎。

当然，杨志山结扎还有另一方面的原因，即杨志山是一位干事情拈轻怕重的人，按照村民的说法，就是有点懒，不勤快。据与他一起长大的张树洪反映："六几年搞集体的时候，杨志山不想做事，就跑到外面去了，我们又冇时间派人去找，他喜欢做轻松一点的活。有点懒。"其实杨志山是精明的，当时家里负担太重，无论怎样劳动也难以解决温饱问题，当时计划生育奖励政策是结扎可以补贴一个月工分的，而且杨志山也知道男性怕结扎的原因，他不是没想过，但他心里有底。当时的大队会计一番话也指出了其中的一原委："他结扎之后村里不但补贴一个月的工分，而且后来派活的时候一般是派轻活给他，但按照当时劳动力的工分计算。他不就是想去干那个轻松一点的活！"①

于是，1974年下旬，杨志山在没有与老婆、父母商量的情况下一个人跑到草尾镇卫生院做了结扎手术，按照他的说法是：

> 没有与老婆商量是因为怕老婆患病，如果要老婆去结扎也怕她患病，怕她受不了打击；而当时自己的丫娘（父母）也不管自家的事情，所以我就一个人跑到医院去了，没有一个人陪同。跑到医院自己去找医生，医生问你来干什么，我说我来结扎，医生还说，你为什么要来结扎，我说不想生哒，医生又问，你为什么不要你老婆来结扎，我说我堂客有癫病，发哒几次病哒，我怕她又发病。

---

① 徐小明访谈资料，访谈时间：2011年8月15日。

　　结扎之后的杨志山一个人走回了家，张秀英看到杨志山走路有点不对劲，就问原委，才知道杨志山结扎了，张秀英的第一反应是："其实我巴不得他克结扎。"结扎之后的杨志山发了一包荔枝、一瓶罐头还有一包红糖。在当时，这些东西是很难买到的，很多东西都要凭证去买，比如糖、肉、布匹等，杨志山发到了那么多的东西，不知是不是也因为他是男性结扎者的缘故。

　　作为西村最早的一位男性结扎者，杨志山也是第一个吃螃蟹的人，可以说，他不顾当时的村风民俗义无反顾地要求结扎，有现实的原因：小孩拖累，老婆有病；同时他也有自己心里的盘算：可以干轻松点的活，当然他的盘算得现了，他不但补贴到了一个月的工分，同时还成为了村里受表扬的典型，不但干活的时候村干部会顾及他的这一特殊情况，而且也切实给予了照顾。与村里第一位女性结扎者王顺香相比，她的待遇不可与杨志山同日而语。从王顺香与杨志山两人的结扎事件来看，可以发现村庄与社会、个人之间的以下特点。

　　第一，父权制的村委会——对性别的区别对待。在西村，村委会成员对计划生育的执行起到了非常重要的作用。他们有权决定谁应该去做结扎、谁应该去放置宫内节育器，甚至谁应该去做人流。黄树民在福建林村调查时曾亲眼目睹了村干部的权力与作用，甚至有村民跪在村支书叶文德面前哀求不要让其媳妇做人流。[①] 但无一例外的是，村干部主要是动员女性去采取避孕节育措施。对于女性来说，妇女不仅肩负着生育与养育孩子的主要责任，同时也承担着避孕或者节育的主要负担。因此我们不难发现，村干部大力动员妇女去避孕，比如王顺清是在医生的动员之下去做结扎的，而几乎没有人去动员男性去采取避孕或者结扎，乃至于杨志山在结扎时医生还用质疑的口气问他为什么老婆没有来结扎。

　　第二，内化：对结扎（避孕）的自我认同。西村的结扎主要是在妇女身上实行的，男性做绝育手术的很少，这种情形恐怕不是西村特有。在《性政治》一书中，米利特认为父权制夸大了男女之间生物学上的差异，而这样的一种意识形态是如此有力，其中每一种制度都合理化和强化了妇女对男人的屈从，结果是使大多数妇女从内心接受了自己比男人低等的感

---

　　① 黄树民：《林村的故事：一九四九年后的中国农村变革》，素兰、纳日碧力戈译，生活·读书·新知三联书店 2002 年版，第 157 页。

觉，以至于男人通常都能够得到妇女的赞同和拥护。[1] 因此，几乎所有去结扎的妇女去结扎时都说没想过要丈夫去结扎，而是自己义无反顾地承担起一切行动。这种自我认同深深根植于人们的脑海中，使得女性义无反顾地承担这一身体的实验。这也折射出中国社会性别关系的面貌，在父权文化中男人对女人身体的支配，不仅迫使妇女承担更多的生育责任，避孕本应该是夫妻双方的责任，但在重男轻女、传宗接代的影响下，成了女性单方面的义务，而女性也内化这样的观点。

第三，男性结扎：有关男性气质的损伤。村民普遍认为男性采取结扎有损于身体，女性结扎被认为是无伤大碍，是女人应该承担的，于是在这样一种观念上，相对于女性结扎者来说，男性结扎被村干部作为特殊事件来对待，因此他们受到的待遇与女性截然不同，如干轻体力活，但高工分照拿。但同时我们也发现，实施了结扎手术的男性无论是在男性眼中还是女性眼中既作为一个特殊事件，同时也成为了一个另类。村民将男性的结扎术等同于太监的手术——阉割，对她们甚至对村里人来说，太监就是男不男女不女的人，没有一点男性的阳刚之气。弗洛伊德在分析男性主导女性附属地位的原因时，指出正是因为女性没有阴茎，于她们而言是被阉割的人，她们就表现出阴性化的一面，"被阉割不仅意味着一种性心理焦虑，而且意味着对自身主体职能的焦虑"[2]。从这一点来看，社会真正承认的价值就是那些男性气质的表现。结扎使男性的身体受到了损伤，而且这与男性阳刚之气是相背离的，太监的身体是有缺陷的，属于二等公民。

王政曾经指出，在毛泽东提出时代不同了，男女都一样，男人能做的事情女人同样能做的时代，女性走出家庭与男性并肩作战，做了一回"越界"的女性，但她们却没有受到特殊的待遇，反而是生产与生育使她们的负担更重了。[3] 传统的男性中心观对女性行为的界定又一次使两性的价值体现出现了不同，这不同是以男性优越女性低下而告终的。难怪历史学家琼·斯科特发出感慨说，我们的社会结构是优越于男性的，社会权力掌握在男性手中。

---

① ［美］凯特·米利特：《性政治》，宋文伟译，江苏人民出版社2000年版，第37页。
② 孟悦、戴锦华：《浮出历史地表——现代妇女文学研究》，中国人民大学出版社2004年版，绪论第18页。
③ 王政：《越界：跨文化女权实践》，天津人民出版社2004年版。

第五节　小结

阎云翔认为 1977 年县里派计划生育工作组进驻下岬村之前，下岬人根本没有注意到这项政策。[①] 不过西村的计划生育在 20 世纪 70 年代初就拉开了序幕，并且整个 70 年代，西村的计划生育取得的成绩比较突出。70 年代强有力的政治思想工作和组织保障使村委会对农民的生育容易控制，同时，集体化的经济制度作为控制人们生育行为的有效经济杠杆有效控制了人们对计划生育管理工作的逃避行为。在集体化之下，村民的一举一动都在公社的掌握之下，村干部比较容易控制村民的经济活动同时也能控制村民的生育活动。村委会成员对计划生育的执行起到了非常重要的作用。他们有权决定谁应该去做结扎、谁应该去放置宫内节育器，甚至谁应该去做人流。但无一例外的是，村干部主要是动员女性去采取避孕节育措施。对于女性来说，妇女不仅肩负着生育与养育孩子的主要责任，同时也承担着避孕或者节育的主要负担。因此我们不难发现，村干部大力动员妇女去避孕，比如王顺清是在医生的动员之下去做结扎的，而几乎没有人去动员男性去采取避孕或者结扎，乃至于杨志山在结扎时医生还用质疑的口气问他为什么老婆没有来结扎。西村村委会班子从新中国成立以来就由男性主宰，这是中国公共领域与公共权力掌握方面非常普遍的一个现象。女性仍然被排除在村落政治之外，农村女性进入权力体系参与管理村级事务几乎是一种奢求，男性掌握着村委的一切，尽管有妇女主任主管妇女事务，但在西村计划生育强制实施的时候，妇女主任除了弄清妇女的生育情况以及带领妇女去做手术之外，对其他决策性的事务几乎没有发言权。

随着村庄对国家政策的不断宣传，计划生育观念已渗透到过去从未接触过甚至不曾识字的劳动妇女阶层，她们曾经犹豫过，质疑过，但通过乡村计生人员、妇女干部、广播、图片（幻灯片）、书籍杂志以及亲朋好友等获得了相关避孕知识，原先羞于启齿的避孕在西村中成为了家庭尤其是妇女日常生活中必须面对的事情，随着人民公社制度的变化以及公共食堂的解散，西村社会也发生了如阎云翔所认为的相当大的变化，如年青一代在择偶方面更

---

① ［美］阎云翔：《私人生活的变革：一个中国村庄里的爱情、家庭与亲密关系（1949—1999）》，龚小夏译，上海书店出版社 2006 年版，第 211 页。

趋独立，夫妻之间的亲密关系得到增长，更进一步来说，妇女也获得了相对自主的社会空间，妇女的地位和权力得到了提升，同时，在挣工分成为家庭主要的经济来源时，妇女们在劳动与家务，劳动与养育子女的双重负担下，接受了节制生育的宣传并实践着这一行动，所以与小浜正子在Q村的考察类似，对一部分西村妇女来说，计划生育在一定程度上受到了村民的欢迎，而且，在计划生育的实施过程中，妇女并不只是被动的接受者，她们中的许多甚至与政策结成了联盟，自愿采取避孕措施，一致抵抗传统父权制的多子观念，甚至有些妇女能自己决定生育或者不生育。

当然，无论是村干部、村妇女主任还是西村妇女自身，都觉得避孕应该是妇女自身的事情，这种自我认同深深根植于人们的脑海中，使得女性义无反顾地承担这一身体的实验。同时国家不断地改变生育政策，使得妇女不得不采取不同的避孕措施，使得她们的身体牢牢地被国家所控制，这也折射出中国社会性别关系的面貌，在父权文化中男人对女人身体的支配，不仅迫使妇女承担更多的生育责任，避孕本应该是夫妻双方的责任，但在重男轻女、传宗接代思想的影响下，却成了女性单方面的义务，而女性也没有做出更多的要求与反抗。

与60年代的避孕方法相比，70年代的避孕方法比较简便实用，供给量也大致满足了需求，同时，妇女们也不必承担避孕、绝育手术方面的费用，但各种节育方法的安全性问题时有发生，如口服避孕药之后的不良反应，节育环不断脱落甚至带环怀孕，当然，在传统的性别结构与生育文化之下，社会要求男性避孕的呼声很小，宣传也不力，于是男性积极采取避孕方法的依然屈指可数，面对急速降低人口出生率的行政压力，村委会或者计生人员迫使妇女不得不选择对她们来说负担很重的方法，也就是依靠人工流产和结扎输卵管的方法来实现计划生育，但被认为简便可靠的输精管结扎，在男性对节育并不积极以及宣传不力的情况下，难以得到实行。早在1922年，美国"节育之母"桑格夫人在《妇女与新家族》的篇首就强调："一个妇女不能称自己为自由人，除非她拥有和掌握自己的身体；一个妇女不能称自己为自由人，除非她能够有意识地选择是否要成为母亲。"① 对西村妇女来说，她们在某种程度上获得了生育决定权，同时也

---

① ［美］玛格丽特·桑格：《妇女与新种族》，转引自［韩］俞莲实《民国时期城市生育节制运动的研究——以北京、上海、南京为重点》，博士学位论文，复旦大学，2009年，第75页。

意味着国家、社会开始有效地介入妇女个人身体，而到 80 年代随着独生子女政策的实施，政策越来越严格，村民感到了强制性，这就使 80 年代的计划生育出现了与之前不同的情况，下面这章就会具体介绍 80 年代的计划生育。

第六章　冲突与妥协：独生子女政策与新型生育文化(20 世纪 80 年代)

　　　　记得是 86 年吧，我正怀哒我熊伢子，有 7 个多月哒，前面生的是两扎（个）妹子哦，计划生育盯得好紧的，村里的干部一直催我克（去）引产，搞得我后来一直躲在外面，有天晚上回来的，哪晓得第二天村支书，胡嫦钰（即当时的妇女主任）她们就到我屋里来哒，我心里想噶下拐噶场哒（这下出问题了），我晓得这次敷衍不行了，就对老倌子讲，你招呼一下干部略，我进克（去）换一下衣服就走。我进哒房间，哪里是克换衣服略，（笑）我打开屋后的门（指着后面，后面是一条五六米宽的灌溉水田的水沟），我当时也有想水有好深，就从这条水沟蹚了过去，水没过膝盖，后来又跑到了我姨妈家，直到将细伢子（是个男孩）生下来。①

　　我在西村进行田野调查时，与妇女们聊起 20 世纪 80 年代的独生子女政策，有上述经历的妇女很多，她们或躲或藏，或跑或逃，有的一躲就是一两年，直到回来时带回一个小孩。她们现在以一副胜利者的姿态与我谈论着当年的"壮举"——她们是怎样巧妙地躲过了计生干部的检查，又是怎样逃避了村干部的抓捕。当然，80 年代集体的解散为她们创造了一些条件，同时也给她们带来了更多难忘的记忆。1978 年底，随着十一届三中全会的召开，党的工作重点从"以阶级斗争为纲"转移到经济建设上来，提出了解放思想、开动脑筋、实事求是、团结一致向前看的指导方向，以实现四个现代化。在农村，共产党开始实行家庭联产承包责任制，鼓励农民发展副业，这不仅促进了农村经济的发展，也大大提高了农民生

---

① 熊美兰访谈资料，访谈时间：2011 年 8 月 12 日。

产的积极性，农民家庭的收入也得到大幅度提升。同时，在这一时期，共产党对计划生育问题更加重视，也抓得比以往更严厉，70年代所推行的"最好一个，最多两个"的数量规定到80年代转到了"一对夫妇只生育一个孩子"上来，一胎化政策随即在全国各地推广开来。这一政策开始受到了西村人的强烈反对与不满，这不仅与家庭联产承包责任制相矛盾（因为按人头分地），也与传统的生育文化相冲突，如果只准生一个，那么谁能保证这个一定是男孩？如果不能生个男孩，那么这个家庭又将怎样延续下去呢？

阎云翔对下岬村计划生育的调查显示，在八九十年代，下岬村人在计划生育上经历了由惊讶、对抗、应付到调整的过程，尽管村民们开始强烈反对一胎化政策，甚至不惜罚款超生、与计划生育干部起冲突，但在计划生育政策的影响下，不少人改变了生育观念，还有些人做了调整，结果一种新的生育文化正在出现。不仅到20世纪末，政府强制推行的计划生育政策开始在一些家庭中变为自觉的生育计划，而且他们还认为计划生育政策改变了家庭结构，使原先的主干家庭不断退出历史舞台，随之而来的是核心家庭的出现。[①] 考察西村的情况，我发现阎云翔展现了中国农村在一胎化政策下的一个普遍现象。不过，女权主义学者提醒我们要从社会性别的角度去考察家庭、考察计划生育。加拿大学者宝森对云南禄村的计划生育的研究指出，"被计划生育政策掩盖了的是有关社会性别、妇女作为生育者、女孩作为较不理想性别等重要问题，看似社会性别中立的政策不仅导致了出生性别比的不平衡，也使妇女在当中承受了更多的苦难经历——不理想性别时的不安，结扎时的恐惧等；同时，不管是在土地权利还是在计划生育中，妇女的权益都受到了损害"[②]。而朱爱岚对北方三个村落的研究更是着重体现权力与性别的关系，她认为改革开放之后妇女已经成为农村的主力军，但随之而来的是特别引起关注的男女不平等待遇，例如：在土地分配份额上男多女少；在乡村工业中妇女与男性的角色明显不对等；在管理资源上，妇女在社区中并不拥有类似于男性的权力，她们也没

---

① ［美］阎云翔：《私人生活的变革：一个中国村庄里的爱情、家庭与亲密关系（1949—1999）》，龚小夏译，上海书店出版社2006年版，第211—213页。

② ［加］宝森：《中国妇女与农村发展——云南禄村六十年的变迁》，胡玉坤译，江苏人民出版社2005年版，第314、104页。

有占据当地的政治领导地位。① 因此尽管阎云翔的研究适合于西村，但他却没有从妇女自身的角度去考察，无可否认的是，政策的实施对男女两性都会产生影响，但对农村女性的影响是独特的，这与她们在社会中的传统角色和位置密切相关。那么，循着阎云翔、宝森以及朱爱岚等学者的思路，20世纪80年代，受家庭联产承包责任制和独生子女政策的影响，西村妇女的土地权利、家庭两性关系如何？对她们的生活产生了怎样的影响？妇女们又采取了怎样的应对策略？在家庭结构的变化、生育文化的变迁中女性起到了怎样的作用？本章将集中讨论这些问题。

第一节　家庭联产承包责任制与西村妇女

"解散集体"，这是西村村民对80年代开始实行家庭联产承包责任制的简单称呼，在之前他们都把人民公社时期的经济制度称为"搞集体"。集体的解散对西村村民而言标志着进入了一个从根本上来说与以前"搞集体"时截然不同的世界，而他们谈论的主要问题就是土地——它的分配、农耕活动方式以及收成，当然还有各种农副业的自由发展，这也一直是80年代以来西村村民生活的重点所在，它不仅改变了村民的生活方式，同时也凸显了更多的性别问题。

一　集体的解散与妇女的土地权益问题

"文化大革命"结束之后，1978年12月具有划时代意义的十一届三中全会的召开，中共的路线从毛泽东时代的"以阶级斗争为纲"转到了"把工作重点转移到社会主义现代化建设上来，实行改革开放"，它的目的是为了进一步解放中国社会主义社会的生产力，通过改革开放走出一条有中国特色的社会主义道路。② 在农村，以行政强制为特征，以政治运动方式推动经济发展的"集权式乡村动员体制"③ 的人民公社制度早已不适应农村

①　[加]朱爱岚：《中国北方村落的社会性别与权力》，胡玉坤译，江苏人民出版社2004年版，结语。

②　金冲及：《二十世纪中国史纲（第四卷）》，社会科学文献出版社2009年版，第1114页。

③　这是学者于建嵘在考察湖南岳村时提出的一个概念，集权式乡村动员体制是一种通过行政控制方式对乡村进行剥夺式动员的社会组织制度，是一种政治上高效率、经济上低效益的动员体制，见于建嵘《岳村政治：转型期中国乡村政治结构的变迁》，商务印书馆2011年版，第307页。

的发展，而早在 1978 年春天，随着安徽凤阳县小岗村生产队率先"冒天下之大不韪"实行分田到户取得重大成绩之后，1979 年 9 月中共中央十一届四中全会正式通过了《中共中央关于加强农业发展若干问题的决议》，这一决议承认了包干到户的合法性；次年，中共中央转发了省、市、区第一书记座谈会纪要《关于进一步加强和完善农业生产责任制几个问题》，共产党开始接受并鼓励农民分割集体的土地实行承包经营；1982 年中共中央一号文件批转的《全国农村工作会议纪要》指出，要将承包责任制、包干到户等生产方式规定长期不变，"不论采取什么形式，只要群众不要求改变，就不要变动"，农民对解散集体表现出了高度的热情。

沅江县开始在农村全面推行家庭联产承包责任制形式始于 1982 年底，当时将田、土按人口或人劳比例划到农户，以家庭为承包经营单位，制定包干到户的责任制，确定多年不变。西村是在 1983 年下半年开始分地到户的，[①] 这个时间不算晚，而各地分地的时间不同，这也反映了当地对实行家庭联产承包责任制的接受程度。[②]

1983 年下半年经草尾区区委会同意决定开始实行承包经营，分地到户。西村总的来说积极地接受了这一新的经济运作形式，首先是对土地的重新分配。草尾区当时将土地按照用途、质量等分为六个等级（见表 6 - 1），其中可分的有三个等级，即耕地、园地、林地，其他湖州、水域、草地等暂不包括作为分配之地。1983 年农业资源调查测算草尾区耕地面积为 66576.5 亩，其中草尾乡耕地面积为 17413 亩。西村分地时将不同级别的土地按照土地的质量、远近、水利条件等分为几等，每个等级又用数字标明不同的地块，由每户人家派一人用抓阄的形式决定自己的土地，土地按人头分配，每个人——不分男女——分到的土地相同，这相对

---

① 在与村民的访谈中，对分地时间意见不一，有村民认为是 1982 年下半年，有人认为是 1981 年下半年，更多女性认为是 1983 年之后。前任支书张暑洪认为是 1981 年。后来我发现，西村的分地经过了几次，第一次是将地分到各生产大队，其次是将地分到各生产小队，然后再分到各家各户，所以村民对时间的记忆不同也情有可原；我采用 1983 年这个时间，一是根据沅江县志第 207 页的记载，二是 1983 年的分地应该是彻底的分产到户。

② 宝森在云南禄村调查时"禄村是 1981 年落实包产到户第一次划分集体土地"。见［加］宝森《中国妇女与农村发展——云南禄村六十年变迁》，胡玉坤译，江苏人民出版社 2005 年版，第 104 页。黄树民调查的林村是在 1984 年中期开始分地，见《林村的故事：一九四九年后的中国农村变革》，素兰、纳日碧力戈译，生活·读书·新知三联书店 2002 年版，第 12 页。朱爱岚调查的山东槐里村是在 1984 年春天开始分地，而前儒林村和张家车道是在 1988 年开始分地，见朱爱岚《中国北方村落的社会性别与权力》，胡玉坤译，江苏人民出版社 2004 年版，第 19、49 页。

来说比较公平。① 加拿大学者朱爱岚在山东槐里村调查分地情况时发现槐里村第一轮分地是按年龄和性别将土地分给被算作"劳动力"的人：每个 18—55 岁的男性得到 1 亩地，每个 18—45 岁的妇女得到 0.5 亩地。② 郑卫东在日照县东村调查时更出现男女分地严重不等的情况：责任田每个整劳力（10 分）分地 2.27 亩，当时 18—55 岁的男村民定级 10 分，妇女 18—45 岁的定级 2 分，年老或者身体不太好的，按集体化时平时记工多少计分（分地）。③ 与这些村相比，西村妇女似乎很幸运。当时分地时村里具体的人数张暑洪书记已经记不太清楚，不过一份 1978 年的档案资料显示当年西村人口为 1136 人。④ 第一轮分地主要分责任田和口粮田时，西村平均每人分 2 亩 4 分田，主要用于耕种水稻，这部分田地是要交税的，村里有干部正式负责征收这类土地的税款并及时上缴国家。第二轮分地主要是自留地或者菜地，每个人能分到 0.1 亩自留地。第三轮分地是宅基地。宅基地是村民用来建造房屋所用，一般来说自留地或菜地与宅基地是连在一块的，方便村民。宅基地按家庭或者户头来分配，每户分到 1 亩左右的宅基地，如超过，则需向村组织申请。

表 6 - 1　　　　　　　1983 年草尾区土地质量等级分配表⑤　　　　　单位：亩

单位	一级	二级	三级	四—六级
草尾区	66576.5	29069	30989	52203

① 土地的分配是比较复杂的，这其中牵涉到怎样分配土地，由一些什么人来负责实施，怎样确定方案，怎样来监督和确保分地和重新分配生产队资源过程中的公平性，这个我没有认真去调查。朱爱岚与韩敏分别在山东槐里村、皖北李村的调查可能为土地的分配提供了一个基本的模式，见［加］朱爱岚《中国北方村落的社会性别与权力》，胡玉坤译，江苏人民出版社 2004 年版，第 20 页；韩敏《回应革命与改革——皖北李村的社会变迁与延续》，陆益龙、徐新玉译，江苏人民出版社 2007 年版，第 141—142 页。

② ［加］朱爱岚：《中国北方村落的社会性别与权力》，胡玉坤译，江苏人民出版社 2004 年版，第 21 页。

③ 郑卫东：《村落社会变迁与生育文化——山东东村调查》，上海人民出版社 2007 年版，第 164 页。不过郑本人根本没有意识到这中间的不平等情况，也没有对这一情况进行分析与评价。

④ 《（草尾公社）人口自然增长情况分析表》，1978 年，沅江县档案局藏，档案号：69—2—1。不过这份档案资料没有分性别。

⑤ 根据《沅江县志》资料整理而成，见李润波主编《沅江县志》，中国文史出版社 1991 年版，第 90—98 页。值得注意的是，各区的数字内含区直属单位的土地，因此各乡的合计数不等于全区累计数。

续表

单位	一级	二级	三级	四—六级
草尾乡	17413	6016	7387	
新安乡	17027.5	4428.5	4084	
星火乡	8765	4794	3852	
三码头乡	5491	4742.5	8232	176
大同乡	17880	9078	7424	

西村村民确实对解散集体表现出了极大的欢喜和热情，但随之而来我们却发现分产到户不仅使村民的性别偏好更加严重，也损害了妇女的土地权益。正如宝森所言，对农村土地占有的经济分析通常是个"社会性别盲点"（gender blind）——这并不是从得出无偏见的数据这个意义上讲的，而是指所依赖的数据使有重大意义的社会性别差异隐而不见了。[①] 从表面上来看，西村的分地政策并没有反映出对性别的歧视，因为分地时男女两性都可以分到相同的土地，但这并不是说西村的性别平等意识有多好，也不是说西村女性的土地权利得到了保障，借用宝森的具有政治敏感性的疑问是，土地永远属于妇女吗？妇女完全属于家庭吗？妇女和男人有什么不同的土地权利？如果不是，出现的问题是什么呢？尽管分地是依照性别按个人来计算，但最终却划给了户，而中国家庭的户——西村也不例外——几乎都是以男性为户主，土地处于户主的有效控制之下。我们可以看到这样的情况，分给未婚女性的土地，在她们成婚后有一段时间归其娘家，但这并不能确保这些妇女持续的土地权利，也许嫁出西村的女性在她夫家很快能分到土地，或者嫁进西村的妇女也很快能够分到土地，但反之也有可能。可见，女性的土地权利是不固定的，可变的如第一章所述，西村一直遵循的是从夫居、从父姓的父系制文化。按照父系制原则，当有儿子的家庭娶妻生子之后，她成为了从夫居家庭里的一员，她夫家有理由向村委要求分到更多的土地，家里的土地随之增加；而家里如果有女儿出嫁或者老人去世等，这个家庭就要减少土地。所以我们从中看到的是儿子多的家庭会得到更多的土地，而有女儿迁出的家庭土地会越来越少。一方

---

① ［加］宝森：《中国妇女与农村发展——云南禄村六十年变迁》，胡玉坤译，江苏人民出版社2005年版，第104页。

面，生育男孩不仅为家庭提供劳动力，更为家庭分得了更多的土地——当他成年娶妻之后；另一方面，土地权利对于女性来说只是一个过渡，她在娘家分到的土地出嫁之后要被划分出来，在婆家要等有多余的土地出来之后她才能分得到土地，但不同村之间的土地是缺乏整合的。尽管在有的村庄，有女无儿的家庭可以通过入赘婚增加土地，但西村的入赘婚是如此之少，同时招姑爷与娶媳妇的土地分配方式也是不相同的，有的村庄不允许有两个女儿的家庭招两个女婿进来，如果招进两个姑爷，村里只分配给一人土地；[①] 但娶进两个媳妇，却有理由分到两份土地，可见父系制的偏见有利于有多个儿子的家庭，这也使妇女在土地权益上处于弱势。相对于计划生育政策来说，西村的分地政策表面上看来没有与计划生育政策、性别挂钩，男女分配一样，但鉴于父权文化以及生孩子的限制，生女儿的阻力就变得非常大了。20世纪80年代所实行的一胎化政策，使有女无儿户不仅处于经济上的弱势也处于情感上的弱势，各种博弈在西村上演，只为争取生男孩。1982年《湖南日报》刊登的一篇文章其实体现了当时农村家庭的心声：农村实行多种形式的生产责任制以后，一部分社员家里劳力少，搞得比较活。于是有人便得出这样的结论：在目前条件下，还是"多子多福"、"多子先富"，要想家里生活过得富裕，就得多生几个儿子，并把这种看法美其名曰：发"家"致富。[②] 不过，这却违背了独生子女政策的初衷。这点我将在后文有详细论述。

二 家庭农副业的发展与性别分工

当西村村民对家庭联产承包责任制的疑虑消除之后，恢复了生产职能的家庭立即显示出了生产的积极性和农事安排上的灵活性。曹锦清在对浙北陈家场村调查时曾以一亩水田为例，发现在集体化时期，种植一亩早稻从浸种、做秧田，直到收割、脱粒、晒谷、入库一般需要32工时，分田到户之后一般只需12工时。[③] 这是因为包产到户之后，直接的物质激励

---

① 这是宝森调查的云南禄村的情况。这个村庄的村干部对这一原因的解释是：假如女儿都想留下来并带进配偶的话，他们担心人口会增得太快，村民们得到的土地会更少。但他们没有规定不管哪种性别只有一个孩子可以继承土地，这明显地没有维护妇女土地权利。见［加］宝森《中国妇女与农村发展——云南禄村六十年变迁》，胡玉坤译，江苏人民出版社2005年版，第105页。

② 《能靠多生儿子致富吗?》，《湖南日报》1982年4月22日。

③ 曹锦清：《当代浙北乡村的社会文化变迁》，上海远东出版社2001年版，第188页。

激发了更高的生产率和更有效的资源利用；同时村民可以自主地安排种植作物并合理利用资源，在生产经营上拥有自主权。西村有距离草尾镇不远的有利位置，因此蔬菜能卖到较好的价钱。自分地到户之后，村民可以有选择性地在农田上栽种水稻、苎麻，其次还会有油菜和其他作物（见表6-2）。蔬菜不仅可以在自留地上种植，而且可以同稻谷或苎麻间种，有些村民确实在他们分到的土地上每年尽可能地种植和销售多种蔬菜并取得了可观的收入，草尾镇的自由贸易市场也恢复了，村民可以在集市上出售多余的农副产品。

表6-2　　　　　　　　草尾区 1988 年主要农产品生产情况 ①

单位：亩、公斤、吨、头

单位	粮食作物			苎麻		油菜籽		柑橘产量	水产品总量	芦苇产量	当年出栏肥猪
	面积	亩产	总产	面积	总产	面积	总产				
草尾区	145800	430	62667	27755	4286	15702	1089	11	1804	8395	32426
草尾乡	35797	420	15032	6580	1052	3301	231		285	2500	8912
大同乡	42031	431	18128	6512	1130	4264	298		367	1900	7644
新安乡	32838	420	13802	4442	794	3592	255		372	1595	5900
三码头	14784	467	6905	3977	517	1935	135		178	1300	3780
星火乡	19621	434	8519	6000	762	2586	117	11	260	1100	5088
草尾镇	642	438	281	264	31	24	2				602

由于生产效率的提高，许多家庭可以从农业中抽身出来转向其他行业，同时，政府鼓励村民开展副业、提倡多种经营，并给那些专业户重点户颁发光荣证，给予一定的奖励。② 草尾公社实行生产责任制之后，先后

---

　　① 吕济熙、张正湘：《沅江农业十年改革成就及发展战略》，学苑出版社 1989 年版，第137页，其中西村属于草尾乡。

　　② 1982 年沅江县就表彰勤劳致富的先进事迹，给两百多户专业户重点户发光荣证，这些专业户包括养鸭专业户、养鱼专业户、养鸡专业户等。见《给两百多专业户重点户发光荣证》，《湖南日报》1982 年 10 月 8 日。当时的《湖南日报》有大量的关于沅江县专业户的报道，如《沅江县十一户社员集资办起蘑菇菌种厂》，《湖南日报》1982 年 10 月 27 日；《党委支持我们专业户》，《湖南日报》1982 年 11 月 8 日；《沅江县草尾公社四位专业户重点户社员被补选为人民代表》，《湖南日报》1982 年 11 月 8 日。

出现了 555 户各种经营专业户、重点户，占全社总农户的 14.5%。① 许多
村民都谈到由于时间有空余，并可以自主利用、分配时间，计划经济生产
活动，他们进入了其他工作行业，这就使得西村的各种副业也开始迅速发
展：冷月生（男）在村里开办了一打米厂负责全村的打米，张伯龙（男）
开起了手扶拖拉机跑运输，黄克明（男）家经营了一家小小的日杂店，
同时他还承包建筑；王顺清老公与别人合伙建起了一个模具厂，徐小明
（男）家开始承包水塘养鱼……同时养鸭专业户、养猪专业户、养鱼专业
户也开始在村里出现，这样一种转变对于能够找到有吸引力的工作或者能
为自己创造个体就业机会的那些人，实际上是一个受青睐的行动过程。②
许多年轻人开始转向非农行业。

　　不过我们可以看到，这些技术含量稍高，赚钱来得快的副业几乎都
是男性在把持，男人们开始从农田上抽身，不成比例地转移到非农领
域，大部分妇女们仍滞留在村里，在分到的地块上劳作，农业的劳动性
别分工显示了更多的连续性而不是激进的转变，并不是妇女们学技术
难，而是西村乃至于全国的农村都有一个共同点，那就是不管男女，理
所当然地给予男性技术含量高或者地位更高的工作。许多人认为技术是
中性的，但当一项技术在一定的社会和人群中使用时，既有的社会性别
结构必然发生作用，使得看似中性的技术无法脱离这个结构：男性更容
易接近和利用技术服务和技术信息，往往掌握技术的关键环节。在访谈
中，王顺清告诉我："后来集体解散之后，老倌子学农机技术做模具，
原先 10 个伙计合伙开厂，现在是小股东哒。"③ 当我问她为什么自己不
去学技术，她反问我说，老头子学不更好吗？开拖拉机显然比从田里背
谷或用扁担挑重物更轻松，而且学习起来并不难，但它一直被男性村民
所掌握，劳动的性别分工与其说是基于自然的能力，不如说是依赖划分
劳动的社会习俗。所以"长期以来被描述成男性化职业的农作，越来越
遭到农村男性的拒斥，他们正努力在别处寻求更赚钱的机会，而且，曾
被描述为中国农村妇女解放之路的东西也逐渐被更年轻的妇女看作是死

---

　　① 《沅江县草尾公社四位专业户重点户社员被补选为人民代表》，《湖南日报》1982 年 11
月 8 日。

　　② ［加］朱爱岚：《中国北方村落的社会性别与权力》，胡玉坤译，江苏人民出版社 2004 年
版，第 23 页。

　　③ 王顺清访谈资料，访谈时间：2011 年 8 月 12 日。

胡同和最后的选择"①。

　　显而易见，解散集体之后，村民的收入得到了很大的改善。"农民在1982 年的人均收入，比 1978 年增长一倍。"② 沅江县增长的幅度更大，1978 年农民的纯收入为 81 元，到 1983 年农业纯收入为 296 元，1985 年则达到了 518 元，1988 年草尾乡的人均收入达到了 667 元。③ 由于家庭成为自主的经济单位以及村民在农事安排的灵活性，农民的衣食不足之忧被不断消除，集体化时期小孩没人带以及粮食不够吃的问题得到解决，村民有能力也有时间养育更多的家庭成员。6 组的夏晓春对当时的包产到户印象深刻是因为有更多的时间可以带孩子：

　　　　81 年下半年分产到户，田土下放，我还记得那时节我生完第二个女儿之后，我不要出集体工哒，我可以自己带哒，好高兴的。以前细伢子冇人带呢。④

　　不过，要说妇女有多少休息和空余的时间那也未必，随着集体的解散，公共领域和私人领域之间的界限被重新划定，妇女不需要按规定出集体工，但家庭副业的发展使妇女仍然在内与外之间忙碌，只不过她们能掌握和安排好自己的时间。⑤ 而且在新的时期，政府尤其是妇联对妇女提出的要求也更多，她们被塑造成各种形象，一方面，妇女不仅要做一个好母亲、好妻子，⑥ 重视对家庭、对小孩照顾工作的重要性，争创

----

　　① ［加］宝森：《中国妇女与农村发展——云南禄村六十年变迁》，胡玉坤译，江苏人民出版社 2005 年版，第 141 页。

　　② 金冲及：《二十世纪中国史纲（第四卷）》，社会科学文献出版社 2009 年版，第 1151 页。

　　③ 吕济熙、张正湘：《沅江农业十年改革成就及发展战略》，学苑出版社 1989 年版，第 143 页。

　　④ 夏晓春访谈资料，访谈时间：2011 年 8 月 15 日。

　　⑤ 加拿大学者宝森用一上午的时间观察并记载了云南禄村一吴姓妇女的劳作轨迹，从 9 点 20 分开始直到 12 点 50 分，她分不同的时间段连续描述了吴女士所完成的劳作任务，不到 3 个半小时的时间被分成了 27 个点，代表着吴女士完成的不同的或者连续的劳动任务，由此可见劳作的烦琐。见［加］宝森《中国妇女与农村发展——云南禄村六十年变迁 1939—1999》，胡玉坤译，江苏人民出版社 2005 年版，第 128—133 页。

　　⑥ 1982 年"三八妇女节"时，湖南省妇联对妇女提出的要求是"女同志应该以当好姑娘、好母亲、好媳妇为荣，在用社会主义思想处理婚姻、家庭关系方面，在教育青少年和儿童方面作出重大的贡献"，《女同志应该以当好姑娘、好母亲、好媳妇为荣》，载《湖南日报》1982 年 3 月 8 日。20 世纪 80 年代以来妇联领导人的每一次重要讲话都首先提及。

"五好家庭"；另一方面，妇女要 "模范地执行国家控制人口增长的政策，自觉实行计划生育，要优生、优养、优教"①。同时妇联还对她们提出了重要的一点：妇女要不断学习各种科学技术知识，掌握农业科学技术，为科学技术的现代化做贡献。② 这样看来，妇女不仅要起到带头作用，并在养育小孩方面提出了更高的要求；政府既为妇女保留了传统领域，又敦促妇女打破传统领域，这看似矛盾的要求却体现了妇女仍然要处于两难的处境。

三　村委会的巩固与女性政治权利的消减

20 世纪 80 年代之后家庭联产承包责任制的实行，不仅改变了乡村经济体制的运作形式，而且也给乡村的政治体制带来了巨大的冲击。1983 年 1 月，中共中央、国务院联合发布中央 1 号文件，要求 "各级党政实行宪法的规定，建立乡政府，实行政社分开"，同时规定，乡以下实行村民自治，设立基层群众性自治组织的村民委员会；村民委员会要积极办理本村的公共事务和公益事业，协助乡人民政府搞好本村的行政工作和生产建设工作。在政社尚未分设之前，社队要认真担负起应负的行政功能，保证政权工作的正常进行。随着乡镇政府的普遍建立，生产大队也都陆续改为村委会，到 1985 年 2 月队改村工作结束时，全国共设村委会 948628 个。③

沅江县于 1983 年冬开始进行机构改革，将政社合一的人民公社改为乡，生产大队改为村，生产队改为村民小组。到 1984 年底，草尾区 6 个人民公社分别改为五乡一镇，分别是草尾乡、新安乡、三码头乡、星火乡、大同乡以及草尾镇（见表 6 – 3）。同时，草尾乡划分为 13 个村，有

---

① 《奋发自强，开创妇女运动新局面——1983 年 9 月 2 日康克清同志在中国妇女第五次全国代表大会上的工作报告》，载湖南省妇联妇女干部学校编《中国妇女运动文件选编》（内部资料），1987 年，第 492 页。

② 1985 年和 1986 年，湖南省妇联连续出版了农村妇女文化技术课本，书中不仅强调妇女要做合格的母亲（第十一课），要搞好计划生育（第十五课），同时还介绍了十余种养殖和种植技术，例如：第十八课　棉花免耕密植栽培技术；第十九课　苎麻切芽繁殖；第二十课　花生栽培技术；第二十一课　柑橘的栽培；第二十二课　蔬菜使用农药要诀；第二十三课　蘑菇的栽培；第二十四课　猪的快速育肥；第二十五课　培育小鸡 牛蛙的饲养；第二十六课　长毛兔的采毛；等等。湖南省妇女联合会编：《农村妇女文化技术课本（试用本）续编》，湖南人民出版社 1985 年版。

③ 《人民日报》1985 年 6 月 5 日。

170 个村民小组，其中有的生产大队建村时改名，有的村沿用以前大队的名称，原属于草尾乡的东风大队改为西湾洲村，西村由此而得名，以后一直沿用至今。

表 6 - 3　　　　　　　1985 年草尾公社改乡设村基本情况①

乡镇名	行政村、居委会名称	行政村数	村民小组数	总户数	人口数
草尾乡	福民村、福东村、乐园村、南岳庙村、四福村、向阳村、幸福村、胜天村、西湾洲村、新征村、乐华村、福西村、附山洲村	13 个	170 个，其中西村有 10 个村民小组	4089 户	18751 人

东风大队改为西湾洲村之后，接下来就是开始建立村组织，实行村民自治。与中国其他村庄的村组织一样，西村设有村党支部、村民委员会以及 10 个村民小组。村党支部如果不是与村委会重合，至少也是凌驾于村委会之上。村党支部设支部书记一人，支部副书记一人（一般由村长兼任），村委会设有村长（又名村主任）、会计（兼出纳）、民兵营长（兼治保主任）、妇女主任等职。自西村村组织建立以来的 30 多年中，在这些村职中，除了妇女主任一职一直由女性担任之外（分别为陆金莲、黄光秀以及现任的胡嫦钰），其余岗位都由男性担任，10 个村民小组组长也都是清一色的男性。这些人的政治身份大部分都是党员，西村的党员人数为 35 人，其中女党员 5 人，女党员的人数比男党员少得多。在人民公社时期每个生产队所设立的妇女队长已不复存在，村庄权力几乎都集中在男性手中，这在全国农村几乎都是普遍现象，宝森在云南禄村的调查显示，在 1990 年之后，原来村执委会中女代表从 8 人下降为 6 人，计划生育与妇女主任这两个岗位就合二为一了，妇女已不能在村领导班子中扩展其角色了，② 而朱爱岚研究的山东张家车道和槐里村连妇女主任一职都是男性担任，③ 不仅如此，妇女主任所得到的待遇也比男性干部的待遇要低（见

---

① 李润波主编：《沅江县志》，中国文史出版社 1991 年版，第 49 页。

② ［加］宝森：《中国妇女与农村发展——云南禄村六十年变迁》，胡玉坤译，江苏人民出版社 2005 年版，第 365 页。

③ ［加］朱爱岚：《中国北方村落：社会性别与权力》，胡玉坤译，江苏人民出版社 2004 年版，第 78—81 页。

表6－4)。① 尽管在计划生育工作方面妇女主任起到了举足轻重的作用，她们甚至付出了比其他村干部更多的精力，甚至有时被人唾骂，但这种低待遇甚至没有待遇的状况一直没有改变。② 在村干部中给予女性一个职位只因为她主要是负责全村的妇女工作，而这一工作男性不屑于或者说认为不值得。

表6－4　　　　　　　　西村1986年度村干部工资待遇③

职务	工资	奖金	备注
村支书	每月35元	1. 完成乡或镇规定的任务视情况发给奖金；2. 计划生育罚款的费用可以用于奖励村干部④	
村主任（村长）	每月30元		
村会计	每月30元		兼出纳
村民兵营长	每月25元		兼治保主任
村妇女主任	每月15元		兼组织委员

改革开放之后，国家权力不断从村落社会中撤退，但村的重要性日益突出，它们是真正的社会单位和行政单位，这也使村处于国家和社会交叉处。在集体时期，大队干部掌握并监督全村的生产活动，他们不仅将农民的生产、经营活动纳入管辖范围，而且农民的个人活动时间和空间也被纳入管理范围之内。⑤ 改革之后，村干部不再直接管理生产，然而，通过对资源的分配，村干部在农业生产中继续扮演了重要的角色，并将触角延伸到了家庭。村党支部是共产党在村落社会中的最基本组织，他不仅掌握了

---

① 于建嵘在湖南岳村调查时也发现村妇女主任的待遇比其他村干部的待遇要低。如在1999年度，村支书的工资为95元/月，村主任90元/月，村秘书85元/月，村民兵营长80元/月，而村妇女主任只有60元/月。见于建嵘《岳村政治转型期中国乡村政治结构的变迁》，商务印书馆2001年版，第359页。

② 宝森在云南禄村的研究更表明了政治领域中男女不平等的待遇：禄村妇女主任是村委会干部中唯一没有固定薪水的，每次召集开会时，她可以拿到两元钱，但她没有被列入工资单中，并且镇上有14位妇女主任，但只有4人是专职的，其他10人都是不脱产，因而没有任何薪水。见宝森《中国妇女与农村发展——云南禄村六十年变迁》，胡玉坤译，江苏人民出版社2005年版，第375—376页。

③ 关于20世纪80年代村干部的工资待遇，来自于与村干部尤其是前任支书张暑洪以及妇女主任胡嫦钰的访谈。

④ 在下节中会有计划生育的奖励与处罚的论述。

⑤ 陈吉元等：《中国农村社会经济变迁（1949—1989）》，山西经济出版社1993年版，第248页。

乡村社会的主要公共权力，而且在村级正式组织中处于领导核心地位。在西村，村党支部对村庄的管理包括了村庄所有的公共领域，党支部经常直接处理和决定村庄公共事务，执行国家的方针政策（一般由上一级乡、镇传达），而且，村至少控制了全村的土地资源，为建房、耕种和任何其他目的获取土地都有赖于村支部的同意；同时，村也控制了全村的户口，因为村是每个农村居民正式户口的掌管者，而户口赋予了村民在村里居住、获取资源以及分享其利益的权力，没有当地户口的村民很难得到这些利益的分配，"村干部的权威不仅没有随着人民公社体制的解体而下降，反而有所增强，原因主要是改革开放后乡村所处的'后总体性社会'状态"[①]。国家政策也经由村支部或村委会传达到村民的家中，而且村干部按照政府的政策在其管辖范围内给村民施加了无可规避的压力，80 年代独生子女政策在西村的上演正体现了村委会的作用。

第二节　风暴来临：独生子女政策的登场

从 20 世纪 80 年代开始，家庭联产承包责任制的实施使西村家庭收入得到了很大提高，村民的生产积极性也调动起来；同时，共产党为了实现四个现代化，对计划生育工作一直没有懈怠并且提出了更高的要求。20 世纪 70 年代，如前章所述，在"晚、稀、少"的生育政策以及"最好一个，最多两个"的数量规定下，西村育龄妇女或结扎或避孕，但每户人家至少可以生育两胎或者三胎，甚至四胎，绝大多数情况之下可以让这个家庭生出儿子为止；然而到了 80 年代，随着《关于控制我国人口增长问题致全体共产党员、共青团员的公开信》（简称《公开信》）的发表，随着计划生育被列入国家基本国策，独生子女政策登上了历史的舞台，西村妇女面临的将是更严厉，甚至更残酷的一胎化生育政策。

---

① 郑卫东：《村落社会变迁与生育文化——山东东村调查》，人民出版社 2007 年版，第 158 页。作者认为"后总体性社会"有如下特点：一是村庄还存有一些人民公社时期的家底，村庄集体可以借此从事一些集体生产；二是以东村（作者调查的村庄）为代表的华北农村的两田制（口粮田与责任田）使得村干部拥有处置集体土地的权力；三是群众对原来的集体生活还有一些感情，群众对村集体的认同度比较高；四是乡村干部被赋予带领群众发展项目、集体致富的职责，在陌生的市场面前，村民也对乡村干部带领大家发家致富抱有希望；五是在压力型体制下，村政组织仍然保持乡镇党政组织伸向村落的"腿"的功能。

一　"四个现代化"与人口问题

实现工业、农业、国防和科学技术的四个现代化，一直是新中国成立之后中国共产党人所努力追求的梦想和目标。早在1954年召开的第一次全国人民代表大会上，共产党就第一次明确地提出要实现工业、农业、交通运输业和国防的四个现代化的任务，1956年又一次把这一任务列入党的八大所通过的党章中。到1964年12月在第三届全国人民代表大会第一次会议上，周恩来根据毛泽东的建议，在政府工作报告中首次提出，在20世纪内，把中国建设成为一个具有现代农业、现代工业、现代国防和现代科学技术的社会主义强国，并提出了实现四个现代化目标的"两步走"设想：第一步，用15年时间，建立一个独立的、比较完整的工业体系和国民经济体系，使中国工业大体接近世界先进水平；第二步，力争在20世纪末，使中国工业走在世界前列，全面实现农业、工业、国防和科学技术的现代化。不过这种对现代化的追求被各种政治运动打断并不断被延迟。十一届三中全会之后，实现四个现代化再一次被共产党提起并成为社会主义社会的终极目标。1979年12月6日，邓小平在与日本首相大平正芳会谈时，把四个现代化量化为，到20世纪末，争取国民生产总值达到人均1000美元，实现小康水平，邓小平把这个目标称为"中国式的四个现代化"，即"小康之家"。

因此，为了在20世纪末达到"小康之家"，实现"四个现代化"，共产党不断扫除在实现现代化道路上的障碍，正如前所述，从80年代开始，共产党就着手进行农村经济体制改革，以实现农业的现代化，不过人口问题仍然是其面临的重点之一。在中共领导人看来，实现四个现代化与人口多底子薄是一个现实的矛盾。早在1978年，全国副总理陈慕华就人口快速增长的问题撰文，指出计划生育与四个现代化、与民族国家发展的关系："计划生育搞得好不好，直接关系到发展国民经济十年规划纲要和四个现代化的实现，关系到中华民族的健康、科学文化水平的提高和国家的繁荣富强，是战略性问题。"[①] 1979年3月30日，邓小平在所作的《坚持四项基本原则》的讲话中指出："要使中国实现四个现代化，至少有两个重要特点必须看到，一个是底子薄，第二是人口多，耕地少，现代化的生

[①]　陈慕华：《为实现四化推进计划生育工作》，《人民日报》1978年8月。

产只需少数的人就可以了，我们要大力加强计划生育工作。"① 而当时的人口数量以及增长速度也使领导人忧心忡忡：一九八〇年全国人口总数已达九亿八千七百零五万人，直逼十亿大关。② 而农村人口占到全国人口的80%以上，更是形势严峻。面对这一情况，1980 年 9 月 25 日，中共中央发出了《关于控制我国人口增长问题致全体共产党员、共青团员的公开信》，信中说：

> 中华人民共和国建立以后的 30 年，净增人口 4.3 亿多人。人口增长过快，使全国人民在吃饭、穿衣、住房、交通、教育、卫生、就业等方面，都遇到越来越多的困难，使整个国家很不容易在短时期内改变贫穷落后的面貌，会大大增加实现四个现代化的困难，而解决这一问题的最有效的办法就是每对夫妇只生育一个孩子，争取在 2000 年将人口总数控制在 12 亿之内……

为了朝这个目标努力，中央发布十一号文件规定："国家干部和职工，城镇居民，除特殊情况经过批准外，一对夫妇只生育一个孩子。""农村普遍提倡一对夫妇只生育一个孩子，某些群众确实有困难要求生育第二胎的，经过审批可以有计划地安排，不论哪一种情况都不能生育第三胎。"③ 这可以说为独生子女政策定下了一个基调，即一胎化政策不只是人口素质的提升，它更主要的是要为"四个现代化"服务。1982 年 9 月 10 日，胡耀邦在《全面开创社会主义现代化建设的新局面》中指出，"我国人口现正值生育高峰，人口增长过快，不但将影响人均收入的提高，而且粮食和住宅的供应，教育和劳动就业需要的满足，都将成为严重的问题，中共十二大报告正式提出实行计划生育是中国的一项基本国策，并在全国开始大力推行一胎化政策；同年 12 月 4 日，全国人大五届五次会议通过的《宪法》，进一步增加了计划生育的

---

① 《邓小平文选》，第 150 页，转引自史成礼《中国计划生育活动史》，新疆人民出版社 1988 年版，第 179 页。

② 金冲及：《二十世纪中国史纲（第四卷）》，社会科学文献出版社 2009 年版，第 1151 页。

③ 《中共中央国务院关于进一步做好计划生育工作的指示（1982 年 2 月 9 日）》（中发〔11〕），转引自湖南省妇联妇女干部学校编《中国妇女运动文件选编》（内部资料），1987 年，第 214 页。

条款和内容"①，可见对计划生育的重视程度。从此以后，实行人口、计划生育目标管理责任制，使政府与地方基层组织之间、政府与计划生育部门之间以及政府领导人的任期目标责任书中，都有计划生育的任务，计划生育还是考核地方各级政府政绩的一个重要指标。

不管如何，计划生育总是被放在国家利益尤其是经济利益的中心位置，而不是从妇女自身的利益来考虑；同时，改革开放之后对现代化的追求不仅将计划生育提高到了举足轻重的地位，也使妇女问题又一次成为中国政权成功想象现代性的中心。② 1978 年 9 月 9 日，在中国妇女第四次全国代表大会上，时任妇联主席的康克清指出了妇女与四个现代化之间的关系：

> 实现社会主义的四个现代化，这在我国和世界历史上都是一个伟大的壮举，是全国人民、全国妇女的根本利益和共同愿望，必将在我们的经济生活、社会面貌和精神境界各方面发生极其深刻的变化，把妇女解放事业推向一个崭新的阶段。四个现代化需要妇女，妇女需要四个现代化。实现四个现代化，是建成社会主义强国、通向共产主义的必由之路，是实现妇女彻底解放的金光大道。③

妇女被身不由己地牵涉到了现代化发展领域当中，而这又与妇女解放问题联系在一起，不管妇女自身愿意不愿意。不过，西村妇女既不会想到自己与四个现代化之间的联系，也无从想象生育政策与四个现代化之间的关联性，于她们而言，家庭生活的改善才是所有村民的目标；而且，既然政府没有改变防老的本质，也没有提供健全的养老制度，这对她们而言，养儿防老是千古不变的真理，所以当独生子女政策来到西村时，正如阎云翔所指出的，在八九十年代，下岬村在计划生育上经历了由惊讶、对抗、

---

① 第二十五条规定："国家推行计划生育，使人口的增长同经济和社会发展计划相适应。"第四十九条规定："夫妻双方有实行计划生育的义务。"第一百零七条更是把计划生育列为县级以上地方各级人民政府管理本行政区域内的行政工作之一。

② [美] 罗丽莎：《另类的现代性：改革开放时代中国性别化的渴望》，黄新译，江苏人民出版社 2006 年版，前引书，前言第 3 页。

③ 《新时期中国妇女运动的崇高任务——1978 年 9 月 9 日康克清同志在中国妇女第四次全国代表大会上的工作报告》，载湖南省妇联妇女干部学校编《中国妇女运动文件选编》（内部资料），1987 年，第 440 页。

应付到调整的过程，那么我们就来看看西村的情况。

二　风暴来临：独生子女政策在西村的登场

西村一直是与外部世界相联并处于动态发展之中的一个中国村庄，中国的历史剧一而再、再而三地来到了西村。当西村村民还在为集体的解散、家庭联产承包的实行而干劲十足的时候，新的一胎化生育政策对他们而言无疑是当头一棒。当然，从上一章我们可以得知，西村的计划生育工作一直没有松懈。1980 年 1 月，在沅江县召开的 1979 年度卫生工作先进集体和先进个人代表大会上，当时抓计划生育的县委书记田秋生指出，要下大决心把人口自然增长率降下来，计划生育工作的着重点要转移到"一对夫妇只生一个孩子上来"，要提高一胎率，控制二胎，刹住三胎，并对 1980 年的指标做了硬性规定，即一九八〇年要求完成四种手术一万四千例，出生率降到千分之十二，自然增长率降到千分之六，计划生育率达到百分之九十。节育率百分之九十五，晚婚率百分之百，一胎人数要达到六千五百对。在这次计划生育先进集体和先进个人会上，县委书记田秋生特别强调："草尾区又有新发展，净增率在七八年的千分之八点三三的基础上又下降到千分之六点九。"[1] 这样一种表扬不仅是一种鼓励，对干部来说更是一种无形的压力。4 月，为适应新时期计划生育工作的需要，沅江县计划生育领导小组改为沅江县计划生育委员会，作为沅江县委县政府主管人口与计划生育的职能部门，计划生育委员会扩充了部门，调整了人员，内设机构有办公室、政工股、政策法规股、统计股、科技股和流动人口管理办公室；另设宣传站、药具站、计划生育技术服务站 3 个二级机构，使计划生育工作专门化，扩大了计划生育部门工作的范围，同时沅江县在每个区、乡（镇）设计划生育办公室，配计划生育专干 1 人；并在各乡镇（场、街道）的所属行政村（社区）、市直计划生育综合治理部门，设不脱产和兼职的计划生育专干各 1 人，负责村（社区）或本部门的计划生育工作。当时西村年仅29 岁的黄文秀担任草尾公社的计划生育专干。同年 6 月，沅江县人民政府下发了 80 年代第一个有关计划生育的文件《沅江县人民政府关于计

---

[1]　《在沅江县卫生系统先进集体先进个人代表大会上的讲话》，1979 年，沅江市档案局藏，档案号：36—2—645，第 14 页。

划生育若干问题的试行规定》，文件中对计划生育的数量要求是奖励一胎，控制二胎，杜绝三胎，并提倡把计划生育工作转移到一对夫妇终生只生一个孩子上来。①

"1980 年 9 月 25 日《公开信》的发表标志着我国'一对夫妇生育一个子女'的独生子女人口生育政策的正式出台及全面实施。"② 在此之前，西村一直实行的是"晚、稀、少"的生育政策，在数量上绝对不允许生育第四胎；到 70 年代末期，将生育数量减为 2 个，同时 2 个小孩的生育间隔为 3 年。起初村民们对"一对夫妇只生育一个子女"这一规定还半信半疑，直到 1982 年 7 月，沅江县人民政府在 1980 年试行规定的基础上正式颁发了《关于计划生育工作若干问题的规定》，对计划生育作出了更加具体而细致的规定，其基本要求是：晚婚、晚育、少生、优生。③ 在生育数量上，规定"农村普遍提倡一对夫妇生育一个孩子，某些家庭确有实际困难需要生育第二胎的，经过审批可以有计划地安排，但不论哪一种情况都不能生育第三胎"④。这一严格的数量规定也使村干部们非常恼火，然而，计划生育执行与完成情况已成为考核政府人员、村干部的一个硬性指标，对完不成计划生育任务的单位，不能评为先进，甚至计划生育执行不好的个人，不能入党，不能提干，不升级调整，不评模授奖。据当时任村支部书记的张暑洪回忆，每次去县里、乡里或者镇上开会，都会特别强调要搞好计划生育的事情，有的村干部被点名批评，有的还被骂。计划生育工作做得不好，就降职甚至处分。⑤这使得西村村委会不得不采取措施。在计划生育成为基本国策之后的一段时期里，据妇女主任胡嫦钰回忆，她和村支书经常到草尾镇开会，学习上级对计划生育工作的指示，领会精神，回来之后就召集村委成员开

---

① 《沅江县人民政府关于计划生育若干问题的试行规定》，1980 年 6 月，沅江县档案馆藏，档案号：69—2—8。

② 汤兆云：《当代中国人口政策研究》，知识产权出版社 2005 年版，第 142 页。

③ 晚婚，即按法定年龄推迟三年以上结婚；晚育，即妇女在二十四周岁以上生育；而这次提出了一个重要的也是以后经常会提到的"优生"，即生育身心健康的子女，凡患有医学上认为不宜生育的先天性遗传等疾病患者，不应生育。

④ 《沅江县人民政府关于计划生育工作若干问题的规定》（沅政发〔1982〕68 号），沅江县档案局藏，档案号：36—2—693，第 159 页。

⑤ 张暑洪访谈资料，访谈时间：2010 年 8 月 20 日。

会，商讨对策。①

　　1983 年西村村委会召集各生产小组组长开会，根据上级的指示做出了如下的规定：第一，每个家庭生育孩子要有出生指标，要发给准生证才可生育，即"落实人口规划要自愿申请，群众大会讨论，支部审查，计划生育领导小组批准，指标落实到人，并发给准生证"②。第二，对于计划外生育的要实行经济制裁。计划外生育一般包括四种情况：早育、间隔不足生育、多育以及其他未获得当年指标的生育。这一严格的数量规定引起了村民的强烈不满，生育二胎必须要提出生育的理由，这对于家庭来说几乎不可想象，而且这更加重了育龄妇女的心理负担，如果只生育一胎，谁也难以保证会生出男性子嗣，而在一个注重男性性别的文化中，不能生出男性子嗣，不仅对家庭的发展不利，对妇女自身的处境也不利。

西村张贴的计划生育宣传标语（摄于 2008 年）

---

　　① 村干部（村委会）对一胎化政策在村庄怎样推广下去都感到是非常苦恼和棘手的事情，学者黄树民在厦门林村和阎云翔在黑龙江下岬村的调查都对此有详细而精彩的描述。分别见黄树民《林村的故事：一九四九年后的中国农村变革》，素兰、纳日碧力戈译，生活·读书·新知三联书店 2002 年版，第十章；［美］阎云翔《私人生活的变革：一个中国村庄里的爱情、家庭与亲密关系（1949—1999）》，第八章，龚小夏译，上海书店出版社 2006 年版，第 211—236 页。
　　② 《沅江县人民政府关于计划生育若干问题的试行规定》（沅政发〔1980〕025 号文件），1980 年 6 月，沅江县档案馆藏，档案号：69—2—8。

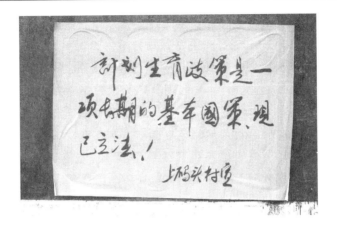

邻村张贴的计划生育宣传标语（摄于 2008 年）

由于西村第一次分地时不管年龄大小、性别都能分到相同的土地，因而对土地的需要迫使人们需要家庭成员的不断扩充，因为有人才有土地，尽管西村许多村民在那时既不识字也不会计算，有些人既无特别技艺也无经商才能，大多数人都缺乏资本，然而他们都有务农的本领，得到额外的或者更多的土地便可以提高生活水平，而这些额外的土地也需要劳动力尤其是男性劳动力的加入。

　　　　像农村应该要有劳动力不，有得劳动力的话那扮禾、挑谷何式搞咯，还不管搞别的事情。①

所以，对于村民来说，"集体"的消失意味着村民在生产与社会生活上都必须各自为战，同时也意味着只有更多劳动力的加入才会有家庭的兴旺发达，可见独生子女政策会在西村面临怎样的交锋。

三 正面交锋：奖励与惩罚

如何将这一残酷的独生子女政策在农村里面实施下去呢？一开始，西村对那些遵守政策的家庭给予奖励，早在 1980 年，沅江县就下发了《沅江县人民政府关于计划生育若干问题的试行规定》，在第八条对奖励

---

① 陈菊英访谈资料，访谈时间：2008 年 8 月 12 日。

办法作了明确规定：自一九五七年元月一日以来，凡只生一个孩子的育龄夫妇（女方不超过 49 岁），采取有效措施，不再生第二胎的，经本人申请，单位审查，报区、社计划生育领导小组批准，发给独生子女证，给予表彰和一次性奖励。[①] 对农村社员的奖励包括：每年发给儿童保健工分四百分，从本人申请的当年开始，直到子女满十四周岁。而且农村按照两个子女标准分给自留地和宅基地。[②] 1985 年之后，沅江县对奖励措施做了些许变动，对自愿终生只生一个孩子，已采取有效避孕措施，并领取了《独生子女证》的，给予奖励。独生子女从领取《独生子女证》当月开始，到年满 14 周岁为止，每年由所在单位发给保健费，其中 1986—1990 年为 40 元。夫妻双方是农民的可增加一份责任田土，未承包两份责任田土的可减免一个乡村两级统筹款。[③] 然而，西村领取独生子女证的特别少，在访谈中，妇女主任胡嫦钰告诉我，80 年代西村领取独生子女证的夫妇只有四个，她们是张桂香、王燕、罗爱云、徐爱军。一方面，很多家庭对独生子女证的领取途径不清楚，干部们也没有帮助这些人去申请，也弄不清楚独生子女证会有哪些适当的奖励和补助。5 组的熊兰香因为身体不好，于 1988 年只生育一胎，她说按理她是可以生育第二胎的，但她自愿放弃生育二胎的机会，村里没有奖励也没有告诉她怎样办理独生子女证。[④] 另一方面，村民本身对独生子女政策难以接受，毕竟一个家庭只生育一个不但有违人丁兴旺的农村风俗，而且对一家庭来说也不保险（安全），村民普遍认为，只生一个小孩的话，

---

①　1982 年沅政发〔1982〕68 号文件第二条对独生子女证的领取作了明确的规定：凡有生育能力的夫妇自愿终身只生一个孩子，已采取有效节育措施的，经夫妇双方申请，所在单位批准，报县计划生育办公室备案，由公社或镇发给独生子女证；同时，还规定下列情况也可以发给独生子女证：1. 再婚夫妇户已有一个孩子，保证不再生育的；2. 一对夫妇有两个孩子，死亡一个，保证不再生育的；3. 独生孩子已满十四周岁以上，其父母还有生育能力（不发给独生子女保健费，可享受规定的其他待遇）；4. 有生育能力的夫妇，带养一个孩子保证不再生育的。见《沅江县人民政府关于计划生育工作若干问题的规定》（沅政发〔1982〕68 号），沅江县档案局藏，档案号：36—2—693，第 159 页。

②　《沅江县人民政府关于计划生育若干问题的试行规定》，1980 年，沅江县档案局藏，档案号：69—2—8，第 7 页。

③　《沅江市志》，未刊发版。

④　熊及其家人都没有想到要去办理独生子女证，我在与她的访谈中注意到这个现象之后，问他们为什么没有去办证，他们说具体政策不太清楚，不知道独生子女证有什么好处，当时也没有人要她去办，不过她也表达了想办理独生子女证的意思。熊兰香访谈资料，访谈时间：2008 年 8 月 12 日。

如果孩子有个三长两短，那一个家庭不就绝后了吗？所以西村人对领取独生子女证普遍都很排斥，当然这种现象在农村非常普遍，独生子女领证率普遍不高，1984年全国领取独生子女证的比例为12.87%，而湖南仅为4.20%，1985年更是降到了3.77%。①

其实，奖励更多是针对干部、对计划生育工作人员以及单位进行奖励，当时沅江县依照上级的指示对干部实行"三定一包"的岗位责任制，即定人、定点、定任务。公社干部包大队，大队干部包生产队，党员骨干包任务到人，把抓好计划生育作为总结评比的一项重要内容。奖励办法与方式经过层层评选最终到大队、公社、区以及各单位。1982年沅江县评选区计划生育先进集体的标准是：全年出生率在15‰以下，一胎出生率在60%以上，多胎出生率在15%以下，独生子女领证率在30%以上，1982年第四季度四种手术总任务完成100%（其中结扎任务超额完成）。农村大队先进集体的要求是全年无规划外二胎，杜绝了多胎出生。② 符合这些条件的就可以评为先进并进行物质奖励和精神奖励。由育龄妇女完成的计划生育指标和任务所带来的成绩，成为了政府官员的业绩而得到物质和精神的嘉奖。对村干部的奖励，可以说是形成了福柯所说的一种规训制度，在这种层层评选过程当中给村干部增加了无形的压力，使他们身不由己去执行国家的政策。

1983年，西村人感受到了一胎化政策的厉害，那年元月被国家定为"计划生育宣传月"，全国各地开始进行了独生子女政策的大力宣传，一份当时的档案资料显示宣传之后西村所在的草尾区所取得的成绩：

> 1983年4月初，为完成计划生育任务，草尾区采取会议、广播、墙报、标语、宣传车等多种形式宣传计划生育，出动了六台宣传车，连续宣传三天，书写张贴计划生育标语750多条，区、乡广播站，每天播放三次计划生育专题节目，村村办了墙报大造计划生育的舆论。在这个月，区乡村三级联合起来集中了70%的干部抓计划生育，结果是截至四月二十三日，全县共做四种手术三千一百三十一例，为原

① 中国计划生育年鉴编辑委员会编：《中国计划生育年鉴》，人民卫生出版社1987年版，第151页。

② 《关于召开全县计划生育工作先进集体、先进个人代表大会的通知》（沅政发〔1982〕105号），1982年，沅江县档案局藏，档案号：36—2—693。

分配任务的 115.9%。①

　　就在这一年，西村作出规定，凡是已经生育了两胎以上的妇女除非身体有病一律实施结扎，不管愿意不愿意，西村有 81 名妇女做了结扎手术，当时妇女主任胡嫦钰带着这些妇女一批一批地去做结扎；而之后，西村提出的节育规定是，一胎以上环为主，二胎以结扎为主，不能上环、结扎的，实行药具避孕；对不遵守这一规定的，西村开始实行严格的经济制裁，这是各地计划生育工作中普遍使用的一种手段。② 西村最早感受到超生处罚是在村里最后一轮分地中，这与家庭联产承包责任制产生了严厉的正面交锋。当时的规定是，"从一九七五年元月一日起，生育多子女（三胎和三胎以上）的干部、职工不增加住房面积，农村社员不增加住宅基地，不分自留地"③。在访谈中，这一处罚确实冲击了许多家庭，那些在 1975 年元月一日之后出生的小孩确实没有分到土地，一直要到十四岁之后才可能分到土地，不过这里显示出了性别的差异性：1975 年元月一日之后出生的男孩分到了一半的土地，但女孩却没有分到一分土地。4 组曹志芳的三女儿 1975 年 8 月出生，分地时没有分到一分土地，但 5 组的胡志奎（1975 年 6 月份出生）却分到了一半的土地，对此村民没有异议，在与我访谈中，她们给我的回答是，反正女孩子都是一视同仁，都没有分到地。这种一视同仁不是从男女两性的一视同仁对待，她们没有考虑到性别之间的差异，只是认为所有的女孩子都是一样的待遇。这使我想到凯特·米利特所提醒大家的："人们必须明白，性革命的领域主要是人类的思想意识，而不是人类的制度，男权制根深蒂固，它在男性和女性身上形成的性格结构更多地反映的是一种思维定式

　　① 《关于当前计划生育工作情况的通报》（沅政办发〔1985〕050 号文件），1985 年，沅江市档案局藏，档案号：36—2—782，第 70 页。

　　② 各地实行经济制裁的方式和手段以及惩罚数量依地方而定。如天津市规定，"对多胎生育、不够间歇生育的夫妇和非婚生育的双方，征收子女抚育费。征收标准为干部、职工每月扣除基本工资的 10%，社员扣除全年劳动工分的 10%。"天津市计划生育委员会：《天津市计划生育暂行奖励条例》，《中国青年报》1979 年 8 月 11 日。转引自汤兆云《当代中国人口政策研究》，知识产权出版社 2005 年版，第 139 页。

　　③ 《沅江县人民政府关于计划生育若干问题的试行规定》，1980 年，沅江县档案局藏，69—2—8，第 8 页。

和生活方式。"①

　　李银河在浙江余姚调查时，一位计划生育干部告诉她，对于那些生了两个之后坚持要生多胎的人，先劝阻，如果劝阻无效再采取强制措施，把家产拉到乡里，想通了再送回去，硬要生下来就罚款。在 1989 年以前，计划外一胎罚款 50 元，二胎 100 元，多胎 500 元（当时 500 元相当于一年的收入）。② 李银河所遇到的这种状况不是余姚特有的。1982 年 9 月，在农村经济体制改革基本完成之后，沅江县的人口自然增长率出现回升，于是县人民政府下发《关于计划生育若干问题的规定》，对违反计划生育法规和规定的，采取征收超计划生育子女费、罚款和行政处罚等措施。③不过罚款的数目不仅每个村不相同，依据超生的严重程度对不同的家庭罚款数目也不相同。④ 比如，同样是生育二胎，5 组的张菊香罚款 450 元，4组的杨小良家罚款 200 元；5 组的夏晓春无计划生育了第四胎，罚款 1500元。⑤ 但西村人不会主动、情愿地将罚金交上去，况且有时罚款的数目是如此之大，村民更是拿不出现金，于是实物罚款又成为农村计划生育的重要手段。尽管政府有明文规定一般不接受实物罚款，"现金一次交不清的可以限期交清，逾期者交收滞纳金，而罚款也只能用于对录取独生子女证

---

① 　［美］凯特·米利特：《性政治》，钟良明译，江苏人民出版社 1999 年版。
② 　李银河：《生育与村落文化·一爷之孙》，文化艺术出版社 2003 年版，第 170 页。
③ 　《沅江县人民政府关于计划生育工作若干问题的规定》，1982 年，沅江县档案局藏，档案号：36—2—693，第 160 页。征收超生子女费的标准由各乡、镇自行规定，有的一次性征收，几百元至几千元不等，有的逐月征收，自出生至 14 岁每月征收 5—15 元不等。1987 年沅江市委、市政府发文规定：无计划生育一孩的罚款 500 元，无计划生育二孩的罚款 1000 元，是党团员的给予党纪团纪处分，是工作人员的降工资一级，三年内不得评先进奖、转干、晋升和提职；生育多胎的罚款 2000 元，是党团员的分别开除党籍和团籍，工作人员一律开除公职。《沅江市志》，未刊发版。
④ 　在厦门的一个村落，村干部在讨论商量了上级的计划生育政策之后，做出了如下的规定：第一，村民若是未经地方当局批准而自行结婚者，罚款 500 元人民币。第二，村民若是未经上级许可而生育第二胎者，要罚 800 元人民币。并且这个非法出生的孩子不得登记在本村的户籍记录中，不能享有本村的医疗保险，也不能上村里的小学，不配给粮票。第三，村中所有生过头胎的妇女必须在通知下达的这天起，一个星期之后到大队办公室来检查。第四，不遵守这项政策的人不得参与本大队的商务作业。见黄树民《林村的故事：一九四九年后的中国农村变革》，素兰、纳日碧力戈译，生活·读书·新知三联书店 2002 年版，第 195—196 页。
⑤ 　胡嫦钰主任告诉我，罚款是根据违反政策的严重程度来的：第一胎生育女孩间隔时间不足生育二胎的，罚款相对较少；第一胎生了男孩还生第二胎的就比较重；越是多胎生育罚款就越多；政策要求严的时候罚款就厉害；等等。

者的奖励"①。但西村许多家庭都经历过被搬走家具或者值钱的东西的经历。5组的夏晓春家东躲西藏终于在1986年第四胎生了一个儿子,之后面临着严格的罚款,"罚款1500元,家里的东西差不多全部搬走了,电视机,家具,抬走两个箱子,两个床铺,还有仓库里的15担谷。家里罚得没有一点东西了"②。但对夏晓春及她的家人来说,这是值得的,尤其是经过这么久的等待以及公公婆婆的白眼与冷遇之后总算为家里也为自己争了口气。

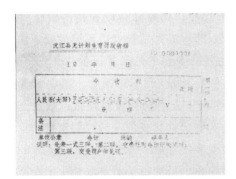 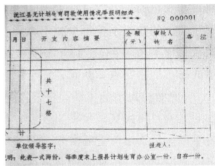

沅江市档案局保存的1982年印发的无计划生育罚款收据和罚款明细表（沅江县档案局藏，档案号：36—2—693，第177页）

四　西村妇女主任：模范与辛酸之路

电影《甜蜜的事业》③是70年代末一部以宣传计划生育基本国策,提倡婚育新风为题材的喜剧故事片,同时也是一部典型的计划生育宣传片,片中刻画了一位计划生育骨干——南江糖厂的妇女主任田大妈。这位60多岁的妇女主任,不仅对国家政策有深入透彻的理解,更主要的是她对计划生育工作兢兢业业、任劳任怨、带头实行计划生育。为了计划生育工作,她风里来雨里去,只要听说有违反计划生育的对象,比如唐二婶,已经生了五个女儿,但仍然还想继续生一个儿子,田大妈就吃不下睡不

---

①　《关于切实加强管理无计划生育罚款的通知》（沅政发〔1982〕97号）,1982年,沅江县档案局藏,档案号：36—2—693,第165页。

②　夏晓春访谈资料,访谈时间：2011年8月14日。

③　影片由谢添导演,该片于1979年获文化部青年优秀创作奖,1980年获第三届电影百花奖最佳导演奖。

着，天天跑她家里做动员，但唐二婶就是不死心，最后，田大妈只得让自己唯一的儿子五宝——正在与唐二婶的大女儿谈恋爱——到唐家做上门女婿，积极响应男到女家落户的新风尚。为此她获得了南江县计划生育优秀先进个人的荣誉称号，并在大会上指出"没有国家哪有大家，没有大家哪有小家"的道理。无独有偶，莫言的小说《蛙》通过对她姑姑——身兼妇女主任、妇产科医生、计划生育工作组副组长——的个人生活史的描述，使我们看到了这位身兼数职的妇女主任对待计划生育近乎宗教似的狂热态度。她对计划生育对象毫不留情甚至手段狠毒，对违反计划生育的家庭，她带人去拆屋，只要捕捉到消息，就带工作组去抓人，然后强制人流、结扎，就连自己的亲侄媳妇也不放过，最终这位侄媳妇死于大月份引产。不管是《甜蜜的事业》还是小说《蛙》都提到了妇女主任在计划生育工作中的主要作用，她们有两个共同之处，一是起模范带头作用，二是受到别人的冷眼，尽管这两人的处事风格不同，也尽管她们都只是文学作品中的人物，但在现实中，村里计划生育的执行确实与妇女主任有很大的关系。在西村调查独生子女政策时，我发现人们与我说起最多的就是妇女主任胡嫦钰，她从80年代就开始担任妇女主任至今，在与胡嫦钰的访谈中，我们既能看出西村独生子女政策的实施情况，也能发现她自己的辛酸之路。

电影《甜蜜的事业》发行时的两张海报（1979 年 3 月）

胡嫦钰 1957 年出生于常德市，在家中兄弟姐妹 7 个中（5 个女儿，2 个男孩）排行老大。本来草尾和常德市比较远，由于她的外婆家在草尾，就经常回草尾走亲戚，而老公家与她们家是亲戚关系，没有出三代，从小认识。和老公的婚姻很有意思，她告诉我说有次回草尾看爷爷，她的婆婆看上了她，就要她儿子（即她的老公）送她，希望他们能更进一步地了解并能明白其中的关系。但是胡嫦钰的父亲不同意这门婚事，觉得男方家里穷，怕她受苦，不过胡嫦钰在婚姻中表现出了如阎云翔所说的非常独立自主的一面，她不反对这门亲事，因为她希望找一个相当的人，胡嫦钰当时是一个老师，也希望自己找一个老师，恰好她老公是教书的。

　　非常有意思的是，胡嫦钰不仅是西村媳妇中婚嫁圈最远的，而且也是80年代西村媳妇中受教育程度最高的。她受过高中教育，高中毕业之后17岁就在常德市一中学担任6年的初中老师，这对她来说，积累了担任妇女干部的资本和资历。1980年23岁的胡嫦钰嫁到了西村，1982年重新组建村委班子时，胡嫦钰由于受教育程度高进入了村委，当时担任村治保主任一职，专门做一些调解家庭关系、夫妻关系的事情，尽管当时她的工资最低，一年只有100多元，但她工作非常努力，由于工作能力突出，1983年入党，这更增加了她的政治资本，后来妇女主任陆金莲去世之后，她就担任妇女主任一职。不过婆家人开始并不太同意她担任妇女主任一职，认为这个工作比较难做，同时最主要的是胡当时还不到27岁，家里人不想听别人讲闲话，直到胡嫦钰对家里人保证说晚上一定不出去工作，同时最主要的一点是丈夫比较支持她的工作，看来，她和丈夫之间这种自主婚姻的情感帮助她得到这个工作，不过我们也能看出妇女在从政道路上遇到的困难与阻力。

　　1983年担任妇女主任一职的胡嫦钰首先就面临了自身的难题——独生子女政策在西村的实施。1980年嫁到西村之后，胡嫦钰在1981年和1982年连续生了两个女孩，正像《甜蜜的事业》和《蛙》中的妇女主任一样，要想将计划生育推广下去，妇女主任首先就要起模范带头作用。于是1983年胡嫦钰就只好带头实施了结扎手术，她说："干娘（即婆婆）开始不同意，计划生育工作难做啵，我要带头不，但是如果我不带头，村里其他妇女就不会去结扎了，人家都盯着我呢。"她最终说服了公公婆婆，老公也没有说不同意。不过我没有访问到她公公婆婆，所以我也不知道她的公公婆婆最终心里的想法，但从她的婚姻中我发现有几点使她处于有利的位置：第一，她娘家比婆家富有；第二，她受的教育程度较高。这使她在婆家的社会地位和经济地位都处于较高的位置。因此，尽管婆家不同意她担任妇女主任一职，或者也不同意她只生了两个女儿就结扎，但凭借她的有利因素以及她个人的能力，我想她巧妙地解决了这个问题。

在胡嫦钰看来，80 年代的计划生育工作确实不好做，不仅工作烦琐，而且不好动员。一份当时的档案资料显示了妇女主任所做的工作。"由妇女主任建立育龄夫妇登记表，妇女主任会同大队赤脚医生、驻队医生随时观察生育动态。大队主管计划生育的干部每月到公社碰头一次，卫生院每季跟大队核对一次。上环妇女建立透环登记卡，每季透视一次，全年透环一千五百六十人次。由于上下配合，一年四季，常抓不懈，全年减少了规划外生育一百六十九人。①西村一般执行着草尾乡布置的任务。村里要为乡、县级编制年度人口计划提供摸底数据，摸清本村妇女按照《计划生育条例》的规定可在下一年度生育的人数，即以下 4 种情况的妇女人数：一是预计当年 4 月 1 日至翌年 3 月底的初婚人数；二是当年 3 月底前已婚未孕人数；三是符合《计划生育条例》规定照顾生育二孩的人数，这是指按《计划生育条例》规定可以生育第二个孩子、在当年 4 月 1 日至翌年 3 月底刚满，按照计划生育条例规定符合生育间隔的现有一孩妇女人数；四是已持有二孩生育服务证而至本年 3 月底尚未怀孕的人数。对各村民小组上报的以上 4 种情况的名单，主要是由胡嫦钰会同队长有关人员组成核实小组进行逐户检查核实，之后，将调查结果以名单形式（见下图）上报乡计划生育办公室。

　　　村里每年都要造表上去，分两次，上半年、下半年造表上去，哪些结扎的，哪些上环的、哪些结婚的、哪些怀孕的、哪些生了一个的……每个育龄妇女我都建立了台账（即登记卡），从结婚到 50 岁的都有台账，我很清楚她们本人什么年龄，小孩什么年龄，我掌握数字，该什么时候生就什么时候生，结婚之后就要到我这里来登记。为什么要登记啊，不登记就冇准生证发啊。②

---

① 《抓好计划生育，促进农业生产》，1979 年，沅江县档案馆藏，档案号：36—2—645，第 103—105 页。

② 胡嫦钰访谈资料，访谈时间：2011 年 8 月 15 日。

保存于妇女主任胡嫦钰家的西村 20 世纪 90 年代的计划生育登记表

　　一层层的摸底表格将育龄妇女纳入到了计划生育网络中，第一次，妇女成为了国家政策表格中最重要的人物，每个育龄妇女都成为了计划生育工作者的关注对象，但比起 70 年代的计划生育来工作困难重重，因为在集体化时所有的村民都被组织在一个生产单位里，生产队、大队掌握着村民的全部生产和生活资源，当时运动一来，妇女都是一批一批地去做绝育手术。① 胡嫦钰说她们经常去开会接受新的计划生育政策的宣讲，经常上门动员那些计划生育对象（即已经生育一胎及以上的育龄妇女），不断劝

---

　　① 李银河：《生育与村落文化·一爷之孙》，文化艺术出版社 2003 年版，第 167 页。

说计划外怀孕的妇女去做人流，并且陪着她们去医院上环、结扎，而且还要无微不至地照顾她们——帮她们洗衣服，做家务活，经常是家里的事情不能做，妇女主任胡嫦钰就形容自己的工作"费力不讨好"，遭人骂，不得不"硬着头皮，磨破嘴皮，走破脚皮，大着肚皮（指听到埋怨肚量要大）"。有时候别人看到她就以为她又要上门做工作，躲着她，这种滋味不好受，不过，使她感到欣慰的是老公比较支持她的工作，还帮助她一起做台账，同时她还是尽量从村民自身利益着想，遇到一些计划外生育的，只要上面不查，他们一般就瞒上不瞒下，村委自己商量解决。

由于对计划生育工作的认真负责，西村的计划生育工作开展得比较顺利，在 80 年代没有计划外生育，不过其中的辛酸也只有她自己体会得到，从 1983 年开始至今，凭借过人的能力与胆识，她一直担任西村的妇女主任，尤其是在 2012 年西村与立新村合并，原来两套班子重新选举时，她打败了立新村的妇女主任而继续连任。她对自己的结扎也不后悔，两个女儿现在的生活都不错，大学毕业之后都读了研究生，一个在广州，一个在上海，对父母孝顺有加，而且村委会也认可了她的工作，因为她现在的工资与村支书的工资一样高，并且也得到了村里人的尊敬。

第三节　沉重的肉身：妇女们的压力

在下岬村，阎云翔曾形象地描述了两个超生户家庭因违反独生子女政策受到惩罚之后生活的变化：生了五个女儿的老赵不仅顶撞计划生育干部，但由于超生最终还是被罚款，老婆也被强制结扎，而老婆结扎之后，老赵终日喝酒，喝醉了就眼泪汪汪地向别人倾诉没有儿子的苦处；年轻的铁柱 1986 年结婚，从 1986 年到 1992 年不到 6 年的时间内他不顾生育间隔的规定连续生育三胎，尽管最后如愿以偿生了男孩，但罚款金额之多使他们两口子负担三个孩子实在有点吃力。[1] 这样的案例恐怕不是下岬村特有的现象，我发现西村的情况更多。不过阎云翔的案例更多的是指向男性的经历，生育了 5 个女儿的老赵妻子以及身体不好却生育三胎的铁柱妻子成为了沉默的群体。我的调查也证实，与男性比较起来，西村育龄妇女在

---

[1]　［美］阎云翔：《私人生活的变革：一个中国村庄里的爱情、家庭与亲密关系（1949—1999）》，龚小夏译，上海书店出版社 2006 年版，第 211—212 页。

独生子女政策实施的过程中受到了更多的压力，她们不仅有精神上的负担，更有肉体上的重负，而政策中的性别不中立也使妇女处于双重负担之中。

一　解放抑或负担：精神上的压力

按照共产党的表述（这种表述自计划生育开展以来都大同小异），一胎化政策的实施，于国家而言是我国社会主义现代化建设中面临的一个重要的战略问题；于家庭或者个人而言，不仅可以改善人民的生活，而且是为了"中华民族子孙后代的长远利益"。[①] 不过，正如"缠足是个人的琐碎小事；一个女人是否缠足，与她的人生价值或与国族兴衰扯不上丝毫关系一样"[②]，对妇女而言，家庭的生育只关乎家庭的兴衰与荣辱，与国家发展扯不上半毛钱关系；而且她们的生育不只关系到自己，还关系到整个家庭在村落中的地位。李银河在研究村落文化时曾指出，村落中的人既有相互竞争的趋向，比如世世代代生活在一个村庄里的农民要相互比赛，看谁的房子盖得更好，谁的儿子婚礼办得气派更大，谁的坟墓修得更豪华，谁家男孩生得最多，也有相互在生活的各个方面趋同的压力，比如这个群体中人人都要生儿子，没有生儿子的人就会感到趋同的压力，她把村落中这种相互竞争又相互趋同的现象称为从众心理。[③] 与我访谈的妇女都谈到，有时候没有生出儿子来，要受村里人家的欺负。4 组的曹霞春告诉我说，那时我干伢（即公公）经常对我老公说："政策是死的，人是活的，我们家一定要生咋孙子，你要是冇生咋崽，在噶咋村根本待不住，人家能把你恰哒（吃掉）。"曹霞春公公的话在一次村里分土地时遭到了体验：

> 有次队上分土时与胡佑明起哒纠纷，那个人一句话把我们呛死哒：你是绝代种（断子绝孙的命），还在噶里争地搞么子咯！（那家已生两个儿子）我老倌子一听就骂起来哒，你噶咋家伙，你就晓得

---

①　《中共中央、国务院关于进一步做好计划生育工作的指示（1982 年 2 月 9 日）》，载湖南省妇联妇女干部学校编《中国妇女运动文件选编》（内部资料），1987 年，第 214—215 页。

②　[美] 高彦颐：《缠足——"金莲崇拜"盛极而衰的演变》，苗延威译，江苏人民出版社2008 年版，第 47 页。不过，这句话不是出于高彦颐本身，而是有人就废缠足之事写了一封信给当时的《女学报》主编薛绍徽时，她所提出的观点。

③　李银河：《生育与村落文化·一爷之孙》，文化艺术出版社 2003 年版，第 65、67 页。

老子有崽啊，冲上克就想打架，当然被劝住哒，但是有生崽那时真还被人瞧不起呢，我就只能生啵。①

村里人的白眼以及瞧不起也成为农村想生男孩的一个重要原因，顶着这样的压力，曹霞春在一连生了 5 个女孩之后，采取一系列措施，终于在1990 年生下一个儿子。不过在这过程中，曹经历了外逃、假证明、假结扎等应对措施，而其中她自身的压力可想而知，同时她身体也垮掉了。她告诉我她总共怀孕了 10 胎，中间找关系做 B 超，如果不是男孩，不管怀孕多大月份都做掉（即人流），这对她身体的损害可想而知。政策中的性别不中立加上文化中的性别偏好，使得那些只生育了女孩的妇女陷入了自责与不安中，这可以说是全国普遍的现象。李银河在山西沁县南山头村调查时，访问到一位 30 多岁的农妇，已经生了四个小孩，这四个孩子都是在实行计划生育政策之后降生的，头三胎是女孩，她为了生男孩，把二女儿送到外村亲戚家去，说是过继给人家，可当第四胎终于如愿以偿生了儿子后，就把二女儿领了回来，她为生这个儿子交了 300 元罚款，当李问她为什么费尽周折非要生这个男孩不可时，她说："丢不起这个人啊，不生人家会骂你没本事啊，别人会说你害了良心（意为做过有损良心的坏事）才没儿子。"② "人家都认为没生下儿子是没积下德，人家会说，你说你是个好人，怎么连个儿子也没有？"③

由于没有德行而导致绝种，④ 这对于村民来说简直是奇耻大辱，而将男性与德行联系起来，这本身体现的就是一种男优女劣的性别文化，只有男性才能代表家族之间德行的流传，或者说男性就等于德行，而女性什么都不是。而国家采取的对生女儿家庭的特殊对待，与其说是一种性别保护，

① 曹霞春访谈资料，访谈时间：2012 年 8 月 12 日。
② 李银河：《生育与村落文化·一爷之孙》，文化艺术出版社 2003 年版，第 118—119 页。
③ 同上书，第 119 页。
④ 关于德行与生儿子之间的联系，李银河曾经有过分析。她说从表面上看，两者并没有任何逻辑关系，但在农民的逻辑中，二者确是有联系的，这个逻辑有一点循环论证的味道：第一层意思是，为什么你生不出儿子呢，因为你前世没有积下这份阴德，不是好人；第二层意思是为什么你没有德行不是好人呢，因为你生不出儿子。她认为这是因为概率的原因造成的，是一种迷信的说法，生男孩的概率是 50%，那些无法解释这种现象的人就倾向于将概率视为命运，为它附上一些似是而非的解释。见李银河《生育与村落文化·一爷之孙》，文化艺术出版社 2003 年版，第 119 页。

不如说是一种变相的性别歧视，这种歧视使女性也有了负疚感。因为女性要靠生出儿子来传递家族的德行，于是在调查中我发现很多女性——从婆婆到媳妇——都铆足了劲要生男孩。这是全国都有的现象，在山西沁县一位曾当过乡长但在县里工作的 50 多岁的干部，妻子是农村户口，一直熬了四个女儿才等到一个儿子，当李银河问他为什么非要男孩不可时，这位曾经的干部说道："我倒不在乎，可没个男孩她（指妻子）自己就觉得没脸见人。"不知这位男性干部是否心里真的不在乎，但至少可以看出男人把想生育男孩的责任都归在妻子身上了，然而也可以理解到这个妇女想生男孩的强烈愿望不仅来自于村落的影响，更来自于传统生育文化对男孩的偏好，毕竟当"无子"排在"七出"之首位，当"不孝有三，无后为大"的父权制文化还没有在农村中式微时，女性又何以在家庭或者村落中立足？

　　诚然，当妇女只需要负担一次或者最多两次生育时（生育一个女孩的间隔四年之后可以生育第二胎），她的确是从传统的多子多福的生育压力下逃脱出来，也避开了许多生育时的风险，但父系制、从夫居、从父姓的父权制文化使每个家庭表现出对男孩的强烈偏好，尽管这也来自于农村的实际考虑，因此，如果妇女只有一次生育机会，那么对她们来说，农村中性别偏好的根基非常牢固，她们想生育男孩的意愿比以往要更加强烈。许多妇女在怀孕时就在为婴儿的性别担忧，都希望能生"中"，在 B 超技术还不太普及的 80 年代，那些已经生了一女孩更是为第二胎的性别担忧，许多妇女在怀孕时都忐忑不安，尤其第一胎是女孩的家庭，与我访谈过的徐清香、熊兰香、杨小良、张桂香、赵萍芳等都与我谈起了怀孕时对性别的期待。

　　　　连续生了两个妹子之后，我心里也有办法，干娘对我话不多，尤其是在月子里的时候，尽管我有时很不高兴，但又不敢嘀，心里也觉得不好受，只有几个细伢子对我好，影响了奶水……
　　　　1984 年 4 月，我生下第三个女儿，连生三个丫头，哥哥、嫂子、丈夫都看我不顺眼了，我也着急了。我想：世上的女人那么多，人家都能生个儿子，为什么自己就不能生呢？我整天饭吃不香，觉睡不好，夜里偷偷哭。①

---

①　谢丽华：《我的生育故事》，生活·读书·新知三联书店 2010 年版，第 61 页。

在计划生育实施过程中，对于那些计划外生育的妇女，国家采取了严格的处罚措施，罚款看似是针对家庭，从家庭中的收入中开支出来的，但实际上是针对女性的生育行为，而被罚款是因为妇女没有生育出被家庭认可的性别，所以，尽管是针对家庭的行为，却无形中增加了妇女自身的心理负担，被罚之后公公婆婆的脸色和丈夫的打骂都可使妇女陷入一种恶性循环之中，杨小良说她在生第二胎时听到接生婆对她婆婆说"生了一个带把的（意指男性），她顿时心里高兴极了，也没有感觉身体有多么疼了"，有一种如释重负的感觉，因为她第一胎生的是女孩，中间又由于间隔时间不够流产一次。① 尽管如此，在她生育二胎的过程中还是因为没有遵守政策而使自己处于精神压力之下。杨的老公张伯龙是西村最早开推土机的，副业的开展为家庭赢来了可观的经济效益，她自己也辛勤打理田间劳作，她家也创造了西村的几个第一：第一个开推土机的；第一个建小洋楼的；第一个买电视机的。不过，这些情况在她生了第二胎之后发生了转变。杨在1983年12月头胎生了一女儿，心里惴惴不安的，1987年在间隔四年还差4个月之后杨生下一儿子，没有按照国家政策的规定来生育的杨小良家被搬走了电视机和其他家具，并且生完之后的第二个月村干部就上门来要求她去结扎：

> 那时计划生育搞得真的严，我生完张勇第三个月吧，村干部就上门来了，要我克结扎，当时我自己和我干娘都不愿意，为什么呢，结扎哒怕有得奶吃不，而且细伢子太小，只有两个多月呢，也不安全哝，就要我克结扎，我说我保证不生哒，他们噶要不得，反正造表上克的话你生哒二胎还冇结扎就违反哒规定，……后来我跑到娘屋里（娘家）躲起来哒，计划生育的人就跑到我屋里把电视机、床铺都搬走，还有门板都被卸下来，丢到禾场里。我们都不敢捡起来安起。②

村干部的不断上门以及软硬兼施动员一批又一批的妇女去结扎或者上环使杨不敢待在家里，她在娘家以及其他亲戚家转悠，偶尔回家看看，她

① 杨小良访谈资料，访谈时间：2011年8月12日。
② 杨小良访谈资料，访谈时间：2012年3月14日。

老公张伯龙也不能出去跑运输，因为车子已被扣下，而且只要碰到她老公就要将他带走，[①] 最终杨在小孩一岁多之后也就是断奶之后随妇女主任到乡卫生院实行了结扎手术，她家里才平静下来。跑运输的车子收回来了，老公继续跑运输，存放在镇计划生育办的东西最终也搬回来了，再也没有计划生育干部上门来要求她去检查或者采取避孕措施，因为她不可能对村里的计划生育工作造成威胁，甚至也没有人关注她结扎之后的身体状况。许多西村妇女说，"没结扎之前，村里老是催我们去检查，结扎之后就什么都不管我们了"。我们可以想象，对于那些没结扎的育龄妇女来说，拥有国家权力的地方干部对她们的生活是一种什么样的潜在威胁：不断的上门逼迫，逗留在屋内，强制带到医院，外逃之后被获取消息，她们不断受到国家权力的干扰，而一旦结扎，她们又被地方干部所遗忘，因为她们再不会对计划生育率产生影响了。

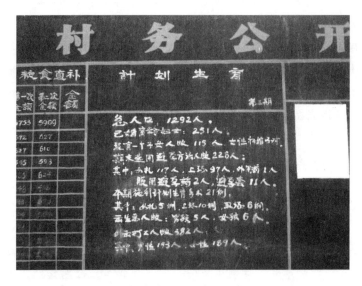

西村村务公开栏中计划生育内容（摄于 2008 年）

---

　　① 带走张伯龙并不会强制实行男性输精管结扎，而是会被关起来作为震慑以要求女性回来采取结扎措施。张伯龙曾与我谈起有次计划生育工作人员上门的经历，他远远看到计划生育工作人员要到他家来之后，吓得不知怎么办，他母亲情急之中就要他躲进一箱子里，然后老母亲就去应付那些计生人员，说媳妇儿子都没有在家，计生人员四处看看交代了一些事宜之后就走了，他后来也就不敢跑运输，直到老婆结扎。张伯龙访谈资料，访谈时间：2010 年 8 月 15 日。

西村妇女以前做节育手术的医院（摄于 2008 年）

二　肉体上的重负：避孕、体检的对象

为了防止育龄妇女出现计划外怀孕，西村采取的首要措施是要求育龄妇女一律采取避孕措施。1985 年沅江县委县政府规定节育避孕的原则是：一胎以上环为主，二胎以结扎为主，不能上环、结扎的，实行药具避孕；并且，凡已有两个孩子以上（含二孩），夫妇双方无禁忌症，女方年龄在40 周岁以内或最小的孩子未满 10 周岁的，一律实行一方结扎；年龄虽在40 周岁以上，但综合节育措施无效，近三年造成怀孕流产的，也必须实行一方结扎。① 当然，生育了二胎妇女不管是男孩还是女孩一律要结扎，结扎之后的妇女既不需要采取避孕措施也无须得到村委会的其他照顾与回访。由于生育一女孩的家庭必须在间隔四年之后才能生育第二胎，这中间几年就必须采取避孕措施了。到 80 年代，避孕方法种类繁多，据 1986 年的统计，当时所生产的避孕药品包括短效药 4 种，长效药 4 种，速效药 4 种，阴道药 5 种，辅助药 2 种，总共 19 种避孕药物，② 尽管避孕药的效果不断提高，避孕药所产生的副作用也在不断改进，但正如 70 年代一样，西村妇女服用口服避孕药还是感到麻烦与不适。在与她们的交谈中，她们都不知道自己服用的口服避孕药是哪一种，但避孕药物是免费的。通常她

---

① 《沅江市志》，未刊发版。
② 《中国计划生育年鉴》，人民卫生出版社 1986 年版，第 251—253 页。

们会到妇女主任那里领取或者妇女主任送货上门，同时妇女主任也会告知服用方法，药物所出现的副作用不在告知之列，妇女们需要通过自身身体的感觉来感知。6 组刘老师老婆 1981 年生了女儿之后，由于不到生育时间，就吃避孕片避孕，感觉一点都不好：

> 恰哒避孕药之后，人瘦得不行，不想恰一点东西，整天想睡觉，打不起一点精神，人有得劲，隔壁的，隔壁的郭二爹就说你不能再恰哒，会恰出毛病来……①

停药之后的刘老师老婆没有采取其他避孕措施，于是怀孕，3 个月之后在村干部的动员加上威胁之下去草尾公社医院做了人流手术。

从表面上来看，妇女们有充分的权利选取何种方式避孕，她们或者吃口服避孕药或者上环，但是几乎所有避孕药物都是针对妇女的，避孕套在西村夫妇中几乎难以使用，男性结扎除了极个别的人之外也无人愿意，从表 6-5 可以看出男性实施计划生育手术的数量少得惊人。避孕应该是夫妻双方的事情，1980 年 9 月 10 日通过的《新婚姻法》，处处可见有关计划生育的条例与规定，将结婚、生育与计划生育联系起来。首先是加上了计划生育的条例与规定。在《新婚姻法》的第一章总则中明白无误地加上了一条"实行计划生育"，在第十二条中"夫妻双方都有计划生育的义务"，但在现实当中无论是国家还是村庄都把生育视为妻子或者说妇女一人的事情。在 80 年代的西村，由于受计划生育指标的严格控制，每个月对妇女进行体检是必要的，没有人去检查男性的身体，也没有人关注过男性在绝育中的作用。西村采取的避孕原则是，一胎以上环为主，二胎以结扎为主，不能上环、结扎的，实行药具避孕。凡已有两个孩子以上（含二孩），夫妇双方无禁忌症，女方年龄在 40 周岁以内或最小的孩子未满10 周岁的（1990 年改为 8 周岁以下），一律实行一方结扎；年龄虽在 40周岁以上，但综合节育措施无效，近三年造成怀孕流产的，也必须实行一方结扎。

---

① 刘老师老婆访谈资料，访谈时间：2011 年 8 月 12 日。

表 6 - 5　　　　　沅江县 1986—1990 年计划生育手术情况表① 　　　　单位：人

年份	合计	输精管结扎	输卵管结扎	宫内节育器	取环	人工流产
1986	17618	96	1058	9580	1103	5781
1987	23794	568	7501	7586	3243	4896
1988	33027	575	8361	12190	4094	7807
1989	32665	377	7312	13840	3302	7834
1990	30194	318	8257	11277	2949	7393

在西村，从 70 年代开始到 90 年代，西村妇女结扎的人数远远超过男性（见表 6 - 6），也就是说除了 6 位男性采取了避孕绝育措施之外，整个过程中都是育龄女性承担着这一任务。我国计划生育的倡导人是男性，或许认为生育是女人的事情，避孕当然也是女性的事情，何况避孕还使女性受惠，当然避孕的风险也应该由女性来承担。

表 6 - 6　　　　　西村各组 1970—1990 年男女两性结扎情况② 　　　　单位：人

村组	1 组	2 组	3 组	4 组	5 组	6 组	7 组	8 组	9 组	10 组	合计
女扎	22	16	21	25	14	18	16	19	9	16	176
男扎	1		2		1	1			1		6

肉体上与精神上的压力往往体现在实施节育手术的时候。很多妇女都谈到了实施结扎时的畏惧与恐慌。廖丽君生完三胎之后去结扎，结扎时害怕得不行。

（大队）拖得我去搞结扎，我好怕的，要动刀呢，男的守住我们（不让跑），吓得我不断屎尿出来哒，不断地上厕所……

1 组的冯月娥害怕结扎，也害怕上环，但是由于生育了一男一女，村里要求她必须去结扎，她只好说尽好话要老公去结扎，老公是同意去结扎了，但对她说了一句话，我后半辈子你要养着我，冯月娥同意了，但后来

---

① 《沅江市志》，未刊发版。
② 表格根据访谈资料以及与妇女主任提供的资料整理而成。

的日子就是老公不断在外面寻花问柳，重体力活都由冯来干，她老公经常到外面一住就是个把月，然后回来就向冯要钱。我在西村田野调查的过程中，有次她老公半晚回来找她要钱，她不给，两人吵得很凶，她老公扬言要烧了这个家，冯月娥屈服了，她老公拿到钱就走了。我在西村调查的几年时间里，冯月娥经常是人们谈论的话题，一是因为老公对她不够好，她得不到老公的怜爱，二是人们尤其是妇女们会说她真蠢，不敢去结扎，竟然要老公做这种手术，自作自受。当然也有很多的人骂冯的老公不是人，因为冯月娥整天都里里外外忙个不停，一心为家操持，或许她最大的错误就是自己没有去结扎。当然，把结扎乃至其他所有的节育措施都放在女性的身上，不正是我们要抨击的吗？

对于像冯月娥这样的西村妇女来说，父权制的国家和父权制的家庭都在无形中向她们施加压力，处在这样一种困境中的她不知有没有埋怨，与我的访谈中，她也没有表现出不满，是不敢、不愿还是觉得理所当然，也许其中都有，但透过这些迷雾我们至少能够发现，一胎化政策的实施，对妇女的日常生活进行了较之中国历史上其他任何时候都更强硬的干预。

三　政策中的性别盲视

在共产党看来，国家基于舒缓迫切的人口压力要求一对夫妇只生育一个孩子，而且，当妇女只需要负担一次生育时，她们可以从传统农业社会的"多子多孙多福气"的压力下逃脱出来，多余的精力可以投入到社会主义现代化建设当中，随之是妇女地位的提升，可是我们却发现当生育行为处于公私领域交界的"模糊地带"，它不但是个人的事务，也是关乎国家与社会发展的事情时，妇女在生育上的自主性以及生育的性别中立就不可能出现了。计划生育是在党和国家的控制之下进行，绝大部分机构的领导都是男性，长期以来妇女都缺少参与政策制定与确定的过程，而这些政策的制定正好形塑了妇女在中国社会的作用，尽管作为妇女组织的干部（如妇联）、赤脚医生、医疗机构人员等在贯彻执行计划生育政策，但是她们却没有参与政策的制定过程，所以妇女只是被动、无奈地接受。

1980 年发布的《公开信》提倡一对夫妇只生育一个孩子，不过在农村，共产党稍微放宽了一胎化政策，即允许一些特殊家庭生育二胎。各地根据生育政策以及当地的实际情况做了相应的调整。1984 年 11 月，湖南省人民政府颁布了《关于二胎生育的暂行规定》，在继续提倡一对夫妇只生育一个孩子的同时，将农村生育二胎的照顾面扩大了一点，统一了全省二孩生育的政策，规定十三种情况，经过审批，可以有计划地生育二胎。[①] 以下摘取这些规定：

（一）第一个孩子为非遗传性残疾，不能成长为正常劳动力，或因有严重生理缺陷的。

（二）男到有女无儿家结婚落户的（如女家姐妹数人，只限照顾一人）。

（三）兄弟多人（含两人）只有一人有生育条件，又只生一个孩子，其他兄弟已丧失生育能力的。

……

（六）夫妇一方系非遗传性残废，或因公（工）致残，丧失劳动能力，只生一个女孩的。

（七）兄弟多人（含两人）均系只生一个女孩的（只限照顾兄弟中的一人）。

（八）独子只生一个女孩的。

……

到1985年，共产党将农村生育二孩的政策又加上一条，即农村在头胎生了一个女儿之后间隔4年时间可以再生第二胎，有人干脆把这种做法称为"一孩半"政策，这个政策一直延续至今。这样一种调整无疑会给农民家庭带来一线希望，但这个政策的出台也出现了很多问题，[②] 当我们仔细去考虑这些"法外开恩"的案例时可以发现，允许生育二胎的情形多半都具有某种情况下的弱势，或是生产力的考量，双农独女户则被认为是生产力上的弱势，不管是哪一种弱势，政府允许其生育第二胎的做法都无疑暗示着只生女孩不如男孩来得圆满，同时也暗示了女孩在生产力上较

---

① 中国计划生育年鉴编辑委员会编：《中国计划生育年鉴（1986）》，人民卫生出版社1987年版，第155页。也可见地方志编辑委员会编《湖南省志·人口志》（第二十三卷），湖南人民出版社1999年版，第347—348页。

② 最主要也是人们讨论最多的问题是出生性别比失调的问题。关于这个主题，国内外学者已对出生性别比的现状、影响因素、解决办法等进行了重要的研究与探讨，请参见李树苗、姜全保等《性别歧视与人口发展》，社会科学文献出版社2006年版。

男孩来得不足，① 它隐含的意义是：一个女孩的价值远比不上一个男孩的价值，因此需要再补生一个，这种"心理暗示导向作用"的政策影响加深了重男轻女观念。当报纸上刊登了农民遗弃女婴等事件时，笔者的矛头一律指向农村传统落后的性别文化，指责农民愚昧落后，重男轻女，殊不知，在生育政策上是有性别取向的，政策并不是性别中立的。

西村在 1984 年之后将这种"间隔式"的独生子女政策推广下去，即生育两胎以上的育龄妇女一律结扎，生育一胎且是一个女孩的采取避孕措施，间隔四年之后再生。这一政策一直延续至今。不过，对妇女们来说也更增加了她们的心理负担，尽管共产党不断通过颁布政策法规、报刊社论等宣传尽量将生育这件事维持在一个中性的形象上，这种间隔式生育的辛酸也只有妇女自己知道，对于她们来说，怀孕本身就受到很多因素的影响，谁能知道就能在规定的时间内怀上？4 组的杨小良对这一政策记忆犹新。

> 83 年的那时计划生育好严的，我那时刚好生哒张慧，是咋妹子，生下来不久就要我采取措施（避孕），不准生啊，后来又讲可以生，不过要间隔四年之后才能生，中间我怀了几个都刮了（即人流），右到时间不能生哦，最后 87 年生下张勇，是个伢子，哎总算好哒，不过生完就要我克结扎，我还在喂奶呢。②

政策中的性别不中立加上文化中的性别偏好，使得那些只生育了女孩的妇女陷入了自责与不安中，这可以说是全国普遍的现象。一方面，传统仍然对生男孩有强烈的偏好，这个偏好可能是来自于生产力方面的考量，也可能是源于传宗接代的顾虑；另一方面，一胎化政策的本身也是有矛盾的，它要求人们对于生育的性别采取一种中立的态度，但是又将女性的生产力视为弱势，或者生产力上有所不足。台湾学者刘仲冬在考察台湾家庭计划的形成及过程时指出台湾的人口政策是典型的男性议论：一，虽然妇女的生育行为是人口政策所诉求的对象，（但）妇女被排斥在人口政策的

---

① 赵文瑾：《解放与负担：中国的一胎化政策中的父权矛盾》，硕士学位论文，"国立"政治大学东亚研究所，2007 年。

② 杨小良访谈资料，访谈时间：2012 年 5 月 12 日。

决定过程之外，参与讨论的全是男士。二，争议内容是男性关怀的经济生产、国家战力而非妇女议题。当时的社会精英及领导阶层所关心的只有国家的生存、进步及繁荣，至于妇女所受的伤害根本不会出现在他们的意识中。三，妇女被期待担负较多责任与生育控制的风险，男性不负避孕的责任。① 中国计划生育政策的出台与其何其相似，它处处体现的是有性别取向的政策。比如避孕方法的运用，比如计划生育体检等无一不在妇女身上进行。

第四节　弱者的"武器"：妇女们的应对措施

正如美国学者罗丽莎1984年到杭州振福丝绸厂调查时体会到了共产党的权力触及了各个工厂和工厂里的各个车间，但她也发觉在刚刚改革开放不久就能作为常客进入车间进行考察也反映了中国政策运作的模糊性和复杂性。② 独生子女政策强烈、深刻地影响了西村妇女的生活，许多妇女谈起当时的情况都觉得太严厉，但其中他们又不断违背政策，占空子，尽可能地利用村落中熟悉的社会空间来实现家庭多生、生男孩的愿望。尽管村干部按照国家政策在其管辖范围内给人们施加了无可规避的压力，但流动和交换的机会使人们找到了通过"黑市"实现家庭生育目标的办法。

一　抵抗：社会关系的利用

美国学者 Susan Greenhalgh 在中国西北的一项田野调查的研究指出，女性在一胎化政策的推行过程中并不只是受害者，特别在农村地区，因为中央无法掌控，她们甚至可以经由主动谈判影响部分的政策，例如谁需要受到结扎，或是有多少特定性别的孩童可以得到养育，正式规定最后或多或少都要和村民的愿望相调和。农村中出现的这种情况与村落中的关系网有关。费孝通曾经指出，中国社会是乡土性的，而中国乡土社会的单位是

---

① 刘仲冬：《国家政策下的女性身体》，载女性学学会编《台湾妇女处境白皮书：1995》，（台北）时报出版社1995年版，第234页。

② 罗丽莎从1984年至1986年在杭州的丝绸厂开展了人类学的实地调查，主要考察三代（新中国成立初期、"文化大革命"时期以及改革开放时期）不同的丝织女工对中国现代性的回忆、想象与渴望；三代不同的女工以各自带着历史印记的迥异的方式定位她们自己与后毛时代现代性想象的各种交叉重叠的版本之间的关系。见［美］罗丽莎《另类的现代性：改革开放时代中国性别化的渴望》，黄新译，江苏人民出版社2006年版。

村落，乡土社会在地方性的限制下成了生于斯、死于斯的社会，这是一个"熟悉"的社会、没有陌生人的社会。于是在这个熟悉的社会中，我们会得到从心所欲而不逾规矩的自由。① 尽管乡土社会中的人有相互竞争的压力，但在西村，大多数人家的姻亲都不出本乡的范围，而西村由于是一个杂姓村，村落内部通婚状况也比较普遍，比如6组的徐金元嫁给了4组的张暑洪，4组的张春香嫁给了同组的黄勇超，两家是隔壁邻居……据我调查，同村通婚率达到了60%以上。这样在村落里形成了一张亲属关系网。村民们利用各种关系、人情关系来实现自己的希望。② 80年代之后，随着一胎化政策的出台，各级政府不仅严格规定了生育数量，而且也牢牢控制了生育指标，更可笑的是规定了妇女生育的时间。生育指标的发放越来越严格，生育指标的下达办法是每年给下级单位一个年出生比率、出生人数以及自然增长率或者计划生育率等方面的具体指标，下级部门根据上级指标和政策规定，再把生育指标具体分配到村、组，按照这样的层层计划与部署，每个村的生育数量就确定了，为了使生育严格控制在各级政府部门之下，村干部就根据村里的情况发给育龄妇女生育证，③ 持有生育证的人可以在规定的时间内生育小孩。村民开始没有想过生育证的厉害，不过没有准生证就不可能在村里有户口，没有村里的户口就不能在村里分到土地，也不能享受到村庄里的其他利益。但由于生育问题往往不是个人当年的事，分配的指标与实际生育数通常不在一个年度内，或者说给予个人的生育指标由于其他不可知原因而没有怀上。④

一胎化政策无论是从经济、文化还是家庭利益来说都与村民的想法相违背，国家采取的强制手段与经济制裁也使村民怨声载道，不过正如高彦颐所指出的，如果按照五四史观，传统中国妇女受到压迫，这一假设逻辑

---

① 费孝通：《乡土中国·生育制度》，北京大学出版社1998年版，第9—10页。

② 6组的徐清香嫁到西村后，就找妇女主任黄光秀帮忙，生了第三胎，是个男孩。前面提到的2组的张明辉家，村委员出于张家的实际情况采取睁只眼闭只眼的态度让她老婆生了"七仙女"，这都是照顾张明辉的面子和家庭，因为张是独子。

③ 沅江县于1974年开始实行生育证制度，不分城乡，不论胎次，由乡镇发放，1986年开始，生育证分为一孩生育证和二孩生育证两种。一孩生育证由乡镇审批发放，二孩由计生委审批发放，从1994年开始，凡符合政策要求生二胎的均由市计生委审批发放。从1995年8月起，准生证改为生育证，由省计生委统一印制，一孩两孩仍分乡镇、市两级发放。

④ 比如新婚夫妇都会给予一胎生育指标，但由于个人生育能力不是本人自己就知道的，所以会出现在本年度没有怀上的情况，6组李菊香1983年结婚，直到1989年才生育第一胎，在这几年之内每年都必须给予生育指标。

地引导人们去企盼这些女性一有机会就反抗，但高质疑的是儒家的社会性别体系为什么在如此长的时间内运作得这样灵活顺畅，妇女们从这一体系中获得过什么好处。所以只有将女性视作主角，而观察其于体系内的演练以促进其利益时，我们看到的是妇女们利用有限而具体的资源，在日常生活中苦心经营自在的生存空间。① 在西村一胎化实施的过程当中，我也看到了西村大部分妇女的能动性，她们利用有限的资源去争取生育指标。在西村，育龄妇女都是通过村委会拿到准生证，对一孩准生证，村委会不会做严格的规定，妇女们主要是利用文件政策在二孩的准生证上面做文章。办理二胎准生证的主要条件是，符合"经县级计划生育技术鉴定组织鉴定，报市（地）计划生育技术鉴定组织确诊第一个子女为非遗传性残疾，不能成长为正常劳动力的"可以申请生育二胎。对生二胎游戏规则的规定和解释中的缝子的利用，是妇女和干部同时利用同一规则进行互利式合作的一个例子。于是，村民可以此作为突破口来寻求生第二胎，而乡村等有关干部也可利用这一点从中牟利。② 正如阎云翔所调查的黑龙江下岬村一样，"在下岬人看来，中央政府所体现的社会主义政权远在一千多公里之外的北京，因此与她们只有抽象的关系，而由村、镇干部所代表的地方政府才是国家政策的真正执行者与各种运动的真正推行者"③。

当然，育龄妇女自身很少亲自去找关系送人情，对于刚嫁过来的媳妇来说，她通过对"女人的交换"进入到了夫家这张亲属关系网，要在这张亲属关系网中找到自身的位置，要在夫家不断被接纳和认可，其中最关键的一点就是生育小孩，尤其是生育男孩。在寻求生育指标的过程中，家中另外一重要角色——升级为婆婆——的女性却起到了非常重要的作用。当西村妇女为人妻的性别角色在经历了数代而发生了根本性的变化，即从原来俯首帖耳的家内劳动者变成了富有感情、责任心的平等一方，即当成为婆婆之后，她的权利与责任不断得到了加强，因为绝大部分是婆婆这一辈的妇女先去找关系，求人情，因为她们更加觉得有责任去延续香火，使

① ［美］高彦颐：《闺塾师——明末清初江南的才女文化》，李志生译，江苏人民出版社 2004 年版，第 8—9 页。

② 在豫东平原的陈村，一村民利用这一条花 3000 元办了二胎准生证，在这种合作中村民获得了生育二胎的权利，干部们获得了被请客和获得现金等礼物的好处。见陈心想《从陈村计划生育中的博弈看基层运作情况》，《社会学研究》2004 年第 3 期，第 95 页。

③ ［美］阎云翔：《私人生活的变革：一个中国村庄里的爱情、家庭与亲密关系（1949—1999）》，龚小夏译，上海书店出版社 2006 年版，第 33 页。

家庭兴旺。美国学者黄树民在 80 年代去厦门林村调查的时候正好赶上林村一胎化政策的实行，他目睹了一位老妇人竟然跪在村支书叶文德的面前，只为求得村里同意让其儿媳妇生育第二胎，[①] 这种直白的乞求方法起到了效果，这位媳妇最终得到了生育二胎的指标。不过我们却不能明白这个媳妇是否真的需要这个生育指标，也无从知晓由婆婆跪求而来的生育指标在这位媳妇的身上有多大的担子，那些刚嫁入西村的媳妇在接受着生育的安排，准生证给予她们生育的机会，然后开始自己的生育历程。这或许能够解释妇女们在怀孕过程中的忐忑不安，因为一旦不能生育男孩，对父辈们来说辛苦求得的准生证就是一种浪费。

有时，生育指标不能得到的话，妇女们还可以通过另外的方式来获得生育的权利，那就是作假。作假的方式多种多样，[②] 第一是瞒报户口。如果妇女没地方外逃或者没有关系可找的话，村民一般采取隐瞒孩子的办法继续生育小孩。这样就出现了一些所谓的"黑户口"。因为超生会被罚款，瞒起来至少现在不会被罚。当然，对于超生的小孩就是不瞒也不会马上得到户口和耕地之类。所以，一般"小黑孩"在外婆家或者其他亲戚家生活。4 组廖丽君的老公在部队农场做事，她怀上第三胎之后就跑到她老公那里，并且把第二个小孩送到娘家去了，那里的人没有想到她是超生，就没人管，等她将小孩生下来之后，就把送人的小孩带回了家。[③] 对于这样的现象，村干部一般也会睁只眼闭只眼，于他们来说，既不会影响计划生育率，也不会影响计划生育成绩，同时，这一没有户口的小孩也不会分给田地，家长也不会要求分给田地，当然，这并不是说可以放任自

---

　　① 这位老妇人对叶文德书记是这样说的："求你让我儿子再生一个！你和虎仔再怎么说也是表兄弟啊，难道你忍心眼睁睁看着他断了香火？只要你这辈子饶过他，我情愿这辈子给你做牛做马！"见黄树民《林村的故事：一九四九年后的中国农村变革》，素兰、纳日碧力戈译，生活·读书·新知三联书店 2002 年版，第 197 页。

　　② 20 世纪之后，除了文章中所提到的方法之外，作假的方式更是难以想象。一是隐性结婚。由于一结婚就成了计划生育户，就要经历办证件、入台账、月检查等麻烦不完的事，受计划生育人员管束太紧，于是就出现了隐性结婚对策，不办结婚手续，也不举行结婚仪式，而成为事实上的夫妇关系，然后两人一起去外地，一般是投靠亲戚打工，生了孩子再办结婚或办个不太正式的场子。二是假离婚。一对年轻夫妇为了生个儿子，或多生个孩子，就表演一场假离婚。一般是大吵大闹或大打出手一阵子做样子给人看，接着就到乡里办离婚手续，女方回到娘家去。村民们也是心照不宣。乡里虽然也知道这样的事，但没有政策依据，技术性操作也难。后来据说想出的对策是，让离婚的双方各缴 500 元押金，如果复婚不再归还。

　　③ 廖丽君访谈资料，访谈时间：2009 年 8 月 12 日。

流，因为一旦有人举报，村干部也是吃不了兜着走，作假也是干部的博弈手段。在与村干部的访谈中，干部也谈到了应付上面检查的办法，其实也是作假。一般来说基层干部有两套记录体系，既应付了上级而不使利益受损，又在一定程度上给村民以弹性空间，他们从中收利。因为官僚责任制度的运作是围绕着对信息的控制而展开的。有些罚不起款的家庭会采取隐瞒户口的做法。有些妇女在娘家或者亲戚家生下一个女孩之后，就将这女孩送给娘家人带，这女孩的户口也不会上报留待下次生育的机会。宝森认为计划生育政策实际上间接鼓励了各家少报孩子数，这种隐藏超生孩子的可能性就像过去隐藏成年男性免于征兵一样困难。[①]

　　第二是假结扎、假证明。80年代西村规定的生育政策遵守着国家方针，一胎上环、二胎结扎；第一胎是女孩的间隔四年可以再生育第二胎。对于那些已经生育二胎的育龄妇女，村里都会想方设法要求她们节育以免出现计划外生育，最好的方法就是结扎。1983年那年计划生育非常紧但村民在其中也会大显神通，所谓上有政策下有对策。村民利用各种空隙来作假，以应付上面的检查。除了上面熊德宝妻子的这种，还有的家庭采取假装去医院实行结扎，然后开一张假的结扎证交给村委的办法。曹霞春在生完第五个小孩之后实在抵挡不住村委会的压力以及罚款的负担，对村干部说去结扎，但为了方便照顾要到县人民医院做结扎手术，其实做结扎手术是假，打结扎证明是真，曹有一姑姑在县人民医院当护士，利用这一关系，她也是假结扎之人。做假结扎的妇女或者丈夫一般都是在外地或者娘家进行，5组夏晓春的老公李天赐也是采取了输精管结扎的人，是去益阳结扎的，他选择去益阳的原因是不相信小地方的技术，后来他也带回来一张结扎证[②]，但第二年他的妻子又怀了第五胎，如前所述躲到外面最终生下一个男孩。廖丽君的作假方式更是与众不同，她在生育第二胎之后跑到她老公干活的部队，在那里由于部队的人不熟悉她，在进行检查时，她姐姐结扎了，就要她姐姐代替她进行检查，她竟凭此还拿到了一张假的结扎证。

　　受米歇尔·福柯"无王的权力"以及皮埃尔·布尔迪厄的"支配的

---

①　[加]宝森：《中国妇女与农村发展——云南禄村六十年的变迁》，胡玉坤译，江苏人民出版社2005年版，第306页。

②　李天赐在我进入村庄调查之前因患癌症去世，如无特殊说明，文中关于李天赐的表述来自于与他妻子夏晓春的访谈。

权力"的启发，高彦颐指出，即使在中国这样一个彻底的父权制社会里，亲属关系体系和家庭关系也不仅仅是男人在运转，女性能够运作权力的性质和程度，不仅取决于她们的社会地位和肩负的使命，也取决于其主观因素，如她的个人技巧和她在生命周期中的位置。这样一种亲属关系和权力关系的看法，使历史学家能够从自身的角度，去研究妇女的生活。① 确实，在一胎化政策的实施过程中，我们也看到女性利用有限的资源和权力争取生育机会，改变自身的处境。而对于那些第二胎没有生出男孩的家庭或者第二胎没有达到时间的规定而仍然想生下来的妇女来说，为了躲避村干部和计划生育工作人员上门做工作或者强制性采取节育措施，选择外逃是另一种武器。

二　躲藏与外逃："超生游击队"的产生

1992 年春节联欢晚会上由黄宏、宋丹丹主演的小品《超生游击队》不但形象地展现了农村中有女无儿户想生男孩的心态，也生动地刻画了这些家庭的辛酸经历。一对夫妇为了生育孩子竟然需要背井离乡，远走天涯才能实现，这说明"超生者"自身受到了多么巨大的压力。这些压力正如小品中所说，"整天东躲西藏的像做贼似的干啥呀？"躲藏的滋味不好受，更难受的是几年下来还是没有生出一个男孩，身体的疲惫与心理的憔悴在妇女的身上一直存在。有这样类似经历的事情在西村也不少，他们或许没有像小品中躲到那么远的地方，但担惊受怕、对男孩的渴望却与小品中的夫妇一样。

"一胎上环，二胎结扎"，这是自 80 年代后计划生育一直没变的方针。然而两胎都是女儿的家庭是不甘心去结扎的。躲藏或者外逃，这种"打游击"的方式是西村人争取生育胎次的常用办法，这也是我在西村访谈时西村妇女现在谈论最多的事情。村民中流传这么一句话，"有钱的钱生，有人的人生，没钱没人的就跑着生"，说的是有钱人家拿钱拉关系走门子争取生育指标，也不怕罚款；有权力和关系的人靠权力和关系超生；既没有权力也没有金钱的就只能靠躲躲藏藏超生。到亲戚家，尤其是到远方的亲戚家不容易被发现和找到，或者出外流浪打工。那些在 80 年代生

---

① ［美］高彦颐：《闺塾师：明末清初江南的才女文化》，李志生译，江苏人民出版社 2004 年版，前言第 11—12 页。

育了两胎主要是三胎的妇女几乎都经历过躲藏或外逃的打游击方式，时间或长或短，有的一躲就是一两年，有的是到外面待个把月回来一趟，遇到风声紧又赶快躲到亲戚家。4 组的熊德宝妻子怀了第三胎，由于想念家中的两个女儿，在外面躲藏一段时间之后想回家看看，被计划生育干部知道了消息，在巧妙周旋之后从后门蹚河逃跑：

> 我回来不久，不晓得计划生育干部是何解（读河改）晓得的，早上好早就来到我屋里，气势好厉害的，一进来就说，你嗰次一定要去引掉（即引产），我赶忙要我老头子克招待他们，给他们装烟，然后我就讲我去换件衣服就出来跟他们走，我一进屋就打开后门，从那条水沟里面蹚过去，当时水都超过我膝盖哒，跑到了我娘家亲戚家，不敢回来哒，直到生下来，哎多亏是伢子（男孩）。①

在我访谈的过程中，邻村 7 组的张大姐也与我讲起她由于躲藏不及时也差一点被抓去人流引产的经历：

> 那时我怀孕七八个月了，那年大队来了好多人来抓我，我看跑不掉，就跑到隔壁邻居那里说去借火柴，然后对那屋里人使眼色，小声说，我哪里是来借火柴的咯，计划生育干部来抓我哒呢，我自己到处瞄地方，看到有个房间里面有个老头子快要死了，我就躺在他身边，脸上盖上一块布，躲过去了。②

经过这惊险的一幕，张最终选择躲到亲戚家，以防万一。只要抓不到（怀孕的）人，就不怕，抓住了，就比较麻烦。于是西村妇女怀孕之后都要小心翼翼，一不小心就会被抓。赵秋香、胡嫦钰等村干部在搞计划生育时都是全力以赴，天天跑到计划生育对象家里，做工作、恐吓大家，于是怀孕的妇女只能采取躲藏的形式，但躲藏的地方也不能透露给计划生育干部或村干部甚至与这个家庭有点过节的人知道，"因为那时如果违反规定想生的话就真的会拆屋，（只要晓得地方）想办法都要搞回来孕妇，不管

---

① 熊德宝妻子访谈资料，访谈时间：2010 年 8 月 5 日。
② 张大姐访谈资料，访谈时间：2011 年 8 月 16 日。

（小孩）多大都要流产"①。廖丽君躲藏的地方验证了最危险的地方最安全。她生完第二胎之后，队上就抓了很多妇女去结扎，她也在列，她去厕所里解手，躲在厕所里不出来，从厕所窗户里逃走了，一直躲在外面的树下面，等天黑之后跑回家，当时她老公在部队农场里帮忙，她躲到了老公那里，村上的人管不到她，部队的人不认识她，她就说自己只生了一个，为她生第三胎创造了条件。

　　在与西村妇女的访谈中，这种外逃或者躲藏的方式是如此之多，如此之滑稽，以至于这些妇女现在回想起当年的经历时还忍俊不禁，甚至互相取笑对方，确实，当年的紧张与无助感已经过去了，但这些记忆将永远留在她们的脑海中，如果不被提及将会被尘封起来，那么以后又有谁知道她们当时的艰辛呢？不过，对于这些妇女来说，当她们忆及过去30多年的事情时，她们既会受到80年代事件干扰的影响也会受到她们当下环境的影响，她们生活的变化、心态的变化以及局外人的状态（访谈时）都会改变她们对过去的理解，而且老年妇女是从当下的优势角度叙述她们的童年、青年和中年时代。

三　一个"超生户"的心路历程②

　　在20世纪80年代的西村，那些因为生育间隔不到或者没有生育男孩而超生等违反计划生育政策的情况大有人在。当然目前我没有找到官方的记录，也没有找到正式记载的具体的数据，③ 不过从我对一个组的妇女的访谈中发现了所谓的违纪情况。我统计了西村4组1983年到1989年的生育情况，当时4组有15户家庭，除了3户遵守国家政策没有违纪情况，其中1户男方是吃国家粮的只生一个小孩，其他12户都有违反政策情况。有4户是因为在生育第二胎时没有达到国家规定的生育时间而被处罚（间隔四年才能生育第二胎），有5户是因为第一胎是男孩但还继续生育了第二胎；有3户生育了三胎，其中1户是生育了两个女孩之后生育第三

---

　　① 赵萍芳访谈资料，访谈时间：2011年6月15日。
　　② 此部分的内容来自于与夏晓春的访谈，当时访谈在座人员还有6组的张秀英以及5组的徐清香，这两位也是我的访谈对象。我在整理访谈资料时按照时间顺序略加编辑使之具有连贯性。访谈时间：2011年8月15日。
　　③ 村干部告诉我说，村里的记录一般保存三年或者最多五年就销毁了，一是没有专门的人管理文件，二是也没有地方放这么多文件。

胎，如熊德宝家，1 户是生育了一男一女之后继续生育第三胎（男孩），1户是生育两个男孩之后生育了一个女孩。如前所述，只生一个孩子对农民家庭而言是难以接受的，即使这个孩子是一个男孩，家庭还是希望能够继续生育一两个，这样使家庭感到保险些。4 组的廖丽君于 1983 年生育头胎——男孩之后，1986 年 12 月生育第二胎——女孩，在人们看来她家是儿女双全应该满足了，但她于 1989 年又生育第三胎（男孩），如果不是最终没有办法可想的话，她可能还会继续生育第四胎，因为在与她老公访谈时他说如果计划生育不严的话他还想继续生，至少生四个，多生几个好。

超生户家庭的这些妇女一般都经历了多种巧妙的逃避方法，如前所述的利用关系求得生育指标，如果没有生育指标就躲到外面，或者将小孩送给亲属抚养，等等，除此之外，这些妇女也经历了各种避孕方法的尝试，比如上环、人流甚至大月份引产等。当然大部分家庭现在儿孙满堂，比较幸福，比如熊德宝家儿女在外面工作顺利，自己家第二次盖起了漂亮的小洋楼，廖丽君家也是如此，张菊香家娶了媳妇，儿子学开挖掘机，收入不菲，自己还承包了鱼塘，等等。但也有家庭在历经了超生的艰辛之后换来的却是无言的苦痛，5 组的夏晓春就是其中一位。

夏晓春 1975 年嫁到西村，那时她还不到 18 岁。丈夫李天赐是家中独子，公公李国安在 1952 年西村土改划成分时被划为地主，那时李天赐还不到一岁，后来家境一直不好。成分不好可能影响了李天赐的婚姻，不过在第一次分地时家中没有受到歧视，与西村村民一样分到了相同的土地。他在西村一直没有谈上媳妇，夏晓春也是村中婚嫁圈较远的妇女之一，来自于安化，生于 1957 年的夏本身身世也比较辛酸，1 岁母亲去世，8 岁随爷爷奶奶移民到沅江县四季红（当时距离草尾至少有 4 个多小时的车程），由于四季红娘家的亲戚嫁到了草尾乡乐园村，就由亲戚做介绍嫁给了李天赐，1975 年夏结婚时还不满 18 岁，由于母亲死得早，加上年龄还小，嫁过来的夏表现出了不懂事、贪玩的一面。据夏回忆道，她嫁过来之后不想生小孩，就吃避孕丸，避孕丸不是计生干部给的，一般来说刚结婚的媳妇计生干部和妇女主任不会要求妇女避孕，但夏自己偷偷去医院买来避孕丸瞒着吃，后来吃避孕药的事情被小姑子发现了，就告诉了她的公公婆婆。公公婆婆当时没有对她讲什么，应该是告诉了她的老公李天赐，她老公没有责骂她，只是对她说，趁大人在（即公公婆婆）赶快生几个吧，隔壁邻居家吃药丸，吃了之后老是怀孕不好，老是流产，吃药吃多了肯定不好。①

　　被家人发现偷吃避孕丸的夏晓春停止了吃避孕药，于是 1976 年 12 月生了第一胎，女孩。1978 年夏又生了第二胎，女孩。生完第二胎的夏不想生了，或者说那时政府已经要求她正式避孕，于是夏响应政府号召到草尾乡卫生院上环，上环之后第二年由于环脱落，带环怀孕或者环脱落这是在当时很普遍的，夏又怀了第三胎，并于 1981 年生育第三胎，女孩，生育第三胎的结果是家里被罚款 60 元。连续生育女孩使李天赐家里非常失望，而且李天赐本是家里独子，以前又是地主家庭，对男孩的期望很高，连续生育三个女孩使夏晓春受尽了委屈：

> 我生了三个女儿，干娘骂我，生第三个女儿的时候，干娘做的饭菜一点都不好吃，我恰不下，其实我也冇跟老公讲，只是打比方给老公听，我干娘就过来骂我说，生一个就是女儿，生一个就是女儿，意思是说还想要恰好的啊，于是在月子里的时候我半晚就冲出去了，到我老公的老妹那里去了……（其实）生下第二个女儿的时候，我干娘干伢就要将她送人，我老公坚决不同意，他们也就冇办法哒。②

　　1981 年生育三个女孩的夏晓春家正好碰到了西村开始分地，由于超生，李家不仅罚款 60 元，而且在分地时这个女孩没有分到田土，后来李家想办法分到了田土，可能这其中还有一原因是夏晓春的第二个女儿不知什么缘故去世了，夏没有告诉我原因，只是说患了一种怪病，治不好，两天之后就去世了。二女儿的去世给夏晓春带来的悲痛是可想而知的，她告诉我说二女儿起名叫玉桑，乖巧可爱。李家曾经想将二女儿玉桑送给别人家，现在这女孩竟然过早夭折，不知道李家人是怎样的心情，不过二女儿去世后，尽管计划生育已要求严格但并没有打消李家继续要生育的念头，夏晓春继续她的生育之旅，1984 年，夏晓春生育了第四胎，又是一个女婴。回想起在生育前三个女孩过程中受尽的白眼，夏晓春说简直欲哭无泪，绝望了，同时在家里她"抬不起头"。

---

① 李天赐的讲话来自于夏晓春的转述。
② 夏晓春访谈资料，访谈时间：2011 年 8 月 15 日。

　　从1976年至1984年连着生了四个女儿，这已经严重违反了计划生育政策，为了躲避计划生育的惩罚，婆家将刚生下来的第四个女儿送人了，不过这次是娘家那边提出要送人，婆家没有参与。这个女孩被送人之后并不是作假，像有些家庭一样以后接回来，而是几十年来李家就一直与她没有联系。具体小孩送到了哪里其实夏晓春是知道地方的，但是她一直没有去看望，也不敢去过问，她说一是因为愧疚，毕竟已经将她送人了，女儿知道之后肯定会怪罪自己的；二是因为女儿家庭条件还行，不想打扰女儿以及那个家庭的生活，既然已经送人了，就要遵守规定。不过从心底里来说夏晓春一直惦记着她，她说随着自己年纪来了、生活安定之后就越来越牵挂她，但越到后来她就越没有胆量去看她，因为对她的愧疚太多了，怕女儿不认自己。不过使夏晓春欣慰的是在2005年之后女儿回来认了父母，并给了钱，以后还经常资助家里。

　　将第四个女儿送人的原因是婆家希望夏晓春继续能为李家生育男孩。然而1984年之后计划生育政策是如此的严格，为了生育，她甚至开始装疯卖傻，遇到计生干部上门，她拿刀砍，并当着干部的面脱衣服，这是非常危险甚至可信的举动，干部们已经怕了她，不知道是真疯了还是假疯了。至少有的干部、村民认为她是真疯了，因为这些行为尤其是脱衣服的行为不是真疯的人做不出来。但夏晓春告诉我说那时她是装疯。1986年她怀了第五胎之后在西村消失了两年多的时间，其实是在"罚得起就罚，罚不起就跑"的策略下，夏晓春开始了东躲西藏的生活，孤身一人外逃了，她逃到了娘家那边的一个西湖农场，这次终于如愿以偿生下一男孩，在男孩一岁之后回到西村。在她外逃的时间里，由于没有采取节育措施，家里被罚款1500元，由于交不起罚款，家里值钱的东西如电视机、15担谷、两个箱子、两个床铺都被搬走了，但使李家欣慰的是夏晓春最终为李家生了一男孩。

　　也许夏晓春已经厌倦了这样的生活，也许她觉得自己尽到了责任可以松口气了，毕竟她已经为李家生育一男孩，在外面躲藏了两年多的夏晓春回来之后就自动到乡卫生院实行了结扎手术，她结扎时甚至没有告诉老公和婆婆，就一人去赵秋香那里结扎了。在乡卫生院住了几天院，医院的汪主任和西村妇女主任胡嫦钰照顾了她几天时间，她没有出一分钱的费用，还被奖励了50元钱、一瓶罐头以及其他东西。

　　尽管夏一再强调老公对自己好，但他也一直没有放弃继续生育儿子的念想，并且也没有提到老公对父母的反抗。她甚至告诉我说老公为了她主动去结扎了，她说不是在本地而是在湖北结扎的。[①] 生育五胎的夏晓春家被罚光了家中所有值钱的东西，辛辛苦苦为李家生了男孩的夏晓春家生活一直过得并不宽绰，由于生育孩子多，家里值钱的东西都罚走，女儿上学上得晚，而且有一女儿送人之后，加在夏晓春头上的不仅是思念，更有自责和愧疚；加上夏不断躲藏，没时间管家里的事情，女儿很早就辍学回家帮家里的忙，后来远嫁他村，经历了辛苦的几个女儿尽管没有读多少书，但知道钱的艰难辛苦，辛勤劳动在当地盖起了小洋楼，然而最使李家伤心的是历经千辛万苦所生育的儿子却生病难治，儿子成了夏晓春的心病。2002 年儿子不知受了什么刺激突然发癫痫，到医院治疗稍微好点，但中间经常发病；2004 年儿子曾一度去当兵，2006 年因为病情不稳定回来之后经舅舅介绍到广州一模具厂学模具，但 2008 年春节放假回来时突然不知道回家了（村民说其实是癫痫病发作了），儿子生病之后家里陷入窘境，尤其雪上加霜的是 2009 年夏的老公李天赐因肝癌过世，剩下夏晓春孤身一人照料生病的儿子，儿子不生病时就是一正常人，生病起来什么人都不认识，看见什么就砸、打、骂，由于经济条件不允许，夏晓春也不可能带儿子去大医院看病。而在 2002 年生病之初，家里人还要瞒着队上人不让人家看笑话。2010 年我采访夏晓春时，生育与生活的艰辛使夏晓春有万念俱灰的感觉，她流露出轻生的念头，她说如果没有几个女儿的救济，她早就死了。本希望为李家传宗接代的儿子却一直因为生病而没有结婚，自己却一直为儿子所拖累。

也许，正如贺萧所言，我在这里所讲的并不是一个足够好的故事，[②] 在西村很多这样超生的案例中，有夏晓春这样结局的也不太多，然而我只想告诉大家，夏晓春的家庭是怎样受到了计划生育的影响，她本人又是怎

---

① 关于她老公结扎一事夏晓春没有多说，老公是在她生育第四胎之后结扎的，她说老公还发了结扎证，但是为什么她后来又怀了第五胎，并且夏本人还去实行结扎，她没有多说，我也不好多问。村支书说她老公是假结扎，弄了张假证明，但村里当时也没有追究。

② 贺萧曾经在一篇文章中讲到了新中国成立之后一个叫张朝凤（贺萧起的假名）的童养媳的故事，她认为是一个不够好的故事，因为这个故事不符合革命话语、主流话语对童养媳的描述，比如童养媳受到婆婆虐待，新中国成立之后童养媳有离婚自由，张朝凤的叙述背离了这些话语，首先，婆婆对她很好，其次，她根本就没有离婚的自由。见贺萧《革命寓于何处：一个童养媳的故事和社会主义中国初期社会变迁的样式》，未刊发。

样受到了打击。尽管很多超生的家庭经过一段时间之后，比如孩子长大之后，因为子女的孝顺以及夫妻的勤奋与努力，家庭兴旺发达，如熊德宝家、廖丽君家，但她的故事不也从另一个侧面体现了当时计划生育实施时的情形吗？

第五节　家庭结构的变化与新型生育观的形成

在《中国乡村人口之分析》一书中，言心哲认为，中国农村家庭，大都是大家庭，所谓大家庭制度者，纵的方面，上有祖父母、伯叔祖父母、父母，下有子女侄孙等；横的方面，有兄弟姊妹、堂兄弟姊妹、妯娌等。① 乔启明认为，我国农村家庭中，父母均与子女同居，即子婚女嫁以后，大多仍旧同居，结果形成联合家庭（Joint family）。② 在他们所描述的家庭中，每个人所遵循的是如费孝通所言的"在中国的家庭中，他的主轴是在父子之间，在婆媳之间，是纵的，不是横的，夫妻成了配轴"这种模式③。个人在家庭中那么这种传统的家庭模式在家庭联产承包责任制和独生子女政策的影响之下会受到冲击吗？我认为，在改革开放之后，受独生子女政策以及分产到户的影响，西村的家庭结构与规模都发生了变化，这不仅与80年代的婚姻形式变化有关，也与妇女地位的提高有关，而这最终导致了新的生育观念的形成。

一　婚姻形式与家庭结构的变化

韩敏在探讨皖北家庭承包责任制之后农村妇女地位、婚姻模式以及姻亲关系的变化时指出：第一，与中国其他地方的情况一样，皖北妇女劳动力价值的提高和人口性别比方面的原因导致了娶方（而不是嫁方）婚姻支出的迅速膨胀；第二，这表明嫁方与娶方在婚姻交涉过程中权力关系发生了重大转变，嫁方的地位变得优越于娶方；第三，这种男方婚姻支出的膨胀使许多皖北男人很难找到一个合适的本地妻子。④ 韩敏在

① 言心哲：《农村社会学》，商务印书馆1924年版，第331页。
② 乔启明：《中国农村社会经济学》，商务印书馆1946年版，第271页。
③ 费孝通：《乡土中国·生育制度》，北京大学出版社2006年版，第41页。
④ 韩敏：《回应革命与改革——皖北李村的社会变迁与延续》，陆益龙、徐新玉译，江苏人民出版社2007年版，第168页。

这里提出了一个非常重要的主题，即农村中婚姻形式的变化。仔细考察西村的情况，我发现，除了第三种情况之外，前两种情况都与韩敏所调查的相似，不过我也想指出婚姻形式变化之后西村的家庭模式与家庭结构问题，而这又会与计划生育之间有怎样的联系。宝森在云南禄村的调查指出，在20世纪90年代，大禄村的平均家庭规模下降为每户仅有4.2人，她认为下降的一个主要原因是政府的计划生育政策，即一对夫妻限生两个孩子。[①] 阎云翔对下岬村的研究也指出了相似的情况，从1980年到1990年，下岬村的每户人数由5.3人下降为4.2人，到1998年，每户平均人口下降到了3.9人。不过阎云翔认为这种情况的出现除了计划生育政策的影响之外，这里面还包含一个更重要的变化——它反映了一种向更为简单的、以夫妻为中心的家庭机构发展的趋势。[②] 我在西村见到的情况也与此类似，到80年代末期，我发现西村人的家庭模式已经不是如费孝通所言的"主轴是在父子之间，在婆媳之间，是纵的，不是横的，夫妻成了配轴"这种模式，而是夫妻成了主轴，而且，核心家庭在西村占据主导地位。这种情况的出现不仅与年青一代的婚姻形式的变化有关，也与计划生育政策的影响有关。

在第四章我已讲到在50年代西村人的婚姻形式基本上还是遵循着父母之命、媒妁之言的形式，在新中国成立之前甚至还有童养媳的情况，那一代的女性不仅结婚年龄小，而且绝大部分在结婚之前没见过几次面，因此夫妻之间的亲密关系不仅在结婚之前没有建立，在结婚之后又由于劳动以及小孩的拖累甚至避孕等事情引起夫妻之间的不快。50年代颁布的《婚姻法》尽管提倡婚姻自由，废除包办婚姻，但正如阎云翔所言，公众领域发生的变化往往不会立即反映到私人领域，私人领域具有排外与封闭的性质，因此也就具有抵御外来影响的能力。所以在五六十年代，当国家试图改造中国社会时，下岬村私人领域的具体实践行为方式并没有太受到冲击。[③] 可想而知，在当时婚姻自主的形式还难以见到，甚至会被村里人

---

① ［加］宝森：《中国妇女与农村发展——云南禄村六十年发展与变迁》，江苏人民出版社2005年版，第306页。

② ［美］阎云翔：《私人生活的变革：一个中国村庄里的爱情、家庭与亲密关系（1949—1999）》，龚小夏译，上海书店出版社2006年版，第103页。

③ ［加］宝森：《中国妇女与农村发展——云南禄村六十年的变迁》，江苏人民出版社2005年版，第60页。

认为是很丢脸的事情。许多老年人都告诉我如果那时自己找对象那是非常丑的事情，而且不经过父母的同意她们自己也绝不会答应。60—70 年代集体化的深入给男女双方提供了相互接触、相互了解的机会，而且男女平等婚姻自由的观念已开始在村庄中起作用。这一时期，尽管一桩婚姻的成功还是离不开媒人的作用，但西村年轻人开始对婚姻提出自己的看法，甚至可以拒绝婚姻，也甚至可以坚持自己的意见而说服父母亲，上文提到的王顺清和曹志芳就是一例。到了 80 年代，西村的婚姻形式更加开放，年轻人也更有主见性。由于受教育的机会增加，加之集体的解散，年轻人容易出外打工，她们接触到的新鲜事物也更多，同时与年轻人提供了在村子之外自己找恋人的机会。张世奇与他妻子罗爱云就是在乡镇企业一起打工时认识的，罗爱云来自于华阴，在草尾镇一制衣厂上班，张世奇是司机，她们两人是属于自由恋爱的典型。但我发现在西村，一个很有趣的情况是，只要在村里举办婚礼，父母亲还是会为她们找一媒人，这个媒人其实只是请来走过场，或者是充当两家讲条件的中间人而已。

表 6-7　　　　　　　湖南省不同规模家庭户比重的变动情况　　　　　单位：%[1]

年份	1 人户	2 人户	3 人户	4 人户	5 人户	6 人户	7 人户	8 人及以上
1982	8.7	11.2	15.8	20.1	13.1	6.9	4.2	—
1987	5.6	10.5	18.3	27.0	22.2	9.7	4.1	2.4
1990	6.9	12.4	22.6	29.3	18.5	6.8	2.4	1.1

　　在 80 年代之后，由于越来越多的年轻人自己选择婚姻对象，计划生育又提倡夫妇们少生孩子，各种避孕方法的推广，这都可使年轻夫妻之间亲密关系得到进一步加强。年轻的夫妻不愿生活在父辈们的影响之下，许多年轻夫妻希望脱离公公婆婆这个大家庭的束缚，提出要分家单过，导致越来越多的核心家庭的出现。据 1985 年沅江县对 7 个村 1885 户的重点调查显示，单纯夫妻型和父母与未婚子女型的核心家庭，分别占总数的37.88% 和 33.26%，合计占 71.14%，主干家庭占 19.52%，单身户占7.48%，而联合家庭只有 13 户。[2] 这是全国的趋势（见表 6-7），在考察

① 《湖南省志·人口志》，前引书，第 158 页。
② 《沅江县志》，中国文史出版社 1985 年版，第 563 页。

改革开放之后家庭结构的变化时，不管是宝森还是阎云翔都提出了一个看似简单实则复杂的问题——为何人们喜欢小家庭呢？阎云翔指出，尽管大家庭无论是在集体化还是在改革时期，经济状况都远远胜过核心家庭，然而深入研究显示，那么多下岬的年轻人之所以要建立核心家庭，是出于对一种更为深情、亲密、平等的理想夫妻关系的追求。① 我的调查除了阎的观点之外，发现年青一代更想拥有、支配自己的财产，更想自己做主而不是一味地听从长辈的安排。杨小良告诉我那时她要分家的情况。② 杨小良1982 年嫁入西村张伯龙家，他们两人是经别人介绍认识的，见面之后两人感情发展很好，③ 张伯龙甚至提出要早点结婚。她们的结婚也颇有意思。那年杨的公公因患肺癌去世，按照当时的习俗这家一年之内都不能办喜事，但张伯龙提出在父亲下葬之前把婚事办了，因为按照西村习俗如果还没有出殡，就能办喜事，因此在将杨娶进门的第二天就开始办丧事。结婚之后，张开手扶拖拉机跑运输，杨勤劳肯干，并生育了一儿一女，张伯龙跑运输也证明了自己的能力，他们挣的甚至比父辈们还多，于是两口子希望分家单过。

　　杨小良两口子的情况只是西村许多想分家单过的年轻夫妻的一种形式。在那时由于分家单过越来越多的核心家庭在西村出现。1979 年西村的人数为 1137 人，户数为 181 户，到 2007 年我去调查时，西村人数为1257 人，户数为 258 户，人数只增加了 120 人，但户数增加了 77 户。西村前任支书告诉我，这个户数在很早之前就差不太多，人数现在是越来越少，但户数没怎么减少，尤其是在他 1991 年他当治保主任兼民兵营长的时候，那个时候分家的情况很多，那些年轻人刚结婚就想分家单过。④ 也许，在大家庭中，家庭成员之间因为权威或者劳动分工或者个人能力等都可能引起冲突，早分家是年轻夫妇获得自主和取得成功的一个重要标志，因为它重新界定了年轻的新娘同她婆婆、青年男子同其父亲以及夫妻之间

---

　　① ［加］宝森：《中国妇女与农村发展——云南禄村六十年的变迁》，江苏人民出版社 2005年版，第 307 页；阎云翔：《私人生活的变革：一个中国村庄里的爱情、家庭与亲密关系（1949—1999）》，龚小夏译，上海书店出版社 2006 年版，第 105—106 页。

　　② 杨小良访谈资料，访谈时间：2011 年 8 月 12 日。

　　③ 就算是现在他们两人也还是村里人认为最好的夫妻之一，这个好来自于她老公张伯龙里里外外的事情都做，在外面回来就会帮妻子打扫禾场，在家里拖地、帮忙做饭，夫妻俩体贴有加；同时我们发现张对他的岳父岳母也非常好。

　　④ 张暑洪访谈资料，访谈时间：2009 年 8 月 12 日。

的关系。

在80—90年代，婚姻形式的改变，收入的增加等刺激了更多的年轻人想分家，而计划生育则促使年轻妻子少生孩子和拉大生育间隔，夫妻之间不用分太多的时间在子女身上，在西村更多的核心家庭开始出现，由于少生孩子，妇女们也确实在一定程度上控制了自己的生育，同时也腾出了更多的时间来从事经济生产活动，所以我们也会发现随着婚姻形式与家庭结构的变化，妇女的地位得到很大的提升。

二　妇女地位的上升与家庭决策

对西方的女权主义者来说，新中国成立之后妇女的地位问题一直是她们关注的重点。许多研究者认为，尽管共产党从建党起就将妇女解放为己任，并通过改变婚姻形式、改造家庭、大力宣扬男女平等等方法来促进妇女地位的提高，但中国的家庭仍然是父权制的，中国妇女问题仍未得到根本的解决，其根本原因在于共产党没有认真执行解放妇女的政策，从未把解放妇女作为一项中心任务来抓。① 在玛格丽特·伍尔夫所著的《被延迟的革命——今日的中国妇女》一书中，尽管作者提出了与上述三位略为不同的观点，她认为中国农村父权制的巩固实非有意，而是男性领导人不能克服本身的性别偏见所造成的，但是她本人在实地调查中遇到的挫折以及在调查中发现旧有的封建传统、信仰和价值观在中国仍然大有市场，加上中国妇女对自身状况的不醒悟，使她对中国妇女的前途感到无比惆怅。② 不过我认为她们的研究不仅将妇女看作铁板一块的整体，而且这样的看法都忽视了女性的主体性和能动性。在这方面，高彦颐曾提醒大家注意皮埃尔·布尔迪厄的警告。布尔迪厄曾警告说，沉溺于结构主义的人类学家，没有看到由男女操纵着的"实际的亲属关系"的广阔领地，前者

---

① 1983年几乎同时出版的三部著作，可称得上是这个时期的代表作。它们是菲利斯·安多斯（Phillis Andors）的《未完成的中国妇女解放（1949—1980）》（*The Unfinished Liberation of Chinese Women*，Indiana University Press，1983）；凯·安·约翰逊（Kay Ann Johnson）所著的《中国的妇女、家庭和农民革命》（*Women, Family and Peasant Revolution in China*，The University of Chicago Press，1983）以及朱迪思·斯特西（Judith Stacey）的《中国的父权制与社会主义革命》（*Patriarchy and Socialist Revolution in China*，Berkeley University press，1983）。相关内容介绍见绪论部分"国外研究状况"。

② 转引自鲍晓兰《美国的中国妇女研究动态分析》，载李小江等主编《平等与发展（性别与中国第二辑）》，生活·读书·新知三联书店1997年版，第367页。

因而仅视以家谱为基础的"官方的亲属关系"为唯一的现实存在。为了引出实践中的亲属关系，布尔迪厄将男性独占的"官方权力"和女性经常使用的"支配的权力"加以区分，女性所行使的权力，是通过代理而获得的有限度的权力，但它仍然是真实存在的。[1] 为此，高认为要理解社会性别和权力关系的实践必须始于家庭，因为家庭是中国女性和男性最基本的社会场域。所以虽然男性一直宣称对家庭财产拥有法律权力，并且父亲享有对妇女和孩子的权威，但作为家庭的实际管理者、母亲及儿女的教育者，家庭主妇无疑拥有充分的机会，对家庭事务产生影响。在每日生活的场境中，女性很难是家庭体系的旁观者。[2]

循着高彦颐的思路考察西村的情况，我发现随着计划生育政策在西村的实施，妇女们不只是消极的受害者，她们不仅如小浜正子所言与政策联盟，而且在遵守国家政策的外表下有效控制了自己的生育。许多西村妇女告诉我，尽管那时计划生育非常严厉，但对她们来说还真是有好处。家庭责任制之后最大的变化是农村各种农副业的发展，西村妇女们也比任何时候有了赚钱的机会。在考察妇女劳动力价值的提高时，韩敏认为妇女劳动力价值的提高部分原因是新中国成立以来妇女们第一次大规模地参与到农业生产中；部分原因是自责任制的推广以来妇女的劳动力转化为货币收入，她们比以往任何时候有了更多的赚钱机会。[3] 尽管她没有提及计划生育在其中所起的作用，但我认为她所指出的这两点是无可非议的。西村有距离草尾镇诱人的地理位置，在集市上贩卖蔬菜一般是西村妇女们的专长。妇女们告诉我男人们对这种小生意不感冒或者不好意思，然而我想没有过多小孩的拖累也使妇女们能够出门做生意。不过女人们贩卖蔬菜却为家庭收入做出了贡献。西村的接生员鲁东秀（第三章）已经80岁高龄，在我采访她时还在街上卖小菜，她告诉我说自己能动手做就自己做，自己赚钱自己花，想买点什么就买什么，自由得很，好得多，如果向儿子儿媳要钱，一次两次还可以，多了就不好意思了，也要看脸色。[4] 在西村调查

---

① 转引自［美］高彦颐《闺塾师——明末清初江南的才女文化》，李志生译，江苏人民出版社 2005 年版，绪论第 11—12 页。

② ［美］高彦颐：《闺塾师——明末清初江南的才女文化》，李志生译，江苏人民出版社2005 年版，绪论第 12—13 页。

③ 韩敏：《回应革命与改革——皖北李村的社会变迁与延续》，陆益龙、徐新玉译，江苏人民出版社 2007 年版，前引书，第 185—186 页。

④ 鲁东秀访谈资料，访谈时间：2011 年 8 月 14 日。

时我经常碰到妇女在镇上贩卖蔬菜，妇女们将自己的劳动力转化为了可以衡量的货币收入，她们自己不仅感到了经济上的独立自主，同时也由于不再受到家长的支配，李小江认为，新时期的妇女（解放）运动，无论在理论上还是在社会实践中，都完成了中国妇女主体意识和女性群体意识的觉醒，完成了中国妇女在争取妇女解放和社会发展的双重轨道上从被社会塑造到主动参与社会的历史过程。① 我不想说西村的妇女在理论上走到了多远，但她们确如李小江所言在实践上不断形成了妇女的主体地位。

分产到户之后，西村主要栽种双季稻，西村妇女参与了稻谷生产的整个过程，大部分妇女在插秧方面是能手，超过了许多男性。村民反映如果家庭中没有一个女性来插秧，那这个家庭在农忙季节就非常处于弱势，当然没有男性也会处于弱势，这只是说在农田生产中西村男女都成为了重要的力量。妇女在这些方面能力的体现——如现金收入、农田建设以及夫妻之间的亲密关系等，都使得西村出现了如阎云翔在下岬村所调查的情况——家庭内部关系与性别角色的重新定位尤其是妻子在家庭中地位的上升，而这又是因为在改革之后，妇女对家庭的贡献更大，所以妻子自然就当起家来了。②

很多研究中国改革开放之后妇女地位变化的女性主义学者不这样认为，在她们看来，改革之后，农户的自主权和重要性由于责任制而极大地增加了，从前由生产队长张罗的事情现在都由户主决定，这对妇女来说是一种倒退，因为尽管经过了早期改革，农户仍然是一个父权制机构，户主通常都是男人，国家和集团遵循旧的传统，认为户主应该对家庭成员负责，在一系列事情诸如人口普查、户口登记和工分制上都只与他一人打交道，从而加强了父权制机构的力量。实行责任制后人们仍奉行同样的想法，户主代表家庭认可并签订承包协议，从而成为家庭成员中最终的决策人。③ 然而，这只是一种静态的表象，这种官方认可的权力结构掩盖了权力运作的真实情况。自80年代以来，西村妇女在家庭中的决策权越来越

---

① 李小江：《新时期妇女运动与妇女研究》，载李小江等主编《平等与发展（性别与中国第二辑）》，生活·读书·新知三联书店1997年版，第354—355页。

② ［美］阎云翔：《私人生活的变革：一个中国村庄里的爱情、家庭与亲密关系（1949—1999）》，龚小夏译，上海书店出版社2006年版，第115、117页。

③ ［英］迪莉娅·戴文：《中国的发展模式及其对妇女的影响》，胡泳、范海燕译，载李小江等主编《平等与发展（性别与中国第二辑）》，生活·读书·新知三联书店1997年版，第9—10页。

大，王顺清告诉我说，集体解散之后，当时她看到学农机技术很有空间，就劝她老公去学农机修理，学技术。事实证明这门农机维修技术不仅在西村非常管用，村民的农具维修都可到他店里来，而且后来他由于有这门技术，还与别人合伙开了一模具厂。事实上，西村的男性也转变了以往如传统文化所言要一手遮天的想法，他们愿意让老婆当家，甚至西村男人还打趣说，怕老婆是美德，那些在妻子面前逞能，对老婆不太关心的男人不仅女性不喜欢，就连男性也瞧不起。冯月娥的老公裴自德因为经常打老婆就使村民瞧不起他，而粟志超因为经常打牌也使村民对他印象不好。

　　在强调家庭内部性别角色的变化以及妇女地位上升的过程中，我想阎云翔对下岬村的总结非常到位，他认为在私人生活领域里，夫妻关系成为家庭主轴同时也意味着两性关系的变化。下岬妇女其为人妻的人生角色在经历数代后已发生了根本性的变化，即从原来俯首帖耳的家内劳力变成了富有感情的婚姻生活中的平等一方，在这个过程中，妇女在推动择偶与浪漫爱情的发展变化上一直扮演了更加积极主动的角色。通过种种努力，她们争取到了择偶自由，在日常生活和夫妻情感生活中都获得了平等的地位。① 而同时我还发现，西村女性不仅打造了平等的两性空间，更是积极促进了新的生育观念的形成。

三　少生、优生的生育观

　　黄树民在他经典的著作《林村的故事：一九四九年后的中国农村变革》中指出，在中国农民的社会生命中，最能使他们保持稳定的因素是对"家"的顾念。家不仅是提供食物、舒适、保护及老年照顾等徒具物质和经济意义的房舍而已，更重要的是，家更具有社会、意识形态和仪式上的意义。于是，一个家庭中如果没有男丁，就没有子孙来沿袭家族，更可怕的是，原先供奉在家中或者每年在固定的时间需要去祭祀的习俗都会因为男性子嗣的缺乏而使祖先没有人去供奉和祭拜，最后祖先成为了孤魂野鬼，没得吃没得穿，这对在世的家庭来说是莫大的不幸。② 在黄树民的表述中，这种家庭是儒家文化所提倡的一种理想化的、静态的大家庭形

---

　　① ［美］阎云翔：《私人生活的变革：一个中国村庄里的爱情、家庭与亲密关系（1949—1999）》，龚小夏译，上海书店出版社 2006 年版，第 125—126 页。
　　② 黄树民：《林村的故事：一九四九年后的中国农村变革》，素兰、纳日碧力戈译，生活·读书·新知三联书店 2002 年版，前言第 15 页。

式，也许，在过去的家庭中，儿孙满堂、多子多福是人们所追求的，不过这种模式并不是一成不变的，理想化状态与生活实践之间往往不能重合，它不仅会受到国家政策的影响，也会受到家庭内部成员的干扰。在西村，多子多福、早生早得福这样的生育文化不断受到冲击，并在独生子女政策的影响下最终形成了少生、优生的生育观。

在独生子女政策刚刚实施时，村民强烈反对甚至不惜采取各种形式来违反政策（见本章第二节、第三节），于村民而言，如果只许一个家庭生一个，那些只生了一个女孩的家庭不就断了香火了吗?! 这难道不是大多数家庭最害怕最担心的事情吗?! 同时，在西村，一般而言，女儿出嫁后就要居住在夫家，所以如果只能生一个，而这一个是女孩，女儿出嫁之后这对夫妻在经济和社会上都会面临危机。不过随着计划生育政策的强制实施以及农村中经济体制改革的进行，村民多子多福的生育观念被无情地浇灭了，到90年代中后期，村民们从强制接受计划生育政策转向了自愿行为。计划生育作为一种制度约束了人们的生育意愿，不过我们也发现其他原因也促使村民们改变了生育观，这其中最主要的是婚嫁费用以及住房建设的费用。

自改革以来，西村人在结婚费用方面越来越高，李银河在浙江余姚、山西沁县，宝森在云南禄村，阎云翔在黑龙江下岬村的调查说明这是全国普遍的现象。① 村民告诉我在90年代一场婚礼下来没有三四万几乎办不到，首先要给女方家送彩礼钱准备嫁妆，这个少说要1万，要面子的可能拿得更多，然后儿子结婚时还要对新房进行布置，大多数家庭是要对住房进行改造，有的要扩大住房，有的重新建房，这笔费用也要一两万，而当时一个家庭的年收入大约在3000元。村民认为为子女完婚是父母应该承担的责任和任务，只有子女完婚了，他们的任务才完成了。所以一般情况下，父母都要倾其所有给子女办婚事，因为婚事的气派不仅显示了这家人的富有，也表明了这家人在村落中的地位。② 目前西村嫁娶与结婚的费用

① 李银河：《生育与村落文化·一爷之孙》，文化艺术出版社2003年版，第43—47页。[加]宝森：《中国妇女与农村发展——云南禄村六十年的变迁》，江苏人民出版社2005年版，第275—280页；[美]阎云翔：《私人生活的变革：一个中国村庄里的爱情、家庭与亲密关系(1949—1999)》，龚小夏译，上海书店出版社2006年版，第168—173页。
② 周荣德在对云南士绅的研究专门提到了这点。见周荣德《中国社会的阶层与流动——一个社区中士绅身份的研究》，学林出版社2000年版。

更高，有时简直不可思议。熊兰香的儿子结婚时，因为拿不出彩礼钱 6 万元，只好向亲家写下欠条；现在建房的费用也要在 10 万以上，这还不包括装修。高额的结婚费用、住房建设费用以及养育子女的成本等使多数人的理想生育数目降到了最多两个。妇女主任胡嫦钰告诉我说，现在很多年轻人都不想生小孩了，二胎（生育）证都没人来领了，为此，她甚至上门去劝一些只生了一个女儿的家庭来领二胎生育证，她说趁现在年轻人还年轻早点生第二胎算了。胡政军 1988 年生下一个女儿，按规定她在间隔四年之后可以再生一个，婆婆也不断劝她赶快生一个，甚至还为她领取了二胎生育证，但她坚决不想生第二胎，老公也支持她的决定。其实，发放二胎生育证并没有硬性的要求，要是在独生子女政策严重的时候，这正是像胡嫦钰这样的计划生育工作者求之不得的好事，但现在恐怕连一直负责生育事宜的胡嫦钰这一代妇女也不能理解年轻人的生育观念了。

　　二胎生育证发不出来也说明了自独生子女政策实施以来西村人对生育的性别偏好也不是那么注重了，以前为生男孩而东躲西藏到处奔波，现在西村人已经认为生男生女都差不多了，一方面生了女儿的家庭确实给父母带来了更大的经济利益与孝心，正如阎云翔在下岬村所指出的一样，生了 5 个女儿的老赵在女儿长大成家之后都给他争了气，老赵既不用花很多钱嫁女儿，而且所有的女儿女婿也都很热心照顾他。[①] 西村生了 7 个女儿的张明辉（第四章）也说七个女儿对她们真的都很好，每次回家都给钱，生怕老两口没钱用。他说如果是 7 个儿子，他这把老骨头都会散架，因为他不仅要负担高额的结婚费用，也要面临儿子儿媳要分家的烦恼，还要面临着老了可能没人照顾赡养的局面。他们现在住在大女儿家，其他几个女儿经常回家来看他们。另一方面，很多年轻人结婚之后就去外面打工或者大学毕业找到了好的工作，他们把家安在了城市，这对于习惯于农村生活的西村人来说也不愿意到城市与儿子儿媳居住，所有女儿这时候常回家看看反而使村里人觉得有女儿真好。

　　西村人在生育观念方面的另外一个改变是注重孩子的健康，即优生、优育，这也符合了独生子女政策中的一个原则。自 80 年代以来，优生在政府的言论中就占据了重要地位。1979 年底，国务院计划生育领导小组

---

① ［美］阎云翔：《私人生活的变革：一个中国村庄里的爱情、家庭与亲密关系（1949—1999）》，龚小夏译，上海书店出版社 2006 年版，第 212 页。

就提出了"晚、晚、少、优"的计划生育政策，其中优就是优生；1981年，赵紫阳总理在第五届全国人民代表大会第四次会议上的政府工作报告中指出，为了保证人民生活逐步得到改善，必须继续坚定不移地控制人口增长……限制人口的数量，提高人口的素质，这就是我们的人口政策。同年 12 月 29 日，陈慕华在《为了中华民族的幸福未来——谈谈我国的人口问题》的讲话中，特别提到了提高人口素质问题，她说：

> 提高人口的素质，包含着优生、优育一系列的工作要做。我们提倡优生、优育，是为了提高中华民族的素质，使我们的下一代，无论在德、智、体哪一方面都能够得到全面的发展，成为建设四化的有用人才，使中华民族繁荣富强。[1]

不过，西村人对所谓的人口素质不懂，他们对优生的理解并没有那么复杂，对他们来说孩子生出来只要健康就行，这个健康不仅是身体方面没有缺陷，也包括孩子在不同的阶段所具有的能力，比如学会走路、说话等。当然，在国家的宣传指导下，西村妇女这时也开始借助于医疗设备来查看胎儿是否健康，甚至遵循要求在医院做婚前检查，在孕期保健、产前诊断、分娩及新生儿健康等方面不断接受了新的观念，孕妇们也积极去实践这些新观念。

总的来说，从 20 世纪 50 年代共产党开始推行的计划生育，在国家、村庄以及村民各方面的相互作用与调整下，计划生育在西村已经从过去强制的行为变成了对人们相对来说比较容易接受的事情，计划生育工作在西村也成为了一件相对容易的工作，在政策的指导下以及在村民的实际考量下，一种新的生育文化在西村开始形成。

第六节　小结

20 世纪 80 年代的一胎化政策随着《关于控制我国人口增长问题致全体共产党、共青团员的公开信》的发表而在全国拉开了帷幕。在西村乃至全国的农村，这一政策的推广是伴随着家庭联产承包责任制的实施同

---

① 史成礼：《中国计划生育活动史》，新疆人民出版社 1988 年版，第 230 页。

时进行的，这也使一胎化政策从一开始就受到了农民的抵抗，因为家庭联产承包责任制的实施不仅极大地刺激了农民生产的积极性，使农民生活条件有了迅速的改观，同时也刺激了农民多生育且生育男孩的愿望，而这正是与一胎化政策相矛盾的。为了缓解这种矛盾，共产党在农村的生育政策做了一些让步，即允许农民在一定条件下生育二胎，同时对于遵守一胎化政策的给予一定的物质和精神奖励，但这些都没有在农村起到多大的作用，于是共产党只能以严厉的经济处罚和行政手段等措施来使村民被动地接受这一政策。从当时的情况来看，为了追求经济发展和现代化的实现而在 80 年代初就开始实行的一胎化政策未免过于仓促，指责农村的封建与愚昧是无用的，政策上的性别偏向、制度上的漏洞以及生育数量上的过于求成是共产党应该考虑与反省的。

农民家庭对一胎化政策的抵触一开始使西村妇女陷入了两难的窘境。一方面，能够少生少育，减少孩子的拖累一直是新中国成立以来妇女心里真实的想法，而一胎化政策的实施无疑给她们提供了这种可能；另一方面，村落生育文化给只能生育一胎至多两胎的西村妇女无形中产生了一定的压力。当然，作为家庭中的一员，为了生育男孩得到家庭的认可，妇女们从维护家庭利益出发与家庭成员一同抵抗着一胎化政策，为了得到生育男孩机会，她们或外逃，或找关系，或作假，与村干部和计划生育干部"斗智斗勇"，与其说她们勇敢，不如说她们是在传统文化之下迫不得已。在这一过程中，她们身心的疲惫与精神的压力曾经一度得不到承认，也得不到关注。在一胎化政策之下，大部分西村妇女生育的次数大大减少，但同时各种避孕措施、节育手术以及计生体检都在妇女身上上演，对计划生育成绩的追求使西村妇女处于一张张的表格之中，第一次，她们的姓氏得到了如此的关注，村委会将妇女的生育情况严格地控制住，使妇女的生育处于一张无形的网络中，妇女的生育行为甚至在父权文化下认为肮脏、私密的月经之事也在计生干部的注视之下，这与其说是对妇女的关注，不如说是对妇女的掌控。

从另一角度来讲，西村妇女通过各种方法求得为家庭生育男孩的机会，她们不断利用漏洞躲避计生干部的检查，找亲戚朋友开假证明，我们看到的是妇女不仅仅是被动地接受这一政策的安排，她们甚至比老公更勇敢，更会想办法。在与西村妇女的访谈中，这种外逃或者躲藏的方式是如此之多，如此之滑稽，以至于这些妇女现在回想起当年的经历时还忍俊不禁，甚至互相取笑对方。确实，当年的紧张与无助感已经过去了，但这些记忆将永远留在她们的脑海中，如果不被提及将会被尘封起来，那么以后又有谁知道她们当时的艰辛呢？当然我们也知道，女性作为孕育的载体，对体内的生命不具有"独属"权力，在此意义上，生育虽然是个体行为，但隐含着家国背景，而生育的疼痛却完全是个体（妇女）体验。女性以"疼痛"的个人身体经验去感受他人和世界，建立与外在世界的相通与相知。①

考察计划生育在西村的实施过程，不难发现西村妇女们与一胎化政策的对抗过程实际上是与村委会的一种较量，随着集体的解散，村委会登上了西村历史舞台。对于 20 世纪 80 年代的西村村民来说，村委会有着很高的权力，它掌控着全村土地分配，控制着生育指标，决定哪些人可以生育第二胎，总的来说，村委会被党政赋予若干与村民生活密切相关的行政职能。然而，村干部并不是一直都是冷冰冰的，在执行计划生育的过程中，一方面他们必须完成上级交付的任务，另一方面也必须照顾本村村民的利益。正是在这样的情况下，一胎化政策才能在西村推行下去。

一方面，传统仍然对生男孩有强烈的偏好，这个偏好可能是来自于生产力方面的考量，也可能是为了传宗接代的顾虑；另一方面，一胎化政策的本身也是有矛盾的，它要求人们对于生育的性别采取一种中立的态度，但是又将女性的生产力视为弱势，或者生产力上有所不足。台湾学者刘仲冬在考察台湾家庭计划的形成及过程时指出台湾的人口政策是典型的男性议论：一、虽然妇女的生育行为是人口政策所诉求的对象，（但）妇女被排斥在人口政策的决定过程之外，参与讨论的全是男士。二、争议内容是男性关怀的经济生产、国家战力而非妇女议题。当时的社会精英及领导阶层所关心的只有国家的生存进步及繁荣，至于妇女所受的伤害根本不会出现在他们的意识中。三、妇女被期待担负较多责任与生育控制的风险，男性不负避孕的责任。② 中国计划生育政策的出台与其何其相似，它处处体现的是有性别取向的政策。比如避孕方法的运用，比如计划生育体检等无一不在妇女身上进行。

---

　　① 刘媛媛：《面对疼痛的自己：女性文学视域下的女性与生育》，《妇女研究论丛》2011 年第 1 期，第 66 页。
　　② 刘仲冬：《国家政策下的女性身体》，载女性学学会编《台湾妇女处境白皮书：1995》，（台北）时报出版社 1995 年版，第 234 页。

对女性性及生育行为的控制是性别地位的最佳指标。一个女人是否能掌控自己的身体，有自由生养自己想要的孩子，有权决定生几个孩子，是否能自由取用避孕器材调节生育，是否能以手术方法终结意外的怀孕，等等，都代表且反映女性地位。没有自由掌控自己的身体，女性其他的自由都是空谈。① 对照这几点而言，一胎化政策的实施对妇女的自由来说不太遥远，因为我们看到传统的生育文化已经在西村做出改变，少生、优生生育观的形成将使西村乃至全国妇女身体自由的实现不是纸上谈兵。

---

① 刘仲冬：《国家政策下的女性身体》，载女性学学会编《台湾妇女处境白皮书：1995》，（台北）时报出版社 1995 年版，第 221 页。

第七章　结语

我已经分析了 20 世纪 50—60 年代、20 世纪 70 年代、20 世纪 80 年代三个不同阶段的计划生育政策在西村的实施情况，从中我们发现，从新中国成立之后到 80 年代末期这一历史过程中，作为控制人口增长的主要手段，计划生育已由国家强制实行到渐渐成为西村人日常生活中的不可或缺的重要组成部分被他们所接受，到目前为止，从 80 年代开始的独生子女政策仍然在西村进行，大部分年青一代已经自然而然地只想生育一胎。当然，计划生育在西村的实施也与当时重大的社会政治、经济改革背景紧密相关。我认为新中国成立以来中国共产党所开展的各项社会改革中，计划生育大约最具戏剧性，影响也最为深远。计划生育不仅改变了中国传统的家庭结构，使城乡中国人的私生活都有了彻头彻尾的变化；同时，最重要的一点是使中国人的生育行为和生育观念也发生了重大变化，并使妇女从生育的负担中解放出来。当然，这一过程的实现是复杂的，也是困难重重的。

从新中国成立之后到 90 年代，西村人对计划生育经历了从惊讶、对抗、应付、调整到接受的过程，考察其中的过程，我认为主要受以下几个方面的影响：一是国家的坚持不懈与强制手段；二是各种社会变革的影响；三是西村妇女群体。首先，从 20 世纪 50 年代中后期开始，国家就实行计划生育，尽管在"文化大革命"的前几年几经中断，但 70 年代在农村又开始普及，80 年代独生子女政策在全国推行，国家始终如一地以计划生育来控制人口的增长，积极开发各种有效的避孕方法和节育措施，面对村民的反抗，尤其是 80 年代的一胎化政策，更是引起了轩然大波，国家通过采取奖励与惩罚这种软硬兼施的办法来达成村民对计划生育的接受，并在农村作了稍微调整，如一些特殊情况的家庭可以生育第二胎（第五章），但除此之外都必须严格遵守一胎化政策，否则将受到苛刻的处罚。其次，从新中国成立之后到改革开放，受政治运动和经济改革的影响，西村的社会文化环境发生了很大的变化。集体化使得男女都一起参加集体劳动，增加了他们相互交流与认识的机会，婚姻形式改变之后夫妻之间亲密关系的增加，分家导致大家庭的解体核心家庭的出现，年青一代的人更注重个人生活的质量，使得传统以多子多福为中心的生育文化不断遭到抵制。最后，是妇女本身对计划生育的接受。一直以来，妇女不仅肩负着生育的使命，同时还要面临分娩时的风险以及养育小孩的艰辛。新中国成立之后国家动员妇女参加社会化劳动，在意识形态方面宣扬男女平等，这使得妇女的再生产（生育）与生产之间产生了矛盾（第三章、第四章），一方面要像男性一样积极劳动，另一方面生育与养育的负担使妇女苦不堪言，计划生育在西村的实施无疑会解决这个矛盾，不过这个矛盾的解决不是一蹴而就的，父系制、从夫居的父权制文化、对性别（男性）偏好的传统生育文化加上国家在这方面没有做出改善都使计划生育在开始受到抵触，不过当政策有利于妇女时，妇女们在这一过程中不断与政策联盟共同抵制父权制（第四章），当然，为了家庭的利益妇女也巧妙地违背计划生育政策。当然这三方面的力量从来都不是单独进行而是互相交织在一起、共同起作用一起影响了西村人尤其是妇女的日常生活，最终当条件成熟时，一种新型的生育文化在西村形成（第五章）。

阎云翔的《私人生活的变革：一个中国村庄里的爱情、家庭与亲密关系（1949—1999）》的研究促使我进一步去发现30多年来西村在择偶观念、婚姻形式家庭结构的变化、妇女地位的上升、父权的式微以及新型生育观等方面的变化与变迁，我也从中发现这些方面西村与阎氏所调查村的不同之处；与加拿大学者宝森的《中国妇女与农村发展——云南禄村六十年的变迁1939—1999》对话中，她促使我去注意农村妇女发展中的社会性别与权力关系问题，因此当我将社会性别放到阎氏的结论时，我发现说西村父权已衰落还为时过早，国家政策中性别的村委会组织中男性的一手遮天，土地权益中妇女土地的不稳定性，农业的女性化与低待遇，计划生育政策的不中立导致的性别比失调，从夫居、从夫姓的制度几乎没有改变，村民对入赘婚的反感与歧视（从70年代以来西村还一直没有出现入赘婚）等，都说明父权制文化的根基还非常牢固，妇女地位的上升对父权制文化的冲击是有限的，皮埃尔·布尔迪厄的"惯习"理论也印证了要推翻父权制还任重道远，难怪他要说道，"即使当女性确实行使真正的权力时，如通常在取决婚姻大事上，她们其实有很大的决定权，但是这一决定权的行使，是要在表面上承认绝对男权的'障眼法'下进行"①。在最后的这一章中，我将提出一些值得继续探讨的问题。

一　计划生育改变了传统生育文化吗

共产党于20世纪50年代开始的计划生育政策到80年代末基本已经定型，那就是一胎化政策，其中在农村实行的是第一胎是女孩的间隔四年之后可以生育第二胎。② 当然在整个过程中，西村村民面对共产党推行的严厉的生育政策时各自采取了不同的办法来应付，同时在这个过程中，村落传统生育观念和行为受到冲击，一种新型的生育文化开始出现并得到发展，这体现在以下几个方面：一是生育的禁忌不断弱化；二是养儿防老的观念不断退化；三是多子多福传宗接代的观念开始淡薄；四是子女已不作为家庭劳动力来培养，而是注重自身的成功与发展。那么这一转变是否是计划生育的作用呢？

目前，对人类生育行为转变的原因已经形成了两种观点。一种认为是社会经济因素的作用，即人们处于对自身社会经济利益的考虑所作出的资源抑制生育冲动的努力。比如郑卫东认为，人们往往把中国人口显著下降归为计划生育政策的作用，却不知关于新中国成立前村民就有节育要求的发现说明新中国成立后人口出生的下降可能只是因为有了节育技术，把村民本来就有的部分节育要求转变为现实而已。③ 阎云翔也考察了下岬村人生育观念转变的原因，他从经济学、人口学、性别研究、社区研究等角度来分析这种新观念，他认为经济上的考虑是年青一代父母生育观念与行为改变的主要动力之一，许多人不想生二胎的原因是养不起或照顾不过来；而到90年代后期，无论年龄、性别、计生户还是超生户，人们都认为抚养孩子的花费越来越大，令人吃不消。另一种认为是计划生育的作用，是

---

① ［法］皮埃尔·布尔迪厄：《实践理论大纲》，转引自［美］高彦颐《闺塾师——明末清初江南的才女文化》，江苏人民出版社2005年版，绪论第12页。

② 到目前农村实行的基本都是从80年代以来这样的政策，只是有的人已经在计划外生育第二胎，而计生干部没有盯得那么紧，都是睁只眼闭只眼，等生米煮成熟饭之后，象征性地罚款了事。文章中绪论开头部分提到的这个就是典型的案例。最后我的小姑子在第一胎生了一个男孩而且间隔16年之后又生了一胎，罚款二万五千元，她们也心甘情愿交了罚款。

③ 郑卫东：《村落社会变迁与生育文化——山东东村调查》，上海人民出版社2007年版，第225页。

由于政府在一些人并不十分情愿的情况下强制推行计划生育措施来抑制生育动力的做法。李银河是这方面的代表。她认为，对农民生育行为影响最大的，是国家推行的计划生育政策的影响，经济上的考虑与之相比，不仅是第二位的原因，提及计划生育政策作用的人数与提及社会经济因素作用的人数相比，前者竟达到后者的两倍多。[①]

在这两种观点之间，我的结论与郑卫东和阎云翔的比较接近。我在西村的调查显示，村民对不想生育孩子的想法从没出现像李银河所说的"响应国家号召"，他们谈得最多的就是他们不仅认为多生儿子多讨累，而且也觉得子女多对自己也是一个负担，因为从经济因素考虑的话，子女成长的抚养费用太高，而且还要送孩子读书，现在许多家庭都谈到孩子多了养不起，成年之后父母还要为儿子的结婚大事准备好房子或者一笔钱财，就算孩子已经在城市里工作，但也要为儿子准备一笔结婚费用，而城市里的消费更高，处处都要用钱。因此从80年代末期以后，许多家庭已经开始认同计划生育的理念，只生一个小孩或者最多两个小孩，当然这种理念是受到社会经济因素的影响。现在我问西村父母亲愿意生几个小孩时，多数都回答只生一个小孩，最多两个，生那么多干什么，累死了。他们认为如果没有计划生育，他们也会尽量少生。尽管多数人还是赞同只有儿子能够传宗接代，但是生儿子的压力已经大大减少，生了两个女儿之后的家庭也没想过要生第三胎要个儿子，而且独女户家庭也开始出现，因为越来越多的年轻人对那些虚无缥缈的祖先崇拜或者灵魂之类的东西已经看淡，他们认为主要是要过好现在的每一天。

在村庄中，以前所认同的养儿防老的观念已经受到村民的质疑。一些儿子多的家庭的父母晚年生活并不好过，他们被踢皮球一样从这个孩子家中住一段时间然后又从另一儿子家中住一段时间，[②] 那是因为每一个儿子都不想长期让年老的父母住在自己的家中，只是因为迫于村落舆论而兄弟协商解决，现在村庄里越来越多的老人以及中年人感受到养儿子并没有养

[①]　李银河：《生育与村落文化·一爷之孙》，文化艺术出版社2003年版，第147页。

[②]　在一些村庄，有的老年父母因为儿子的不孝等原因竟然采取自杀的极端行为，阎云翔在黑龙江下岬村就发现这样的案例，一例因为不堪忍受儿子儿媳的虐待而上吊自杀；一例因为自身火爆脾气不能与儿子儿媳好好相处而喝农药自杀。见［美］阎云翔：《私人生活的变革：一个中国村庄里的爱情、家庭与亲密关系（1949—1999）》，龚小夏译，上海书店出版社2006年版，第183、101页。

女儿好,以前不惜倾家荡产追求生儿子的家庭有时反而因为儿子的不孝顺和不争气而使父母亲后悔不已。生了 7 个女儿的王佩军与张明辉夫妇反而使人们很羡慕他们,因为 7 个女儿每年给的零花钱他们自己说根本用不完,大女儿女婿还主动要求他们老两口住在自己家,村庄里谈论最多的是"生儿子是名气,生女儿才是福气",因此都很羡慕张明辉。不过村民们也开始觉得靠儿子儿媳还不如靠自己,因此有的老年夫妻在对养儿防老的观念产生怀疑的同时开始通过自己存钱来使晚年生活有所保障;以往所追求的多子多福在村民心中已大有变化。

以前,村民想要生儿子的另外一个原因是为家庭提供劳动力(第二章),这样在处理村落中家庭纠纷或者其他矛盾时有帮手,但现在的家庭培养小孩已经不是作为劳动力来培养,而是注重自身的发展。西村在 1981 年开始分产到户之后,整个村庄的土地面积几乎没有多大的增加,而且在集体解散之后生的孩子除了内部的调整有的很多年都分不到口粮田。于是自从家庭联产承包责任制之后,村里就出现了大量的剩余劳动力,有的劳动力外出打工,随着接触外界的渠道增加,父母亲已经了解到尽可能让自己的孩子在外面闯荡而非留在农村务农,所以,为增加劳动力的目的去生育小孩无异于自找麻烦。村民也不希望小孩长大后留在村里,认为没有出息,因此他们注重小孩自身素质的提高,在教育上花钱,宁愿自己受苦受累也希望孩子能读书出去,将来能到城里找份体面的工作。

在对西村的考察之后我发现西村生育观念的种种改变都与社会发展、市场经济及村民自身的素质相关,那么基于此,我们就要重新评价计划生育政策在人口转变中的作用了。我认为,没有严格的计划生育政策,但受经济发展因素的影响,西村人的生育观念也会发生变化,只要国家提供合适、可靠的节育方法和手段。这样一来,西村妇女在严格的计划生育政策中所经历的精神与肉体上的压力就不应该出现,同时国家应该及时调整生育政策,比如明显带有性别歧视的"一孩半"的生育政策就应该早点取消,这是有待继续深入探讨的问题。

二 避孕、节育的对象能不能向男性倾斜——改变男优女劣的身体文化

在口服避孕药上市的 30 年之后,美国的女权主义运动家开始质疑:为何避孕药是女人服用的,而非男人?为什么要女人来承担吃药的风险?

发明避孕药的男性科学家堪称厥功至伟，以化学制剂促成女性的解放，为什么不好人做到底，研发出男性避孕药？[①] 在计划生育的实施过程中，国家所研制和推广的避孕方法几乎都是指向女性，针对男性的只有输精管结扎和避孕套两种，而输精管结扎一直以来就没有大力推广并且随着输卵管结扎术的成熟而退出了历史的舞台。以国家推广的口服避孕药为例，到目前已经达到了 10 多种。对于每月只排出一个卵子的妇女来说，每天服用口服避孕药是不是太残忍？男人们不仅从生育事件中抽身，也一直将避孕置之度外。

表2　1975~1983年避孕药具生产

品　名	单位	1975		1976		1977		1978		1979	
		生产	供应	生产	供应	生产	供应	生产	供应	生产	供应
口服避孕药1号片	万月	184 000	179 980	132 000	129 360	79 200	116 214	58 200	77 714	44 100	72 102
口服避孕药2号片	万月	184 800	132 000	118 800	122 760	52 800	102 475	52 800	51 835	39 600	48 430
口服避孕药0号片	万月	26 400	12 114	13 200	24 231	26 400	32 014	26 400	25 456	26 400	25 194
复方十八甲避孕片	万片	95 040	87 138	105 600	100 320	105 600	89 635	132 000	111 931	132 000	134 729
甲地避孕酮片	万片	700	694	800	1 107	1 000	2 067	1 000	2 591	1 000	4 880
53号探亲片	万片	700	677	1 000	1 420	2 000	2 218	2 000	2 591	2 610	2 821
天津探亲丸	万程	700	662	800	760	800	790	800		1 200	1 115
十八甲速效片	万片									50	76
长效避孕针	万支	600	579	1 000	806	557		600		1 046.0	984
浙江长效针1号	万支										
7308长效针	万支										
十八甲长效片	万片										
外用避孕片	万片	1 200	1 022.8	1 200	1 801.4	1 200	824.2	1 200	835.6	600	435
避孕栓	万粒	200	210	400	199	200	197.4	200	198	1 200	1 168.6
避孕膏	万支	30	31	40	21.6	40	57.4	40	48.3	200	194.9
避孕膏注入器	万支	4	3.5	6	8.1	4	4.7	4	4.5	40	42.1
壬苯醇片	万片	40 000	24 309	20 000	22 644	10 000				6	4.8
抗杜反应膏	万片									2 000	4 419
子宫帽	万个	5.6	3.4	6	9						
避孕套	万个	64 000	58 049	70 000	73 510	75 280	60 200	70 000	58 330	70 000	56 350
纸丝避孕囊	万个										
外用避孕药膜	万本										
合　计	万人倍										

各种针对妇女的避孕措施

从表面上看来，妇女们有充分的权利选取何种方式避孕，她们或者吃

---

① ［美］贝纳德·亚斯贝尔：《改变世界的药丸——避孕药的故事》，林文斌、廖月娟译，（台北）天下远见出版有限公司 1999 年版，第 5 页。有关避孕药的发明及推广情况，也请参见此书。

口服避孕药或者上环，但是几乎所有避孕药物都是针对妇女的，避孕套在西村夫妇中几乎难以使用，男性结扎除了极个别的人之外也无人愿意。避孕应该是夫妻双方的事情，1980年9月10日通过的《新婚姻法》，处处可见有关计划生育的条例与规定，将结婚、生育与计划生育联系起来。首先是加上了计划生育的条例与规定。在《新婚姻法》的第一章总则中明白无误地加上了一条"实行计划生育"，在第十二条中"夫妻双方都有计划生育的义务"，但在现实当中无论是国家还是村庄都把生育视为妻子或者说妇女一人的事情。李贞德在考察汉唐之间不能生育的夫妇之间的治疗方法时指出，六朝医方中偶尔可见成对的配方，让夫妇一同治疗无子之病，然而到了隋唐之时，求子药方或者说治疗不孕的药方大量出现，但这些药方全部归于妇人之病中，针对女性身体和生育功能下药。① 可见，这样的习俗一直沿袭至今，女性的身体是生育的身体，不能生育也是女性的事情。台湾学者吴嘉苓在其《受污名的性别、性别化的污名：从台湾"不孕"男女处境分析污名的性别政治》一文中指出，社会对于男女身体存在着不同的评价，当面对不孕时，女性的身体远比男性的身体受到质疑，只有当女性做完了所有的不孕检测而没有问题时，人们才会开始对男性的身体进行检查，男性借由女性配偶提供了掩藏的资源，再加上能避免上医院进行助孕科技的实施，都使得不孕男性得以免除公然受窘的可能性，但也使得能孕的女性伴侣污名上身。② 吴嘉苓在回答为什么不孕男女中女性总是会受到污名化对待时指出，关键在于男女的性别权力结构位置，使得受污名的方式有所差异。

在第二章我们已看到村民对两性身体观的不同看法。中国传统的身体观一直认为男性的身体是优越于女性的，男女的身体是有等级之分的，这样的观念在西村几乎还没有受到冲击，许多男性认为男人不应该采取避孕行为，尤其是结扎行为，这从西村人对杨志山这位最早的男性结扎者的态度可以看出，而针对女性的各种避孕药物的推广，使计划生育也巩固了这种有等级的身体观念。

从避孕方法的演变我们不难发现，几乎大部分的避孕方式都是依据女

① 李贞德：《女人的中国医疗史——汉唐之间的健康照顾与性别》，（台北）三民书局2008年版，第29页。

② 吴嘉苓：《受污名的性别、性别化的污名：从台湾"不孕"男女处境分析污名的性别政治》，《台湾社会学刊》2002年第12期。

性"量身打造"而成，似乎意味着避孕仅是女人单方面的行为，女人在避孕上应负完全的责任。而以大规模的国家力量所推动的计划生育，其推行避孕的对象也以女性为主，即使男性的避孕方法在安全及便利上皆优于女性。再者，避孕方式的选择，更意涵着双方在权力关系结构上所扮演的角色。除此，当避孕被当成是国家推行人口政策的运作方式时，女人似乎未必因避孕能完全掌有操控自我身体的权利，甚而成为国家机器权力运作下的牺牲品，所以我想，如果国家的避孕指向能够向男性倾斜，这种状况是否会有所改观呢？这也是我们需要进一步考虑的。

三　村庄及村组织的重要性

要对农民的生活进行近距离的研究，选取一个村庄作为研究对象是许多学者的首选，国内外也不乏经典之作（绪论），我所对话的两本就是其村庄研究的典型代表作之一。费孝通在他的经典著作《江村经济——中国农民的生活》一书中曾指出选取村庄研究的好处："为了对人们的生活进行深入细致的研究，研究人员有必要把自己的调查限定在一个小的社会单位内来进行，以便能够亲自进行密切的观察。"[1] 从我对西村的田野调查中，我发现村庄对于生活于其中的村民的影响来自于两方面：一是村落文化或者说村落习俗；二是村委会组织。

在《生育与村落文化·一爷之孙》一书中，李银河对村落文化下了这样的定义，她认为"村落文化指的是以信息共有为其主要特征的一小群人所拥有的文化（包括伦理观念和行为规范），在这个小群体中，每个人对群体内其他成员的情况都谙熟于胸，发生于这群人之间的一切事件都不会逃过每个成员的视野。……村落文化的主要特征可以概括为四点，其中最主要的是竞争性和趋同性"[2]。所以西村人都会尽量注意自己的行为方式是否符合村里的行为规范，如果一个人的行为得到了大多数村民的认可，他将因此而受到尊敬，而那些不遵守规范的人会受到孤立、丢面子甚至惩罚。勤劳的家庭在西村很受尊敬，而懒惰、投机取巧、算计别人的家庭都不受西村人的喜欢。在西村，到目前为止，不管是男性还是女性，都必须要结婚成家，而且在 70 年代以前，成年男女都尽量早点结婚，一个

---

[1]　费孝通：《江村经济——中国农民的生活》，商务印书馆 2005 年版，第 24 页。
[2]　李银河：《生育与村落文化·一爷之孙》，文化艺术出版社 2003 年版，第 63、65 页。

没有结婚的成年人是西村人瞧不起的，他不是有生理上的缺陷就是有人格或者精神上的弊端，因此为父母的就要想尽办法为他们的子女找到归属，而结婚之后如果没有生育小孩，对这个家庭来说是不幸的，因为结婚生子是每个西村人所遵循的原则。而且在传统的生育文化中，能不能生一个男孩子是至关重要的，那些没有生育男孩的家庭就会感到有很大的压力，不仅对这个家庭，也同时指向妇女自己（第二章），所以说生育男孩与其说是传宗接代，使男宗在世界上永远继续，不如说是要把它在自己生活的村落里继续下去，于是我们就会看到那些没有生育男孩的家庭对计划生育是多么抵制，那些没有生育男孩的女性感觉有多大的压力在身，而这种压力不是来自于外村的势力。对西村人来说，本村的事和邻村的事意义截然不同，影响也截然不同。由于村落里的人有相互竞争，所以村民之间互相攀比，为的是想超过村里的其他人员，为的是想显示自己在村里的位置，使自己脸上有光。集体解散以来村民们不断扩建、装修住房，婚礼的热闹场面、办丧事的豪华程度等都成为村民不断竞争、比赛的内容，一个婚礼场面不够热闹的家庭会被村里人看作太小气，总之，村落文化的影响无处不在。当然村庄习俗不是一成不变的，它不仅会受到外来力量的影响，也会受到内部的冲击。年轻人对传统的习俗已经开始抵制，如传统家庭结构的解体、新型生育文化的形成就是最明显的一例（第五章）。

西村人日常生活的变化、西村自身的发展、国家政策在西村的实施，除了村落文化的作用之外，村委会组织也对村民日常生活施加了极大的影响。正如阎云翔所说，在下岬人看来，中央政府所体现的社会主义政权远在 1000 公里之外的北京，因此与他们只有抽象的关系；而由村、镇干部所代表的地方政府才是国家政策的真正推动者。[①] 新中国成立之后共产党在农村的各项工作都离不开村组织，从互助组、合作社到人民公社，国家行政力量直接渗透到西村甚至每个农户家中，为了在农村实现社会主义集体化的一个重要因素是中国共产党造就了新的地方精英，而且由于集体化运动，农民失去了他们在经济和社会生活方面的自主性，而村干部对村民管制的权限则越来越大。无论是划分阶级，还是分配劳动任务，也无论是评定工分、划分宅基地都要得到村领导的同意。

---

① ［美］阎云翔：《私人生活的变革：一个中国村庄里的爱情、家庭与亲密关系（1949—1999）》，龚小夏译，上海书店出版社 2006 年版，第 33 页。

计划生育在西村的实施更与村干部的努力分不开。他们不仅积极制订计划，落实任务，而且在国家政策强大的压力之下必须要带头实行计划生育（第三章、第四章、第五章），尤其是妇女干部。当然如果村领导只为自己谋私利，或者只是一味遵守国家的政策，那么这种极权领导不仅不会受到村民的尊敬，村庄也难以发展。村领导人也会根据实际情况来调整方案，如对一些计划生育户的政策放宽（第四章），引导村民开展各种农副业的发展（第五章），积极为村民谋取利益（第一章），不过我们也要注意到村领导在执行政策的过程中对妇女权益有意或无意的损害，例如，在动员妇女参加社会化劳动时对女性生理健康的忽视（第三章），工分评定中的男女同工不同酬（第四章），在分地时妇女土地的不稳定性（第五章），当然，村庄领导也几乎是男性一统天下。要从根本上解决这种状况，这不仅需要女性成员在村委会组织中比例的增加，也需要村组织成员中性别平等意识的提升。

四　社会变迁中的妇女地位

传统中国历史一讲到中国妇女在历史上的地位，总是以一种落后、依从和受害者的形象出现。对此，高彦颐有非常精到的论述，她说：

> 从晚清到"五四"新文化时期（1915—1927），有着落后和依从的中国的女性身份，一直是一个与民族存亡息息相关的紧迫问题。……对作为整体的中华民族的政治解放也对中国进入现代世界来说，女性启蒙成了一个先决条件。总之，受父权压迫的女性，成了旧中国落后的一个缩影，成了当时遭受屈辱的根源。受压迫的封建女性的形象，被赋予了如此强烈的民族主义情绪，以至最终变成了一种无可置疑的历史真理。[①]

以至于毛泽东在他著名的《湖南农民运动考察报告》中曾明确指出女子所受的四重压迫，即政权、族权、神权以及夫权的压迫，这为传统中国妇女的地位定了基调。几十年过去了，西村妇女的地位怎么样了呢？正

---

① ［美］高彦颐：《闺塾师——明末清初江南的才女文化》，江苏人民出版社2004年版，绪论第2页。

如我在绪论中所说，西方的中国妇女研究的学者，在考察了从新中国成立之后到80年代的妇女之后，都得出了一个几乎悲观而相同的结论，即中国的革命没有解放妇女，不仅中国仍然是父权制的，而且在家庭责任制下，性别等级在家庭中再生产，妇女个人的经济贡献成为家庭中视而不见的部分。然而，正如阎云翔的研究所告诉大家的，中国家庭的公共层面也就是经济、政治、法律层面吸引了大多数学者的目光，但是私人生活的层面却往往被忽视，我的观点是，如果我们只从公共层面来看，这些方面的改变还很漫长，只从家庭制度层面考察妇女的地位，那我们就忽视了妇女在家庭内部中的地位变迁。

早在1972年，美国学者玛格丽特·伍尔芙在对台湾农村妇女进行考察时就曾指出，虽然妇女们不得不离开娘家嫁入婆家，但妇女们也在家庭内利用各种关系和资源建立了"子宫家庭"来确立自己在夫家的权威和地位，并形成了家内有家的现象。循着伍尔芙的思路我也发现西村妇女的地位在新中国成立之后发生了很大的变化。新中国成立前西村妇女是不参加田间劳动的，她们一般在家洗衣做饭，带小孩，由于小孩多，家务劳动活也多，由于她们所从事的这些活计不能直接转换成货物、货币，不像男人干农活那样可以挣更多的钱，所以妇女的经济地位比较低，而传统家庭对于男孩的偏好也有可能使妇女处于不利的位置，但新中国成立之后共产党所采取的一系列措施却改变了这种状况。

一方面，计划生育对妇女地位的变化是显而易见的。在计划生育的实施过程中，共产党所研制和推广的节育方法不仅使妇女从早生多生的负担中解放出来，也使妇女有更多的时间参与公共生产劳动，尽管我在前文中曾批评避孕药物的性别指向，但这丝毫不影响妇女在生育健康方面的提高。没有各种节育措施的运用，妇女们可能还在为养育更多的子女而烦恼，也为子女们的不争气或者不孝顺而担忧，所以我们才会看到在70年代为什么有那么多的妇女积极采取避孕措施，自愿结扎。而且，台湾性别研究专家何春蕤指出，节育措施不但意味着人口的减少，生活品质的提高，同时也意味着女人将首次有机会决定自己的生命有多大一部分要投注到生儿育女的事业或者其他的人生目标上。节育降低了女人参与情欲活动时的风险，也开辟了女人创造人生出路的机会，就女性的身体和身心而言，这样的重大变化实在意义深远，而不论对男人或女人或整个父权社会而言，这都是一大挑战。[①]

　　另一方面，改革开放之后，随着年青一代追求独立自主的加强，随着越来越多的自主婚姻形式的出现，妇女越来越多地参与决定家庭事务。沙吉才在《当代中国妇女地位》一书中指出，考察妇女地位的变化可以从以下九个方面来进行，即收入管理权、收入支配权、消费决定权、婚姻决定权、生育决定权、对于个人发展方向的决定权、对子女发展的决定权、家庭重大事件的决定权以及身体健康状况。[②] 如果对照这几点的话，我敢说，西村80%以上的妇女都有这样的权利，首先在选择自己的婚姻上，从70年代开始妇女们就已经能独立选择自己的婚姻，而在生育决定权上，绝大部分妇女都能决定生育更少的孩子，以使她们能有更多的时间自由发展，在家庭收入方面，西村人尤其是妇女都有到集镇贩卖蔬菜的情况，她们的收入也能更好地自由支配。

---

　　① ［美］贝纳德·亚斯贝尔：《改变世界的药丸——避孕药的故事》，林文斌、廖月娟译，（台北）天下远见出版有限公司1999年版，导论第2—3页。
　　② 沙吉才：《当代中国妇女地位》，北京大学出版社1995年版，第7—9页。

参考文献

一 档案、史志、年鉴类

1. 湖南省地方志编撰委员会编·《湖南省志（第三卷）：党派群团志——妇女团体》，五洲传播出版社 2001 年版。

2. 湖南省地方志编撰委员会编：《湖南省志（第五卷）：民俗志》，五洲传播出版社 2001 年版。

3. 湖南省妇女联合会编：《湖南妇女工作五十年（1953.2—2003.2）》（内部资料）。

4. 益阳市志编纂委员会：《益阳市志》，中国文史出版社 1990 年版。

5. 李润波等编：《沅江县志》，中国文史出版社 1991 年版。

6. 沅江市计划生育档案材料：1964 年（323）。

7. 沅江市计划生育档案材料：1966 年（344）。

8. 沅江市计划生育档案材料：1973 年（482）。

9. 沅江市计划生育档案材料：1978 年（634）。

10. 沅江市计划生育档案材料：1979 年（645）。

11. 湖南省计划生育委员会档案，档案号：219—1—31；219—1—32；219—1—33；219—1—49；219—1—50；219—1—56；219—1—66；219—1—69；219—1—71；219—1—376；219—1—81；219—1—90；219—1—91；

12. 湖南省统计局编：《湖南省统计年鉴》（1982），湖南人民出版社 1984 年版。

13. 中华全国妇女研究会妇女研究所编：《中国妇女统计资料（1949—1988)》，中国统计出版社 1991 年版。

14. 毛况生主编：《中国人口·湖南分册》，中国财政经济出版社 1987 年版。

15. 中国计划生育年鉴编辑委员会编：《中国计划生育年鉴》，1986 年。

16. 中国计划生育年鉴编辑委员会编：《中国计划生育年鉴》，1987 年。

17. 中国计划生育年鉴编辑委员会编：《中国计划生育年鉴》，1988 年。

18. 中国计划生育年鉴编辑委员会编：《中国计划生育年鉴》，1989 年。

19. 国家统计局：《中国人口统计年鉴》，1999 年。

20. 中国社会科学院人口研究中心：《中国人口年鉴》，1985 年，中国社会科学出版社。

21. 中国社会科学院人口研究中心：《中国人口年鉴》，1986 年，中国社会科学出版社。

22. 中国社会科学院人口研究中心：《中国人口年鉴》，1987 年，中国社会科学出版社。

23. 中国社会科学院人口研究中心：《中国人口年鉴》，1988 年，中国社会科学出版社。

24. 国家人口与计划生育委员会编：《中国人口与计划生育史》，中国人口出版社 2006 年版。

二　论著

1. 梁中堂、阎海琴：《中国农村妇女早婚早育和多胎生育问题研究》，山西高校联合出版社 1992 年版。

2. 王胜今、景跃军等：《中国农村生育行为研究》，长春出版社 1999 年版。

3. 李小江主编：《生育：传统与现代化》，河南人民出版社 1997 年版。

4. 李小江主编：《平等与发展》，生活·读书·新知三联书店 1997 年版。

5. 李小江等：《历史、史学与性别》，江苏人民出版社 2002 年版。

6. 李小江主编：《让女人自己说话》（1—4），生活·读书·新知三联书店 2003 年版。

7. 李银河：《生育与中国村落文化》，中国社会科学出版社 2004 年版。

8. 李银河：《中国女性的情感与性》，今日中国出版社 1998 年版。

9. 李银河：《妇女：最漫长的革命》，中国妇女出版社 2007 年版。

10. 吕铁力：《生育人生：田野调查笔记——生育文化·少数民族妇女口述史》，中国妇女出版社 2002 年版。

11. 郑卫东：《村落社会变迁与生育文化——山东东村调查》，上海人民出版社 2007 年版。

12. ［美］阎云翔：《私人生活的变革：一个中国村庄里的爱情、家庭与亲密关系（1949—1999）》，龚小夏译，上海书店出版社 2006 年版。

13. 叶汉明：《主体的追寻：中国妇女史研究析论》，香港教育图书公司出版 1999 年版。

14. 周荣德：《中国社会的阶层与流动——一个社区中士绅身份的研究》，学林出版社 2000 年版。

15. 汪民安主编:《身体的文化政治学》，河南大学出版社 2004 年版。

16. 杨魁孚等主编：《中国人口与计划生育大事记》，中国人口出版社 2004 年版。

17. 汤兆云：《当代中国人口政策研究》，知识产权出版社 2005 年版。

18. 杜芳琴、和钟华主编：《大山的女儿：经验、心声和需求——山区妇女口述》（西南卷、华北卷），贵州人民出版社 1998 年版。

19. 蔡一平、王政、杜芳琴编：《赋历史研究以社会性别》（内部资料），天津，1999 年。

20. 王政、杜芳琴编：《社会性别研究选译》，生活·读书·新知三联书店 1998 年版。

21. 杜芳琴、王政主编：《中国历史中的妇女与性别》，天津人民出版社 2004 年版。

22. 杜芳琴：《妇女学和妇女史的本土探索：社会性别视角和跨学科视野》，天津人民出版社 2003 年版。

23. 全国妇联妇女研究所编:《中国妇女研究年鉴》，中国妇女出版社 2004 年版。

24. 费孝通：《生育制度》，北京大学出版社 2005 年版。

25. 谭琳主编：《1995—2005 年：中国性别平等与妇女发展报告》，社会科学文献出版社 2006 年版。

26. 谭琳、刘伯红主编：《中国妇女研究十年（1995—2005）：回应〈北京行动纲领〉》，社会科学文献出版社 2006 年版。

27. 王政、陈雁主编：《百年中国女权思潮研究》，复旦大学出版社 2004 年版。

28. 定宜庄：《最后的记忆：十六位旗人妇女的口述历史》，中国广播出版社 1999 年版。

29. 吕芳上编：《近代中国的妇女与国家（1600—1950）》，"中央研究院"

近代史研究所 2003 年版。

30. 游鉴明编:《近代中国的妇女与社会 1600—1950》,"中央研究院"近代史研究所 2000 年版。

31. 罗久蓉、吕妙芬编:《近代中国的妇女与文化 1600—1950》,"中央研究院"近代史研究所 2000 年版。

32. 郑真真、解振明主编:《人口流动与妇女发展》,社会科学文献出版社 2004 年版。

33. 〔加〕宝森:《中国妇女与农村发展:云南禄村六十年的变迁》,胡玉坤译,江苏人民出版社 2005 年版。

34. 〔加〕朱爱岚:《中国北方村落的社会性别与权力》,胡玉坤译,江苏人民出版社 2004 年版。

35. 〔美〕伊佩霞:《内闱:宋代的婚姻和妇女生活》,李志生译,江苏人民出版社 2004 年版。

36. 〔美〕曼素恩:《缀珍录:十八世纪及其前后的中国妇女》,定宜庄译,江苏人民出版社 2005 年版。

37. 〔美〕高彦颐:《闺塾师——明末清初江南的才女文化》,李志生译,江苏人民出版社 2004 年版。

38. 〔美〕费侠莉:《繁盛的阴——中国医学史中的性 (960—1665)》,甄橙译,江苏人民出版社 2006 年版。

39. 〔美〕贺萧:《危险的愉悦:20 世纪上海的娼妓问题与现代性》,韩敏中、盛宁译,江苏人民出版社 2001 年版。

40. 〔英〕艾华:《中国的妇女与性相:1949 年以来中国的性别话语》,施施译,江苏人民出版社 2007 年版。

41. 〔美〕罗丽莎:《另类的现代性:改革开放时代中国性别化的渴望》,黄新译,江苏人民出版社 2006 年版。

42. 〔美〕克利福德·吉尔兹:《地方性知识——阐释人类学论文集》,王海龙译,中央编译出版社 2004 年版。

43. 〔澳〕杰华:《都市里的农家女:性别、流动与社会变迁》,吴小英译,江苏人民出版社 2004 年版。

44. 韩敏:《回应革命与改革——皖北李庄的社会变迁与延续》,陆益龙、徐新玉译,江苏人民出版社 2007 年版。

45. 黄树民:《林村的故事:一九四九年后的中国农村变革》,素兰、纳日碧力戈译，生活·读书·新知三联书店 2002 年版。

46. 李霞：《娘家与婆家——华北农村妇女的生活空间和后台权力》，社会科学文献出版社 2010 年版。

47. ［美］杜赞奇：《文化、权力与国家：1900—1942 年的华北农村》，王福明译，江苏人民出版社 2008 年版。

48. 吴毅：《村治变迁中的权威与秩序——20 世纪川东双村的表达》，中国社会科学出版社 2002 年版。

49. 于建嵘：《岳村政治：转型期中国乡村政治结构的变迁》，商务印书馆 2001 年版。

50. 杨华：《绵延之维：湘南宗族性村落的意义世界》，山东人民出版社 2009 年版。

三　外文书籍

1. Judith Banister, *China's Changing Population*, Stanford University Press, 1987.

2. Tamara Jacka, *Women's Work in Rural China: Change and Continuity in an Era of Reform*, Cambridge University Press, 1997.

3. Phyllis Andors, *The Unfinished Liberation of Chinese Women 1949 – 1980*, Indiana University Press, 1983.

4. Kay Ann Johnson, Women, *Family and Peasant Revolution in China*, The University of Chicago Press, 1983.

5. Margery Wolf, *Women and the Family in Rural Taiwan*, Stanford University, 1972.

6. Judith Stacey, *Patriarchy and Socialist Revolution in China*, Berkeley University press, 1983.

7. Emily Honig, Gail Hershatter, *Personal Voices: Chinese Women in the 1980's*, Stanford University, 1988.

8. Deborah Davis, Stevan Harrell, *China's Family in the Post-Mao Era*, University of California Press, 1993.

四　主要报刊

1.《人民日报》

2. 《光明日报》
3. 《新湖南报》
4. 《湖南日报》
5. 《湖南妇女报》
6. 《沅江报》